KOREAN
한국의 NATIONAL
국보 TREASURES

KOREAN
NATIONAL
TREASURES **한국의 국보**
문화재 전문기자가 현장에서 취재하고
입체적으로 바라본 국보 이야기

초판 1쇄 인쇄일 2014년 02월 25일
초판 1쇄 발행일 2014년 03월 14일

지은이 ｜ 이광표
펴낸이 ｜ 오창준
펴낸곳 ｜ 컬처북스
디자인 ｜ 민유니
인　쇄 ｜ 천광인쇄
제　본 ｜ 과성제책

주　소 ｜ 서울 마포구 월드컵북로9길 17 해평빌딩 2층
전　화 ｜ 02-3141-6798
팩　스 ｜ 02-3141-6790
블로그 ｜ http://blog.naver.com/culturebooks
전자우편 ｜ culturebooks@hanmail.net

출판등록 ｜ 2003년 7월 14일 제312-2003-000066호

ⓒ 이광표, 2014　　　ISBN 978-89-92074-64-3　　03910

※값은 뒤표지에 있습니다.

이 도서의 국립중앙도서관 출판시도서목록(CIP)은
서지정보유통지원시스템 홈페이지(http://seoji.nl.go.kr)와
국가자료공동목록시스템(http://www.nl.go.kr/kolisnet)에서 이용하실 수 있습니다.
(CIP제어번호 : CIP2014005525)

KOREAN
한국의
NATIONAL
국보
TREASURES

이광표 지음

문화재 전문기자가
현장에서 취재하고
입체적으로 바라본
국 보 이 야 기

컬처북스
CULTURE BOOKS

이광표李光杓
서울대 고고미술사학과, 서울대 대학원 국문학과를 나와 동아일보에 입사한 뒤 오랫동안 우리 문화재의 아름다움과 가치를 널리 알리는 글을 써 왔다. 문화재의 매력을 접할수록 좀 더 공부해야겠다는 생각이 들었고, 홍익대 대학원 미술사학과 석사 과정과 고려대 대학원 문화유산학과 박사 과정을 마쳤다. 『손 안의 박물관』, 『명품의 탄생-한국의 컬렉션 한국의 컬렉터』, 『한국미를 만나는 법』, 『한 권으로 보는 그림 문화재백과』, 『김홍도 갤러리』 등의 책을 썼다.

서문 | 국보와의 행복한 만남, 입체적으로 바라본 국보!

우리 문화재에 대한 관심이 점점 커지고 있다. 박물관과 미술관을 찾거나 문화 유적 답사를 떠나는 사람도 부쩍 늘었고, 문화재에 관해 이런저런 공부를 하려는 사람도 많아졌다. 고무적인 일이다.

국보는 우리의 전통문화재 가운데 최고의 명품으로 꼽힌다. 우리나라 전통문화의 상징이기도 하다. 그렇기에 국보는 늘 매력적이다. 그러나 막상 국보에 대해 말하기는 쉽지 않다. 익숙한 듯하지만 실은 제대로 알지 못하는 경우가 많다. 문화재 분야의 전공자라고 해도 자신의 전공 장르를 벗어나 국보를 두루두루 이해한다는 것은 그리 쉬운 일이 아니다. 주변을 둘러보면 국보에 관한 책은 의외로 드물다. 사진 중심으로 국보를 소개한 책은 종종 있지만 국보를 둘러싼 정책이나 이슈, 보수·복원을 둘러싼 갈등과 논란, 국보를 바라보는 시각 등등을 입체적으로 정리한 책은 거의 없다. 이 책은 이 같은 문제 의식에서 출발했다.

이런 질문을 던져 보자.

'숭례문(남대문)은 국보 1호인데 흥인지문(동대문)은 왜 보물 1호인가. 다 똑같은 조선시대 한양 도성의 대문인데 하나는 왜 최고 지위인 국보가 됐고 하나는 왜 보물로 지정된 것인가.'

알 듯 모를 듯하다. 어찌 보면 어려운 질문이다. 여기서 조금만 더 생각해 보자. 서로 비슷해 보이는 숭례문과 흥인지문에는 대체 어떤 차이가 있는 것인지, 숭례문은 언제 어떻게 국보 1호로 지정되었는지, 국보를 지정한 사람들을 누구인지. 생각이 꼬리를 물면서 점점 더 흥미로워진다.

내친 김에 조금 더 나가보자. 국보와 보물의 차이는 무엇인지, 국보가 처음 지정된 것은 언제인지, 국보 가운데 어느 시대의 것이 가장 많은지, 국보가 훼손되면 어떻게 수리하고 복원하는지, 국보는 누가 어떻게 관리하는지, 혹 도난당한 국보나 가짜 국보는 없는지, 일제에 약탈당했던 국보는 없는지, 약탈당한 문화재는 언제 어떻게 어느 정도 우리 품으로 돌아왔는지 등등.

이런 질문도 가능하다.

'10여 년 전만 해도 광화문 현판은 한글이었는데 왜 한자로 바꾼 것인가.'

'서울 탑골 공원에 있는 원각사지 10층 석탑은 왜 유리 보호각을 씌워 놓았는가. 서산의 마애삼존불엔 목재 보호각이 있었는데 왜 그것을 철거했는가.'

'석굴암 앞에는 왜 유리문을 만들어 안으로 들어갈 수 없도록 한 것일까.'

'에밀레종(성덕대왕신종)은 깊고 그윽한 종소리로 유명한데, 왜 지금은 타종을 하지 않을까.'

국보로 지정된 315건(2014년 1월 현재)의 문화재에는 이렇게 흥미진진한 사연들이 숨어 있다. 『한국의 국보』는 이 같은 질문들에 대해 답을 찾아나가는 과정이다. 앞서 언급한 내용을 포함해 국보에 관한 다채로운 내용을 다루었다.

이 책은 2005년 11월 출간한 『국보 이야기』의 내용을 대폭 보완한 개정 증보판이다. 초판을 낸 이후 문화재를 둘러싸고 많은 변화가 있었다. 국보 지정 건수도 늘어났고 국보를 둘러싸고 많은 이슈가 발생했다.

광화문 복원과 함께 경복궁 1차 복원 프로젝트가 마무리됐다. 국보 1호 숭례문에 화재가 발생했고 5년 만에 이를 복원했다. 하지만 광화문 현판에 금이 가고 숭례문 단청이 벗겨지면서 모두 부실 복원의 논란에 휩싸여야 했다. 여기에 광화문 현판을 한자로 할 것인지, 한글로 할 것인지를 두고 논란이 일기도 했다. 감은사지 석탑과 불국사 다보탑의 해체 수리가 있었고, 석가탑 해체 수리 작업도 진행 중이다. 반구대 암각화 보존 방안을 놓고 10년 넘게 논란이 계속되고 있다. 프랑스 국립도서관에 있던 외규장각 의궤, 일본 궁내청에 있던 조선 왕실 도서의 반환 등 약탈당해 이국을 떠돌던 문화재의 반환 사례도 늘어났다. 지난해에는 국보 83호 금동미륵보살반가사유상을 바다 건너 해외 전시에 내보낼 것인지를 둘러싼 논란도 무척이나 뜨거웠다. 이 같은 변화를 반영해 최신 정보와 이슈, 다양한 연구 성과 등을 대폭 늘렸다.

　목조 건축물의 흰개미 피해, 『조선왕조실록』 밀랍본의 훼손과 보수, 미륵사지 석탑의 보수, 복원과 관련한 내용도 추가했다. 문화재의 보존 못지않게 활용에 관심을 갖는 최근의 경향도 비중 있게 다뤘다. 하지만 문화재 활용은 늘 보존과 부닥치게 된다. 이런 상황을 고려해 문화재 활용의 사례, 활용과 보존의 딜레마 등도 소개했다. 문화재와 관련해 흥미로운 사례가 될 것이다.

　해외에 있는 우리 문화재, 약탈문화재의 반환 등에 대한 국민적 관심이 높아진 것을 반영해 이에 관한 내용도 많이 넣었다. 해외 소재 문화재를 어떻게 바라볼 것인가 대한 고민도 담고자 했다. 국보의 도난이나 가짜 문제도 끊이지 않는다. 현재 논란이 진행 중인 『훈민정음 해례본』 상주본의 미스터리에 대해서도 소개했다.

　이렇게 1장부터 9장까지 전체적인 내용을 좀 더 세분화하고 깊이와 밀도를 더하고

자 했다. 그러다 보니 초판에 비해 분량이 두 배 가까이 늘었다.

마지막 10장 '국보 비교 감상'은 국보의 아름다움과 매력을 비교 감상하는 자리다. 초판에 비해 치밀하게 내용을 다듬고 대상과 장르를 많이 늘렸다. 부록으로 수록한 국보 목록도 내용을 더 정리하고, 최근 지정된 국보까지 모두 반영했다.

이 책에서 가장 역점을 두고자 한 것은 '문화재를 바라보는 객관적인 시각'이다. 문화재 현장은 보존에 치중할 것인가 활용에 치중할 것인가, 활용을 한다면 어느 정도까지 활용할 것인가, 복원을 어디까지 할 것인가, 복원의 과정이나 재료는 모두 옛 방식이나 옛것이어야 하는가, 보존 조치를 한다면 어느 정도까지 할 것인가 등등을 놓고 논란이 일면서 딜레마를 겪기도 한다. 이는 어쩌면 수백 년, 수천 년 된 문화재의 운명 같은 것이리라.

중요한 것은 객관적으로 바라보아야 한다는 점이다. 국보 1호 교체 논란, 광화문 현판 글씨체 논란, 숭례문 부실 복원 논란, 반구대 보호 방안 논란 등을 보면 선입견과 편견, 정치적 시각이 많이 개입되어 있음을 부인할 수 없다. 나만이 옳다는 생각에 사로잡혀선 곤란하다. 좀 더 순수한 시각으로 문화재를 바라보아야 한다. 정치적 이념적으로 바라보면 안 된다는 말이다. 이 책을 통해 그런 말을 하고 싶었다.

이 책 『한국의 국보』가 아카데믹한 문화재학의 토대가 될 수 있으면 하는 바람도 있다. 문화재학과 박물관학의 연구 방향이나 의미 등에 대해 언급한 것도 이 때문이다. 문화재를 제대로 이해하기 위해선 고고학이나 미술사학, 민속학, 역사학 등 개별 분과 학문으로는 부족하다. 학제 간 통합적 접근이 필요하다. 특히 위에서 언급한 사례들을 보면 더욱 그러하다. 하지만 우리의 문화재학이나 박물관학은 아직 제대로 정립되지 못한 상황이다. 문화재학 서적은 법령 소개서가 대부분이고, 박물관학은 박물관 마케팅에 지나치게 쏠려 있다. 이 같은 상황에서 이 책이 문화재에 대한 객관적이고 체계적인 접근을 통해 문화재학을 깊이 고민해 보는 계기가 되었으면 한다.

이 책을 쓴 또 하나의 목적은 우리 국보 문화재에 대한 관심과 감동을 많은 사람과 함께 하기 위한 것이었다. 국보에 관한 깊이 있는 정보를 다루되 최대한 흥미롭게 전달하고자 한 것도 이런 까닭에서다. 우리 국보의 아름다움과 매력, 감춰진 흥미로운 이야기, 이슈 현장에서의 치열한 논의, 우리 문화재가 겪어야 했던 수난사 등을 통해 우리 문화재에 대해 경외감을 느꼈으면 좋겠다.

이제 국보가 지니고 있는 영광과 수난의 역사를 밖으로 불러내 보자. 그 흔적과 사연에 귀를 기울일 때 국보는 자신의 내면을 조금씩 열어 보일 것이다.

이 책을 쓰면서 많은 분들께 신세를 졌다. 특히 문화재청, 국립중앙박물관, 국립경주박물관, 국립민속박물관, 국립문화재연구소, 국립고궁박물관, 한국문화재보호재단 관계자 분들의 도움이 컸다. 관련 사진을 흔쾌히 제공해 주신 것에 대해서도 깊이 감사드린다. 부족한 내용을 책으로 잘 꾸며 준 컬처북스의 오창준 대표, 옆에서 늘 격려해 주는 후배 류동현에게 고마운 마음을 전한다.

2014년 2월
이광표

차례 |

서문 • 007

1 국보란 무엇인가

1. 국보와 보물의 차이 • 018
2. 국보의 지정 • 022
3. 국보의 해제 • 026
4. 국보 지정의 역사 • 028
5. 국보 1호 재지정 논란 • 031
6. 지정 번호 폐지, 관리 번호가 바람직 • 036
7. 국보 지정의 문제점 • 038
8. 국보는 누구의 것인가 • 042
9. 문화재 행정과 정치 • 044
10. 국보와 문화재, 문화재학 • 048
11. 문화재학과 박물관학 • 054

2 국보에 얽힌 화제

1. 통계로 본 국보 • 060
2. 지정 번호 하나에 유물은 여럿 • 064
3. 건물과 건물 내 보관품이 모두 국보 • 069
4. 제 짝을 잃어버린 국보 • 072
5. 원래의 일부만 남아 있는 국보 • 076
6. 행방불명된 국보 • 078
7. 국보와 돈, '문화재는 얼마나 하나' • 080

3 국보 미스터리

1 신라 금관의 실체 · 090
2 다보탑 탄생의 비밀 · 096
3 월정사 8각 9층 석탑의 유래 · 099
4 팔만대장경의 제작 과정과 제작 장소 · 102
5 천마도, 말인가 기린인가 · 109
6 석굴암 전실은 어떤 모양이었을까 · 113
7 잔무늬거울, 0.3mm 간격의 가는 직선
   1만 3천여 개는 어떻게 만들었을까 · 121
8 암각화는 국내에서 가장 오래된 그림인가 · 124
9 안동에는 왜 전탑이 많이 있을까 · 128
10 조선왕조실록의 제작과 보관 · 132

4 국보의 훼손, 보수와 복원

1 문화재 훼손과 보수, 복원의 역사 · 140
2 보수와 복원의 본격화 · 144
3 석조 문화재, 보수와 복원의 어려움 · 150
4 다보탑·석가탑·감은사지 탑의 해체 보수 · 153
5 경천사지 10층 석탑의 기구한 운명 · 159
6 40년간 계속되는 경복궁 복원 · 163
7 숭례문, 화재와 복원 문제 · 173
8 목조 건축물 훼손, 흰개미와의 전쟁 · 182
9 조선왕조실록 밀랍본의 훼손과 보수 · 186

5 보수와 복원의 기준과 딜레마

1 미륵사지 석탑, 해체와 보수의 어려움 · 190
2 석조 문화재, 야외 보호각의 명암 · 200
3 수표교, 해체 이전의 딜레마 · 206
4 난항, 울산 반구대 암각화 보존 · 209
5 한자인가 한글인가, 광화문 현판 논란 · 216

6 　　　　　　　　　　　문화재의 활용

1　문화재를 바라보는 시각의 변화　　　　　• 224
2　숭례문의 개방과 활용 논란　　　　　　　• 230
3　석굴암, 유리문 폐쇄와 제2석굴암 논란　　• 235
4　활용인가 보존인가, 성덕대왕신종 타종과
　　금동미륵보살반가사유상의 해외 전시　　• 240
5　황룡사 9층 목탑, 과연 복원이 가능한가　• 243

7 　　　　　　　　　국보의 도난과 가짜 사건

1　국보 도난 사건　　　　　　　　　　　　• 248
2　도난 문화재와 미술품의 회수　　　　　　• 257
3　가짜 국보와 발굴 조작　　　　　　　　　• 263
4　가짜 문화재 실태　　　　　　　　　　　• 270
5　가짜 문화재의 진위 감정　　　　　　　　• 278
6　도난인가 아닌가, 훈민정음 상주본 미스터리　• 280

8 　　　　　　　　해외에 있는 국보급 문화재들

1　우리 문화재가 해외에 나가 있는 까닭　　• 286
2　한국 회화의 걸작, 몽유도원도　　　　　　• 288
3　한국 최초의 여행기, 왕오천축국전　　　　• 293
4　직지심경, 세계 최고(最古) 금속활자본　　• 299
5　고려불화, 종교미술의 정수　　　　　　　• 302
6　조선 막사발, 일본 국보가 되다　　　　　• 309
7　칠지도, 백제의 하사품인가, 헌상품인가　• 311
8　국권 침탈의 슬픔, 도쿄국립박물관 오구라컬렉션　• 315
9　미국 속의 한국문화재, 은제주전자와 해학반도도　• 318

9 　　　　　　　　　　문화재의 약탈과 반환

1　일제와 서구의 문화재 약탈　　　　　　　• 326
2　약탈 문화재의 국내 반환　　　　　　　　• 331
3　20년이 걸린 외규장각 약탈 도서 반환 협상　• 336
4　일본 궁내청이 소장한 조선 왕실 도서의 반환　• 344
5　국제 사회의 약탈 문화재 반환 논란　　　• 348

1	수덕사 대웅전, 부석사 무량수전	• 358
2	경복궁 근정전, 창덕궁 인정전, 창경궁 명정전	• 362
3	여수 진남관, 통영 세병관, 경복궁 경회루	• 367
4	청운교 백운교, 연화교 칠보교	• 370
5	원각사지 10층 석탑, 경천사지 10층 석탑	• 374
6	정림사지 5층 석탑, 왕궁리 5층 석탑	• 378
7	연곡사 동(東)승탑과 북(北)승탑	• 382
8	법천사지 지광국사탑, 정토사지 홍법국사탑	• 386
9	법주사 쌍사자 석등, 중흥산성 쌍사자 석등	• 390
10	조선 18세기 전반의 백자 철화포도무늬 항아리 두 점	• 394
11	청자 참외모양 병, 청자 상감모란국화무늬참외모양 병	• 399
12	청자 상감모란무늬표주박모양 주전자, 청자 진사연화무늬표주박모양 주전자	• 403
13	고려 12세기, 동물 모양의 청자 여섯 점	• 407
14	삼국시대의 금동미륵보살반가사유상 두 점	• 412
15	서산 마애여래삼존상, 태안 마애삼존불입상	• 417
16	보림사와 도피안사의 통일신라 철불	• 421
17	상원사 동종, 성덕대왕신종(에밀레종)	• 425
18	용두사지 철당간, 용두보당	• 430
19	황남대총 금관, 금관총 금관, 천마총 금관	• 433
20	무령왕 금제 관식, 무령왕비 금제 관식	• 438
21	기마인물모양 명기, 기마인물모양 뿔잔	• 442
22	세형동검 청동기, 청동기 거푸집	• 446
23	천전리 각석, 반구대 암각화	• 449
24	충주 고구려비, 북한산 진흥왕 순수비, 단양 신라 적성비, 창녕 진흥왕 척경비, 울진 봉평리 신라비, 포항 냉수리 신라비	• 454
25	조선왕조실록, 승정원일기, 비변사등록, 일성록	• 460
26	금강전도, 인왕제색도	• 464
27	자격루, 혼천시계	• 470

부록 – 국보 목록 • 475
참고 문헌 • 541

1

국보란 무엇인가

우리 국보의 역사를 따져본다면 과연 몇 년이 되었을까. 우리 국보 시스템은 언제 어떻게 시작되어 오늘에 이르렀을까. 여기에서는 국보의 개념, 지정 및 해제 절차, 국보 지정의 역사 등 한국 국보에 관한 기본적인 내용을 살펴본다.

우리의 근현대사가 그러했듯 우리 국보의 초기 역사도 영광보다는 수난의 연속이었다. 식민지 시절인 1933년 일제(日帝)에 의해 처음으로 국보 지정 제도가 도입되었다는 사실이 이를 상징적으로 말해 준다. 더욱 안타까운 건 그 당시 일제가 국보 대신 보물이라는 명칭을 부여했다는 점이다. 국권을 잃은 나라는 국보가 있을 수 없다는 것이었다. 그렇게 시작된 국보의 역사는 광복을 거쳐 1950년대에 처음으로 국보란 명칭을 얻어 오늘에 이르고 있다.

하지만 그 후에도 국보의 역사가 그리 순탄한 것만은 아니었다. 국보 274호로 지정되었던 거북선 별황자총통이 가짜로 밝혀져 국보에서 해제되는 초유의 사건이 발생했고, 숭례문이 과연 국보 1호로 적합한지를 놓고 뜨거운 논란이 일기도 했다.

국보를 둘러싼 문화재 정책에 대한 시각의 문제도 소개한다. 문화재 정책이나 문화재 현장을 객관적이고 순수한 시각이 아니라 정치적으로 바라보려는 시각 때문에 논란을 부추기는 경우가 심심치 않게 일어난다. 이와 함께 요즘 관심을 끌고 있는 문화재학, 박물관학에 대해서도 만나본다.

1
국보와 보물의
차이

숭례문(崇禮門, 남대문)은 국보 1호인데 흥인지문(興仁之門, 동대문)은 왜 보물 1호일까? 국보 1호와 보물 1호 모두 조선시대 한양 도성의 성문이고 모양도 비슷한데 왜 하나는 국보가 되고 다른 하나는 보물이 되었을까?

생각할수록 흥미롭다. 조금만 더 호기심을 갖고 들여다본다면 재미있는 이야깃거리를 많이 발견할 수 있을 것이다. 국보와 보물은 과연 무엇이고 어떤 차이가 있는지, 숭례문은 언제 어떻게 국보 1호로 지정되었는지, 숭례문과 흥인지문의 미학과 가치는 어떻게 다른 것인지 등등……. 어디 이뿐인가. 국보는 우리에게 어떤 존재인지, 어떤 의미가 있는 것인지 등 국보의 궁극적인 가치에 대해서도 생각해 볼 수 있을 것이다. 국보는 말 그대로 국가의 보물 즉, 대한민국의 보물이다. 우리나라에서 가장 가치 있는 진동 문화유산을 뜻한다.

문화재는 눈에 보이는 유형문화재와 눈에 보이지 않는 무형문화재로 나뉜다. 국보(國寶)와 보물(寶物)은 이들 가운데 유형문화재를 대상으로 삼고 있다.

현행 문화재보호법 제23조에 따르면, "유형문화재 중 중요한 것을 보물로 지정할 수 있다……. 보물에 해당하는 문화재 중 인류 문화의 관점에서 볼 때 가치가 매우 크고 유례가 드문 것을 문화재위원회의 심의를 거쳐 국보로 지정할 수 있다."고 되어 있다. 여기서 국보가 보물보다 한 등급 높은 문화재임을 알 수 있다.

국보는 특히 "역사적·학술적·예술적 가치가 큰 것, 제작 연대가 오래되고 그 시대를 대표하는 것, 제작 의장(意匠)이나 제작 기법이 우수해 그 유례가 적은 것, 형태 품질 용도가 현저히 특이한 것, 저명한 인물과 관련이 깊거나 그가 제작한

 1 국보1호 숭례문의 전경, 공포. 고려시대 주심포식에서 조선시대 다포식으로 넘어가는 전통 목조 건축의 변화상을 잘 보여 준다. **2** 보물1호 흥인지문의 전경, 공포. 이미 다포식이 정착한 조선 말기의 공포 양식이다.

것" 등을 대상으로 한다고 명시해 놓았다. 이것이 국보 선정의 기준인 셈이다.

문화재는 오래된 것이다. 그 가운데에서도 국보는 특히 연륜이 있어야 한다. 국보는 보물에 비해 선정 기준이 더욱 엄격하다. 보물 가운데엔 백범 김구(白凡 金九, 1876~1949)의 자서전『백범일지』(보물 1245호)가 있다. 상권은 1929년, 하권은 1943년에 간행되었다. 1997년 보물로 지정될 당시, 하권의 나이는 쉰다섯. 50년 남짓밖에 안 되었지만 보물로 지정된 것이다.

하지만 아무리 가치가 있다고 해고 50년 정도의 연륜으로는 국보로 지정될 가능성은 희박하다. 국보에는 기본적으로 오랜 세월의 흔적이 남아 있어야 하기 때문이다.

국보 1호 숭례문과
보물 1호 흥인지문

조선시대 한양 도성의 동쪽 문이었던 숭례문과 서쪽 문이었던 흥인지문,
모양도 비슷하고 용도도 비슷한데 하나는 왜 국보가 되고 다른 하나는 왜 보물이 되었을까.
그 차이를 들여다보자.

역사적 가치
숭례문 조선 초인 1398년 건립되어 1447년 수리했다.
     현존 도성 건축물 중 가장 오래되었다.
흥인지문 조선 말인 1869년 새로 지은 건축물이다.
차이점   제작 연대가 400여 년 앞서는 숭례문이 역사적으로 더 가치가 있다.

건물의 아름다움
숭례문 장중한 규모. 절제와 균형의 아름다움.
흥인지문 과도하게 장식과 기교에 치중.
차이점   절제미와 균형미의 숭례문이 한국 건축의 전형적인 미학에 더욱 가깝다.

건축사적 가치
숭례문 다포식(多包式) 공포. 고려시대 주심포식에서 조선시대 다포식으로
     넘어가는 전통 목조 건축의 변화상을 잘 보여 준다.
흥인지문 다포식 공포. 이미 다포식이 정착한 조선 말기의 공포.
차이점   한국 건축사에서 공포의 변화상을 보여 주는 숭례문이 더 가치 있다.

공포(栱包)
건물의 대들보와 기둥 사이에 여러 개의 부재(部材)를 중첩해서 짜맞춰 놓은 것. 처마의 하중을 분산시켜 처마를 안정감 있게 받쳐 주기 위한 것이지만 장식하는 효과도 매우 크다. 기둥 위에만 공포를 짜놓은 것은 주심포식(柱心包式), 기둥 위뿐만 아니라 기둥과 기둥 사이에 여러 개의 공포를 짜놓은 것은 다포식이라고 한다.

2
국보의 지정

그럼 국보는 어떻게 지정할까. 앞에서 소개한 문화재보호법을 보면, 먼저 보물을 정해 놓고 그 가운데에서 국보를 골라내는 절차를 밟는 것처럼 보인다. 그렇지만 먼저 보물이 되고 그 다음에 다시 국보로 격상되는 것은 아니다. 논의 단계에서 보물보다 국보가 될 가능성이 높아 보이면 처음부터 국보 후보로 올려 놓는다.

국보와 같은 국가 지정 문화재의 지정 절차는 크게 둘로 나뉜다. 하나는 개인 소장 문화재를 소유자가 국보로 지정해 달라고 신청하는 경우이고, 다른 하나는 땅 속에서 발굴된 문화재를 문화재청이 직권으로 지정 신청을 하는 경우다.

첫째, 개인 소유자나 관리자가 국보 지정을 신청할 경우이다. 개인은 시장, 군수나 도지사 등 지방 자치 단체장을 통해 신청하거나 아니면 직접 문화재청장에게 국보로 지정해 달라고 신청할 수 있다. 신청이 들어오면 문화재청은 관련 전문가에게 의뢰해 문화재로서의 가치가 어느 정도인지 조사한다. 조사 결과, 가치가 있다고 판단되면 문화재위원회의 심의를 거쳐 지정 여부를 결정하게 된다.

둘째, 땅속 또는 바다에 있던 매장문화재를 발굴하거나 우연히 발견했을 때이다. 이 경우에는 문화재청이 직권으로 국보 지정을 신청할 수 있다. 문화재보호법에 따르면 이 같은 매장문화재는 그 소유자가 명백하게 밝혀지지 않을 경우 국가 소유가 된다. 이 같은 매장문화재 가운데 전문가들의 조사를 거쳐 국보로 지정할 만한 가치가 있다고 판단되면 문화재위원회의 심의를 거치게 된다.

국보 지정 신청이 들어오면 문화재청은 우선 그 분야의 전문가인 문화재 전문위원들에게 1차로 현장 또는 실물 조사를 의뢰한다. 문화재 전문위원은 문화재청의 위촉을 받은 전문가들로, 문화재위원회에 소속되어 있다. 불상의 경우엔 불교 미술 전문위원들이, 건축물의 경우엔 한국 전통건축 전문위원들이 조사에 나선다. 탑이나 건축물처럼 움직일 수 없는 문화재는 직접 그 현장으로 찾아간다. 도자기, 불상, 회화처럼 이동이 가능한 문화재는 전문위원들이 소장처로 직접 찾아가기도 하고 유물을 어느 특정 장소로 가져오도록 하기도 한다.

이어 전문위원들은 앞서 말한 국보로서의 자격 기준(역사적·학술적 가치나 아름다움, 희소성 등)을 어느 정도 갖추고 있는지, 진짜인지 가짜인지, 보존 상태는 양호한지 등을 집중 조사한다. 소장자가 그 유물을 어떻게 소유하게 되었는지, 즉 소장 경위에 대한 조사도 매우 중요하다. 이것은 해당 유물이 도굴품, 도난품이 아닌지를 점검하기 위한 것이다. 아무리 그 유물이 가치 있는 것이라고 해도 누군가가 도난을 당한 것이라면 도의적으로나 법적으로 문제가 되지 않을 수 없다. 이러한 유물을 국보로 지정할 수는 없는 법이다.

이 같은 1차 조사 결과, 도굴품·도난품이란 의심이 없고 국보로 지정할 만한 가치가 있다고 판단되면 문화재청은 최종적으로 문화재위원회에 국보 지정 심의를 의뢰한다. 여기서 말하는 문화재 위원은 문화재 전문위원보다 한 등급 높은 지위를 지니고 있다. 대상 유물에 해당하는 분야의 문화재 위원들이 문화재 전문위원들의 조사와 동일한 절차를 거쳐 또 한 차례 유물을 심의한다. 여기에서 국보로 지정할 만하다고 판단되면 문화재위원회를 열어 공식적으로 국보 지정을 의결한다.

1990년 후반부터는 새롭게 국보로 지정하는 것 이외에 이미 보물로 지정된 것들 가운데 역사적·학술적 가치가 높다는 사실이 뒤늦게 밝혀진 유물들을 국보로 승급시키는 사례가 늘어났다.

문화재위원회는 1995년 부산 동아대박물관이 소장하고 있는 〈동궐도〉(조선 1820년대)를 보물에서 국보 249호로 승격시켰다. 이어 1997년에는 보물이었던 익산 왕궁리 5층 석탑(통일신라 말~고려 초, 국보 289호), 통도사 대웅전 및 금강계단(金剛戒壇, 조선 1645년, 국보 290호), 용감수경(龍龕手鏡, 한자의 자전, 고려 10세

2007년 보물에서 국보 310호로 승격된 백자 달항아리. 18세기, 높이 43.8cm, 국립고궁박물관 소장.

기 말, 국보 291호), 오대산 상원사 중창 권선문(勸善文, 조선 1464년, 국보 292호), 백자 청화철채동채풀벌레무늬 병(조선 18세기, 국보 294호), 금동관세음보살입상(백제 7세기 초, 국보 293호)을 국보로 승격 지정했다.

2001년에는 보물이었던 전남 여수시 진남관(鎭南館, 1598년 건립, 1718년 중창)을 국보 304호로, 2002년에는 역시 보물이었던 경남 통영시의 세병관(洗兵館, 1604년 건립)을 국보 305호로, 2004년에는 태안 동문리 마애삼존불입상(泰安 東門里 磨崖三尊佛立像, 백제 6세기 말~7세기 초)을 국보 307호로 각각 승격시켰다. 이어 2005년엔 전남 해남 대흥사의 보물 북미륵암 마애여래좌상(海南 大興寺 北彌勒庵 磨崖如來坐像, 고려 전기)을 국보 308호로 승격시켰다. 일종의 가치 재평가라고 할 수 있다. 보물의 국보 승격은 이후에도 계속되었다. 2007년에 보물이었던 백자 달항아리(白磁 壺) 두 점이 국보 309호(삼성미술관 리움 소장)와 310호(국립고궁박물관 소장)로 승격되었다. 2012년엔 보물이었던 조선 태조 어진(朝鮮 太祖 御眞)이 국보 317호로 승격 지정되었다.

2012년 보물에서 국보 317호로 승격된 태조 어진. 조선 초에 제작한 원본을 1872년에 그대로 옮겨 그린 것이다. 전주 경기전 어진박물관 소장.

3
국보의
해제

국보로 지정되었다고 해도 이후 국보로서의 가치를 상실하거나 기타 특별한 사유가 있을 때는 문화재위원회의 심의를 거쳐 지정을 해제할 수 있다. 해제 사유는 대개 문화재가 훼손된 경우, 또는 도난품이거나 가짜로 밝혀진 경우 등이다.

1962년 문화재보호법이 제정된 이후 국보가 해제된 것은 모두 두 차례였다. 첫 번째 사례는 1996년 당시 국보 274호였던 거북선별황자총통(龜艦別黃字銃筒)을 국보에서 해제한 일이다. 그래서 현재의 국보 목록에서 274호는 비어 있다.

거북선별황자총통이 국보로 지정된 것은 1992년 8월이었다. 당시 해군의 이충무공 해전 유물 발굴단은 경남 통영시 한산도 앞바다에서 거북선총통을 발굴했다고 발표했다. 국민의 관심이 집중되었고, 이에 부응하기 위해서인지 문화재위원회는 발굴 3일 만에 신속하게 국보 274호로 지정했다.

그러나 4년이 채 지나지 않은 1996년 6월, 이 총통이 가짜라는 사실이 밝혀졌다. 한 해군 대령이 가짜 총통을 한산도 앞바다에 빠뜨린 뒤 진짜를 발굴한 것처럼 꾸민 사건이었다. 가짜인 데다 발굴 조작까지, 이 사건은 한국 국보의 역사에 있어 전무후무한 충격적인 사기극이었다. 이로 인해 1996년 8월 30일 거북선별황자총통은 국보에서 해제되었다.

당시 가장 문제가 되었던 것은 1992년 당시의 졸속 심의였다. 거북선총통을 국보로 지정한다고 하면서 무기 전문가가 한 번도 이 유물을 조사하지 않았다. 심의 기간이 불과 3일이었다는 것도 도저히 이해할 수 없는 대목이었다.

두 번째는 국보에서 해제되어 보물로 격하된 경우이다. 2010년 8월 국보 278호 이형(李衡) 원종공신녹권(原從功臣錄券) 및 보관 상자가 보물 1657호로 격하 조정되었다. 국보 232호 이화(李和) 개국공신녹권(開國功臣錄券), 국보 250호 이원길(李原吉) 개국원종공신녹권처럼 이미 국보로 지정된 조선시대 개국공신녹권이 있는데다 이형 개국공신녹권이 이들에 비해 역사적 가치가 떨어진다고 판단했기 때문이다.

2008년 2월 화재가 발생했던 국보 1호 숭례문도 당시 국보 해제 문제를 논의한 적이 있었다. 숭례문은 크게 석축과 누각으로 구성되어 있다. 당시 석축에 큰 피해는 없었지만 2층짜리 누각은 큰 피해를 입었다. 목조 누각 가운데 2층은 전소되었고 1층도 절반 정도 불에 타 버렸다. 화재 직후 이렇게 훼손된 숭례문을 다시 복원한다고 해도 과연 이것이 조선 초기 것이라고 할 수 있는가 하는 문제가 제기되었다. 이 문제를 논의하기 위해 화재 발생 다음날 긴급 문화재위원회가 열렸다. 문화재위원회는 숭례문의 국보로서의 지위를 그대로 인정했다. 비록 화재로 인해 목조 누각의 상당 부분이 불에 탔다고 해도 석축이 그대로 남아 있는 데다 원형 복원이 가능하기 때문에 문화재로서의 가치, 국보로서의 가치를 지니고 있다고 판단한 것이다.

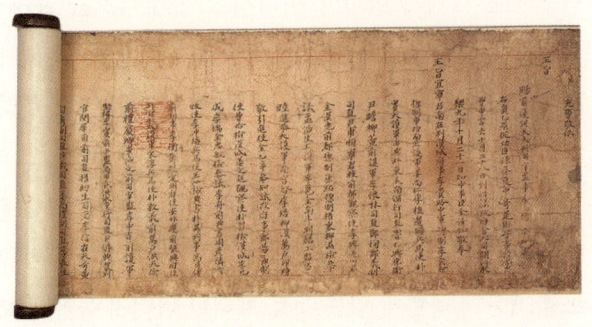

보물 1657호 이형 공신녹권. 국보 278호에서 해제되어 보물이 되었다.

4
국보 지정의
역사

대한민국의 국보가 처음 지정된 것은 언제일까. 우리의 문화재가 국보라는 이름을 부여받기 시작한 해는 1955년. 그러나 국보의 역사는 일제 강점기(日帝强占期)로 거슬러 올라간다.

일제는 1933년 '조선보물고적명승천연기념물보존령'이라는 법령을 공포하고 1934년부터 조선의 문화재를 조사해 보물, 고적, 명승, 천연기념물로 나누어 지정하기 시작했다. 지금의 문화재위원회와 같은 '조선보물고적명승천연기념물보존회'를 만들어 이를 담당하도록 했다. 첫 지정은 1934년 8월 27일에 있었다. 일제는 보물 153건, 고적 13건, 천연기념물 3건을 지정했다. 당시 보물 1호는 경성 남대문(숭례문, 崇禮門), 보물 2호는 경성 동대문(흥인지문, 興仁之門), 보물 3호는 경성 보신각종이었다.

당시 일제는 조선의 국보를 지정하지 않았다. 국권을 상실하고 일제 식민지가 된 조선은 국가가 아니며, 따라서 조선의 국보는 있을 수 없고 일본의 국보가 곧 식민지 조선의 국보라는 것이 그 이유였다. 이는 일제가 우리 문화재의 가치를 의도적으로 폄하한 것이고, 동시에 국권을 잃어 버린 우리 문화재가 겪어야 했던 비애였다.

일제가 지정한 보물 등 지정 문화재는 광복 후 그대로 계승되었다. 1955년 정부는 '국보고적명승천연기념물보존회'를 발족했고 그해 보존회는 일제가 지정했던 보물 가운데 북한에 있는 것을 제외한 나머지 등을 국보로 바꾸었다. 이렇게 지정된 국보는 367건, 고적은 106건, 고적 및 명승은 3건, 천연기념물은 116건. 국보 1

호는 서울 남대문(숭례문), 국보 2호는 서울 동대문(흥인지문), 국보 3호는 서울 보신각종이었다.

이어 1962년 문화재보호법을 제정하면서 1955년 지정한 국보를 국보와 보물로 나누어 다시 지정했다. 그러나 애초에 일제가 지정했던 문화재에 대해 별도로 재평가한 것은 아니었다. 국보 1호는 서울 남대문, 보물 1호는 서울 동대문이었다.

그 후 여러 차례에 걸쳐 국보가 추가로 지정되었다. 그러나 일제가 지정한 문화재를 그대로 수용한 것을 놓고 간헐적으로 논란이 일기도 했다. 그러던 중 1995년 광복 50주년을 맞아 일제 지정 문화재에 대한 본격적인 비판이 제기되었다. 비판 여론이 비등해지자 문화재관리국(현 문화재청)은 1995~96년 일제 지정 문화재에 대한 재평가 작업을 실시했다. 1996년 12월엔 '일제의 문화재 정책 평가 세미나'를 열어 전문가들과 일반인의 의견을 모았다. 일제 지정 문화재의 등급이나 명칭이 타당한지, 일제가 문화재의 가치를 왜곡해 평가한 것은 없는지 등을 집중 검토했다.

이 같은 재평가를 토대로 문화재관리국은 1997년 국보와 보물 가운에 일부 문화재의 명칭을 변경하고, 등급을 조정하는 조치를 취했다. 가장 대표적인 사례는 일제에 의해 왜곡 폄하된 문화재의 이름을 원래대로 되돌린 것이었다. 이에 따라 국보 1호인 남대문을 원래의 공식 이름인 숭례문으로, 보물 1호인 동대문을 흥인지문으로 바꾸었다.

남대문, 동대문은 고유 명칭이 아니라 단순히 방향을 나타내는 데 불과하다. 물론 조선시대 때 남대문, 동대문으로 불렸던 것도 사실이다. 그러나 공식 이름은 현판에 나와 있는 것처럼 숭례문, 흥인지문이다. 그런데도 일제가 1934년 남대문, 동대문을 공식 명칭으로 정한 것은 숭례문, 흥인지문의 가치를 격하하려는 의도가 숨어 있다고 볼 수밖에 없다. 그러한 이름을 우리가 아무런 비판 없이 60년 넘게 사용해 왔던 것이다.

또한 팔만대장경을 보관하고 있는 국보 53호 해인사 장경판고(藏經板庫)를 해인사 장경판전(藏經板殿)으로 이름을 바꾸어 그 가치를 높였다. '고(庫)'는 물품을 보관하는 창고를 뜻하고, '전(殿)'은 임금이 생활하거나 부처를 모시는 건물을 뜻한다. 따라서 장경판고라고 하면 장경판을 보관하는 창고를 의미한다. 이 역시 일제가 우리의 최고 문화재 가운데 하나인 팔만대장경을 폄하하기 위해 '고'라고 명명한 것이었다. 이를 '전'으로 바꿈으로써 대장경의 성스러운 가치를 회복시켰다. 사적 3호인 수원 성곽도 정조 당시의 원래 이름인 수원 화성(華城)으로 되돌렸다. 그리고 일제가 가치를 낮게 평가했던 익산 왕궁리 5층 석탑, 통도사 대웅전 및 금강계단 등 보물 6건을 국보로 격상시키기도 했다.

1997년 문화재관리국(현 문화재청)은 일제에 의해 왜곡, 폄하된 문화재의 이름을 원래대로 되돌리는 조치를 취했다. 이에 따라 현판에 나와 있는 공식 이름 그대로, 국보 1호 남대문을 숭례문으로 보물 1호인 동대문을 흥인지문으로 바꾸었다.

5
국보 1호
재지정 논란

대한민국 국보 1호인 숭례문(崇禮門, 남대문). 50년 넘도록 국보 1호의 지위를 구가해 온 숭례문이 국보 1호로 적합하지 않다고 누군가 주장한다면, 그래서 국보 1호를 새로 지정해야 한다는 주장이 제기된다면…….

일제 지정 문화재를 재평가하던 1996년, 이 문제를 놓고 한바탕 뜨거운 논란이 벌어졌다. 숭례문이 과연 한국의 국보 1호로 적합한지를 놓고 전문가들뿐만 아니라 많은 국민들 사이에서 찬반 논란이 비등해졌기 때문이었다.

숭례문과 국보 1호의 인연은 1934년 시작되었다. 1934년 8월 27일 일제가 조선의 보물을 지정하면서 숭례문(당시는 경성 남대문)에 보물 1호의 번호를 부여했다. 당시 일제가 숭례문의 가치를 특별히 평가했던 것이라기보다는 편의상 1호를 붙였던 것이다. 이후 1955년, 1962년 우리 정부가 국보, 보물을 지정하면서 일제가 부여했던 번호를 그대로 따랐고, 그렇게 해서 숭례문은 국보 1호가 되었다.

물론 숭례문은 역사적, 미학적, 건축사적인 면에서 국보로 지정되기에 충분한 가치를 지니고 있다. 여기에는 어떠한 이견도 없다. 문제는 숭례문이 국보라는 사실이 아니라 국보 1호라는 점이었다.

1996년 당시 국보 1호를 재지정해야 한다고 주장하는 측의 의견은 이러했다.

"국보 1호는 한국 전통문화의 상징이다. 남대문(당시는 숭례문으로 이름을 바꾸기 전이었음)으로는 약하다. 우리의 대표적 문화재로서의 상징성이 부족하고 일제의 잔재가 남아 있다. 훈민정음, 석굴암처럼 역사적·문화적으로 가치가 높고 세계 어디에 내놓아도 손색이 없는 문화재로 국보 1호를 바꾸어야 한다."

즉 국보 1호는 다른 국보와 다른 특별한 것이어야 하는데 숭례문으로는 부족하다는 논리였다. 국보 1호 재지정론자들이 내놓은 대안은 훈민정음, 석굴암 등이었다. 이에 대해 재지정 반대론자들은 이렇게 맞섰다.

"국보 1, 2, 3호의 번호는 좋고 나쁨의 순위가 아니라 단순한 순번에 불과하다. 문화재라는 것은 각 장르별로 개성적인 가치를 지니고 있기 때문에 우열을 매길 수 있는 성질의 것이 아니다. 국보 1호를 새로 지정할 경우, 기존의 관념을 어지럽게 할 뿐만 아니라 국내외의 각종 자료와 기록을 고쳐야 하는 등 엄청난 혼란이 발생한다. 이번에 국보 1호를 바꾸고 그 후 더 좋은 문화재가 발굴 혹은 발견된다면 또다시 국보 1호를 새로 지정할 것인가? 특별한 문제가 없는 한 이미 지정한 문화유산을 그대로 유지 보존하는 것이 바람직하다."

양측의 의견은 팽팽히 맞섰고 논란은 그치지 않았다. 고심하던 문화재관리국은 여론을 물어 국보 1호 재지정 여부를 결정하기로 하고, 1996년 10월부터 11월까지 설문조사를 실시했다. 대상은 문화재 전문가 144명과 일반 국민 1,000명. 결과는 반대 우세였다.

우선 전문가들의 설문조사 결과를 보자. 설문에 응답한 전문가 135명 가운데 59.2%인 80명이 새시성 반대, 38.5%인 52명이 재지정 찬성 의견을 보였다.

일반 국민 여론조사 결과도 비슷했다. 조사 대상 1,000명 가운데 67.6%인 676명이 국보 1호 재지정에 반대했다. 재지정에 찬성한 사람은 32.4%인 324명이었다. 문화재관리국은 여론 조사 결과에 따라, 국보 1호를 그대로 두기로 최종 결정했다. 이로써 세간의 관심을 끌었던 국보 1호 재지정 논란은 '현상태 유지'로 일단락되었다.

우여곡절이었지만 어찌 됐든 대한민국 국보 1호는 바뀌지 않았다.

국보 1호 재지정 논란은 이후 잠잠해졌다. 그러나 9년이 흐른 뒤, 다시 수면 위로 떠올랐다. 2005년, 국보 1호 재지정 논란은 다소 의외의 지점에서 시작되었다. 감사원이 '일제 잔재 청산'이라는 명분으로 국보 1호 교체 문제를 들고 나왔다.

국보 1호 논란이 재점화된 것이다. 당시 이를 놓고 정치 논리에 따른 것이라는 비판이 제기되었다. 왜 그랬을까. 국보 지정 문제는 문화재위원회의 고유 권한이다. 물론 국민 누구나 의견을 내놓고 찬반 논의를 할 수 있다. 하지만 그렇다고 해도 전문가 그룹인 문화재위원회의 최종 결정을 따라야 한다. 그런데 여기에 감사원이 의견을 개진했고 이에 맞춰 정부가 분위기를 조성했다. 당시 문화재청장은 "국보 1호를 바꾸는 데 (국민 사이에) 큰 이론은 없고, 새로운 국보 1호로는 훈민정음이 적합하다."고 발언하기도 했다. 부적절한 발언이었다. 문화재위원회의 심의를 거쳐야 하는 사안인데 교체를 기정 사실처럼 발언한 것이다. 그렇기에 정치 논리가 문화 논리를 지배했다는 비판도 나왔다. 문화재 전문가들은 "국보는 광복 이후 전문가들에 의해 신중하게 지정된 것이다. 이를 두고 친일 잔재라고 말하는 것은 있을 수 없다."라며 불쾌한 반응을 보이기도 했다.

또 한차례의 논란이 있었지만 문화재위원회는 '현행 유지'(숭례문의 국보 1호 유지)로 결론지었다. 2005년에도 국보 1호는 바뀌지 않았다.

국보 1호 재지정 관련 설문조사 결과(1996년)
자료 : 문화재관리국(현 문화재청), 극동조사연구소

재지정 반대 이유

전문가 1. 문화재 지정 번호는 단순 순서이지 가치 척도의 우열이 아니다(25%).
        2. 문화재에서 우열의 절대 기준은 없고 가치 판단은 시대에 따라 유동적이다(7.5%).
        3. 국보 1호를 다시 지정하면 혼란이 발생한다(7.5%).
        4. 의미와 가치로 국보 1호를 정한다면 앞으로도 계속 바꾸어야 한다(6.3%).
        5. 기타 : 국보 1호로 지정할 때 충분한 검토가 있었다.
                 1호만 바꾼다면 2호 이하는 대수롭지 않다는 인상을 줄 수 있다.
                 서울 한복판에 위치하고 있어 국보 1호로서의 상징성이 있다.
                 남대문이 서울의 상징이라는 것은 이미 국내외에 알려진 사실이다.
국민   1. 남대문은 서울 성곽의 정문이며 역사성 건축 예술적 가치가 크다(38%).
        2. 이미 지정되어 있는 것을 바꿀 경우 혼란을 초래한다(36.5%).
        3. 국보 1호는 지정 순서일뿐 가치 순서가 아니다(10.4%).

재지정 찬성 이유

전문가 1. 남대문은 대표적 문화재로서의 상징성이 약하다(11.5%).
        2. 남대문보다 더 중요하고 역사성이 있는 문화재로 바꿔야 한다(9.6%).
        3. 국보 1호는 국가를 대표하는 상징성이 있어야 한다(9.6%).
        4. 남대문 국보 1호 지정엔 일제의 잔재가 남아 있다.(5.8%).
        5. 기타 : 국보 지정 번호가 가치와 관계는 없지만 1호는 상징적이기 때문에 예외다.
                 국보 1호와 보물 1호가 모두 목조 건물이라는 것은 형평에 맞지 않는다.
                 현재의 교통량으로 볼 때 국내외 관광객의 관람이 불가능하다.
                 대다수의 사람들이 직접 보고 관찰할 수 없다.
국민   1. 남대문 국보 1호 지정은 일제 강점기의 잔재다(43.5%).
        2. 남대문은 국보 1호로서의 가치가 없다(18.8%).
        3. 남대문보다 역사적 가치가 높은 문화재가 많다(11.4%).

4. 기타 : 남대문 주변이 지저분하기 때문에 새로 지정해야 한다.
도심 한복판에 있어 가치가 적다.
국보 1호는 정신적 유물이어야 한다.
세계적으로 명성이 떨어진다.

새로운 국보 1호 후보
전문가 1. 훈민정음(40.4%)
　　　　2. 석굴암(34.6%)
　　　　3. 팔만대장경(1.9%), 다보탑(1.9%), 첨성대(1.9%),
　　　　　규장각 소장 문서(1.9%), 고려 직지심경(1.9%), 경복궁(1.9%)
국민　　1. 훈민정음(54.6%)
　　　　2. 석굴암(16.7%)
　　　　3. 팔만대장경(15.4%)
　　　　4. 다보탑(8.0%)
　　　　5. 첨성대(3.7%)
※ 전문가의 경우, 일반 국민에 비해 석굴암 추천이 상대적으로 많았다.

훈민정음, 국보 1호 추천 이유
전문가　세계적이고 가장 독창적이고 과학적인 문화재다.
　　　　우리 민족의 얼과 정신이 담겨 있는 문화재다.
　　　　우리 문화의 근간을 상징한다.
　　　　특정 종교에 치우치지 않는 문화재다.
국민　　역사성, 창조성, 학술적 가치, 예술성, 상징성 등이 높다.

석굴암, 국보 1호 추천 이유
전문가　긴 역사성을 지니며 우리 민족의 정신적 이념을 표상하는 문화재다.
　　　　뛰어난 조형성과 세계 최고의 예술성 및 학술적 가치를 지니고 있다.
국민　　역사성, 창조성, 학술적 가치, 예술성, 기술성 등이 높다.

6
지정 번호 폐지,
관리 번호가 바람직

국보 1호 논란은 잠재된 불씨다. 언제나 재연될 수 있다. 1996년 '국보 1호 교체 불가'로 마무리되었던 논란이 불과 9년 만인 2005년 다시 불거졌다는 점이 그렇다. 왜 이렇게 자꾸만 논란이 이는 것일까. 근본적인 원인을 찾아본다면 국보를 바라보는 시각이 서로 다르기 때문이다. 사람마다 다르고 시대마다 다르고, 또 정권에 따라 다르다.

2005년 교체 논란이 일었던 것은 감사원이 '일제 잔재 청산'이란 명분으로 국보 1호 교체 문제를 들고 나왔기 때문이다. 숭례문의 국보 1호 지정 역사를 문화적으로 바라본 것이 아니라 지나치게 정치적, 사회적으로 바라본 것이다. 이는 2005년 당시의 정치적, 사회적 분위기와 무관하지 않다. 이렇게 정치적으로 바라볼 경우, 국보 1호 교체 논란은 다시 불서실 가능성이 높은 사안이다. 게다가 국보 1호라는 상징성 때문에 다시 불러내는 순간 곧바로 사회적 이슈가 될 수밖에 없다.

그렇다면 어떻게 해야 할까. 국보 1호 지정 문제를 정치적으로 바라보지 않으면 된다. 하지만 이는 쉬운 일이 아니다. 그렇다면 다른 묘안은 없는 것일까. 어찌 보면 간단하다. 국보의 지정 번호를 없애면 된다. '국보 1호 숭례문', '국보 70호 훈민정음 해례본'이 아니라 '국보 숭례문', '국보 훈민정음 해례본'이라고 칭하면 된다.

국보와 보물의 일련 번호는 1962년 문화재보호법을 제정하면서 일제가 우리 문화재에 편의상 붙였던 번호를 그대로 따른 것이다. 사실 국보나 보물 등에 번호를 매긴 나라는 우리나라와 북한뿐이다. 일본의 경우, 국보의 번호가 있지만 문화청의 관리용 번호일 뿐 그 누구도 번호를 사용하지 않는다. 일본의 국보 1호는 교토

(京都)의 고류지(廣隆寺) 목조반가사유상이다. 그러나 일본 사람들 그 누구도 여기에 1호라는 숫자를 붙이지는 않는다. 모든 대외 자료나 책자, 홍보물에는 국보의 번호가 표기되어 있지 않다. 물론 고류지 입구에 가 보면 안내판이 있는데 거기에는 국보 1호라고 표기되어 있다. 아마 사찰 측에서 반가사유상을 자랑하기 위해 일부러 국보 1호라는 말을 써 넣은 것 같다. 이 경우를 제외하고는 일본의 어느 곳에서도 국보의 지정 번호를 발견할 수 없다.

국보 1호 재지정 논란을 잠재우려면 번호를 없애는 방법밖에 없다. 오해의 소지가 높은 번호를 그냥 둘 필요가 없다. 국보의 번호가 가치 우열의 개념이 아니라 일련 번호일 뿐이라고 아무리 얘기해도 그때만 수긍할 뿐 돌아서면 "그래도 국보 1호는 달라야 한다."고 말한다. 이것이 우리네 정서다. 그래서 아예 국보나 보물 등의 지정 번호를 없애야 한다.

2005년 국보 1호 논란이 마무리될 때의 상황으로 돌아가 보자. 2005년 11월 문화재위원회는 국보 1호를 그대로 유지하기로 했다. 대신 이듬해부터 국보의 지정 번호를 아예 없애는 방안을 정식 검토하기로 했다. 그때 국보 1호 재지정 여부 관련 회의에 참석한 국보 지정 분과 문화재 위원(총 14명) 12명은 대부분 "1호, 2호 식의 국보 지정 번호를 없애고 관리 차원의 번호만 부여하는 것이 바람직하다."는 의견을 냈다.

그러나 번호를 없애는 일은 쉽게 이뤄지지 않았다. 2008년 문화재청은 국보와 보물의 지정 번호를 없애는 방안을 추진하겠다고 발표했다. 문화재 등급 분류체계 개선안을 논의한 뒤 문화재보호법 개정을 추진하겠다는 것이었다. 이후 등급 체계는 조정되고 있지만 지정 번호는 여전히 그대로 남아 있다. 구체적으로 언제 진행될지 알 수 없는 상황이다.

7
국보 지정의 문제점

우리의 국보 지정 시스템을 보면 개선해야 할 점이 적지 않다.

첫째, 치밀하지 못한 심의 및 지정이다. 1996년 밝혀진 거북선별황자총통(당시 국보 274호) 발굴 조작 사건이 이러한 문제점을 극명하게 보여 주는 사례다. 이 별황자총통은 1992년 국보로 지정되었다. 당시 문화재위원회는 총통이 인양된 지 3일 만에 국보로 지정했다. 3일 만에 국보로 지정한 것은 어떤 이유로도 합리화할 수 없는 졸속 지정이었다. 그때 문화재위원회의 국보 지정 심의에는 전통 무기 전문가가 한 명도 포함되지 않았다. 관련 분야 전문가의 의견을 들었어야 했음에도 최소한의 절차를 무시한 것이었다.

1996년 이 총통이 가짜라는 사실이 밝혀져 국보에서 해제한 뒤 문화재관리국은 졸속 지정의 위험을 막기 위해 지정 예고제를 도입했다. 국보나 보물, 사적, 천연기념물 등으로 지정할 가치가 있다고 판단되면 먼저 한 달간 이를 예고하고 그 기간 동안 전문가들의 의견을 수렴해 문화재위원회에서 지정 여부를 최종 판단하겠다는 취지였다.

둘째, 현재의 국보가 과연 국보로 지정되기에 합당한 가치를 지니고 있는지에 대한 정밀한 검토도 필요하다. 일제가 지정한 것을 그대로 이어받은 문화재에 대한 재평가는 있었지만, 이후 추가 지정된 문화재에 대해선 재평가 없이 그대로 이어지고 있다. 보물 수준의 문화재가 과대평가되어 국보의 자리에 오른 경우가 있다는 뼈아픈 지적을 외면하지 말아야 한다.

최근 들어 재검토가 이뤄지고 있기는 하다. 보물 가운데 가치가 높은 것을 다시 찾아내 국보로 승격하는 예가 많다. 바람직한 일이다. 그러나 그 반대의 상황은 거의 없다. 국보 315건(국보 274호, 278호는 해제) 가운데 모두가 다 국보로서의 가치가 있는지, 우리 스스로 냉정하게 평가해 볼 필요가 있다. 물론 보물을 국보로 승격하는 일은 별 문제가 없다. 다만 국보를 재평가해 등급을 떨어뜨린다는 것은 쉬운 일이 아니다. 모든 전문가들이 동의하지 않으면 엄청난 논란에 휩싸일 수밖에 없다. 현실적으로 어려운 일이지만 그렇다고 외면할 문제도 아니다.

셋째, 국보로 지정된 외국산 문화재에 대한 가치 평가가 잘못되었다는 의견도 적지 않다. 외국에서 만들어진 국보는 42호 송광사 목조삼존불감(木彫三尊佛龕, 1962년 지정)과 168호 백자 진사매화국화무늬 병(1974년 지정)이 대표적인 예이다. 목조삼존불감은 8세기경 중국 당나라에서 만들어졌다. 불감은 불상을 모셔 놓는 작은 집을 말한다. 이 불감은 보조국사 지눌(普照國師 知訥, 1158~1210년)이 중국 당나라에서 돌아오는 길에 가져온 것으로 알려져 있다. 전체 크기는 작지만 (높이 13cm, 문을 열었을 때 폭 17cm) 조각 수법이 정교해 불감의 명품으로 평가받는다. 이 불감은 가운데의 방을 중심으로 좌우에 작은 방이 문짝처럼 붙어 있다.

국보 42호 송광사 목조삼존불감. 8세기경 중국 당나라에서 만든 것이란 견해가 지배적이다.

국보 168호 백자 진사매화국화무늬 병. 14~15세기 중국 원말 명초 때 만든 것으로 추정된다. 높이 21.4cm.

이 문짝을 열면 3개의 방이 나타나며 가운데에 본존불, 좌우로 자비의 보현보살(普賢菩薩)과 지혜의 문수보살(文殊菩薩)이 조각되어 있다.

세부 장식이나 얼굴 등을 보면 인도 분위기가 나타나지만 전체적인 양식이나 구조 등으로 보면 중국 당의 요소가 반영되어 있다. 이는 한반도에서 만들어진 것이 아님을 의미한다. 중국 당의 불감이라는 데 학계의 의견이 거의 일치한다.

국보 168호 백자 진사매화국화무늬 병의 경우, 문화재청의 국보 안내문이나 일부 도자기 관련 도록을 보면 15세기 조선시대의 것으로 되어 있다. 그러나 14~15세기경 중국 원말 명초(元末明初) 때의 작품이라는 견해가 더 많다.

외국에서 만들어진 문화재라고 해도 이 땅에 들어와 우리 선인들이 사용하면서 우리 문화의 일부로 융합되었다면 국보로 지정해 보존하는 것은 마땅한 일이다. 그러나 여기엔 이들 문화재가 미술적, 역사적으로 뛰어나고 가치가 있어야 한다는 점이 전제되어야 한다.

애초에 외국 문화재라는 사실을 모르고 국보로 지정했다면 그 가치를 잘못 판단한 것이다. 특히 국보 168호 백자 진사매화국화무늬 병의 경우, 중국의 진사백자와 비교해 보면 그다지 뛰어난 작품이 아니라는 견해가 있다. 중국에서 그리 대단하지 않은 도자기가 한국에 와서 국보가 되었다고 볼 수도 있다.

물론 누군가는 세계 최고 수준인 중국 도자기의 두터운 층을 감안해 볼 때, 그리 문제가 되지 않는다고 반박할지도 모른다. 그러나 1974년 국보 지정 당시, 이 문제를 의식하지 못했다는 점은 분명 반성해야 할 대목이다.

8
국보는
누구의 것인가

지금까지의 국보 지정을 보면, 국립박물관이나 공익 재단, 공공 미술관의 소장품보다 개인 소장품을 국보로 지정하려는 경향이 있다. 이에 대해 일부 전문가들은 이렇게 설명한다.

"개인 소장품을 국보나 보물로 지정하는 데 더욱 신경을 쓰는 것은 문화재 보존의 측면에서다. 국가 기관이나 공익 재단에 비해 개인 소장품은 상대적으로 도난이나 훼손의 우려가 높고 매매가 수월해 보존상의 문제점이 많다. 그것을 국보나 보물로 지정하면 훨씬 안전하게 관리할 수 있다."

어느 정도 이해는 되지만 전적으로 받아들일 수는 없는 일이다. 국보는 어떤 하나의 문화재를 안전하게 관리하기 위해서만 지정하는 것이 아니다. 국보는 한국 전통문화의 얼굴이고 상징이다. 일반 국민이나 외국인들은 일차적으로 국보를 통해 한국 전통문화를 접한다. 다른 어떤 문화재보다 국보를 높게 평가하지 않을 수 없다는 말이다.

따라서 가치가 높은 문화재라면 소장 주체가 누구인가에 관계없이 국보로 지정해야 한다. 훨씬 가치 있는 국가 소장품을 빼놓고 다수의 개인 소장품을 국보로 지정한다면 그건 국가 지정 문화재인 국보의 진정한 의미를 훼손하는 일이다.

개인이 소장하고 있는 국보의 경우, 소장자가 외부에 노출시키지 않으려는 경향이 강하다는 점도 문제가 아닐 수 없다. 이렇다 보니 국민들이 이들 국보의 실물을 감상한다는 것은 보통 어려운 일이 아니다. 비록 법적으로는 개인의 소유물이라고 해도 좀 더 넉넉한 마음으로 보면 국민 모두의 것이다. 보존의 문제도 중요하지만 적절한 시기에 많은 국민이 함께 감상하면서 그 아름다움과 매력을 느낄 수 있어야 한다.

소장자들은 국보를 지니고 있다는 것 하나만으로도 적지 않은 명예와 권위를 지니게 된다. 국보 소장자들은 대한민국 최고의 전통문화 애호가로 대접받는다. 국보 소장 기관은 '국보 소장 ○점'이라는 문구로 자신들을 홍보한다. 이 같은 명예와 권위는 결국 국민이 부여한 것이다. 따라서 그 명예와 권위는 국민과 공유해야 한다. 만일 국보 소장자들이 이런저런 이유를 들어 국보 공개를 지나치게 꺼려 해 수장고에만 꼭꼭 가두어 놓으면 곤란하다.

물론 국보는 엄격하게 보존 관리되어야 한다. 보존이 최우선이라는 말에 전적으로 동의한다. 그러나 공개할 수 있는 상황인데도 납득하기 어려운 이유를 들어 지나치게 공개하지 않는 경우가 있다. 일부 소장자의 이 같은 생각은 고쳐야 한다. 국보라는 이름은 국민이 부여한 것이기 때문이다. 국보는 국민의 것이어야 한다.

9
문화재 행정과
정치

경복궁의 정문인 광화문, 한양 도성의 남쪽 정문인 숭례문. 이들 사이엔 공통점이 참 많다. 우선, 대한민국 수도 서울을 대표하는 전통 건축 문화재라는 사실을 들 수 있다.

일제 강점기 때 수난을 당해야 했던 것도 광화문과 숭례문의 공통점이다. 일제는 1907년 숭례문 바로 옆에 붙어 있는 한양 도성 성곽을 파괴했다. 일제는 또 1926년 경복궁을 파괴하고 조선총독부 건물을 세운 뒤 총독부의 시야를 가린다는 이유로 광화문을 해체해 경복궁 북동쪽(현재 국립민속박물관 옆)으로 옮겼다.

근대화 고도 성장 속에서 이들 문화재의 수난은 계속되었다. 숭례문은 주변에 고층 빌딩이 올라가고 차량과 도로에 점령당하면서 섬처럼 고립되었다. 광화문은 1968년 복원을 했지만 문투를 나무가 아니라 콘크리트로 복원하는 희한한 일이 벌어졌다. 이 역시 공통점이라고 할 수 있다.

공통점은 또 있다. 2010년 8월 15일, 경복궁 광화문 복원 준공식이 열렸다. 1865년 중건 당시의 정확한 그 자리에 시멘트 콘크리트를 걷어내고 그때의 모습으로 복원한 것이다.

그런데 2010년 11월초, 복원한 지 3개월도 되지 않아 광화문 현판 10여 군데에 금이 가는 일이 발생했다. 나무를 충분히 말리지 않은 채로 현판을 만든 것이었다. 졸속 복원이었다.

2013년 5월 4일, 국보 1호 숭례문의 복원 공사 준공식이 열렸다. 2008년 2월 화재가 발생한 지 5년 만이었다. 그런데 5개월 남짓 지난 2013년 10월, 숭례문 목조 문루 80여 곳에서 단청이 갈라지고 벗겨지거나 들떠서 탈락하는 현상이 일어났다. 단청의 색깔도 변했다. 실은 5월 말부터 단청에 문제가 생겼다고 한다. 전통 기법을 되살려 복원하는 과정에서 철저한 연구와 준비 없이 단청 작업을 했기 때문에 이런 일이 벌어진 것이다.

광화문과 숭례문. 어쩌면 이렇게 부실 복원까지 비슷하단 말인가. 더더욱 눈길을 끄는 것은 준공식에 대통령이 참석했다는 사실이다. 2010년 광화문 복원 준공식에 이명박 대통령이 참석했다. 2013년 숭례문 복원 준공식엔 박근혜 대통령이 참석했다.

대통령까지 참석했는데 알고 보니 부실 복원이었다. 이게 무슨 일인가. 그저 우연의 일치일 뿐인가. 우연이 아니라고 하면 지나칠까.

광화문과 숭례문의 복원 공사 준공식에 대통령이 참석한다는 것은 환영할 만한 일이다. 이를 두고 많은 사람들은, 문화재계 사람들은 "대통령이 문화재에 대해 각별한 관심을 갖고 있음을 상징적으로 보여주는 일"이라고 이해한다. 틀린 말은 아니다. 대통령이 참석함으로써 문화재에 대한 국민의 관심을 이끌어 내고 문화재 행정에 힘을 실어 줄 수 있다는 것이다.

하지만 반대로 생각해 볼 수도 있다. 대통령의 준공식 참석은 대통령의 자발적 판단에 의한 것일 수도 있고, 측근들이 이런저런 정치적 이해 득실에 따라 판단한 결과일 수도 있다. 정치적 효과를 노리기 위해 준공식 날짜를 광복절 같은 국경일에 맞추기도 한다. 광복절 등과 같은 중요한 날을 잡아 복원 준공식을 하고 대통령이 참석해 축사를 하면, 분명 대통령은 빛난다. 하지만 그렇게 되면 그 날짜에 맞추기 위해 공사를 서두르기도 한다. 문화재는 짧게는 100~200년, 길게는 수천 년이 된 것이다. 거기엔 오랜 세월, 삶의 흔적이 담겨 있기 마련이다. 그런 문화재를 복원하면서 서두른다는 것은 말이 되지 않는다.

대통령의 참석 그 자체는 고마운 일이다. 하지만 순수해야 한다. 특히 대통령 측근 사람들이 이를 정치적 전략적으로 활용해선 안 된다. 그러는 순간, 부실 복원의 오명을 뒤집어 쓰게 될지도 모르는 일이다.

사실, 문화재의 보수와 복원, 활용 등 문화재 행정에 있어 정치적인 시각이 많이 개입된다. 부정할 수 없는 현실이다. 김영삼 문민정부 시절인 1996년, 경복궁 안에 있던 조선총독부 건물을 철거했다. '역사 바로 세우기' 프로젝트의 일환이었다. 오랜 독재의 터널을 지나 첫 문민정부를 탄생시킨 김영삼 정권은 일제 침략의 흔적을 없애고 우리의 민족 자존심을 드높이겠다는 취지로 총독부 건물을 철거했다. 그 취지 자체를 놓고 반대할 사람은 없다. 하지만 방법이 잘못됐다. 철거가 아니라 다른 곳으로 이전해 활용하는 것이 합리적인 방안이었다. 건물을 없앤다고 식민의 역사가 없어지는 것이 아니기 때문이다. 그 건물을 지켜보면서 우리의 마음가짐을 되돌아보는 것이 훨씬 더 교훈적이다. 조선총독부 건물 철거는 이렇게 정치적 선입견이 강하게 반영된 정책이었다.

노무현 정권 시절인 2005년초, 정부는 갑작스레 광화문 현판을 교체하겠다고 했다. 당시 광화문엔 박정희 전 대통령 글씨로 된 현판이 걸려 있었다. 현판 교체 계획을 놓고 뜨거운 논란이 벌어졌다. 당시 현판 교체 계획은 박정희 전 대통령의 흔적 지우기라는 비판을 피하지 못했다. 같은 해 정부는 국보 1호 교체 문제를 들고 나왔다. 문화재 전문가의 의견 수렴이나 객관적인 논의 과정 없이 감사원이 문제를 제기했다는 점에서 순수하지 못하다는 비판을 받았다. 광화문 현판이나 국보 1호를 교체하자는 논의는 정치적 시각이 개입된 것이었다. 순수하지 못했다는 말이다.

20년 가까이 보존 방안을 찾지 못한 채 난항을 겪어 오던 반구대 암각화의 상황도 그러하다. 2013년 여름, 국무총리실의 중재로 문화재청과 울산시가 카이네틱 댐을 설치하기로 합의했다. 이것은 투명한 재질로 높낮이를 조절할 수 있는 소규모 댐이다. 반구대 암각화 보존 문제를 더 이상 미룰 수 없다는 절박함에 이의를 달 생각은 없다. 하지만 총리실이 너무 개입을 했다는 지적을 면하기는 어렵다. 박근혜 정부가 들어선 후, 반구대 암각화가 마치 문화재 행정의 절대선(絶對善)인 것처럼 몰입하더니 결국 내놓은 것이 경관을 훼손하는 물막이 댐이라니, 최악의 선택이었다는 비판이 쏟아졌다.

　국보 1호 숭례문의 부실 복원에 대처해 나가는 과정도 순수하지 못했다. 객관적이고 합리적인 판단에서 벗어나 상황과 문제를 지나치게 과장함으로써 사안의 본질을 흐려 놓았다. 여기에 일부 문화재계 사람들이 언론과 손잡고 마치 대한민국의 문화재 보수가 모두 엉망이고 건축 문화재가 당장 붕괴라도 되는 것처럼 분위기를 호도했다. 그러다 보니 평소 문화재에 관심도 없던 정치인들까지 개입하는 일이 벌어졌다. 정치적인 시각이 문화재에 개입함으로써 어떤 부작용을 초래하는지 잘 보여 준 사례라고 할 수 있다. 문화재 정책이나 관련 행정을 순수하지 않은 시각, 정치적 잣대로 보려고 했기 때문이다.

10
국보와 문화재, 문화재학

국보를 만나는 일은 문화재를 감상하고 이해하는 데 있어 하나의 중요한 통로라고 할 수 있다. 물론 우리나라의 문화재에 국보만 있는 것은 아니다. 국가(정부) 지정 문화재에는 보물도 있고 사적(史蹟)도 있고 중요무형문화재, 천연기념물도 있다. 지방 자치 단체가 지정한 문화재도 많다. 이들 문화재를 놓고 서로 우열을 평가하는 것은 아니지만 국보는 그중에서도 가장 상징적인 존재가 아닐 수 없다.

그렇기에 국보를 이해하는 것은 우리 문화재 전반을 이해하는 데 적지 않은 도움이 된다. 문화재를 먼저 이해하고 국보를 이해하는 것도 좋지만 국보에 먼저 관심을 갖고 이모저모 흥미로운 이야기들을 접하고 나면 문화재가 한결 더 편안하고 새미있게 나가올 것이라고 믿는다.

이 책에서 국보를 중심으로 이야기를 전개하고 있지만 이는 결국 우리 문화재 전반을 이해하고자 하는 의도가 담겨 있는 것이다.

최근 들어 문화재학에 대한 관심이 커지고 있다. 문화재학은 문화재를 체계적이고 이론적으로 연구하고 이해하는 학문이다. 문화재학에 대한 관심은 문화재, 전통문화 등에 대한 관심이 반영된 결과다. 문화재학에 대한 관심을 좀 더 냉정하게 보면, 문화재학이 비로소 학문의 영역으로 발전해 가고 있다고 말하는 것이 옳을 듯하다.

그동안의 문화재 연구는 대부분 고고학, 미술사학, 인류학, 민속학, 보존과학이나 문화재 정책 등 개별적인 영역에서 연구가 진행되어 왔다. 그러나 최근엔 문화재를 둘러싼 상황이 크게 변해가고 있다. 문화재를 바라보는 시각, 문화재 관련 정책 등이 변하면서 문화재를 학술적으로 연구하는 방법이나 시각도 함께 바뀌고 있다. 이는 고고학이나 미술사학, 민속학과 같은 개별 분과 학문의 시각으로 문화재를 바라보기엔 한계가 있다는 것을 의미한다.

그럼 왜 문화재를 다층적이고 융합적인 시각으로 바라보아야 하는가.

문화재는 인류가 남긴 모든 흔적들이다. 그래서 문화재에 포함되는 장르는 매우 다양하다. 회화와 도자기, 불상과 같은 미술품만 있는 것이 아니라 의식주 생활·민속도 있고, 과학·스포츠 분야도 있다. 이러한 말에 대해 의아해 할 사람도 있을 것이다. 그러나 조금만 눈여겨보면 이를 쉽게 이해할 수 있다. 지금 우리에게 전해오는 문화재들은 과거 그 당시의 시각으로 보면 대부분 생활용품이었다.

예를 들어 보자. 신석기시대의 빗살무늬토기는 지극히 일상적인 생활용품 그릇이었다. 청자나 분청사기, 백자도 마찬가지다. 고려청자나 조선백자는 엄밀히 말하면 고려 사람, 조선 사람들의 그릇이었다. 이는 자기가 생활용품이었다는 말이다.

옛 도공들은 그릇을 만들면서 어떤 것은 좀 더 정성 들여 멋지게 만들었고 어떤 것은 정성을 덜 들여 쓱쓱 만들었을 것이다. 이 둘을 놓고 보면 조형미나 색감 등에서 우열이 나타난다. 그렇다고 해도 이 둘은 모두 음식을 담고 먹는 데 사용했던 생활 식기였다. 왕실용으로 고급스럽게 만들었다고 해도 그것 역시 생활용품이었다. 물론 도자기 가운데 일부 장식용, 감상용도 있다. 하지만 대부분은 생활용기였다. 그릇보다 더 일상적인 생활용품이 어디 있을까.

도자기뿐만 아니다. 그림(회화)을 제외하면 우리에게 전해 오는 문화재는 대부분 일상에서 사용했던 것이다. 감상을 의식하고 만든 미술품이 아니라 생활 속에서 사용하기 위해 만들었던 것이다. 불교 조각품인 불상도 불법(佛法)을 배우고 불심(佛心)을 고양하기 위한 종교적 실용품이다. 청동기시대 사람들의 고인돌이나 삼국시대 고분 역시 장례 의식을 치르는 과정에서 남겨진 실용적인 생활의 산물이다.

고풍스러운 한옥 역시 일상적인 생활 공간이었다.

그런데 그림의 경우는 좀 다르다. 그림은 기본적으로 감상용으로 제작한다. 조선시대 그림을 보면 집에서 혼자 혹은 지인들과 함께 감상을 하기 위해, 자신의 철학과 사상을 담고 자신의 내면을 가다듬기 위해 그린 것들이 대부분이다. 생활의 도구로 사용했던 실생활품이 아니다. 따라서 그림은 예외적인 경우라고 할 수 있다.

어쨌든 문화재는 이렇게 옛사람들의 생활 활동의 흔적이라고 정의할 수 있다. 삶의 흔적이기에 그것은 다양하고 복합적일 수밖에 없다. 이는 문화재를 이해하는 데 있어서도 입체적인 시각으로 접근해야 한다는 것을 의미한다. 문화재가 탄생한 그 시절의 다양하고 복잡한 상황을 총체적으로 이해해야만 문화재를 좀 더 제대로 파악할 수 있다는 말이다.

깊고 그윽한 종소리로 유명한 국보 29호 성덕대왕신종(일명 에밀레종)의 경우, 성덕대왕신종의 불교적 가치와 의미, 조형미와 문양 등에 대한 이해가 우선되어야 한다. 하지만 성덕대왕신종을 진정으로 이해하려면 종소리의 과학적 원리 등에 대한 시각과 지식이 필요하다. 종소리의 비밀을 규명하기 위한 소리공학적 측면, 종의 주조 방식에 대한 금속공학적 측면에서의 연구와 고찰이 있어야 한다.

사실 성덕대왕신종은 과학의 산물이다. 8세기 당시의 뛰어난 과학적 주조 기술이 없었다면 성덕대왕신종은 탄생할 수 없었다. 소리공학에 대한 이해가 없었다면 신비의 종소리는 탄생할 수 없었다. 미적인 안목이나 깊은 불심만으로 성덕대왕신종을 만들어 낼 수 없다. 이렇기에 성덕대왕신종에 대한 접근이나 연구도 복합적이고 학제간(學際間)이지 않을 수 없는 것이다.

우리가 후대에 전해 줄 문화재도 사정은 마찬가지다. 수백 년 뒤 우리 후손들이 문화재로 받아들여 감상할 만한 것들로 무엇이 있을까? 그림이나 조각, 음악, 무용과 같은 순수 예술품도 있겠지만 대부분은 우리가 지금 일상적으로 사용했던 생활용품들일 것이다. 청와대의 기록물, 사람들의 일기, 휴대전화, 노트북, 가전제품, 영화나 노래, 주요 건축물 등등. 지금 보면 우리가 늘 생활 속에서 만나는 것들이다. 이것들이 수백 년 뒤에는 소중한 문화재가 될 수 있다. 문화재는 이런 것이다. 지금 우리가 알고 있는 문화재도 수백 년 전, 수천 년 전엔 그러했다. 이것이 문화재의 특징 가운데 하나다.

다시 문화재학으로 돌아가 보자. 문화재학은 이런 특징을 지닌 문화재를 연구하는 것이다. 문화재 연구가 다층적이고 복합적이어야 한다는 것은 너무나 당연한 셈이다.

그런데 문화재 하면 우리는 우선 고고학이나 미술사학, 민속학, 역사학 정도를 떠올린다. 하지만 이들 학문은 문화재를 연구하고 이해하는 데 있어 지극히 부분에 해당한다. 고고학, 미술사학만으로는 문화재의 다양한 면모를 완벽하게 이해할 수 없다. 앞서 설명한 것처럼 문화재를 제대로 이해하려면 고고학, 미술사학, 민속학뿐만 아니라 인류학, 서지학, 군사학, 보존과학, 물리학, 화학, 생물학, 지질학, 건축학, 국문학 등 다양한 분야의 지식과 정보가 필요하다. 그래야만 문화재를 좀 더 구체적이고 정교하게 이해할 수 있게 된다. 문화재 연구는 이렇게 융합학문, 학제간 학문이어야 한다. 그렇지 않고선 기존의 분과 학문에 그치고 말 것이다.

또한 문화재학은 현실적이어야 한다. 문화재가 오래전 옛사람들의 삶의 흔적이기 때문에 지금의 우리와 무관하다고 생각하는 사람들이 적지 않다. 문화재는 수백, 수천 년 전에 탄생해 지금 우리에게 전해졌지만 지금 이 땅에서 여전히 살아 숨 쉰다. 우리 주변의 고궁에 있고 사찰에 있다. 문화재는 박물관에서 늘 우리 시대의 사람들을 만난다. 죽은 것이 아니라 살아 있는 것이다. 유형문화재뿐만 아니라 무형문화재도 마찬가지다. 우리는 판소리를 감상하고 탈춤을 추고 줄다리기를 하고 그네타기를 한다. 절기마다 전해 오는 민속놀이를 즐기고 전통 방식으로 만든 공예품을 감상하고 사용한다. 이처럼 문화재는 지금 우리와 교감한다. 우리는 그것을 감상하고 연구하고 보존하고 수리한다.

문화재를 둘러싸고 각종 사건 사고도 발생한다. 그때마다 우리는 좋든 나쁘든 문화재와 만나고 교류하는 것이다. 문화재는 죽은 사물이 아니라 살아 있는 복합적인 생명체다. 그렇기에 문화재를 바라보는 시각도 복합적, 입체적이어야 한다. 이것이 문화재학의 출발점이다.

문화재학은 문화재를 다양하게 접근하고 연구해야 한다. 문화재의 개념, 문화재의 역사적 의미와 가치, 문화재 관련 제도의 내용과 특징, 문화재 보존과 활용, 문화재를 바라보는 시각과 그 변화 과정, 문화재와 한국미 인식의 연관성, 문화재와 박물관·미술관의 연관성, 문화 자원으로서의 가치 등을 총합적으로 이해하는 과정으로 나아가야 한다.

특히 문화재와 관련된 여러 상황과 논의, 문화재 연구 보존 활용 등의 측면에서 벌어지는 다양한 사례와 시각 등을 치밀하게 고찰할 필요가 있다. 문화재 현장에서는 문화재의 보존과 활용 등을 둘러싸고 예상치 않은 딜레마와 논란이 자주 발생한다. 사람마다 문화재 현안을 바라보는 시각이 다를 수밖에 없기 때문에 이런 논란과 딜레마는 어찌 보면 불가피한 현상이다. 중요한 것은 그 다양한 시각과 논의를 합리적으로 수렴하고, 이를 통해 가장 적절한 방안을 찾아내 현장에 적용하는 것이다. 문화재학은 이런 과정을 면밀히 고찰해 어떻게 학문적으로 이론화할 것인지 고민해야 한다.

물론 문화재학의 기본은 고고학, 미술사학, 민속학, 박물관학, 보존과학 등의 연구와 그 성과에서 출발한다. 하지만 이에 그쳐선 곤란하다. 상호 연관 속에서 문화재를 이해해야 한다. 문화재 현장에서 벌어지는 현안을 들여다보면 한두 개 분과 학문의 지식만으로는 논의와 해결이 불가능하다는 것을 쉽게 알 수 있다. 문화재학이 복합적·융합적·학제간 연구로 나아가야 함을 반증하는 것이다.

문화재학에는 기존의 논의 영역이나 관습을 벗어나는 새로운 논의가 포함되어야 한다. 문화재 주변의 변화를 적극 반영해야 한다는 말이다. 따라서 문화재의 유통과 소장 등에 대한 논의, 유네스코 세계유산이나 약탈 문화재에 대한 학술적인 접근도 필요하다. 유네스코 세계유산의 경우, 세계유산 각각의 개별적인 이해를 넘어 문화적 역사적 인류사적 의미를 좀 더 학술적으로 접근해야 한다는 말이다. 동시에 세계유산 등재를 놓고 국가 간의 경쟁이 치열해지고 이로 인해 점점 정치화되어 가는 현상에 대해서도 객관적이고 비판적인 논의가 있어야 한다.

11
문화재학과
박물관학

문화재에 대한 관심은 자연스럽게 박물관에 대한 호기심으로 이어진다. 문화재와 박물관에 관심을 갖는 것은 선진국형 문화다. 사실 먹고살기 힘든 상황에서는 문화재와 같은 옛 전통에 관심을 갖기가 어렵다. 안타깝지만 부인할 수 없는 현실이다. 외국에 가 보자. 유럽과 미국에 여행을 갔을 때, 여행 일정의 절반 이상은 박물관, 미술관 관람과 문화 유적 답사다. 외국인이 한국 여행을 와도 마찬가지다. 선진국일수록 박물관의 수도 많으며 유서 깊고 수준 높은 박물관도 많다. 그러나 선진국이 아닌 나라에 가면 눈에 띄는 박물관이 현저히 적다. 경제적으로 어려운 여건에서는 박물관과 문화재에 신경을 쓸 수가 없는 것이다.

우리나라도 최근 10~20년 사이 박물관이 부쩍 늘어났다. 지금은 전국적으로 박물관이 700여 곳을 넘어섰다. 놀라운 숫자다. 700여 박물관 가운데엔 아쉬운 대목도 있지만 어쨌든 박물관의 증가는 우리의 경제적 발전과 밀접히 맞물려 있다. 세계 10위권의 경제 강국으로 발전하면서 우리는 전통과 문화재에 더 많은 관심을 갖게 되었다. 가난하던 시절엔 생각할 수 없었던 의미심장한 변화다.

박물관과 문화재는 불가분의 관계다. 문화재는 야외의 건물도 있지만 상당수가 도자기, 그림, 불상과 같은 동산(動産)문화재다. 이들 동산문화재는 대부분 특정 공간에서 보존하고 전시한다. 그 공간이 바로 박물관이다.

박물관학은 박물관을 연구하는 학문이다. 최근 문화재에 대한 관심이 커지면서 박물관학도 주목을 받고 있다. 대학에 박물관 전공 학과도 생겨나고 있으며 박물관에서 일하는 큐레이터(학예직)에 대한 관심도 커지고 있다.

그런데 박물관학의 최근 동향을 보면서 짚고 넘어가야 할 대목이 있다. 자칫 박물관 마케팅, 박물관 경영이 박물관학의 대표 분야인 것처럼 오해할 수 있다는 점이다. 박물관 경영은 대체로 박물관이 어떻게 하면 경영상의 수익을 올릴 수 있을까, 어떻게 하면 많은 관람객이 찾아올 수 있을까에 초점을 맞춘다. 그래서 체험 프로그램을 개발하고 휴식 공간 카페를 만들고 문화상품을 개발해 돈을 벌라고 권한다.

그러나 이는 한국 박물관의 현실을 외면하고 하는 말이다. 한국의 700여 개 박물관 가운데 관람료 수입과 체험 프로그램, 카페 수입 등을 합쳐 수익을 낼 수 있는 곳이 과연 몇이나 될까? 손꼽을 정도다. 안타깝지만 이것이 현실이다. 거의 모든 박물관은 전시 디자인을 아무리 잘 꾸미고 예쁜 카페를 만들어도 흑자를 내기가 쉽지 않다. 국내외의 유명 박물관을 예로 들면서 그렇게 하면 박물관이 돈을 벌 수 있다고 얘기한다면 그것은 심히 잘못된 발상이다.

돈을 버는 박물관들은 기본적으로 콘텐츠가 좋은 박물관이다. 한국의 많은 박물관들은 이런 유명 박물관과 기본적으로 콘텐츠의 여건이 다르다. 박물관이 늘어나는 것은 반가운 일이지만, 대부분의 박물관의 여건은 열악하다. 그 열악함의 핵심은 콘텐츠 즉 컬렉션(소장품)의 열악함이다. 소장품이 좋으면 그 무엇을 해도 장사가 잘된다. 소장품이 열악하면 카페를 만들어도, 체험 프로그램을 만들어도 돈을 벌기가 쉽지 않다. 이런 여건상의 차이를 무시하고 무조건 마케팅 기법만 도입하면 경영상의 수익을 올릴 수 있다고 말하는 것은 옳지 않다. 물론 특별한 소장품 없이 체험만을 전문으로 하는 어린이 박물관도 있다. 그러나 이런 박물관들은 지극히 예외적인 경우다. 일반화할 수는 없다.

마케팅과 경영에 치우친 일부 박물관학은 이런 까닭으로 공허할 수밖에 없다. 박물관학은 우선 박물관 콘텐츠를 보존, 연구하고 전시 활용하는 측면에서 출발하지 않을 수 없다. 마케팅은 그 다음이어야 한다. 그러기 위해선 역시 고고학, 미술사학, 민속학, 보존과학 등이 기본이 되지 않을 수 없다. 예를 들어 카메라 박물관이 있다고 하자. 이 박물관에선 사진이나 카메라 전공자가 가장 중요하다. 마케팅 전공자는 그 다음이다. 마케팅 경영에 집중하는 것은 박물관학의 기본적인 본질을 벗어난 것이다.

그렇다면 대체 어떻게 박물관학을 정착시켜야 할 것인가? 사실 매우 어려운 일이다. 고고학이나 미술사학을 전공하고 박물관에서 일하는 사람들은 박물관학이라는 것 자체에 무신경하거나 박물관학을 폄하하는 경우가 많다. 박물관학이 무슨 학문인가 하는 시각이다. 반면 박물관학을 전공한 사람들은 박물관의 콘텐츠인 컬렉션을 모르는 경우가 많다. 박물관 구성품인 회화나 도자기, 불상 등 개별 분야에 대해 전문 지식이 짧다는 말이다. 카메라 박물관에서 일을 하는데 카메라를 잘 모르는 경우와 같다고 할 수 있다.

박물관학은 우선 박물관의 특성과 역할을 제대로 이해하고 고민해야 한다. 박물관의 핵심은 컬렉션(소장품)이다. 따라서 박물관의 연구는 컬렉션에 대한 연구가 기본이 되어야 한다. 그것이 출발점이다. 동시에 박물관학 연구의 귀결점이기도 하다. 컬렉션에 대한 고민이 필요하다. 하지만 아직은 이에 대한 고민이나 학문적 연구 성과나 접근 등은 미미하다.

박물관 컬렉션이 관객들이나 대중들과 만나면서 어떤 영향을 미쳤는지, 그것이 개인을 넘어 사회적으로 어떻게 확산되었고 나아가 사회적·문화적·역사적으로 어떠한 의미와 가치를 지니는지, 이런 것들이 고고학적·미술사적·민속학적 연구 성과와 어떻게 맞물려 전개되었는지 등등이 박물관학의 기본적인 연구 대상이 되어야 하지 않을까. 그런데도 기초에 대한 연구는 온데간데없이 마케팅에 초점을 맞추는 박물관학은 곤란하다.

물론 마케팅을 획일적으로 바라보아선 안 된다. 박물관 마케팅의 기본적인 연구 대상은 박물관과 관객의 만남이다. 여기에 꼭 돈(박물관의 수익)이 개입될 필요는 없다. 이렇게 본다면 박물관 마케팅 자체에 대한 연구는 매우 중요하다. 그런 의미에서의 마케팅이라면 좋다. 하지만 지나치게 경영상의 수익만을 염두에 둔 연구라면 바람직하지 않다. 박물관 전시, 박물관 건축 등에 대한 관심이 훨씬 더 중요하다. 이런 분야에 대한 연구가 박물관을 좀 더 깊이 있고 근본적으로 이해하는 데 도움이 된다.

박물관학은 박물관이라는 공간과 박물관 콘텐츠를 다루는 연구 분야다. 콘텐츠는 문화재이고 문화재는 다양하다. 박물관학 역시 문화재학처럼 융합적, 학제간 연구로 나아가지 않을 수 없다. 더욱 중요한 것은 박물관학과 문화재학이 서로 행복하게 만나야 한다는 사실이다. 그럴 때 문화재에 대한 이해와 연구가 더욱 풍성해질 것이다.

2 국보에 얽힌 화제

국보 가운데 가장 비싼 것은 무엇일까. 국보의 가치를 돈으로 따진다는 것이 매우 속된 일이긴 하지만 보통 사람들에겐 흥미로운 관심거리가 아닐 수 없다. 그렇다면 어떻게 값을 매긴 것일까. 정말로 거래가 되었다는 말인가.

이 장에서는 국보 문화재에 얽힌 다양한 화젯거리를 만나 본다. 덕수궁에 있는 자격루는 원래의 온전한 모습이 아니라 일부 부품이라는 점, 팔만대장경 경판전과 팔만대장경처럼 목조 건축물과 그 안에 보관하고 있는 문화재가 별도의 국보로 지정되어 있다는 점, 동궐도는 서울에도 있고 부산에도 있다는 점 등. 원래 한 곳에 한 쌍으로 있었으나 일제 강점기 등을 거치면서 제 짝을 잃어 버리고 외롭게 지내 온 국보 문화재의 사연은 안타까우면서도 흥미롭다.

2001년 1월 어느 날 한 아파트에서 도난당한 뒤 아직도 행방이 묘연한 국보 문화재도 있다. 이 문화재는 과연 언제까지 국보의 지위를 누릴 수 있는 것일까. 평소 무심히 넘길 만한 내용이지만 조금만 더 관심을 갖고 들여다보면 거기 흥미로운 국보의 세계가 펼쳐질 것이다.

1
통계로 본
국보

2014년 2월 현재 대한민국 국보는 총 315건이다. 국보 지정 번호는 317호까지 있지만 국보 274호와 278호가 해제되었다.

국보를 시대별로 살펴보면 선사시대 8건(신석기-청동기시대 2건, 청동기시대 5건, 철기시대 1건), 가야를 포함한 삼국시대 59건(삼국시대 7건, 고구려 3건, 백제 22건, 신라 25건, 가야 2건), 통일신라 60건, 통일신라 말~고려 초 3건, 고려 93건, 조선 89건 그리고 중국의 낙랑 1건, 중국의 당 1건, 중국의 원말~명초 1건이다.

국보를 장르별로 분류해 보면 어떠한가. 국보를 장르별로 구분하는 것은 쉽지 않다. 동일한 기준으로 분류를 하는 것이 사실상 불가능하기 때문이다. 그리고 장르별로 구분하는 것 자체가 별 의미가 없다.

그림 국보는 어디에 가장 많이 있을까. 그 소장처를 살펴보면 국립중앙박물관이 61건으로 가장 많고 두 번째로는 삼성미술관 리움(삼성문화재단 소장 및 개인 소장 포함)이 36건이다. 한국을 대표하는 국립박물관인 국립중앙박물관과 사립박물관인 삼성미술관 리움에 국보가 가장 많이 있다. 이외에 국공립박물관은 국립경주박물관 10건, 국립공주박물관 14건, 국립대구박물관 5건, 국립고궁박물관 2건, 국립부여박물관 2건, 국립전주박물관 1건, 국립청주박물관 1건, 국립광주박물관 2건, 국립진주박물관 1건, 부산시립박물관 2건이다.

사립박물관을 보면 삼성미술관 리움에 이어 간송미술관 12건, 호림박물관 8건, 아단문고 3건 순이다. 대학박물관(또는 기관)의 경우엔 서울대 규장각 7건, 고려대박물관 4건, 동국대박물관 및 도서관 3건, 숭실대박물관 2건, 동아대박물관 2건,

용인대박물관 2건 순이다.

다음으로 사찰을 보면 경북 경주시 불국사 6건, 경북 영주시 부석사 5건, 전남 구례군 화엄사 4건, 전남 순천시 송광사 4건, 경남 합천시 해인사 3건, 전남 구례군 연곡사 2건, 충북 보은군 법주사 3건, 강원 평창군 상원사 2건, 서울 서초구 관문사 2건, 경북 안동시 봉정사 2건, 전남 강진 무위사 2건 등이다. 이외에 경복궁에도 3건(국보 223호 근정전, 국보 224호 경회루, 국보 101호 법천사지 지광국사현묘탑)의 국보가 있다.

이상은 국보의 소장처를 설명한 것이지 소유자를 말하는 것은 아니다. 물론 소장처와 소유자가 일치하는 경우가 대부분이지만 그렇지 않은 경우도 꽤 있다.

국보 121호 하회탈 및 병산탈은 경북 안동시 풍천면 하회리와 병산리 주민의 소유이지만 소장처는 국립중앙박물관이다. 보관상의 어려움 때문에 현재 국립중앙박물관에 위탁 보관해 놓은 것이다. 국보 28호 경주 백률사 금동약사여래입상은 국립경주박물관이 소장하고 있지만 주인은 경북 경주시의 백률사다. 국보 310호 백자 달항아리도 개인 소유이지만 국립고궁박물관에 기탁해 국립고궁박물관이

| 1 | 2 |

1 2005년 10월 서울 용산에 개관한 국립중앙박물관 전경. 국보 61건을 소장하고 있다. **2** 2004년 10월 서울 용산 한남동에 문을 연 삼성미술관 리움 전경. 국보 36건을 소장하고 있다.

사진 | 이한구

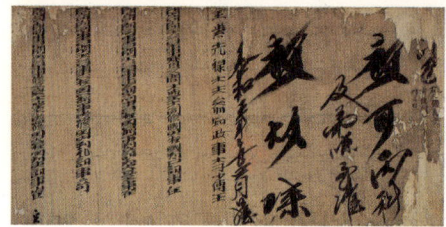 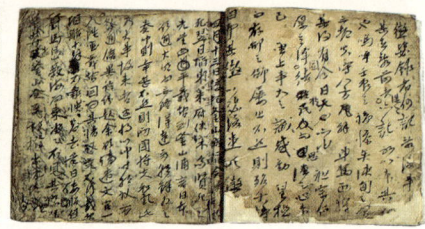

1 국보 180호 추사 김정희의 〈세한도〉. 1844년, 종이에 수묵, 23.3×108.3cm. 개인 소유자가 국립중앙박물관에 기탁해 놓은 상태다.
2 국보 126호 무구정광다라니경. 원래 불국사 소유지만 국립중앙박물관이 오랫동안 소장해 오다 2007년 조계종 불교중앙박물관으로 이관하였다.　3 국보 181호 장량수 홍패. 울산 장씨 종친회가 소유하고 있다.
4 국보 132호 징비록. 개인 소유자가 한국국학진흥원에 기탁해 놓은 상태다.

소장 보관하고 있다. 국보 132호 『징비록(懲毖錄)』 역시 안동의 유씨 문중의 후손이 주인이지만 좀 더 체계적이고 과학적인 보존 관리를 위해 안동에 있는 한국국학진흥원에 기탁해 놓은 상태다. 국보 180호인 김정희의 〈세한도(歲寒圖)〉 역시 개인 소유이지만 소장자가 2010년 국립중앙박물관에 기탁했다.

　소장처가 이동한 경우도 있다. 1966년 불국사 석가탑 속에서 나온 국보 126호 유물들(무구정광다라니경 등 불국사 3층 석탑 사리장엄구)은 불국사 소유이지만 줄곧 국립중앙박물관이 소장 관리해 왔다. 이후 이들 문화재의 관리 주체를 놓고 불교계와 국립중앙박물관이 대립하는 일이 벌어졌다. 불교계는 이 유물들을 돌려받아 직접 관리해야 한다고 주장했고, 국립중앙박물관은 과학적이고 체계적인 유물 보존을 이유로 중앙박물관이 소장해야 한다고 맞섰다. 그러다 2007년 사리함과 무구정광다라니경 등 28건의 사리장엄구(舍利莊嚴具)를 조계종으로 넘겨 현재는 서울 조계사 내 불교중앙박물관이 소장하고 있다.

　국보의 소유자를 보면 국가 소유가 가장 많다. 개인 소유 가운데 여러 명이 공동 소유하고 있는 국보도 있다. 앞서 말한 국보 121호 하회탈 및 병산탈은 주민 공동 소유다. 국보 181호 장량수 홍패(張良守 紅牌)는 울산 장씨 종친회 소유로 되어 있다. 여기서 장량수 홍패는 고려 희종 때인 1205년에 과거에 급제한 장량수라는 사람에게 내린 교지(敎旨)를 말한다.

2
지정 번호 하나에
유물은 여럿

국보의 지정 번호마다 모두 한 점씩의 문화재가 지정되어 있는 것은 아니다. 어떤 경우엔 수십 점의 문화재가 같은 번호의 국보로 지정되어 있기도 하다. 예를 들어 보면 국보 123호 익산 왕궁리 5층 석탑 사리장엄구는 순금제 금강경판(金剛經板)과 유리 사리병 등 9종, 국보 126호 불국사 3층 석탑(석가탑) 사리장엄구는 무구정광대다라니경(無垢淨光大陀羅尼經)과 금동제 사리함 등 28종, 국보 206호 해인사 고려목판은 묘법연화경 금강반야밀경 등 28종, 국보 282호 영주 흑석사 목조아미타여래좌상 및 복장유물은 불상, 전적, 직물 등 18종에 달한다. 국보 91호 도기 기마인물모양 명기는 한 쌍으로 되어 있다. 국보 1호부터 317호까지(국보 274호, 278호 제외)의 국보를 315점이라고 하지 않고 315건이라고 하는 것도 이러한 이유에서다.

─── 국보 249호 동궐도는 서울에도 있고 부산에도 있다

하나의 지정 번호에 여러 점의 국보가 포함되어 있다고 해도 대부분은 한 곳, 즉 같은 장소에 보관되어 있다. 그러나 같은 번호의 국보가 여러 곳에 나뉘어 있는 경우도 있다. 국보 151호 『조선왕조실록』도 서울의 서울대 규장각 한국학연구원과 부산의 국가기록원 역사기록관 등 두 곳에 소장되어 있다. 국보 306호 『삼국유사』역시 서울대 규장각 한국학연구원과 개인이 소장하고 있으며, 국보 149호 『동래선생교정북사상절(東萊先生校正北史詳節)』또한 간송미술관과 개인이 나누어 소장하고 있다. 국보 195호 토우 장식 항아리는 모두 두 점으로 국립중앙박물관과 국립

경주박물관이 한 점씩 나누어 관리하고 있다. 국보 249호 〈동궐도(東闕圖)〉두 점도 서울과 부산에 나뉘어 있는 상황이다.

〈동궐도〉에 얽힌 스토리가 특히 흥미롭다. 〈동궐도〉는 현재 한 점은 서울 고려대박물관에, 다른 한 점은 부산 동아대박물관에 보관되어 있다. 두 점이 동시에 국보 249호로 지정된 것이 아니라 따로따로 국보로 지정되면서 동일한 번호를 부여받았다. 맨 먼저 주목을 받은 것은 동아대박물관 소장품으로, 1975년 보물 596호로 지정되었다. 이어 고려대박물관 소장품이 1989년에 국보 249호로 지정되면서 동아대박물관 소장품을 능가하는 국보의 영예를 차지했다. 이후 1995년엔 동아대박물관 소장품이 국보로 승격되면서 고려대박물관 소장품과 같은 국보 번호를 부여받게 되었다. 동아대박물관 소장본은 보물로 지정된 지 20년 만에 국보로 승격되고, 동시에 고려대박물관 소장품과의 자존심 경쟁에서 그동안의 열세를 회복하는 영예를 누리게 된 것이다.

〈동궐도〉는 경복궁의 동쪽에 있는 창덕궁과 창경궁을 그린 기록화다. 평행 사선 구도로 동궐의 웅대한 모습을 세세하게 표현해 놓은 작품으로, 궁궐을 그린 기록화 가운데 단연 최고작으로 꼽힌다. 작품 자체의 아름다움도 뛰어나지만 조선 후기 궁궐 건물의 배치와 조경 등을 연구하는 데 있어 더없이 소중한 자료다.

고려대박물관의 〈동궐도〉와 동아대박물관의 〈동궐도〉는 그 내용이나 화풍이 거의 똑같다. 차이가 있다면 고려대의 것은 16개의 화첩으로 구성되어 있고 동아대의 것은 병풍으로 되어 있다는 점. 고려대박물관의 것을 보면 각각의 화첩은 6면으로 접도록 되어 있다. 이를 접으면 하나의 화책(畵冊)이 된다. 이 각각의 화첩을 펼쳐 서로 이어 놓으면 가로 584cm, 세로 273cm에 달하는 대작 〈동궐도〉가 완성되는 것이다. 고려대박물관 소장의 〈동궐도〉의 화첩 표면엔 '人一'(인1), '人二'(인2)부터 '人十六'(인16)'까지 적혀 있다. 전문가들은 이를 놓고 '천(天)', '지(地)', '인(人)' 세 벌이 제작되었고 고려대박물관 소장품과 동아대박물관 소장품이 그 가운데 두 벌일 것으로 추정하고 있다. 또한 16개의 화첩으로 이뤄진 고려대박물관의

국보 249호 동궐도. 비단에 채색, 584×273cm, 고려대박물관 소장.(위)
경복궁 동쪽의 창덕궁과 창경궁을 그린 기록화인 동궐도는 평행 사선 구도로 동궐의 웅대한 모습을 세세하게 표현해 놓은 작품으로, 궁궐을 그린 기록화 가운데 단연 최고작으로 꼽힌다. 고려대박물관 소장의 동궐도와 동아대박물관 소장의 동궐도가 같은 국보 번호를 부여받았다.

국보 249호 동궐도. 고려대박물관 소장의 동궐도는 16개의 화첩으로 구성되어 있다.(오른쪽)

사진 | 고려대박물관

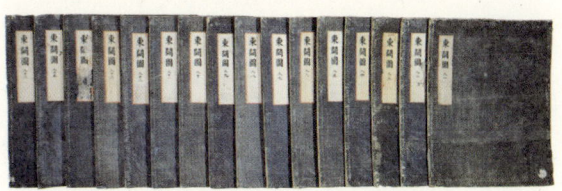

2 국보에 얽힌 화제 • 67

것이 〈동궐도〉의 원형일 것으로 추정된다.

그렇다면 동아대박물관의 것도 원래 이러한 모습이었지만 후대에 누군가가 병풍으로 만들었을 가능성이 농후하다. 병풍 〈동궐도〉 각각의 폭을 들여다보면 6번씩 접었던 흔적이 그대로 남아 있다. 고려대박물관 소장품이 원형을 그대로 유지하고 있다면, 동아대박물관 소장품은 전수 과정에서 변형된 것으로 볼 수 있다.

그렇다면 이 〈동궐도〉는 누가 언제 그린 것일까. 이에 관한 기록은 전혀 남아 있지 않다. 한 명이 그렸는지, 여러 명이 그렸는지 알 수 없는 상황이다. 한 명이 그리기엔 너무나 거대한 대작이고 여러 명이 그렸다고 보기엔 화풍이 너무 일관되어 있다. 다만 작품의 수준이나 규모로 보아 당시의 직업 화가였던 화원(畵員)들이 그렸을 것으로 추정된다.

제작 시기 역시 단정적으로 말하기 어렵다. 다만 〈동궐도〉에 나오는 건물과 그 건물의 실제 존재 기간을 비교해 볼 때 대략 1824-1830년 사이에 그려졌다는 것이 전문가들의 대체적인 견해다. 1824년 화재로 소실된 경복전(景福殿)이 그 터만 그려져 있고 1830년 불에 타 사라진 환경전(歡慶殿), 경춘전(景春殿), 양화당(養和堂)은 그림에 등장하기 때문에 〈동궐도〉가 1824년에서 1830년 사이에 그려진 것을 알 수 있다.

3
건물과 건물 내 보관품이
모두 국보

 팔만대장경 경판은 국보 32호다. 이 경판을 보관하고 있는 경판전(經板殿) 역시 국보 52호로 지정되어 있다. 즉 팔만대장경과 이를 보관하고 있는 건물 모두 국보로서의 영예를 누리고 있는 것이다.

 정확한 제작 장소에 대해선 아직도 논란이 많지만 팔만대장경은 고려 13세기에 간행되었다. 몽골군의 침입으로 초조대장경(初雕大藏經)과 의천(義天, 1055~1101년)의 속장경(續藏經)이 불 타 없어지자 1236년 제작에 들어가 16년 동안의 작업을 거쳐 1251년에 완성되었다. 초조대장경은 고려 최초의 대장경이다. 거란이 침입한 전란의 위기 속에서 불력(佛力)으로 위기를 극복하고자 1011년에 목판에 판각을 시작해 1087년 완성했다. 속장경은 대각국사 의천이 초조대장경의 누락된 것을 보완하기 위해 편찬한 불경이다.

 제작 직후 강화 도성 서문 밖의 대장경 판당(板堂)에 보관해 오다 강화도 선원사를 거쳐 조선 태조 때인 1398년 서울에 있는 지천사(支天寺)로 옮긴 뒤 그해 다시 합천 해인사로 옮긴 것으로 전해 온다.

 팔만대장경이 고려시대 것이지만 이를 보관하고 있는 경판전은 조선시대에 지은 목조 건축물이다. 이 해인사 장경판전을 처음 지은 연대는 정확하게 알려지지 않았다. 조선 세조 때인 1457년 크게 다시 지었고, 1488년 성종 때에 왕실의 후원으로 또 다시 지었다는 내용 정도만 알려져 있다. 그 후 수차례의 수리를 거쳐 오늘에 이르고 있다.

 팔만대장경 경판전은 남북으로 배치된 두 채의 긴 건물(정면 15칸, 측면 2칸)과

1 국보 52호이자 유네스코 세계유산인 팔만대장경 경판전. 2 팔만대장경 경판이 장경판전에 정리되어 있는 모습. 8만여 장의 경판을 보관하고 있다. 3 경판전 법보전의 창틀. 4 경판전 수다라장의 창틀. 통풍과 습기 조절을 위해 위 아래 창틀의 크기를 다르게 했다. 5 국보 13호 무위사 극락보전. 1430년 건축. 6 무위사 극락보전 내부에 봉안되어 있는 국보 313호 아미타여래삼존벽화. 1476년 작.

그 사이의 작은 건물(정면 2칸, 측면 1칸)로 이뤄져 길쭉한 네모 모양의 공간을 구성하고 있다. 긴 건물 가운데 남쪽(앞)의 건물은 수다라장(修多羅藏), 북쪽(뒤)의 긴 건물은 법보전(法寶殿)이라고 한다.

전남 강진의 무위사 극락전도 마찬가지다. 무위사 극락보전은 국보 13호, 극락보전 내부에 있는 아미타여래삼존벽화는 국보 313호로 지정되었다. 이 밖에 전북 익산 왕궁리 5층 석탑의 경우 탑은 국보 289호, 이 속에서 나온 순금제 금강경판과 유리 사리병 등 사리장엄구 9종은 국보 123호로 지정되어 있다. 또한 경주 불국사 3층 석탑(석가탑)의 경우, 탑은 국보 21호로 지정되었고 탑 속에서 나온 무구정광대다라니경(無垢淨光大陀羅尼經) 등 28종의 사리장엄구는 유물은 국보 126호로 일괄 지정되어 있다.

4
제 짝을
잃어버린 국보

국보 가운데엔 원래 한 쌍으로 만들어졌으나 지금은 서로 떨어져 오랜 세월 외롭게 견디어 오는 것들이 있다. 대표적인 예가 국보 101호 원주 법천사지 지광국사탑(法泉寺智光國師塔, 1070년경)과 국보 59호 원주 법천사지 지광국사탑비(1085년)다. 모두 고려시대의 승려 지광국사(984~1070년)와 관련된 석조 문화재로, 국보 101호 지광국사탑은 지광국사의 사리를 모신 부도(浮屠, 승탑)이고 지광국사탑비는 그의 공적을 기록한 비석이다.

국보 101호 지광국사탑은 스님의 사리를 안치하는 전통 승탑 가운데 가장 화려하고 아름다운 것으로 평가받고 있다. 통일신라 때까지의 승탑이 대부분 8각 평면을 기본으로 삼았던 것에 반해 이 지광국사탑은 4각 평면을 기본으로 했다는 점이 특히 새롭다.

국보 59호 지광국사탑비는 거북 받침돌 위에 비석의 몸돌을 세우고 그 위에 다시 왕관 모양의 머릿돌을 얹었다. 이 같은 머릿돌은 이전의 비석에서 볼 수 없는 새로운 모습이어서 신선한 느낌을 준다. 전체적으로 세련된 형태와 정교한 조각이 잘 어우러진 걸작으로 평가받는다. 비문에는 승려로서의 지광국사 업적을 추모하는 내용이 담겨 있다.

이것들은 모두 강원도 원주시 법천사에 있었다. 법천사는 통일신라 때인 8세기 초 법고사(法皐寺)라는 이름으로 창건되었으나 후에 법천사로 바뀌었고 언젠가 다시 절 자체가 사라져 버렸다.

일제 강점기였던 1911년경 일본인들은 법천사지에 남아 있던 지광국사탑을 매입한 뒤 서울로 옮겨 이듬해인 1912년경 일본의 오사카(大阪)로 몰래 빼돌렸다. 그 후 1912년 말~1913년 초 천만다행으로 한국으로 돌아왔다. 그러나 돌아와 자리잡은 곳은 원래 터인 법천사가 아니라 서울의 경복궁이었다. 결국 국보 59호 지광국사탑비만 홀로 남아 법천사지를 지키게 된 것이다.

국보 101호 지광국사탑에는 또 다른 슬픈 사연이 담겨 있다. 6·25 한국전쟁 때 폭격으로 부서진 일이 있었다. 그때 몸체 일부만 남고 나머지는 산산조각이 났다. 이후 1957년 시멘트를 이용해 그 조각들을 붙여 오늘에 이르고 있다. 지광국사탑을 잘 들여다보면 조각조각 붙여 놓은 자국이 참 많다. 시멘트로 채워 넣은 부분도 곳곳에서 발견된다. 다행히 원래 모습을 유지하고 있지만 매우 안타깝다.

이 지광국사탑은 2005년 10월 서울 용산에 들어선 새 국립중앙박물관 개관에 맞추어 박물관 경내로 옮길 계획이었다. 당시 경복궁 경내에 있으면서 국립중앙박물관이 관리하던 야외 석조물들이 모두 용산 국립중앙박물관으로 옮겨가기로 되어 있었다. 그러나 지광국사탑은 이전 대상에서 제외되었다. 지광국사탑과 같은 승탑을 옮기려면 우선 부재(部材)를 해체해야 한다. 이 지광국사탑은 부서진 조각을 다시 붙여 놓은 상태다. 그렇기에 지광국사탑을 해체해 다른 곳으로 옮긴다는 것은 매우 위험한 일. 부재를 해체하는 과정에서 자칫 다시 부서져 버릴 수 있기 때문이다. 국립중앙박물관과 문화재위원회는 그래서 해체 이전을 보류했다. 완벽한 이전 방안이 마련될 때까지 지켜보자는 것이었다.

짝을 잃어 버린 또 다른 국보로 124호 한송사지 석조보살좌상(고려 10세기경)을 들 수 있다. 이것은 강원도 강릉시의 한송사지에서 출토된 대리석 보살좌상이다. 이 보살상은 우선 대리석 재질이라는 점에서 매우 이색적이다. 국내에는 대리석으로 만든 불상은 거의 없다. 원통형 보관(寶冠)을 쓰고 있는 얼굴 등 외형에 있어서도 독특하다. 원통형 보관 역시 다른 불상에서는 거의 발견할 수 없다. 길죽하면서도 통통한 장방형 얼굴, 콧날 끝이 휘어진 매부리코, 붉게 칠한 흔적이 남아 있는 입술 등 전체적으로 매우 이색적이라는 느낌을 지을 수 없다. 이 불상은

1 강원도 원주의 법천사지에 세워져 있는 국보 59호 지광국사탑비. 2 6·25 한국전쟁 때 지광국사탑이 파괴된 모습. 3 국보 101호 법천사지 지광국사탑. 고려시대의 승려 지광국사의 사리를 안치한 이 승탑은 법천사지에서 일본의 오사카로, 다시 경복궁으로 옮겨진 기구한 운명을 갖고 있다. 6·25 한국전쟁 때 폭격으로 부서진 것을 수리해 오늘에 이르고 있다.(원 안은 보수한 부분들) 4 국보 124호 한송사지 석조보살좌상. 5 보물 81호 한송사지 석조보살좌상. 머리와 팔이 부서졌지만 국보 124호와 모습이 흡사해 애초에 한 쌍으로 제작했을 가능성이 높다.

국립중앙박물관이 소장해 오다 국립춘천박물관이 개관함에 따라 원래의 제작지인 강원도 춘천의 국립박물관으로 옮겨 보관해 오고 있다.

그런데 이와 조각 수법이 흡사한 석불이 있다. 보물 81호인 한송사지 석조보살좌상이다. 머리와 팔이 부서져 없어졌지만 조각 수법으로 보아 국보 124호와 비슷하다는 것을 쉽게 알 수 있다. 이 석불은 한송사가 없어진 후 강원도 명주군 구정면 어단리에 있었으나 강릉시청 등을 거쳐 1992년 지금의 위치인 강릉시 오죽헌 시립박물관으로 옮겨 놓았다.

전문가들은 이 두 석불이 한송사에 있었을 때 한 쌍이었을 것으로 추정한다. 이 추정에 따르면 국보 124호 한송사지 석조보살좌상은 지혜의 문수보살(文殊菩薩), 보물 81호 한송사지 석조보살좌상은 자비의 보현보살(普賢菩薩)이다. 전문가들은 이에 대한 근거로 한송사라는 절의 이름이 원래 문수사였다는 점, 문수와 보현의 두 석상이 이 절의 땅에서 솟아났다는 기록이 남아 있는 점 등을 들고 있다.

한편 강원도 지역에서는 이와 유사한 불상이 적잖이 발견된다. 강릉시 신대동 신복사지 3층 석탑 앞에도 이와 유사한 불상이 남아 있다. 앉아 있는 자세가 좀 다르지만 원통형의 보관, 다소 길죽한 장방형의 얼굴, 감고 있는 눈, 입가의 미소 등에서 국보 124호와 비슷한 양식임을 쉽게 짐작할 수 있다. 강원도 평창군 오대산 월정사에 있는 보물 139호 석조보살좌상도 마찬가지다. 10세기 전후 강원도 지역에서 이 같은 불상 양식이 유행했음을 알 수 있게 해 주는 대목이다.

5
원래의 일부만
남아 있는 국보

서울 덕수궁 경내에 있는 국보 229호 자격루(自擊漏). 이것은 자격루의 전체 모습이 아니다. 자격루를 구성하는 일부(크고 작은 물그릇, 물의 눈금을 재는 시보 장치 물통)이다. 자격루는 원래 조선 세종 때인 1434년에 과학자 장영실(蔣英實)이 개발한 우리나라 최초의 최첨단 자동시계였다. 자격루는 원래 경회루 남쪽 보루각에 있었지만 지금은 남아 있지 않다. 현재 덕수궁에 남아 있는 국보 229호는 장영실 당시의 것이 아니라 중종 때인 1536년에 만든 것 가운데 일부 부품이다. 문화재청은 남문현 건국대 명예교수의 주도 아래 2007년 자격루를 복원해 경복궁 국립고궁박물관에서 전시해 오고 있다.

  사실 덕수궁에 있는 국보 229호 자격루를 보고 대체 어떻게 작동이 되는지 이해할 수는 없다. 국립고궁박물관에 복원해 놓은 자격루를 보아야 작동 원리를 이해할 수 있고, 그래야만 우리 과학 문화재의 우수성을 실감할 수 있게 될 것이다.

  경북 경주시 신라 태종 무열왕릉 앞에 있는 국보 25호 태종무열왕비(661년)도 자격루와 비슷한 사례다. 비의 몸체는 사라졌고 받침돌과 머릿돌만 남아 있다. 현재 우리가 볼 수 있는 것은 거북 모양의 받침돌 위에 용 모양의 머릿돌을 올려 놓은 모습이다. 태종 무열왕릉비의 거북 모양 받침돌은 보면 목을 곧추 세우고 앞으로 힘차게 발을 뻗고 있는 거북의 모습이 매우 역동적으로 표현되어 있다. 머릿돌에는 좌우에 3마리씩 6마리가 서로 뒤엉켜 여의주를 받들고 있는 모습이다. 전체적으로 사실적이면서 생동감이 넘치는 조각으로, 당시 삼국을 통일한 신라인들의 기상을 엿볼 수 있는 고대 탑비 조각의 명품이다.

1 국보 229호 자격루. 조선 중종 때 만들어진 것으로 덕수궁 안에 일부만이 남아 있다. **2** 국보 25호 태종 무열왕릉비. 통일신라 661년, 높이 2.1m. 비의 몸체는 사라졌고 받침돌과 머릿돌만 남아 있다.
3 국립고궁박물관에 복원해 놓은 자격루. 실제로 작동이 이뤄지고 있다.

6
행방불명된
국보

315건의 국보 가운데에는 현재 어디에 있는지 그 위치를 확인할 수 없는 것이 있다. 도난당한 뒤 아직까지 찾지 못하고 있기 때문이다. 그 비운의 문화재는 조선시대 명필이었던 비해당 안평대군(匪懈堂 安平大君, 1418~1453)의 글씨첩인 국보 238호 〈소원화개첩(小苑花開帖)〉이다. 세종의 아들인 안평대군은 자신의 꿈을 안견(安堅)에게 얘기해 〈몽유도원도(夢遊桃源圖)〉를 그리게 한 인물로, 15세기의 대표적인 시서화(詩書畵) 삼절(三絶)로 꼽힌다.

〈소원화개첩〉은 가로 16.5cm, 세로 26.5cm 크기의 비단에 행서(行書) 56자를 써넣은 것이다. 활달하면서도 반듯한 안평대군 서체의 전형을 보여 주는 명품이다. 국내에서 확인된 안평대군의 글씨 가운데 거의 유일한 진품으로 꼽히고 있다.

〈소원화개첩〉이 도난당한 것은 2001년 1월 초 어느 날 밤. 소장자의 서울 동대문구 아파트가 털렸다. 경기도 고양시 일산에 있는 아들 집을 다녀오느라 집을 비운 사이, 그날 밤 〈소원화개첩〉을 비롯해 문화재 100여 점을 도난당한 것이다. 12년이 지난 2013년 현재 범인은커녕 작품이 어디에 있는지조차 파악하지 못하고 있다.

한때 누군가 서울 동대문구 장안동 골동상에 나타나 〈소원화개첩〉을 내놓겠다고 해서 회수의 기대를 갖게 했으나 무산되었다. 범인은 잡지 못한다고 해도 이 명품이 훼손되지 않고 국내에 남아 있다는 사실만이라도 확인할 수 있다면 그나마 다행일 것이다. 경찰은 2010년 9월 인터폴을 통해 〈소원화개첩〉을 국제적으로 수배했다.

벌써 도난 14년째, 〈소원화개첩〉은 아직도 국보의 지위를 누리고 있다. 이 작품을 국보에서 해제하지 않는 것은 아마도 무사 귀환에 대한 열망의 표현일지도 모른다. 하지만 무작정 기다리기만 할 수는 없는 일이다. 실종된 국가 지정 문화재의 경우, 어느 정도의 기간 동안 자격을 유지할 것인지 등에 대해 서둘러 논의해야 한다.

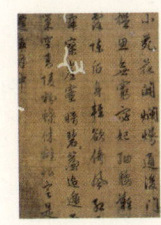 

국보 238호 〈소원화개첩〉. 안평대군의 글씨첩이다. 2001년 도난당한 뒤, 아직 그 행방조차 모른다.

7

국보와 돈,
'문화재는 얼마나 하나'

우리의 국보를 돈으로 환산해 보면 과연 얼마나 할까. 국보가 얼마인지, 직접 계산해 보는 것은 현실적으로 불가능하다. 국보가 시장에서 거래되는 경우가 거의 없기 때문이다.

하지만 간접적으로 그 가격을 추론해 볼 수는 있다. 바로 보험가를 알아보는 일이다. 가장 높은 보험가를 기록한 것은 국보 83호 금동미륵보살반가사유상. 1996년 미국 아틀랜타 올림픽 문화교류전에 출품할 당시 5,000만 달러의 보험에 가입한 바 있다. 당시의 환율로 계산해 보면 약 400억 원. 국보 83호 금동미륵보살반가사유상은 2013년 가을 미국 뉴욕 메트로폴리탄 박물관의 '황금의 나라, 신라' 특별전에 출품하면서 보험가를 약 500억원으로 평가했다.

두 번째 보험가 역시 반가사유상이다. 바로 국보 83호와 함께 우리 반가사유상의 쌍벽을 이루는 국보 78호 금동미륵보살반가사유상. 1998년 미국 메트로폴리탄 박물관 한국실 개관기념 특별전에 출품할 때 300억 원짜리 보험에 가입했었다. 그러나 이 같은 보험가는 실제 가격과 분명 다르다. 만일 이 두 반가사유상이 실제로 시장에서 거래된다면 그건 부르는 게 값이다. 수천억 원으로도 모자랄 것이다.

보험가는 그저 문화재가 이동할 때, 안전에 각별한 신경을 쓰라는 의미에서 상징적으로 정해 놓은 최소한의 기준일 뿐이다.

2013년 미국 메트로폴리탄박물관의 '황금의 나라, 신라' 전에 출품했던 국보 191호 황남대총 북분 금관의 보험가는 100억 원이었다. 이에 앞서 1997년 영국 런던의 브리티시 뮤지엄(일명 대영박물관) 한국실 개관 기념전을 개최할 때, 여기 출품했던 국보 87호 금관총 출토 금관의 보험가는 50억 원이었다. 당시의 보험가는 사실 너무 낮은 것이었다. 그렇게 보험가가 저렴했던 것은 영국 정부가 금관의 안전한 이동을 보장했기 때문이었다. 영국 정부가 나서서 보장하겠다는 마당에 굳이 수백억 원의 보험에 가입할 필요가 없다고 판단했던 것이다. 다른 상황이라면 이 금관의 보험가는 수백억 원에 달했을 것이다.

하지만 막상 사고가 발생해 문화재가 훼손된다면 수백억 원, 수천억 원의 보험가가 무슨 의미가 있겠는가. 보험가는 그저 보험가일 뿐, 국보의 가치는 보험가로 환산할 수 없다.

고려청자 명품으로 꼽히는 국보 68호 청자 상감구름학무늬 매병. 이것은 간송 전형필 선생이 1935년 일본인 골동상으로부터 2만 원을 주고 구입했다. 당시 서울에서 좋은 기와집 한 채가 1,000~1,500원 선이었다고 한다. 이와 연관지어 지금

국보 83호 금동미륵보살반가사유상(왼쪽)과 국보 78호 금동미륵보살반가사유상(오른쪽). 이들 작품이 해외 전시에 나갈 때의 보험가는 400억~500억 원에 달한다. 사진은 2004년 국립중앙박물관이 경복궁 시대를 마감하면서 기획했던 특별전 모습.

사진 l 류동현

돈으로 환산해 보면 100억, 200억 원을 넘어설 것이다.

지금까지 소개한 국보는 모두 이동이 가능한 문화재(동산문화재)들이다. 그럼 건축물처럼 이동할 수 없는 국보 문화재(부동산문화재)들은 어떻게 보험가를 정할까. 이 경우엔 주로 문화재로서의 가치와 복구비 등을 기준으로 보험가를 산정한다. 현재 국보 24호 석굴암은 191억 원짜리 보험에, 사적 3호인 수원 화성은 113억 원짜리 보험에 가입해 있다.

다음으로 경매 가격을 알아보자. 국보는 경매에 나온 적이 없기 때문에 국보의 경매가를 살펴본다는 것은 불가능하다. 대신 국내 경매에서 최고가를 기록한 문화재를 소개한다. 경매 최고가를 기록한 문화재들과 국보로 지정된 유사 장르의 문화재들을 비교해 보면 참고가 될 수 있기 때문이다. 물론 국보로 지정된 것들은 대부분 경매 최고가 작품보다 더 가치가 높다. 따라서 유사한 국보 문화재들은 경매 최고가 작품들보다 훨씬 더 값비싸다고 보면 무난할 것이다.

2001년 4월, 서울의 서울옥션 경매장에서 놀라운 소식이 터져 나왔다. 겸재 정선(謙齋 鄭敾, 1676~1759)의 1755년작 〈노송영지도(老松靈芝圖)〉가 7억 원에 낙찰되었다는 소식이었다. 당시로서는 국내 미술품 경매 사상 최고가였다.

이 작품은 겸재의 대표작으로 꼽기에 충분할 만한 명품이다. 가로 103cm, 세로 147cm로 크기도 대형이다. 그림은 전체적으로 시원하고 당당하다. 구불구불한 노송 한 그루가 화면을 가득 채우며 분위기를 압도하고, 그 아래엔 주황빛 영지가 노송과 파격적인 조화를 이루고 있다. 화면엔 '乙亥秋日 謙齊八十歲作'(을해 추일 겸재 80세 작)이라고 쓰여 있다. 을해년은 1755년이니 겸재의 나이 여든이 되던 해다. 제작 연대를 확인할 수 있다는 점에서 이 작품의 가치는 더욱 높다. 겸재의 작품 가운데 제작 연대가 명확하게 밝혀진 예가 적기 때문이다.

당시 이 작품은 유명 컬렉터의 한 사람인 동양제철화학(지금의 OCI)의 이회림 명예회장(2007년 타계)이 구입했다. 이 회장은 자신이 인천에 세운 송암미술관에 이 작품을 소장해 오다 2005년 6월 송암미술관 건물, 소장품 8천여 점과 함께

겸재 정선의 〈노송영지도〉. 1755년, 종이에 담채, 147×103cm. 제작 연대를 확인할 수 있다는 점에서 가치가 더욱 높다. 2001년 서울옥션 경매에서 7억 원에 낙찰됐다.

인천광역시에 기증했다.

〈노송영지도〉의 국내 경매 최고가 신기록은 3년이 흐른 2004년 12월 상감청자에 의해 깨졌다. 서울옥션 경매에서 고려청자 상감매화대나무새무늬 매병이 10억 9천만 원에 낙찰된 것이다. 이 매병은 상감으로 처리한 매화대나무까치 무늬가 매력적이다. 이른 봄날의 따스한 정취가 청자의 투명한 비색과 어울리면서 마치 한 폭의 그림을 연상시킨다. 2006년 2월엔 백자 철화구름용무늬 항아리가 서울옥션 경매에서 16억 2천만 원에 낙찰되었다. 철화 용무늬와 항아리의 곡선이 잘 어우러진 당당한 모습의 백자였다.

이후 고미술품은 오랫동안 박수근, 김환기, 이중섭 등 근대 미술작가들의 회화에 밀려 경매에서 두드러진 기록을 내지 못했다. 고미술이 주도해 오던 경매 최고가 기록은 2007년 들어서면서 근대미술에 의해 역전되었다. 근대미술을 맨 앞에서 이끈 것은 박수근의 유화였다. 2007년 3월 경매에서 박수근의 유화 〈시장의 사람들〉이 25억 원에 낙찰됐고, 불과 두 달 만인 2007년 5월 경매에서 박수근의 〈빨래터〉가 45억 2천만 원에 팔리면서 국내 미술품 경매 최고가 신기록을 잇달아 경신했다. 박수근의 국내 미술품 경매 최고가 기록은 2013년 현재까지 깨지지 않고 있다. 박수근 이외에도 이중섭, 김환기 등의 작품이 꾸준한 사랑을 받으며 고가에 거래되고 있다.

이 같은 역전은 미술시장에 커다란 변화를 가져왔다. 국내의 근대 및 컨템포러리 미술, 해외 작품으로 사람들의 관심과 돈이 쏠리면서 고미술품의 거래가 급감한

1 국보 68호 청자 상감구름학무늬 매병. 간송 전형필 선생이 1935년 2만 원을 주고 일본 골동상으로부터 구입한 것이다. 당시 서울에서 가장 좋은 기와집 한 채는 1,000~1,500원 정도였다. 2 2004년 경매에서 10억 9천만 원에 낙찰된 청자 상감매화대나무새무늬 매병. 3 2006년 경매에서 16억 2천만 원에 낙찰된 백자 철화구름용무늬 항아리. 4 2011년 경매에서 18억 원에 낙찰된 백자 청화구름용무늬 항아리.

1 2007년 경매에서 45억 2천만 원에 낙찰되어 국내 미술품 경매 최고가 기록을 세운 박수근의 유화 〈빨래터〉. 1950년대, 37×72cm.
2 1000원짜리 화폐 뒷면 디자인에 들어가 있는 겸재 정선의 〈계상정거도〉. 1746년, 종이에 수묵, 25.4×40cm. 이 그림은 보물 858호 『퇴우이선생진적』에 들어 있다. 이 서화첩은 2012년 경매에서 34억 원에 낙찰되었다.

것이다. 국내 미술시장을 주도하던 고미술은 불황에 빠졌다. 시장이 침체이다 보니 고미술 경매가 신기록을 세우는 것도 어려운 일이 되어 버렸다.

그러던 중 2010년 3월 옥션단 경매에서 19세기 화집 『와유첩(臥遊帖)』이 17억 1천만 원으로 국내 고미술 경매 최고가 신기록을 세웠다. 이 『와유첩』은 금강산을 유람한 문인 김계온(金啓溫, 1773~1823년)이 화원들에게 부탁해 단원 김홍도의 『금강사군첩(金剛四郡帖)』을 본떠 그린 것. 총 9권에 금강산과 금강산 가는 길의 풍경을 담은 그림 75점과 유람시, 발문 등이 함께 실려 있다.

이어 2011년 3월엔 마이아트옥션 경매에서 조선시대 왕실 도자기인 백자 청화 구름용무늬 항아리가 18억 원에 낙찰되어 국내 고미술 경매 최고가 기록을 경신했다. 이 도자기는 14억 7천만 원으로 시작해 경합 끝에 18억 원을 제시한 전화 응찰자에게 낙찰됐다. 이 청화백자는 높이 59.3cm로 흔히 용 발가락이 4개 그려진 것과 달리 5개가 그려져 백자 청화오조룡 항아리라고 불리기도 한다. 18세기 조선시대 왕실에서 사용했던 최고급 청화백자 가운데 하나로 추정된다.

2012년 9월엔 경이적인 기록이 세워졌다. K옥션 가을 경매에서 보물 585호 『퇴우이선생진적(退尤二先生眞蹟)』이 34억 원에 낙찰된 것이다. 『퇴우이선생진적』은 26억 원부터 5천만 원 단위로 호가(呼價)를 시작해 치열한 경합 끝에 34억 원에 팔렸다.

이 서첩은 퇴계 이황과 우암 송시열의 친필 글과 겸재 정선의 그림 4편이 실려 있는 서화첩. 국가 지정 문화재가 경매에 나왔다는 점에서 경매 이전부터 많은 사람들의 관심을 모았다. 표지 제목 '퇴우'는 퇴계와 우암을 일컫는 말이다. 서화첩에는 겸재가 1746년에 그린 〈계상정거도(溪上靜居圖)〉가 들어 있다. 퇴계가 기거하며 학문을 닦고 제자를 양성하던 도산서당의 모습을 정선이 1746년에 그린 것이다. 1000원짜리 지폐 뒷면에 들어간 그림으로 더욱 유명하다.

이후 이 서첩을 낙찰한 주인공은 삼성문화재단으로 확인되었다. 34억 원의 낙찰가는 2013년 현재 국내 미술품 경매 최고가 신기록이다.

3

국보
미스터리

많은 사람들이 국보를 연구한다. 그들은 국보가 언제 어떻게 누구에 의해 만들어졌는지, 국보가 어떤 의미와 아름다움을 지니고 있는지 등에 대해 탐구한다. 또한 그 옛날 어떻게 그토록 멋진 명품을 만들어 낼 수 있었는지, 그 제작 과정이나 기법은 어떠했는지 등에 대한 연구도 활발하다.

하지만 다양한 연구에도 불구하고 국보 315건(2014년 2월 현재)의 전모가 모두 밝혀진 것은 아니다. 연구자들 사이에서 논쟁이 진행되고 있는 것도 적지 않다. 아직 연구하고 밝혀내야 할 점이 많다는 말이다.

신라 금관은 정말로 머리에 썼던 것일까, 금관의 주인공은 누구인가, 독특한 모양의 다보탑은 과연 몇 층 탑이라고 말해야 하나, 천마도의 천마는 말인가 기린인가, 석굴암 전실의 팔부중상은 8구인가 6구인가, 8구라면 직선으로 배치해야 하는지 꺾어서 배치해야 하는지, 해인사 팔만대장경은 과연 어디서 제작한 것일까, 안동을 중심으로 한 경북 지역에 전탑(벽돌탑)이 많이 남아 있는 것은 무슨 까닭인가. 흥미진진한 논란과 미스터리 속으로 들어가 보자.

1
신라 금관의 실체

한국을 대표하는 국보 하나를 꼽으라면 단연 금관(金冠)이다. 세련된 디자인에 화려한 장식, 그리고 황금빛 찬란함⋯⋯. 게다가 전 세계에 남아 있는 십여 점의 금관(금동관 제외) 가운데 여덟 점이 한국에 있으니, 금관이야말로 세계에 내놓아도 손색이 없는 우리의 소중한 문화재다.

현재 전하는 순금제 금관은 총 여덟 점. 이 가운데 여섯 점이 5~6세기 신라 것이고, 나머지 두 점은 가야의 금관이다. 충남 공주의 백제 무령왕릉에서는 금제 관장식이 나왔으나 금관은 나오지 않았다.

신라 금관은 경주의 황남대총 북분 출토 금관(5세기, 국보 191호), 금관총 출토 금관(5세기, 국보 87호), 서봉총 출토 금관(5세기, 보물 339호), 금령총 출토 금관(6세기, 보물 338호), 천마총 출토 금관(6세기, 국보 188호), 교동 고분 출토 금관(5세기)이다. 모두 경주 지역의 신라 고분에서 출토된 것이다.

그런데 궁금한 것이 하나 있다. 그 옛날 왕들은 정말로 금관을 머리에 썼을까? 금관의 주인은 과연 왕이었을까?

흔히 '금관이니까 모자처럼 머리에 썼겠지'라고 생각하는 경우가 많다. 그러나 그것은 그저 추론일 뿐, 실은 그렇지 않다. 신라 왕이 금관을 모자처럼 머리에 썼다는 기록이나 물증은 어디에도 없다. 금관이 실용품이 아니었음을 암시한다. 그 근거를 보자(이한상,『황금의 나라 신라』(김영사, 2004) / 이한상,「금관에 숨겨진 신라사 해명의 코드 읽기」,『문화재사랑』2012년 7월호 참조).

첫째, 금관은 너무 약하다. 그리고 지나치게 장식이 많아 실용품으로 보기 어렵다.

금관은 얇은 금판을 길죽하게 오려 그것들을 서로 붙여서 만들었다. 관테에 고정시킨 세움 장식이 너무 약하고 불안정하다. 실제로 머리에 금관을 쓴다면 일상생활이 곤란하다는 것이 전문가들의 견해다. 조금만 움직여도 세움 장식이 꺾일 정도로 약하다고 한다.

둘째, 마감이 깔끔하지 않다. 신라 금관은 전체적인 디자인이나 조형미는 대단히 뛰어나고 세련되었다. 그러나 마감은 매끈하지 못하다. 평소에 왕이 사용하는 것이었다면 신라의 장인들이, 정교하기 짝이 없는 금목걸이와 금귀고리를 만들었던 신라의 장인들이 마감을 엉성하게 하지 않았을 것이다. 실제 사용한 것이 아니라 사후 부장용이었을 가능성을 높여 준다. 금관의 주인공이 이미 세상을 떠나 금관 완성품을 볼 수 없는 상황이었기에 이렇게 만든 것이 아닐까, 하는 추론이 가능하다.

셋째, 실제로 금관이 출토된 모습을 보아도 실용품이 아니라는 것을 알 수 있다. 금관 출토 장면은 보통 사람들의 상상과는 전혀 다르다. 신라 금관은 죽은 사람(무덤의 주인공)의 얼굴을 모두 감싼 모습으로 출토되었다. 금관의 아래쪽 둥근 테는 무덤 주인공 얼굴의 턱 부근까지 내려와 있다. 그리고 금관 위쪽 세움 장식(나뭇가지나 사슴뿔 모양)의 끝이 모두 머리 위 한 곳에서 묶인 채 고깔 모양을 하고 있다. 즉 모자처럼 이마 위에 쓴 것이 아니라 얼굴 전체를 뒤집어 씌운 모습으로 발굴된 것이다. 이는 신라 금관이 실용품이 아니라 죽은 자를 위한 일종의 데드 마스크(death mask)였을 가능성을 암시한다.

일단 지금까지의 자료로 볼 때, 금관을 신라 왕이 머리에 썼던 실용품으로 추론하기에는 다소 무리가 따른다. 대신 왕이나 왕족이 죽었을 때 무덤에 함께 매장했던 데드 마스크용 부장품(副葬品)으로 해석할 수 있다. 그러나 이 역시 추론이다. 금관을 실제로 착용했을 가능성 역시 배제할 수 없다.

이제 두 번째 궁금증으로 옮겨가 보자. 금관의 주인은 누구였을까. 일단 왕이었을 가능성이 가장 높다. 그러나 왕이라고 단정할 수도 없다. 금관의 주인이 왕이려면 금관이 출토된 고분이 왕의 무덤이어야 하는데, 왕의 무덤으로 밝혀진 경우가

없기 때문이다. 즉 금관 출토 고분이 왕릉임을 입증하는 유물이 나오지 않았다는 말이다. 우리나라 고대 고분 가운데 주인공이 확인된 것은 충남 공주에 있는 백제 무령왕릉뿐이다.

금관이 출토된 황남대총 북분(北墳)을 보자. 국내 최대 규모의 황남대총(동서 80m, 남북 120m, 높이 23m)은 남북으로 무덤 두 기가 붙어 있는 쌍분(雙墳)이다. 부부 무덤임에 틀림없지만 정확한 주인공이 누구인지는 아직 밝혀지지 않았다. 내물왕 부부묘라는 추정도 있지만 이 역시 추정일 뿐이다.

흥미로운 사실은 남성의 무덤인 남분(南墳)이 아니라 여성의 무덤인 북분(北墳)에서 금관이 나왔다는 점이다. 이 무덤이 축조된 5세기 전후 신라에 여왕이 없었으니 황남대총은 여왕의 무덤일 수 없다. 그렇다면 황남대총 금관의 주인공이 왕비일 수는 있어도 왕은 아니다.

금령총에서 나온 금관은 그 크기가 작다(높이 27cm, 테 지름 15cm). 성인용이

황남대총. 남북으로 무덤 두 기가 붙어 있는 쌍분이다. 여성의 무덤인 북분에서 금관이 출토되었다.(위)

1 국보 188호 천마총 금관. 6세기, 높이 32.5cm, 국립경주박물관 소장.
2 국보 191호 황남대총 북분 금관. 5세기, 높이 27.3cm, 국립경주박물관 소장. **3** 교동 고분 금관. 5세기, 높이 12.8cm, 국립경주박물관 소장.

1 금관총에서 출토된 환두대도를 보존 처리하는 과정에서 칼집에 '尒斯智王(이사지왕)' 명문이 새겨져 있는 것을 확인했다. 하지만 '이사지왕'의 정체를 정확히 알 수는 없다.　2 황남대총 북분에서 금관이 출토될 당시 현장 사진. 금관 맨 위쪽 장식을 한데 묶어 고깔 모양을 하고 있다.

사진 | 국립중앙박물관

아니다. 그 주인공이 어린아이라면 아마 왕자였을 가능성이 높다. 결국 신라 금관의 주인공은 왕뿐만 아니라 왕비나 왕족일 수도 있다는 말이다.

신라의 금관 하면 우리는 보통 왕의 것으로 생각한다. 하지만 왕의 것이라고 입증할 만한 물증은 없다. 그럼에도 여러 정황상 왕이 금관의 주인공일 가능성이 가장 높다. 중요한 점은 왕뿐만 아니라 왕비, 왕자 같은 왕족들도 금관의 주인공이었다는 사실이다.

그런데 2013년 7월 초 놀라운 뉴스가 터져 나왔다. 금관총 출토 환두대도(環頭大刀, 고리자루큰칼) 칼집에 '尒斯智王'(이사지왕)이란 명문이 새겨져 있다는 사실을 확인했다는 소식이었다. 국립중앙박물관이 이 칼을 보존 처리하는 과정에서 글자를 확인한 것이다. 칼이 1921년 금관총에서 발굴된 지 92년 만의 일이었다.

'尒斯智王' 글씨는 칼집의 맨 아래쪽 앞면에 음각으로 새겨져 있었다. 이 명문은 금관총 주인공의 존재를 파악하는 데 매우 중요한 단서가 될 것이기에 당시 학계와 언론의 많은 관심을 끌었다. 하지만 이사지왕의 정체를 정확하게 알 수는 없다. 『삼국유사』와 『삼국사기』, 신라 금석문 어디에도 그런 왕호가 등장하지 않기 때문이다. 더욱이 금관총이 출토되었던 5세기에 신라 최고 지배자의 호칭은 왕이 아니라 마립간(麻立干)이었다.

그럼 이사지왕의 정체는 무엇일까. 무어라 단정할 수는 없지만 ① 갈문왕의 경우처럼 왕으로 불린 고위 귀족의 한 사람일 가능성 ② 마립간 중 한 사람의 다른 호칭일 가능성을 생각해 볼 수 있다. 금관총 출토 환두대도에 새겨진 이사지왕 명문은 금관의 주인공을 파악하는 데 중요한 단서임에 틀림없다. 그럼에도 여전히 미스터리 속에 갇혀 있다. 아니, 단서가 나와서 오히려 더 복잡한 미스터리 속으로 빠져들었을 수도 있다. 역설적인 얘기지만 이것이 문화재 연구의 매력이기도 하다.

2
다보탑
탄생의 비밀

불국사의 대웅전 경내에 있는 국보 20호 다보탑(통일신라 8세기 중반)과 국보 21호 석가탑(통일신라 8세기 중반)은 여러모로 독특하고 인상적이다. 사찰 경내에 탑이 2기가 있을 경우, 대부분 같은 모양이다. 그런데 다보탑과 석가탑은 그 모양이 서로 다르다. 게다가 다보탑은 세계 어느 나라에서도 그 예를 찾아볼 수 없을 만큼 특이하고 화려하다. 다보탑을 유심히 들여다보면 이런저런 궁금증이 더해진다. 낯설고 독특하며 저토록 화려한 모습은 과연 어떻게 생겨났을까. 다보탑은 과연 몇 층 탑일까 등등.

─── 독특한 다보탑, 그 탄생의 비밀

다보탑 탄생의 비밀은 불교의 경전인 『법화경(法華經)』에서 유래한다. 『법화경』에는 과거의 부처인 다보여래와 현재의 부처인 석가여래가 등장한다. 『법화경』에 나오는 「견보탑품(見寶塔品)」의 내용을 보면, 다보여래는 평소 "내가 부처가 된 뒤 누군가 『법화경』을 설법하는 자가 있으면 그 앞에 탑 모양으로 솟아나 그것을 찬미하겠다."고 약속했다. 다보여래는 훗날 석가가 『법화경』의 진리를 말하자 정말로 그 앞에 화려한 탑으로 불쑥 솟아났다. 그 탑은 온갖 보물과 5천 개의 난순(欄楯, 난간), 1천만 개의 감실(龕室)로 장식되어 무척이나 화려했다.

국보 20호 다보탑. 8세기 중반, 높이 10.4m. 『법화경』의 「견보탑품」에 나오는 내용을 재현한 이 탑은 세계 어느 나라에서도 그 예를 찾아볼 수 없을 만큼 독특하고 화려하다. 기단부 네 귀퉁이 모두에 돌사자가 있었는데, 일제 강점기에 일본인들이 세 개를 몰래 떼내어 가져갔다.

3_ 국보 미스터리 • 97

다보탑의 화려한 형상은 바로 『법화경』의 「견보탑품」에 나오는 내용을 탑으로 재현한 것이다. 석가탑은 현재의 부처인 석가여래가 설법하는 내용을 표현한 탑이고, 다보탑은 과거의 부처인 다보여래가 불법(佛法)을 증명하는 것을 상징하는 탑이다. 그래서 두 탑의 모양이 서로 다르게 된 것이다.

다보탑은 목조 건축 수법을 적극 차용하면서 계단 난간 등 다양한 장식을 넣어 화려하게 꾸민 것도 『법화경』의 내용을 충실하게 표현한 것으로 볼 수 있다.

다보탑은 과연 몇 층 탑일까

국보 20호 다보탑에 있어 가장 궁금한 것의 하나는 과연 몇 층인가 하는 점이다. 2층탑, 3층탑, 4층탑 등 다양한 학설이 있지만 아직 명쾌한 답은 없다. 일반적인 탑과 모양이 너무 다르다 보니 층수를 헤아리기가 쉽지 않은 것이다.

다보탑 맨 아래쪽의 계단 부분이 기단부(받침 부분)라는 데에는 대체로 전문가들의 의견이 일치한다. 그러나 그 윗부분을 놓고 의견이 엇갈린다. 기단부 위쪽의 사각 기둥이 있는 부분을 기단으로 보는 견해가 있는가 하면, 이것을 하나의 층으로 보는 견해도 있다. 또 탑 중간의 난간 부분을 바라보는 견해도 다르다. 4각 난간과 8각 난간 부분을 각각 하나의 층으로 보는 전문가도 있고, 이와 반대로 4각 난간과 8각 난간 부분을 모두 합쳐 하나의 층으로 보는 사람도 있다. 그리고 난간 위부터 8각 옥개석(屋蓋石, 지붕돌) 아랫부분을 또 하나의 층으로 보는 견해도 존재한다. 이렇게 보는 각도에 따라 다보탑은 2층탑, 3층탑, 4층탑이 될 수 있는 것이다.

무급(無級)의 탑, 즉 층이 없는 탑이라는 견해도 있다. 무급탑이라는 설은 난간 안쪽에 숨겨져 있는 8각 기둥에 주목한다. 이 8각 기둥이 다보탑의 탑신(몸체)인데, 이것이 난간에 의해 가려져 있어 탑신은 없는 것이나 마찬가지라는 견해다. 즉 탑신은 있으면서 없는 것이며, 탑신이 없다는 것은 층이 없음을 의미한다. 그래서 무급탑, 무층탑이라는 말이다. 다보탑이 몇 층인가 하는 점은 이처럼 의견이 분분하다. 무엇이 정답이라고 말할 수 없다. 영영 그 답을 찾아내지 못할 수도 있다.

3
월정사 8각 9층 석탑의 유래

15.2m의 훤칠한 키에, 날렵하고 경쾌한 몸매가 매력적인 국보 48호 월정사 8각 9층 석탑(고려 초 10세기). 각 층의 8각 옥개석(屋蓋石, 지붕돌)을 보면 끝에서 위로 살짝 치켜 올라간 추녀선의 맵시가 대단하다. 거기 달려 있는 작은 풍경(風磬)과의 어울림도 압권이다. 이 석탑은 흔히 보아 온 보통의 석탑과 모양이 다르다. 다보탑 만큼이나 이색적이다. 특히 4각이 아니라 8각이라는 점이 그렇다.

고려시대엔 다각다층탑(多角多層塔)이 많이 만들어졌다. 이들은 주로 북한의 평양 일대와 평북 향산군 묘향산 일대, 그리고 강원도 평창 지역에 밀집되어 있다. 묘향산 보현사의 8각 13층 석탑을 비롯해 평양 영명사의 8각 5층 석탑, 평양 원광사 8각 7층 석탑, 평양 광법사 8각 5층 석탑 등이 북한에 남아 있는 고려시대 다각다층탑이다.

이 같은 다각다층탑은 고구려 석탑의 전통을 계승한 것이다. 고구려 때엔 8각 다층탑을 많이 세웠다. 1990년대에 복원된 북한 평양의 정릉사(동명왕릉 바로 옆에 위치)의 8각 7층 석탑이 대표적인 예다.

고려시대에 이 같은 고구려 탑의 전통을 이어받다 보니 탑의 위치도 고구려의 옛 영토였던 강원 이북 지역에 집중된 것으로 보인다. 북한에 남아 있는 이들 탑 가운데 가장 유명한 것은 묘향산 보현사에 있는 고려 후기 8각 13층 석탑. 보현사는 968년 창건된 절로, 조선시대 서산대사 휴정(西山大師 休靜, 1520~1604년)이 양산 통도사의 석가여래 사리를 모셔 와 봉안한 곳으로 널리 알려져 있다.

보현사 8각 13층 석탑은 월정사 석탑과 층수, 높이(보현사탑은 7.78m, 월정사탑은

15.2m)만 다를 뿐 전체적인 모양이 거의 흡사하다. 날렵한 몸매, 끝부분이 살짝 위로 치켜 올라간 옥개석(지붕돌), 옥개석 추녀 끝에 매달아 놓은 풍경 등. 기단부에 연꽃을 장식했다는 점도 비슷하다. 그래서인지 두 탑 모두 연꽃 위로 불탑이 솟아오르는 듯한 모습을 보여 준다.

상륜부의 경우엔 월정사 탑이 좀 더 화려하다. 월정사 탑 상륜부 맨 아래에 2중의 연꽃 받침을 만들고 그 위로 하나의 탑을 쌓듯 9개의 원판을 올렸다. 이를 보륜(寶輪)이라 하는데, 보륜 하나하나의 가장자리 8곳에 두 겹의 꽃을 또 장식했다. 누군가는 이를 두고 하늘에서 꽃비가 내리는 것 같다고 말하기도 한다.

보륜 위에는 독특한 금속 보개(寶蓋, 일종의 양산)를 덮고, 그 위에 또다시 수연(水煙, 물안개처럼 꾸민 꽃잎 모양의 나무)과 보주(寶珠, 구슬 모양의 장식물)로 장식했다. 그야말로 화려함의 극치. 보현사 탑의 상륜부 역시 화려하긴 하지만 월정사 탑에 비하면 단정한 편이다.

 1 국보 48호 월정사 8각 9층 석탑. 고려 11세기, 높이 15.2m. **2** 묘향산 보현사 8각 13층 석탑. 높이 7.78m. 고려시대에는 다각다층탑이 많이 만들어졌다. **3** 평양 정릉사 8각 7층 석탑. 1990년대에 복원되었다. 높이 12.5m.

4
팔만대장경의
제작 과정과 제작 장소

____ 초조대장경과 재조대장경

경남 합천 해인사에 있는 국보 32호 팔만대장경(해인사 대장경판)은 한국 불교 문화재의 정수로 꼽힌다.

팔만대장경(八萬大藏經)은 불력(佛力)으로 몽고의 침략을 물리치려는 기원을 담아 1236년부터 1251년까지 16년에 걸친 각고의 노력 끝에 완성한 호국 불교의 상징물이다. 고려인의 성스러운 마음이 8만여 장의 경판 한 장 한 장, 판각된 글자 한 자 한 자에 고스란히 배어 있다.

대장경은 해인사 팔만대장경처럼 부처의 가르침을 기록한 불교 경전을 총망라한 것을 말한다. 경판의 수가 8만 1,258장이고 8만 4천 번뇌에 해당하는 8만 4천 법문을 실었다고 해서 흔히 팔만대장경이라고 부른다.

가장 먼저 만든 것이 초조대장경. 초조(初雕)는 처음 새겼다는 뜻이다. 초조대장경은 거란이 침입한 전란의 위기 속에서 1011년에 목판에 판각을 시작해 1087년 완성한 뒤 목판을 한지에 찍어냈다. 초조대장경은 송, 거란 등의 대장경을 종합해 만든 것으로 당시로서는 가장 방대한 대장경이었다. 또 세계에서 두 번째로 제작한 한자 번역 대장경이다.

초조대장경 목판은 1232년 몽골의 침입으로 소실됐고, 현재 그것을 찍은 판본이 국내의 여러 박물관과 일본에 일부 전한다. 초조대장경 목판이 모두 불에 타버리자 고려인들은 몽골 침입을 물리치려는 호국 의지를 담아 대장경을 다시 만들었다. 이것이 재조(再雕)대장경으로, 해인사 팔만대장경이 대표적이다.

팔만대장경은 몇 명이 만들었을까

그 많은 팔만대장경 경판은 몇 명이 어떻게 만들었을까. 경판 하나는 가로 70cm 내외, 세로 24cm 내외, 두께 3.6cm 내외, 무게는 3~4kg. 한 면에 23행, 한 행마다 14자씩 새겼다. 한 면에 322자, 양면을 모두 계산하면 약 644자. 8만 장 전체를 계산해 보면 약 5,200만 자에 달하는 글씨를 새긴 것이다. 경판의 무게만 해도 280톤에 달한다.

이 같은 경판을 만드는 데 필요한 인력과 시간에 대해선 나무 문화재 전문가인 박상진 경북대 명예교수의 『나무에 새겨진 팔만대장경의 비밀』(김영사, 2007)을 참고할 수 있다.

제작 과정을 따라가면서 그에 필요했던 인력을 살펴보자. 가장 먼저 할 일은 나무를 자르고 판을 짜는 작업. 이 경판에 사용된 나무는 거제도, 완도, 제주도 등지에서 자생하는 자작나무(백화목, 白樺木)이다. 이들 원목을 어디에서 벌채했는지는 아직 정확하게 밝혀지지 않았지만 경남 남해 지역에서 구한 뒤 그곳에서 제작했다는 의견이 우세하다.

일단 원목을 벌채하면 이를 바닷물에 3년 정도 담가 둔다. 후에 나무가 벌레 먹는 것을 막고 재질을 견고하게 하기 위해서였다. 그리고 이것을 건져내 경판에 알맞은 판형으로 자른 다음 소금물에 삶은 뒤 잘 말리고 대패질로 표면을 매끄럽게 한다. 이어 나무판이 뒤틀리지 않도록 양 끝에 마구리용 각목을 덧붙이게 된다. 이것은 경판을 보호하는 기능도 하고 목판을 찍을 때 손잡이 역할도 하게 된다.

박 교수는 1만~1만 5천 그루의 나무가 필요했고, 벌목과 운반에 연인원 8만~12만 명이 동원됐을 것으로 추정한다.

다음은 글씨를 조각하는 차례. 글씨를 조각하기 위해선 먼저 종이에 글씨를 쓴 뒤 그 종이를 뒤집어 나무판에 반대로 붙여야 한다. 경판의 글씨 약 5,200만 자는 흐트러짐 없는 일관된 서체다. 이 5,200만 자의 글씨를 일일이 붓으로 써야 하는데 한 사람이 대략 하루에 1천 자 정도를 쓸 수 있다고 한다. 전체 5,200만 자를

1 초조대장경인 국보 267호 아비달마식신족론 권12. 호림박물관 소장.
2 초조대장경인 국보 246호 대보적경 권59. 국립중앙박물관 소장.

쓰려면 연인원 5만 2천 명 정도가 필요하다.

　글씨 쓰는 데 들어가는 한지도 필요하다. 8만 장의 경판의 양면 모두 종이를 붙여야 하니 최소한 16만 장의 종이가 소요된다. 한지는 닥나무를 채취해 만든다. 한 사람이 하루에 종이를 만들 수 있는 양은 약 50장. 따라서 16만 장의 한지를 만들어 내려면 약 3,200명의 인력이 소요된다.

　이어 그 글씨를 경판에 양각으로 새겨야 한다. 박 교수에 따르면, 달인의 경지에 이른 장인이 하루에 새길 수 있는 글자는 약 30~50자. 644자가 들어 있는 경판의 한 장을 새기려면 보통 13일에서 21일이 걸리게 된다. 하루 평균 40자를 새긴다고 하면, 팔만대장경 전체 글자 수가 약 5,200만이니 동원된 장인은 연인원 131만 명에 달한다.

　이상에서 살펴본 인력만 계산해 보아도 144만 5천 명~148만 5천 명에 달한다. 여기에 경판을 보존하기 위해 옻칠을 해야 하는 사람, 교정 보는 사람, 그 외에도 이런저런 일을 도와 주는 사람이 많이 필요했을 것이고, 이들까지 포함하면 그 인원은 훨씬 더 늘어날 것이다. 팔만대장경을 만드는 데 필요했던 총 연인원은 약 150만 명 정도인 셈이다.

　팔만대장경이 750년 넘도록 완벽한 모습을 유지해 오기 위해선 그 얼마나 힘든 과정을 거쳐야 했을지 충분히 상상할 수 있다. 연인원 150만 명의 땀방울과 불심이 서려 있는 것이다. 그것은 고려인의 땀과 불심 바로 그 자체다.

───　언제 어디서 만들었는가

팔만대장경은 1236년에 판각을 시작해 1251년에 제작을 마친 것으로 알려졌다. 그러나 이견도 있다. 고려대장경(초조대장경) 판각 1000년을 맞은 2011년, 불교서지학자인 박상국 한국문화유산연구원장은 흥미로운 주장을 내놓았다. 대장경각(大藏經閣) 경전의 간행 기록과 『고려사』 등의 기록을 정밀 검토한 결과, 1233~1236년의 준비 기간을 거쳐 1237년부터 1248년까지 12년 동안 판각했다는 견해였다. 그 요지는 이러하다.

"1251년은 팔만대장경 완성을 기념하는 경축 행사를 치른 시기이지 제작을 완료한 시기가 아니다. 그동안 경축 행사를 종료 시점으로 잘못 이해했다. 대장경은 이미 그 3년 전인 1248년에 마무리됐다."

팔만대장경 제작 시기를 놓고 정밀한 논의가 필요한 상황이다.

제작 시기보다 더욱 심각한 것은 제작 장소에 대한 논란이다. 이와 관련해 그동안 학계에선 ①인천 강화 제작설 ②경남 남해 제작설 ③강화 남해 공동 제작설 등이 제기되어 왔다.

일반적으로 보면 강화에서 팔만대장경을 판각했다고 하는 강화 제작설을 정설로 받아들이고 있다. 강화 제작설의 근거는 『태조실록』에 나오는 한 구절. "1398년 5월 조선 태조가 강화 선원사에서 옮겨 온 대장경을 보러 용산강에 행차했다."는 내용이다. 이에 근거해 팔만대장경은 강화도에서 제작되어 선원사에 보관하다 1398년 한양으로 옮겼다는 말이다. 그리고 나서 합천 해인사로 다시 옮겼다는 말이 된다.

그러나 반론도 만만치 않다. 우선 『태조실록』에 나오는 대장경이라는 것이 정말 팔만대장경을 말하는 것이지 단정할 수 없다. 그리고 그 엄청난 분량의 팔만대장경을 강화에서 합천 해인사로 옮겼다는 것도 정황상 선뜻 받아들이기가 쉽지 않다. 경판 8만 1,258장의 무게는 모두 280톤. 엄청난 무게다. 실제 경판을 옮기려면 경판과 경판 사이에 완충 종이도 넣어 포장을 해야 한다. 완충지와 포장 등의 재질 무게까지 합하면 그 무게는 훨씬 더 늘어나 400톤 가까이 육박할 것이다. 그렇다면 지금의 10톤 트럭 40대가 필요하다. 상황이 이렇다 보니 강화도에서 해인사로 팔만대장경을 옮긴다는 것이 과연 가능한 일이었을까, 의문을 제기하는 사람이 적지 않다.

팔만대장경을 강화도에서 해인사로 옮겼다고 하면 국가적인 대역사(大役事)였을 것이다. 그렇다면 이에 대한 기록이 어딘가에 남아 있어야 하는데, 옮긴 것 자

국보 32호 팔만대장경 경판 낱장. 경판 하나는 가로 70cm 내외, 세로 24cm 내외, 두께 3.6cm 내외, 무게는 3~4kg. 한 면에 23행, 한 행마다 14자씩 새겼다. 한 면에 322자, 양면을 모두 계산하면 약 644자이다.

체에 대한 기록은 전혀 남아 있지 않다. 팔만대장경을 강화도에서 만들지 않았을 것이란 추론을 가능케 하는 대목이다.

팔만대장경 경판의 각 권 마지막에는 대장도감(大藏都監), 분사대장도감(分司大藏都監), 분사남해대장도감(分司南海大藏都監)과 같은 글귀가 나온다. 이와 관련해 팔만대장경 제작을 위해 강화 선원사에 대장도감을, 남해에 분사(分司)대장도감을 설치했을 것으로 그동안 추측해 왔다. 박상국 원장은 이에 대해서도 반론을 내놓았다.

"강화 선원사에 대장도감을 설치해 팔만대장경 경판을 판각한 것으로 알려져 있지만 판각 장소는 선원사가 아니라 경남 남해다. 선원사는 1245년에 창건됐는데 이때는 이미 팔만대장경 판각이 90% 이상 완료된 시점이다. 강화 선원사는 팔만대장경과 관계가 없다. 대장도감 판본과 분사대장도감 판본을 조사해 본 결과 두 곳은 동일한 장소였고 그곳이 바로 남해였다. 남해에서 100% 판각된 것이 확실하다."는 견해다.

목재 문화재 전문가인 박상진 경북대 명예교수도 남해 제작설에 무게를 두고 있다. 박 교수는 팔만대장경 경판 전 목재의 재질을 통해 남해에서 만들었을 가능성을 제시한다.

"경판을 만든 나무의 대부분은 산벚나무와 돌배나무이지만 후박나무, 거제수나무도 포함되어 있다. 남쪽에서만 자라는 후박나무가 포함되어 있다는 점으로 보아 거제도, 남해도 등 남해안 지역에서 나무를 조달했을 것이다. 거제수나무는 남부 고산 지방, 해인사 주변 가야산 일대에 주로 자라는 나무다. 따라서 해인사 가까운 남해에서 만들었을 가능성이 가장 높다."(박상진, 『나무에 새겨진 팔만대장경의 비밀』, 김영사, 2007)

정말로 강화도에서 만든 뒤 합천 해인사로 옮긴 것인지, 아니면 남해 등 남부 지방에서 만들어 가까운 해인사로 옮겨 놓은 것인지 어느 하나로 단정하기 어려운 상황이다. 이는 강화도에서 만들었다고 단정할 수 없다는 말이기도 하다.

5
천마도,
말인가 기린인가

1973년 발굴 조사된 경북 경주의 천마총(天馬塚, 신라 6세기), 이곳에서 금관과 천마도를 비롯해 6세기 무렵의 귀중한 신라 유물 1만여 점이 무더기로 쏟아져 나왔다.

1970년대 경주의 지역 고분 발굴은 당시 박정희 대통령의 경주 관광 개발 계획 프로젝트의 일환으로 시작되었다. 신라 최대 고분인 98호분(황남대총, 皇南大塚)을 발굴 조사하고 내부를 공개해 관광 자원으로 활용하기로 한 것이다.

그러나 신라 고분 발굴의 경험이 없던 당시 고고학계가 98호분처럼 거대한 고분을 발굴한다는 것은 보통 일이 아니었다. 고고학계는 고민 끝에 신라 고분 발굴의 예비 지식을 얻기 위해 그 옆에 있는 155호분(천마총)을 발굴해 보기로 했다. 155호분 발굴은 일종의 시험 예비 발굴이었던 셈이다. 그런데 이곳에서 금빛 찬란한 금관, 천마도(天馬圖)와 같은 엄청난 유물이 무더기로 쏟아져 나왔으니, 시험 발굴에서 흔히 말하는 대박을 터뜨린 것이다.

천마총의 대표 출토품인 국보 207호인 천마도의 공식 명칭은 장니 천마도(障泥天馬圖)이다. 장니는 말을 탄 사람의 옷에 흙이 튀지 않도록 말의 안장에 매달아 늘어뜨리는 장비를 말한다. 여기에 상상의 동물인 천마를 그려 넣은 것이 바로 천마도다.

장니 천마도는 두 장이다. 한 장은 훼손이 심하고 나머지 하나는 그림이 잘 남아 있는데 바로 이것이 국보로 지정된 것이다. 가로 75cm, 세로 53cm, 두께 6mm. 자작나무 껍질을 여러 겹 겹친 뒤 이를 누벼서 판을 만들었고, 그 위에 하늘을 날아가는 흰색 말과 붉은색, 갈색, 검정색 등의 덩굴무늬를 그려 넣은 것이다. 현재 남아 있는 유일한 신라 회화 작품이라는 점에서 그 의미가 각별하다.

천마라고 하면 하늘을 나는 날개 달린 말이다. 그런데 천마도 속의 동물이 말이 아니라 기린이라는 주장이 있다. 여기서 말하는 기린은 초원에 사는 목이 긴 기린이 아니라 동양에서 전해져 온 상상의 동물 기린이다.

기린이라는 주장을 살펴보기에 앞서 먼저 천마도에 나오는 동물을 자세히 관찰해 보자. 머리에 뿔이 표현되어 있고 입에서 신기(神氣)를 내뿜고 있다. 날개가 있고 몸체엔 반점이 있다. 날개와 뒷다리에서 갈개가 뻗쳐 나와 있다.

천마가 아니라 기린이라는 견해는 1995년 처음 제기되었다. 미술사학자 이재중 씨의 논문「삼국시대 고분미술의 기린상」(『미술사학연구』203호, 1995)에서다. 이 논문의 요지를 보면, 천마도는 장천 1호분, 무용총, 삼실총, 강서대묘 등 고구려의 고분벽화에 등장한 기린도와 같은 종류라는 견해다. 그가 제시하는 근거를 좀 더 구체적으로 살펴보면 다음과 같다.

첫째, 천마도 천마의 이마에 튀어나온 한 개의 뿔. 뿔이 하나 있는 동물은 기린 외에는 거의 없다는 것이다. 둘째, 입에서 내뿜는 신기. 기린의 속성 중 하나가 맑은 기운을 내뿜는 것이며, 그림 속 말의 입에서 나오는 기운이 바로 이것이라고 본다. 또한 천마의 경우, 신기를 내뿜는 일은 거의 없다고 주장했다. 셋째, 동물 몸체에 그려진 반점. 중국 남북조시대가 되면 기린 그림에 반점을 표현하는 것이 보편화되고 있으며 고구려 강서대묘 벽화의 기린 그림에도 반점이 표현되어 있다는 것이다.

당시 미술사학계는 이 논문에 대해 참신한 접근이라고 평가하면서도 이를 공식적으로 받아들이지는 않았다. 뿔이라고 하는 것의 형태가 뚜렷하지 않고, 뿔을 제외하면 기린임을 증명할 만한 명쾌한 증거가 나오지 않았기 때문이다.

그 후 1997년 국립중앙박물관 보존과학실에서 천마도장니를 적외선 촬영해 정수리 부분에 불룩한 것이 솟아 있는 것을 확인했다. 그러나 이것을 뿔로 보는 견해도 있고, 뿔이 아니라 불꽃(일종의 신기)으로 보는 견해도 있다.

 1 국보 207호 장니 천마도. 1973년 경주 천마총에서 발굴됐다. 1990년대 중반 천마도 속의 동물이 말이 아니라 기린이라는 주장이 제기됐다. **2** 1997년 국립중앙박물관 보존과학실이 장니 천마도를 적외선 촬영했다. 정수리 부분에 볼록한 것이 솟아 있다. **3** 고구려시대 삼실총에 그려진 천마 벽화. **4** 고구려시대 삼실총에 그려진 기린 벽화.

국립중앙박물관은 2009년 한국 박물관 개관 100주년 기념 특별전에 천마도의 원본과 적외선 촬영 사진을 함께 전시했다. 이때 사진을 보면 머리 부분에서 돌기 같은 것을 확인할 수 있다. 이를 놓고 또 한 차례 말이냐 기린이냐, 논란이 되었다.

사실 적외선 사진을 이렇게 보면 말이고, 저렇게 보면 기린이다. 천마와 기린 모두 상상의 동물이어서 그 형상에 대한 견해가 분분할 수 있다. 각종 기록을 보면 기린(몸은 사슴과 같고 꼬리는 소의 꼬리에, 발굽과 갈기는 말과 같다)과 천마의 모습에 있어 공통점이 다수 존재하기 때문에 그 구분이 더욱 어려운 형편이다.

천마도의 동물이 천마인가 기린인가 하는 점을 밝히기 위해선 좀 더 정밀하고 복잡한 검토가 필요하다. 그저 말처럼 생겼으니 말이고 뿔이 있으니 기린이라는 식으로 접근해선 안 된다.

천마도는 왕릉급 고분에서 나온 유물이다. 신라인들이 정신 세계나 제의 신앙 문화와 연결지어 해석하지 않을 수 없다. 당시 신라인들이 천마와 기린을 어떤 존재로 받아들였는지에 대해서도 연구해야 한다. 즉 신라의 말 신앙, 기린 신앙을 체계적이고 정밀하게 검토해야 한다는 말이다. 또한 당시 신라 고분에 담겨 있는 북방 문화의 배경 요소도 함께 고찰해야 한다. 어쨌든 머리의 돌출 부분, 머리 위의 반월형 갈기가 튀어나온 것만 보고 기린이라고 말하는 건 위험하다.

6
석굴암 전실은
어떤 모양이었을까

국보 24호 석굴암(통일신라, 8세기 중반)은 본존불을 모신 원형의 주실(主室), 그 앞에 있는 사각형의 전실(前室), 주실과 전실을 연결하는 통로로 이뤄져 있다. 전실을 보면 좌우 벽에 각각 4구의 조각상이 일렬로 배치되어 있다. 이를 팔부중상(八部衆像, 불법을 수호하는 불교신)이라 한다.

그런데 팔부중상의 수와 배치를 놓고 이견이 있다. 좌우 4구가 지금처럼 일직선으로 놓여 있는 것이 석굴암의 원래 모습일까, 원래 모습이 아니라면 언제 어떤 과정을 통해 그 모습이 바뀐 것일까. 이런 논란이다.

이 논란을 이해하기 위해선 먼저 1900년대 초 일제 강점기 때 석굴암의 상황을 이해할 필요가 있다. 1909년경 석굴암의 주실 앞쪽 천장 일부와 전실이 무너진 채 발견되었다. 석굴암은 늘 그 자리에 있었기에 엄밀히 말하면 발견이라는 표현은 잘못됐다. 석굴암의 존재를 특별히 의식하지 않은 채 세월이 흘러오던 중 1909년경 석굴암의 훼손 사실을 일본인들이 확인해 세상에 널리 알렸다고 말하는 것이 적절할 듯 싶다.

조선총독부는 1913년 석굴암 보수 공사에 들어갔다. 이때 일제는 석굴암을 통째로 일본으로 반출하려는 계획을 세웠다. 하지만 기술적 어려움, 비용, 한국인의 반대에 부딪혀 계획을 백지화했다.

어쨌든 석굴암 보수 과정에서 전실 좌우 벽에 불상을 3구씩 세우고 그 끝 전실 입구 쪽에 각각 1구씩을 직각으로 꺾어 연결했다. 그 후 1961~1964년 우리가 다시

석굴암을 보수하게 되었다. 이때 일제가 직각으로 꺾어 놓았던 부분을 곧게 펴서 전실 벽 좌우로 4구씩 직선으로 펼쳐 놓았다.

── 굴절형인가 직선형인가

그렇게 해서 현재의 석굴암 전실을 보면 좌우 벽에 각각 4구의 조각상이 일직선으로 배치되어 있다. 그런데 이렇게 4구를 직선으로 펼쳐 놓는 것이 맞는지, 하나를 90도로 꺾어 놓는 것이 맞는지 이를 둘러싼 논란이 계속되고 있는 것이다. 어떤 전문가들은 3구와 1구로 꺾어 놓은 것을 굴절형 또는 절곡형(折曲形)이라고 하고, 4구를 모두 펼쳐 놓은 것을 직선형, 전개형(展開形)이라고 말하기도 한다.

논란이 이는 것은 8세기 중반 처음 조성할 당시 석굴암의 구조에 대한 정확한

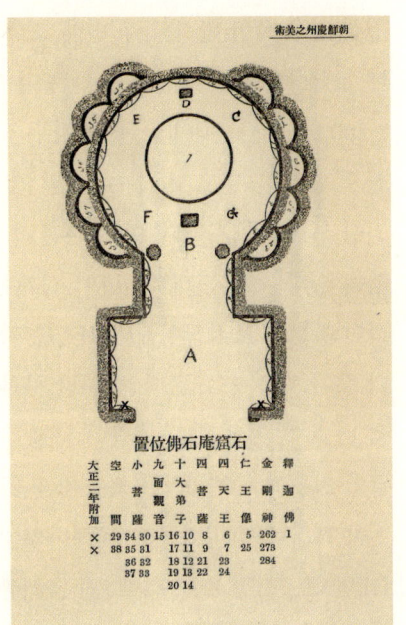

(왼쪽 페이지) 1912년 말~1913년 초 경주 동양헌 사진관에서 촬영한 석굴암 모습. 전실 오른쪽 팔부중상이 3구로 보인다. 성균관대박물관 소장.

(오른쪽) 『朝鮮 慶州の美術』에 수록된 석굴암 평면도. 전실 입구 좌우의 첫 번째 팔부중상에 X표를 하고, '1913년 부가'라고 적어 놓았다. 1913년 일제의 보수 전에는 이 2구의 조각상이 없었음을 알 수 있다.

기록이 없기 때문이다. 이런 상황에서 중요한 것은 사진이다. 1913년 보수 공사 이전에 찍어 놓은 사진을 보면 될 것이다. 1908~1910년경에 찍은 석굴암 사진이 몇 점 남아 있다. 가장 널리 알려진 사진은 주실의 일부와 전실이 무너진 모습을 담은 석굴암 정면 사진. 그러나 정면에서 찍은 탓에 아쉽게도 전실의 좌우 벽이 거의 드러나지 않는다. 전실 한쪽 벽의 팔부중상이 3구인지 4구인지, 직선형인지 굴절형인지 정확히 알 수 없는 것이다.

그런데 당시 팔부중상의 전모를 보여 주는 사진 자료와 기록이 있다. 일본인 미술사가 나카무라 료헤이(中村亮平)가 1929년 출판한 『朝鮮 慶州の美術』(東京; 芸艸堂)이다. 이 책엔 1909년경의 석굴암 사진이 실려 있다. 일제가 석굴암을 보수하기 직전이다. 이 사진을 보면 전실의 팔부중상은 놀랍게도 8구가 아니라 6구다.

3 국보 미스터리 • 115

전실 입구 쪽의 마지막 네 번째 조각상 2구가 존재하지 않는 것이다. 즉 꺾인 부분에 조각상은 보이지 않고 돌만 쌓여 있을 뿐이다.

2007년 성균관대박물관이 '경주 신라 유적의 어제와 오늘-석굴암·불국사·남산 특별전'을 열고 1912~13년경 경주의 동양헌(東洋軒) 사진관이 촬영한 석굴암 전실 사진을 공개했다. 이 사진엔 좌우로 3구씩(총 6구)이 보이고 맨 앞 입구 쪽이 꺾여 있다. 성균관대박물관이 공개한 사진은 전실의 바깥쪽에서 찍은 것이어서 꺾인 부분에 조각상이 있는지 없는지 알 수가 없다. 꺾인 부분에 조각상이 하나씩 더 붙어 있을 수도 있다. 하지만 사진을 자세히 들여다보면 거기에 조각상이 하나씩 더 붙어 있을 만한 공간이 나올 수 없다. 어찌 됐든 1913년 보수 공사 직전, 석굴암 전실의 팔부중상은 좌우에 3구씩 모두 6구가 있었다고 볼 수밖에 없다.

이 대목에서 나카무라 료헤이의 책 내용이 눈길을 끈다. 나카무라는 이 책에 "네번째 조각상 2구는 1913년 조선총독부가 부가(附加)했다. …… 이는 추악의 극(極)이며 실로 대담한 추가라 하지 않을 수 없다."고 써놓았다. 또한 1913년 보수한 석굴암 도면을 소개하면서 좌우 입구 쪽에 구부려 놓은 4번째 조각상에 '부가'한 것이라고 정확하게 표시해 놓았다. 일제 강점기 한국 미술을 연구했던 야나기 무네요시(柳宗悅)도 1910년대에 이미 "문제의 두 상은 석굴 인근에서 발굴한 것으로, 무슨 근거로 추가를 감행했는지 궁금하다."고 지적한 바 있다.

물론 좀 더 명쾌한 자료가 남아 있지 않은 상황에서 아직 무엇이 옳다고 단정지을 수는 없다. 그러나 최소한 1913년 직전엔 6구였을 가능성이 농후하다는 말이 된다.

이런 견해를 믿는다면, 조선총독부가 1913년 무너진 석굴암을 수리하는 도중 주변에서 발굴한 2구의 조각상을 팔부중상의 일부라고 판단해 굴절 부위에 붙인 것이다. 팔부중상은 모두 8구여야 하기 때문에 근처에서 나온 조각상 2구를 꺾인 부위에 배치한 것은 어쩌면 타당해 보인다. 석굴암의 전실이 무너졌을 때, 그로 인해 입구 쪽 꺾인 부위의 팔부중상 2구가 무너져 내리자 누군가가 근처에 옮겨 놓앉을 수 있다. 그것을 다시 옮겨 8구로 만들었을 수도 있다. 그런데 추가한 2구의 조각이 바로 그 위치에 있던 팔부중상이라고 단정지을 만한 명백한 증거가 있는 것도 아니다.

1961~64년 국내 전문가들은 석굴암 보수 공사를 하면서 팔부중상이 조각된 전실의 구부러진 부분을 직선으로 펼쳐 놓았다. 발굴을 해 보니 직선의 흔적이 남아 있어 직선형이 더 적절하다고 판단한 것이다. 그 후 굴절형인가 직선형인가에 대한 논란이 계속되고 있으나 매듭이 지어지지 않고 있다. 한 전문가는 "개인적으로는 굴절형이 더 어울린다고 생각하지만 현재로선 단정할 수 없다. 전실 부분을 다시 한 번 발굴해 보지 않고서는 단정하기 어렵다."고 말한다.

―― 6구와 2구의 모양이 다른 까닭

일제가 찾아낸 2구의 조각상이 나머지 6구와 모양이 다른 점도 논란거리. 그 2구의 조각상은 1913년에 일제가 꺾인 부분에 붙였던 것이다. 그러니까 1964년 우리 전문가가 다시 일직선으로 펼쳐 놓은 입구 쪽의 조각 2구를 말한다. 이를 눈여겨 보면 그 모습이 나머지 6구와 사뭇 다르다. 왼쪽 벽의 네 번째 상(본존불이 있는 안쪽으로부터 네 번째, 그러니까 전실 입구에 가장 가까운 쪽)은 아수라(阿修羅)이고 오른쪽 벽의 네 번째 상은 금시조다. 이들은 나머지 6구에 비해 키가 현저하게 작고 몸체 아랫부분의 받침대는 매우 높다. 조각 수법과 표현 방식도 다르다. 다 같은 팔부중상을 조각하면서 왜 이 2구만 달리 표현한 것일까. 이 역시 미스터리다. 누군가는 "직선 부위가 아니라 굴절 부위에 세우려고 했기 때문에 모양이 다른 것"이라고 해석한다. 그러나 이것도 추론일 뿐 물증이 있는 것은 아니다.

또 다른 누군가는 "이 2구의 조각상은 나머지 6구에 비해 후대에 따로 조성해 붙인 것일지도 모른다."고 추정한다. 이에 대해 "하지만 후대에 조각해 추가하면서 굳이 6구와 달리 조각했을 리가 없다."는 반론도 있다.

여기에 아수라상의 모습 자체도 논란의 대상이 된다. 아수라상은 훼손이 심한

석굴암 전실 오른쪽 내부. 현재 모습(위)과 일제가 보수하기 전에 촬영한 모습(아래). 아래 사진은 『朝鮮 慶州の美術』에 실린 전실 오른쪽 팔부중상 3구의 개별 사진을 연결시킨 것이다. 전실 입구의 금시조상이 보이지 않는다.

석굴암 전실 왼쪽 내부. 현재 모습(위)과 일제가 보수하기 전에 촬영한 모습(아래). 위 사진의 맨 왼쪽이 아수라상이다. 아래 사진은 『朝鮮 慶州의 美術』에 실린 전실 오른쪽 팔부중상 3구의 개별 사진을 연결시킨 것이다. 전실 입구의 '아수라'상이 보이지 않는다.

3 국보 미스터리 • 119

상태다. 머리 윗부분과 무릎 아랫부분이 부서져 떨어져 나갔고 팔도 일부 부서져 있다. 현재의 상태를 보면 상체와 허벅지 부분을 붙여 복원해 놓은 모습이다. 전문가들은 이를 두고 이런저런 가능성을 생각해 왔다. 그러던 차에 일제 강점기에 잘못 복원된 것이라는 주장이 나오기도 했다(한정호, 「석굴암 전실의 중수(重修)에 관한 제(諸)문제」, 신라사학회 제104회 발표 논문, 2011). 이 견해의 요지는 "아수라상은 상반신과 하반신이 서로 다른 개체다. 아수라상에 전용(轉用)된 하반신은 원래 다른 팔부중상의 하반신이다. 아수라상에 하반신은 위아래가 뒤집혔다."는 것이다.

 석굴암 전실은 원래 어떤 모습이었는지, 점점 더 궁금해진다. 이를 두고 이런저런 논란이 계속되고 있지만 석굴암 전실의 구조에 대해 뭐라고 단정할 수 있는 상황은 아니다. 조선시대까지 석굴암은 적어도 서너 차례 이상의 대대적인 개보수가 있었을 가능성도 있다. 그 과정에서 전실의 모습도 바뀌었거나 추가로 팔부중상을 수리 교체했을 가능성도 있다. 하지만 뭐라고 말할 수 없다. 현재로선 석굴암을 다시 전면 재발굴해 보지 않는 한 더 이상 논의를 진전시키기가 어려운 상황이다. 안타까운 일이다.

7

잔무늬거울,
0.3mm 간격의 가는 직선 1만 3천여 개는
어떻게 만들었을까

정문경(精文鏡), 즉 잔무늬거울은 한국식 동검과 함께 청동기시대 후기(기원전 3세기경부터 기원 전후까지)를 대표하는 청동 유물이다.

그중 단연 돋보이는 것은 국보 141호 정문경(일명 잔무늬거울, 기원전 3세기, 숭실대박물관 소장). 이는 청동기시대의 최고 명품으로 꼽힌다.

지름은 약 21cm. 이 거울엔 0.3mm 간격으로 가는 직선 1만 3천여 개와 동심원 100여 개가 주조되어 있다. 동심원의 경우, 거울 외곽의 상하좌우엔 각각 2개씩 모두 8개의 커다란 원이 있다. 그 원의 지름은 약 2cm. 그 안에 20여 개의 작은 동심원이 꽉 들어차 있다.

이 청동거울은 구도와 구성, 디자인도 뛰어나지만 그 섬세하고 정교한 선에 놀라지 않을 수 없다. 잔무늬거울은 다뉴세문경(多鈕細文鏡)이라고도 하는데, 이 청동거울은 국내에 남아 있는 다뉴세문경 가운데 가장 정교하다. 그것도 종이 위에 그린 선이 아니라 주조한 선이 그렇게 세밀할 수 있다니, 주조 기술의 정교함을 그대로 보여 주는 것이다. 매끄러운 원의 모양을 보면 틀림없이 컴퍼스를 사용했을 것 같다. 이 점 또한 보는 이를 놀라게 한다.

그렇다면 약 2300년 전 청동기인들은 어떻게 이토록 정교한 청동거울을 주조할 수 있었을까. 청동 제품을 만들려면 우선 주조틀인 거푸집이 필요하다. 이 거푸집에 쇳물을 부어야 청동 제품이 완성된다. 잔무늬거울은 거푸집에 정교하게 조각을 해야 하는데, 이건 보통 어려운 작업이 아니다.

지금까지 한국에서 출토된 청동기 거푸집은 주로 활석(곱돌)제다. 돌이 무르기

국보 141호 잔무늬거울(정문경). 기원전 3세기, 지름 21cm, 숭실대박물관 소장. 잔무늬거울의 부분(아래). 가는 직선 1만 3천여 개와 동심원 100여 개가 주조되어 있다.

때문에 조각하기에 쉽고 주조할 때 거푸집이 터지지 않아 반영구적으로 사용할 수 있다. 또한 활석은 표면이 매끄러워 주조물 표면의 질을 높이는 이점이 있다.

그러나 잔무늬거울처럼 대단히 정교한 제품을 만들려면 활석으로도 부족하다는 것이 전문가들의 대체적인 견해다. 그래서 더욱 정교한 조각이 가능한 진흙제 거푸집을 사용했을 것으로 추정한다. 이 같은 가정 하에 제작 과정을 추론해 보자.

먼저 밀랍(꿀찌꺼기에 송진을 섞은 것)으로 거울 형태를 만들고 거기에 선을 정교하게 양각으로 새긴다. 여기에 고운 진흙으로 덮어 말린다. 그 다음 열을 가하면 밀랍이 녹아서 빠져 나오고 진흙 내부에는 만들고자 하는 형태와 선 무늬가 남게 된다. 이때의 선은 음각이 된다. 이것이 바로 진흙 거푸집이다. 여기에 쇳물을 붓고 그것이 굳고 나면 진흙 거푸집을 부순다. 그럼 청동거울 표면에 양각 무늬가 남게 된다. 거푸집의 진흙이 마르면서 움츠려 들기 때문에 선이 더욱 정교해지는 결과를 낳을 수 있다는 견해도 있다.

그러나 이러한 과정을 거친다 해도 주조의 특성상 잔무늬거울처럼 그렇게 정교한 선이 나온다고 보장할 수 없다. 안타깝게도 잔무늬거울의 거푸집이나 흙으로 만든 거푸집은 발견되지 않았다.

그러면 놀랍도록 정교하게 만든 이 거울은 어디에 썼던 것일까. 거울을 장식한 무수한 동심원은 둥근 태양을 상징한다. 그리고 당시의 청동거울은 얼굴을 비춰 보는 요즘의 거울과 달리 태양빛을 다른 곳으로 반사하는 기능을 주로 수행했을 것이다. 이런 점에서 청동기시대 무당(샤먼)이 태양을 상징하기 위해 사용했던 일종의 의기(儀器)였을 가능성이 높다.

8
암각화는 국내에서 가장 오래된 그림인가

우리나라에서 가장 오래된 그림은 무엇일까. 문화재에 관심 있는 사람이라면 한 번쯤 생각해 봤을 법한 궁금증이다. 일단 많은 사람들은 선사시대의 암각화(岩刻畵, 바위그림)를 생각할 것이다. 바로 국보 285호 반구대 암각화(울산 울주군 언양읍 대곡리). 그러나 최근 들어 이 기록이 무너질 상황에 처해 있다.

── 5000년 전 토기 그림

2004년 2월, 부산시립박물관 연구원들은 소장 유물을 정리하던 중 특이한 토기 조각 하나를 발견했다. 토기 조각에 무슨 선이 그어져 있는 것이었다. 1999년 부산 영도구 동삼동 신석기 패총(貝塚, 조개무지)에서 발굴했던 적갈색 토기의 조각이었다. 이 토기의 연대(정확히 말하면 토기가 발견된 패총 층위의 연대)는 기원전 3300~3000년경. 처음엔 그저 선 몇 개 쓱쓱 지나간 것으로 보였다. 그러나 유심히 살펴보니 무슨 형상이 그려져 있었다.

사슴이었다. 박물관 연구원들은 퍼즐 맞추듯 생각을 조립해 나갔다. 사슴 그림……기원전 3000여 년……지금으로부터 약 5000년 전 그림……기원전 1000년 전 무렵의 암각화……. 생각이 이 즈음에 미치자 연구원들은 흥분하기 시작했다.

엄청난 발견이었다. 국내에서 가장 오래된 그림. 그동안 가장 오래된 그림으로 알려진 청동기시대의 반구대 암각화보다 2000년이나 앞서는 것이다. 한국 미술사를 다시 써야 하는 중요한 발견이었다. 가로 13cm, 세로 8cm 크기의 이 토기 조각에는 두 마리의 사슴이 그려져 있었다. 그림은 뼈나 대칼 같은 날카로운 도구를 이용해 별다른 장식 없이 사슴의 몸체 일부와 뿔, 머리, 꼬리, 뒷다리 등 특징만 잡아 단순화시켜 묘사한 모습이었다.

이 조각은 토기의 전체 모습을 생각해 볼 때 토기 윗부분에 해당된다. 박물관 측은 그림의 배치로 보아 토기의 윗부분에 돌아가며 사슴이 그려졌던 것으로 추정했다. 신석기시대 토기의 경우, 빗살무늬토기엔 기하학적 무늬가 새겨져 있지만 사슴과 같이 구체적인 대상을 그려 넣은 것은 이것이 처음이었다. 또한 박물관 측은 사냥감이었던 사슴을 표현한 점, 전체적인 색조가 붉은색인 점 등으로 미뤄 제의용(祭儀用)이 아니었을까 하고 추정하기도 했다.

그런데 토기가 출토된 것은 5년 전인 1999년이었다. 왜 이렇게 오랜 세월이 흐른 뒤에야 이 그림이 확인된 것일까. 알고 보면 그 이유는 간단하다. 그림의 선이 워낙 가는 데다 흙이 덮여 있었고, 거기에 토기 조각이 수만 점에 달해 사슴 그림을 발견하지 못했던 것이다. 5년이 흐른 뒤 뒤늦게 토기 조각을 일일이 세척하고 정리하는 과정에서 그림의 존재를 확인하게 된 것이다.

이 토기의 사슴 그림이 더욱 관심을 끈 것은 그 양식이 울산 반구대 암각화의 사슴과 매우 닮았다는 점 때문이었다. 울산 반구대 암각화 오른쪽 하단엔 선을 새겨 표현한 사슴 그림이 있는데 이와 거의 일치한다는 주장이다.

── 암각화는 언제 것인가

이에 따라 반구대 암각화가 청동기시대가 아니라 아니라 신석기시대에 제작됐다는 주장도 나왔다. 5000년 전 신석기 토기 그림과 반구대 암각화의 특징이 흡사하다면 이들 모두 비슷한 시기에 만들어졌다고 볼 수 있다. 반구대 암각화가 청동기시대보다는 신석기시대 작품일 가능성이 높다는 말이다. 부산시립박물관의 설명을 들어보자. "청동기시대 그림은 사실적이고 정밀한 묘사가 특징이지만 동삼동 패총의 사슴 그림과 반구대 암각화 사슴 그림은 간략하게 사물의 특징만을 잡아내고 있다. 청동기시대가 아니라 신석기시대라는 말이다. 동삼동 패총의 사슴 그림이

1 기원전 3300~3000년경에 제작된 것으로 보이는 사슴 그림 토기와 탁본. 부산 동삼동 패총에서 발견되었다.   2 기원전 5000년경 제작된 것으로 보이는 동물 그림 토기와 탁본. 경남 창녕 비봉리 신석기시대 습지 유적에서 나왔다. 이 토기를 발굴한 국립김해박물관은 이 동물을 멧돼지로 추정했다.

신석기시대의 것이라면 반구대 암각화 역시 신석기시대로 올려 잡아야 한다."

물론 이를 단정할 수 있는 객관적인 증거는 부족하다. 아직은 추정일 뿐이다. "반구대 암각화의 그림이 훨씬 세련됐다는 점에서 동삼동 패총 그림보다 후대의 것으로 보아야 한다."는 반론에도 귀를 기울여야 한다.

7000년 전 토기 그림

1년 4개월 뒤인 2005년 6월, 부산 동삼동 패총 그림의 최고(最古) 신기록을 깨는 놀라운 유물이 발견됐다. 경남 창녕군 부곡면 비봉리 신석기시대 습지 유적에서 7000년 전 것으로 추정되는 그림이 나온 것이다.

국립김해박물관이 이곳 신석기시대의 저습지와 패총을 발굴하기 시작한 것은 2004년 11월. 발굴을 하면 할수록 놀라운 유물들이 쏟아져 나왔다. 신석기시대 중기(기원전 4000~3000년)의 도토리 저장 구덩이에서 나온 국내 최고(最古)의 망태기와 도토리 탄화물, 신석기시대 최초의 분석(糞石, 사람이나 동물의 배설물이 굳어 화석처럼 된 것) 등. 모두 신석기시대의 귀중한 생활 유물이었다.

또다시 이곳에서 가장 오래된 그림이 나왔다. 바로 멧돼지가 음각된 토기 조각. 신석기시대 조기(早期, 기원전 5000년 이전) 층위에서 나온 것으로, 동삼동에서 출토된 5000년 전 사슴 그림보다 2000년이나 앞서는 유물이었다. 또한 우리나라에서 가장 오래된 그림의 신기록이 새롭게 작성되는 순간이었다.

이 그림의 형태를 보면 물고기에 가깝다. 하지만 등 부분에 돌기가 나 있고 두 개의 다리도 보인다. 발굴단은 일단 네 발 달린 짐승으로 보았다. 박물관 관계자는 "그림 속 동물은 얼핏 물고기처럼 보이나 앞 부분에 눈이나 코로 보이는 점 두 개가 찍혀 있고 등 부분의 돌기와 다리가 있는 것으로 보아 멧돼지 같은 짐승으로 추정된다."고 설명했다. 그럼에도 멧돼지로 보기엔 아직 금물이다. 전체적인 모양이 멧돼지와 다르게 보이기 때문이다. 그러나 국내 최고(最古) 그림 신기록 작성의 가능성은 높다는 것이 전문가들의 견해다.

9
안동에는
왜 전탑이 많이 있을까

우리나라는 '석탑의 나라'라고 한다. 현재 남아 있는 옛 탑들이 대부분 화강암의 돌로 만들어졌기 때문이다. 그런데 경북 안동시에 가면 전탑(塼塔)이 많다. 왜 그런 걸까.

전탑은 커다란 화강암으로 만든 탑이 아니라 흙으로 구운 작은 벽돌을 촘촘히 쌓아 올린 탑, 즉 벽돌탑을 말한다. 한국의 고대 건축에서 벽돌이라는 재료는 매우 희귀한 것이었다. 충남 공주시에 있는 백제 무령왕릉과 같이 벽돌을 쌓아 올린 고분이 있지만 그건 예외적인 경우다. 따라서 전탑 역시 우리 탑의 역사에서는 매우 희귀한 예라고 할 수 있다.

전탑은 모전 석탑(模塼石塔)과 다르다. 모전 석탑은 한자의 뜻 그대로 벽돌 모양의 돌로 만든 탑을 말한다. 돌을 벽돌 모양으로 잘게 다듬어서 쌓아 올린 탑이다. 경북 경주시에 있는 국보 30호 분황사 모전 석탑이 대표적이다.

현재 남한에 남아 있는 전탑은 모두 5기. 경북 안동 법흥사지 7층 전탑(통일신라, 국보 16호), 안동 동부동 5층 전탑(신라, 보물 56호), 안동 조탑동 5층 전탑(신라, 보물 57호), 경북 칠곡 송림사 5층 전탑(통일신라, 보물 189호), 경기 여주 신륵사 다층 전탑(고려, 보물 226호)이다. 이 가운데 8세기에 세워진 안동 법흥사지 7층 전탑은 높이 17m로 한국에서 가장 오래되고 가장 큰 전탑이다. 특히 그 위풍당당한 모습이 돋보인다.

이 5기의 탑을 보면 4기가 신라의 전탑이다. 그리고 그중 3기가 안동에 모여 있다. 칠곡의 송림사 전탑까지 합치면 5기 중 4기가 경북 지역에 밀집해 있다.

모전 석탑의 밀집 현상도 비슷하다. 앞서 말한 경주의 분황사 모전 석탑(국보 30호), 경북 영양 산해리의 5층 모전 석탑(국보 187호), 영양의 삼지동 모전 석탑처럼 모전 석탑 역시 경북 지역에 몰려 있다.

석탑의 나라, 한국. 그런 한국에서 왜 유독 안동 지역에 전탑이 집중되어 있는 것일까. 이미 많은 사람들이 이를 궁금하게 생각해 왔다. 그래서 이런저런 견해가 제기되었다.

"안동의 화강암이 강하지 못해 부득이 벽돌로 탑을 만들 수밖에 없었을 것이다."
"안동 지역의 토질이 벽돌을 만들기에 적합했을 것이다."
"그 배경은 잘 모르겠지만 어딘가에서 벽돌이란 것을 접하고 그 벽돌 문화를 받아들였을 것이다." 등등.

일견 그럴 법하지만 대부분 주관적인 추정일 뿐이다. 객관적이고 명확한 물증은 없다. 그래서인지 근거를 논하기도 전에 아예 '그저 불가사의한 일'이라고 말해 버리는 사람도 있다. 정말 불가사의일지도 모른다.

이런 상황에서 2000년대 초 새로운 견해가 제기되어 흥미롭다(박홍국, 「신라 전탑의 수수께끼」, 『월간 문화재』 2003년 여름, 한국문화재보호재단). 결론부터 말하면 이렇다. "다른 지역에도 전탑이 있었지만, 안동 지역의 전탑은 각별하게 보수 관리를 잘했기 때문에 지금까지 탑의 생명을 이어온 것이다."

전탑은 무수히 많은 벽돌을 쌓아서 만들기 때문에 무너지기 쉽다. 벽돌 하나만 빠져나가도 균형을 잃고 한순간에 무너져 버린다. 바로 여기에 비밀의 일단이 숨어 있다. 그 견해를 좀 더 자세히 따라가 보자.

"각종 기록을 통해 볼 때, 전탑은 전국적으로 20여 기 정도 있었지만 현재 5기만 살아남은 것도 무너지기 쉬운 속성 때문이다. 따라서 보수 관리가 중요하다. 안동 지역의 지방지인 『영가지(永嘉誌)』의 고탑 관련 대목을 보자. 여기엔 1487년경 관리와 백성이 힘을 합해 안동의 현재 동부동 5층 전탑, 법흥사지 7층 전탑 등을 보수했다는 기록이 나온다. 청도 운문사 작압전(鵲鴨殿, 원래 전탑이었다)의 경우,

1 국보 16호 안동 법흥사지 7층 전탑. 높이 17m. 중앙선 철로 바로 옆에 있어 열차가 지날 때마다 조금씩 흔들린다. **2** 보물 57호 안동 조탑동 5층 전탑. 1층 탑신은 돌로 쌓고 1층 지붕부터 벽돌로 쌓아 올렸다. 높이 8.65m. **3** 보물 226호 여주 신륵사 다층 전탑. 높이 9.4m.

1865년경에 조성된 뒤 조선시대에는 1494년, 1642년 두 차례의 수리 기록을 남기고 있다. 또 모전 석탑인 정암사 수마노탑(보물 410호)은 1666년, 1778년, 1874년에 보수했다는 기록을 남기고 있다. 이처럼 안동의 전탑을 200년마다 보수 관리한 것으로 기록되어 있다. 즉 안동 지역 사람들이 붕괴되기 쉬운 전탑을 자주 보수했기 때문에 전탑이 지금까지 버티어 온 것이다. 반면 다른 지역에선 그렇지 하지 않았다. 7세기 말 이후 신라 땅 경주에도 전탑이 적지 않았다. 그러나 고려, 조선시대로 내려오면서 보수의 손길이 미치지 못했고 그 결과 경주에서 전탑은 사리지고 석탑만 남게 된 것이다."

흥미로운 학설이다. 아직 학계의 공인된 견해로 보기는 어렵지만 이 같은 주장은 중요한 메시지를 전해 준다. 전탑은 무너지기 쉽고, 그래서 더욱 철저하게 관리해야만 생명을 오래 이어갈 수 있다는 점이다.

법흥사지 전탑도 그렇고 동부동 전탑도 그렇고, 수차례 수리되는 전탑은 다소 변형을 겪게 된다. 그렇지만 수리를 했기 때문에 1300년 가까이 탑으로서의 생명을 유지해 올 수 있다는 말이다.

무너지기 쉬운 벽돌탑. 그러나 국보 16호 법흥사지 7층 전탑은 현재 중앙선 철로 바로 옆에 위치해 있다. 열차가 지나갈 때마다 그 탑은 조금씩 흔들린다. 벽돌 하나만 빠져도 한순간에 무너질 수 있는 게 전탑이라는데, 이 전탑을 보면 그저 안타까울 따름이다.

10
조선왕조실록의
제작과 보관

국보 151호이자 유네스코 세계기록유산인 『조선왕조실록』은 조선 왕조 500년 동안 일어난 일들을 매일매일 기록한 역사서다. 조선 태조 때부터 철종 때까지 25대 472년간(1392~1803)의 역사를 날짜 순서로 기록해 놓았다(이런 역사 서술을 편년체編年體라고 한다). 세종 때의 실록은 『세종실록』, 정조 때의 실록은 『정조실록』이라고 한다.

─── 조선의 치밀한 기록 문화

『조선왕조실록』은 분량과 내용에서 방대함을 자랑한다. 그 양은 총 1,893권 888책. '권'은 내용을 구분하는 단위를, '책'은 낱권 하나하나를 말하는데 요즘으로 치면 888권에 1,893부로 되어 있는 셈이다. 내용도 당시의 정치, 경제, 사회, 문화, 예술, 생활 등 모든 분야를 망라한다. 한 왕조의 역사를 500여 년에 걸쳐 기록한 것도 세계에서 유례가 없는 일이며, 그 분량 역시 세계에서 가장 방대하다. 세계적으로 유명하다는 중국의 『대청역조실록(大淸歷朝實錄)』도 296년간의 기록에 불과하다. 『조선왕조실록』은 따라서 세계 최대 최고의 기록물이라 말하기에 충분하다.

그런데 일제 때 편찬된 『고종실록』과 『순종실록』은 엄격한 의미의 『조선왕조실록』에 포함되지 않는다. 『고종실록』과 『순종실록』은 조선이 멸망하고 난 뒤 일제 강점기 때에 편찬되었다. 엄밀히 말하면 일제가 만들었다고 해도 과언이 아니다.

『고종실록』과 『순종실록』은 1927년에 편찬하기 시작해 1934년 편찬을 마무리했다. 『고종실록』은 고종이 1919년 승하했으니 그 무렵 편찬에 들어갔어야 했지만 뒤로 미루어 오다 순종이 승하하고 나서 한꺼번에 편찬하게 된 것이다. 일제의 실록 편찬은 식민 통치의 일환이었을 것이다. 정식 명칭은 『고종태황제실록』, 『순종황제실록』이다. 실록 편찬은 당시 멸망한 조선 왕조의 왕실 업무를 담당하던 부서인 이왕직(李王職)에서 맡았다. 이왕직은 이씨 왕조 집안의 일을 맡아 하는 직무라는 뜻이다.

─── 실록은 어떻게 만들었나

실록은 왕이 죽고 난 뒤 그 왕의 시대에 있었던 다양한 일을 날짜 순으로 기록한 것이다.

실록 편찬은 해당 왕이 죽고 다음 왕이 즉위하면 실록청을 설치하고 각종 사료를 바탕으로 편찬에 들어간다. 있었던 사실을 기록하는 데 그치지 않고, 왕의 행위나 각종 사건 등에 대해 좋다 나쁘다는 식의 역사적 평가를 넣기도 한다.

그러나 실록 작성을 위한 사료는 그 왕이 살아 있을 때부터 진행되었다. 『조선왕조실록』의 사료는 사관(史官)이 작성했다. 사관에는 전임 사관이 있고 겸임 사관이 있다. 전임 사관은 매일매일 왕의 옆에 지켜 앉아서 왕을 그림자처럼 따라다니면서 왕에 관한 일들을 기록한다. 사극을 보면 왕의 옆에 앉아서 무언가를 열심히 쓰고 있는 사람이 있다. 이들이 바로 전임 사관이다. 전임 사관은 8명이었다.

전임 사관이 매일매일 사초를 작성해 일단 춘추관에 보관하는데 이를 입시사초(入侍史草)라 한다. 사관은 집에 돌아와 혹시 빠뜨린 내용 등을 되살려 다시 한 번 사초를 작성해 집에 보관한다. 집에 보관한다고 해서 가장사초(家藏史草)라고 한다. 이 가장사초엔 누설되지 말아야 할 국가 기밀도 있고 또한 사관의 평가가 들어간다. 좋다 나쁘다는 식으로 말이다. 이를 사론(史論)이라고 하는데, 그래서 가정에 극비리에 보관했던 것이다. 이러한 사초와 함께 각종 관청의 공문서 기록도 실록에 들어간다.

국왕도 건드리지 못한 조선의 사관

사초와 실록은 국왕도 볼 수가 없었다. 그래야만 사관이 흔들리지 않고 냉정하고 올바른 기록을 남길 수 있기 때문이다. 국왕의 열람을 허용하면, 사관이 독립성을 보장받지 못하고 사실(史實)이 왜곡될 것을 우려했기 때문이었다. 그러나 이 같은 열람 금지의 원칙은 몇 번 무너졌다. 그래서 사관의 비판을 받은 신하들이나 왕이 보복을 한 경우도 있었다.

태조 이성계(太祖 李成桂, 1335~1408, 재위 1392~1398)는 사관과 신하의 반대를 무릅쓰고 사초를 보았다. 그리고 자신이 왕위에 등극할 때의 상황 등에 관한 내용을 적잖이 고쳤다. 조선 건국의 정당성을 보여 주는 내용으로 채웠을 것이다.

1404년 태종 때의 일이다. 태종이 사냥을 나갔다가 그만 말에서 떨어졌다. 태종은 무안했던지 주변을 둘러보며 "이 일을 사관이 알지 못하게 하라."고 말했다. 그런데 사관이 누구인가. 이 소식을 전해들은 사관은 "사관이 알지 못하게 하라."고 했던 태종의 말까지 실록에 기록했다. 세종 역시 실록을 보고 싶어 했다. 그래서 『태조실록』을 보았다. 그러나 『태종실록』은 신하들의 반대로 보지 못했다. 연산군 때에는 사초의 내용을 놓고 유혈극이 벌어지는 무오사화(戊午士禍)가 일어나기도 했다. 하지만 조선시대 사초와 실록을 열람하지 않는 원칙은 대체로 잘 지켜졌다.

실록 작성이 마무리되면 사초 등의 사료는 자하문 밖 세검정 근처에서 세초(洗草, 종이를 물에 빠는 것)한 뒤 재생 용지로 사용했다. 사료(시정기나 초고)의 내용을 훗날 누군가 보았을 때 좋지 않은 일이 일어나는 것을 막기 위해서였다. 이처럼 실록의 내용은 철저하게 비밀에 부쳐졌다.

『조선왕조실록』 가운데엔 실록이라는 이름을 얻지 못하고 일기라고 칭해진 것도 있다. 왕의 3년상을 치르고 신주를 종묘에 모시면서 신하들이 왕의 평생의 업적을 평가해 이름을 붙여 준다. 세종, 성종, 정조와 같은 이름으로, 이를 묘호(廟號)라고 한다. 공적이 두드러지면 조(祖)를 붙이고, 덕이 많다고 평가되면 종(宗)을 붙여 이름을 짓는다.

그런데 이 묘호를 얻지 못한 왕이 있다. 왕위에 있는 도중 쫓겨난 왕들은 왕의 묘호를 얻지 못한다. 바로 연산군과 광해군이다. 그래서 이들 왕대의 실록은 실록이 아니라『연산군일기』,『광해군일기』로 되어 있다. 세조에 의해 쫓겨나 영월에 유배되어 1457년 숨을 거두었던 어린 단종의 경우도 처음엔『노산군일기』였다. 그러나 승하 240여 년 만인 1698년 숙종 때 단종으로 복위되었고, 이에 따라 실록의 이름도『노산군일기』에서『단종실록』으로 바뀌었다.

조선왕조실록 보존과 수난의 역사

조선 왕조 초기인 태조, 정종, 태종 때는 실록을 2부씩 작성해 각각 서울 경복궁 내 춘추관과 충주의 사고(史庫)에 보관했다. 세종 때인 1445년부터 2부 추가해 총 4부를 작성했고 전북 전주, 경북 성주에 사고를 더 지어 여기에 분산 보관했다. 세종 때부터는 4부를 작성해야 하기 때문에 효율을 위해 활자로 인쇄하기 시작했다. 그러나 임진왜란이 일어나면서 춘추관, 충주, 성주의 3개 사고가 불에 타면서 이곳에 보관하던 실록(태조부터 명종까지)이 소실되고 전주 사고의 실록만 남게 됐다.

선조는 전란이 끝난 뒤 1603년부터 1606년까지 이 전주 사고본을 토대로 3질을 다시 출판했고, 최종 교정본 것까지도 출판해 보관하도록 했다. 이렇게 해서『조선왕조실록』이 총 5질로 늘어난 것이다. 이때부터 전주에 있던 것은 강화도 마니산에 보관했고, 새로 찍은 3질은 춘추관, 경북 봉화 태백산, 평북 묘향산에 보관했다. 그리고 교정본은 강원도 평창 오대산에 분산 보관했다.

그런데 인조 때 또다시 사고가 발생했다. 춘추관에 보관하던 것이 1624년 이괄의 난에 의해 불에 타버리고 없어졌으니『조선왕조실록』다시 4질로 줄어들었다. 한편 묘향산에 있던 것은 후금(後金)과의 관계 악화 때문에 전북 무주 적상산으로 옮겨 보관했다. 아울러 강화도 마니산 보관본은 1636년 조선에 침략한 청나라에 의해 일부가 훼손되었고 현종 때 이를 보수했다.

1678년 숙종은 강화도 마니산 보관본을 강화도 내 정족산으로 옮겼다. 이후『조선왕조실록』 보관 시스템은 다시 안정을 찾았고, 이에 따라 태백산본, 오대산본, 적상산본, 정족산본이 보관되어 왔다.

　18, 19세기까지 별 탈이 없던 『조선왕조실록』은 1900년대 들어서면서 일제에 의해 또 한차례의 수난을 겪어야 했다. 1907년 일제 통감부는 4개 사고에 있던 실록을 모두 서울로 옮겨 놓았다. 1910년 우리의 국권을 빼앗은 일제는 이 실록마저 자신들의 소유로 만들어 버렸다. 『조선왕조실록』까지 빼앗긴 것이다. 이때 일제는 오대산본을 일본 도쿄제국대(지금의 도쿄대)로 약탈해 갔고, 적상산본은 이왕직 도서로 등록해 창경궁 내 이왕직 장서각에 보관했으며, 나머지 태백산본, 정족산본은 총독부에서 직접 관리하기 시작했다.

　그런데 1923년, 도쿄에 대지진이 일어나면서 도쿄제국대에 있던 오대산본의 대부분이 소실되는 참사가 일어났다. 화를 면하고 살아 남은 오대산 사고본 실록 가운데 27책이 1932년에 서울의 경성제국대학으로 이관되었으며, 현재 서울대학교 규장각이 소장 관리하고 있다. 1926년엔 태백산본과 정족산본을 총독부에서 경성제대(서울대학교 전신) 도서관으로 옮겼다.

　광복이 되고 서울대가 개교하면서 태백산본, 정족산본은 서울대로 관리가 넘어갔다. 1950년 6·25 한국전쟁 때엔 북한 인민군이 창경궁의 이왕직 장서각에 있던 적상산본을 북으로 가져갔고, 현재 김일성종합대학에 보관하고 있다. 1986년 우리 정부는 서울대에 있던 실록 가운데 태백산본을 부산에 있는 국가기록원 역사기록관으로 이관했다. 중요한 문화재를 너무 한 곳에 모아 놓을 경우, 일단 유사시 모두 피해를 볼 수 있다는 판단에 분산 보관하겠다는 정책이다. 도쿄대에 남아 있던 오대산 사고본 실록 47책이 2006년 서울대 규장각으로 반환되었다. 이로써 우리가 소장하고 있는 『조선왕조실록』은 3질이 되었다.

  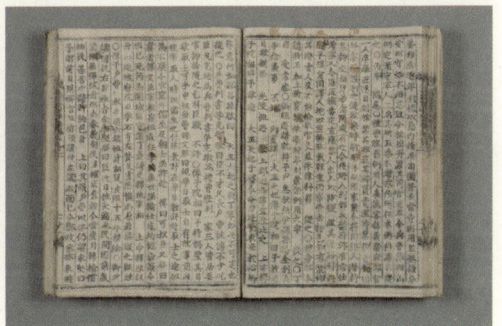

『조선왕조실록』을 보관했던 오대산 사고(위). 지금은 이곳에서 보관하지 않는다. 오대산 사고에 보관했던 『세종실록』의 표지와 그 내용(아래).

사진 | 서울대 규장각

4

국보의 훼손, 보수와 복원

문화재가 오랜 세월을 견디다 보니 훼손되는 것은 어쩌면 당연한 일. 하지만 세월 탓이라고 그냥 내버려 둘 수는 없다. 끊임없이 보수하고 다양한 보존 대책을 세워야 한다.

이 장에서는 국보의 훼손과 보수 보존 사례를 소개한다. 오랜 세월 비바람에 노출된 석조물의 경우, 실내나 특수 공간에 보존하는 문화재에 비해 훼손이 심각하다. 야외에 있기 때문에 대책을 세우기가 쉽지 않다. 그래서 석탑과 석불 등을 해체한 뒤 보수를 하고 다시 쌓는 경우도 많다. 감은사지 동·서 석탑, 석가탑과 다보탑이 모두 해체 보수의 과정을 거쳤다. 그 과정에서 탑의 부재를 점검하고 표면을 세척하거나 강화하는 조치를 취한다. 그 과정은 세밀함과 오랜 시간을 요한다.

10년 동안의 해체 수리를 거쳐 국립중앙박물관에 다시 우뚝 선 경천사지 10층 석탑, 전 국민을 안타깝게 했던 숭례문의 화재와 복원, 40년간이나 계속되는 경복궁 복원 프로젝트, 예방과 대처가 만만치 않은 목조 건축물의 흰개미 피해, 조선왕조실록 밀랍본의 훼손과 보수 등의 사연을 접하다 보면 문화재의 보수, 복원이 얼마나 조심스럽고 지난한 작업인지 알게 될 것이다. 광화문 현판 복원과 숭례문 복원을 둘러싼 부실 논란도 함께 소개한다.

1
문화재 훼손과
보수, 복원의 역사

문화재는 대부분 길게는 수만 년 전, 수천 년 전부터 수백 년 전 사이에 만들어진 것이다. 우리의 국보도 마찬가지다. 이렇게 오랜 세월을 견디다 보니 문화재가 훼손되는 것은 어쩌면 당연한 일이다. 세월의 탓, 천재지변, 환경의 변화 등에 의해 자연적으로 훼손되는 경우가 가장 많다. 이와 함께 사건 사고, 관리 소홀, 재해에 대한 예방 부족 등으로 인해 훼손되고 파괴되는 경우도 적지 않다.

─── 고려, 조선시대의 문화재 훼손

인류가 살아 오면서 이전부터 전해 오는 문화재를 보존하고 보수하는 작업은 언제나 있어 왔을 것이다. 2012년부터 전면 해체 보수에 들어간 국보 21호 석가탑의 경우, 11세기 고려 때에 지진으로 피해가 발생하자 이를 보수한 적이 있다.

13세기 몽골 침입으로 인해 경주의 신라 황룡사탑(645년 건립)과 초조대장경 목판(1087년 완성)이 불에 타버리기도 했다. 초조대장경이 불에 타버리자 고려인들이 호국 의지와 불심을 모아 팔만대장경을 제작한 것은 넓은 의미의 초조대장경 복원이라고 말할 수 있다.

조선시대에도 외침이나 내란으로 인한 문화재 훼손이 계속 발생했다. 1592년 임진왜란으로 인해 경복궁과 창덕궁이 불에 타버리는 참사가 일어났다. 창덕궁은 광해군 때인 1610년 중건되었다. 경복궁은 약 300년의 세월이 흐르고 1867년 고종 때 중건되어 장대한 모습으로 되살아났다. 그러나 1876년 큰 불이 일어나 적지 않은 건물들이 불에 타 없어지고 말았다.

조선시대에도 탑의 보수 공사가 있었다. 경북 지역의 전탑(塼塔, 벽돌탑)이나 경기 여주 신륵사 전탑 등을 보면 보수의 흔적이 남아 있다.

일제 강점기의 문화재 파괴와 훼손

일제 강점기에 문화재 훼손은 극에 달했다. 1910년 국권을 침탈한 일제는 경복궁을 조직적으로 파괴하기 시작했다. 1912년 조선총독부 건물을 짓기 위해 흥례문(興禮門)과 영제교(永濟橋) 등을 철거했고, 1914년에는 일종의 박람회인 조선물산공진회(朝鮮物産共進會)를 개최한다면서 경복궁 안에 있는 많은 전각을 헐어 버렸다.

서울에 있던 일본인들은 총독부와 짜고 자선당(資善堂)과 같은 경복궁 건물을 통째로 뜯어 일본으로 무단 반출하는 만행을 저질렀다. 1917년 창덕궁에 불이 나자 창덕궁을 보수한다는 명분으로 1918년 경복궁 내전의 건물을 헐어 창덕궁에 옮겨 짓는 만행을 저질렀다. 건축물 문화재는 제자리에 있을 때 그 의미를 지니는 법이다. 그런데도 경복궁의 건물을 헐어 창덕궁에 옮겨 짓는다는 건 경복궁도 망가뜨리고 창덕궁도 망가뜨리는 이중의 만행이라고 할 수 있다.

1926년에는 새로 짓는 조선총독부의 시야를 가린다고 해서 광화문을 통째로 뜯어 경복궁 북동쪽 지금의 국립민속박물관 자리로 옮겼다. 이렇게 파괴되고 훼손된 경복궁을 원래 모습으로 되살리기 위한 복원 프로젝트가 1990년 시작되어 지금도 이어지고 있다.

창경궁도 수난을 비껴갈 수 없었다. 일제는 1907년 고종이 헤이그 만국평화회의에 특사를 파견해 일제의 강요로 체결된 을사늑약의 부당성을 폭로하자, 이를 빌미로 순종에게 양위를 강요했다. 이 특사 사건에 책임을 지고 고종이 순종에게 양위를 하자, 일제는 국권 침탈을 가속화했으며, 마침내 1910년 8월 29일 경술국치를 당해 대한제국은 국권을 잃게 된다. 일제는 1909년 3월 창덕궁에 머물고 있던 순종을 즐겁게 해 준다는 명목으로 바로 옆 창경궁에 동물원과 식물원을 만들었다. 창경궁에 벚꽃(사쿠라)을 심어 조선의 자존심을 짓밟았고, 창경궁의 이름을

1 1909년 일제가 창경궁에 만들었던 식물원. 지금은 근대문화재로 지정되어 있다. **2** 1922년 일제가 덕수궁을 관통하는 도로를 내기 위해 상당수의 전각을 파괴하고 돌담을 새로 쌓았다. **3** 1931년 일제는 창경궁과 종묘를 끊어내고 도로를 만들었다. 이 길을 터널 형식으로 덮어 종묘와 창덕궁을 연결하는 공사가 진행 중이다. **4** 왼쪽 경희궁의 정문인 흥화문. 일제에 의해 남산으로 옮겨졌다 돌아왔으나 원위치에서 100여 미터 떨어진 곳에 자리잡을 수밖에 없었다.

창경원(昌慶苑)으로 바꾸었다. 조선 왕조의 궁궐(창경궁)을 일개 놀이동산(창경원) 수준으로 비하한 것이다. 광복 후 창경원은 동물원, 식물원, 벚꽃 놀이 동산의 대명사가 되어 버렸다. 씁쓸하고 부끄러운 일이었다.

이렇게 훼손된 창경궁은 1984년부터 원래 모습을 되찾아 갔다. 창경원의 동물원을 경기도 과천의 서울대공원 동물원으로 옮겼고, 창경원에 있는 벚꽃도 모두 뽑아 버렸다. 그리고 공식적인 이름도 창경원에서 창경궁으로 되돌렸다.

낭만적인 거리 덕수궁 돌담길도 문화재 파괴의 산물이다. 지금의 돌담길은 덕수궁이 처음 창건될 때의 길이 아니다. 일제는 1922년 덕수궁을 관통하는 도로를 건설했고 그때 도로 옆에 새로 덕수궁 담을 쌓은 것이 바로 지금의 돌담길이다. 이 도로로 인해 덕수궁의 전각 상당 수가 잘려 나갔고, 그로 인해 덕수궁이 분절되는 사태가 발생했다.

경희궁 역시 1910년 국권 상실과 함께 파괴되기 시작했다. 일제는 경희궁의 건물들을 헐어 내고 총독부 중학교를 세웠다. 1926년 총독부는 경희궁의 숭정전(崇政殿)을 불교계에 팔았고, 이것은 지금 동국대학교로 옮겨져 정각원(正覺院) 건물로 쓰이고 있다. 일제는 또 경희궁의 정문인 흥화문(興化門)을 뜯어내 남산에 있는 일본 사찰로 옮겨 놓았다. 흥화문은 1980년대 서울 신라호텔의 정문으로 쓰이다 1994년 경희궁터로 돌아왔다. 그러나 흥화문의 원래 위치로 돌아온 것은 아니다. 원래 위치는 서울역사박물관 아래쪽 구세군회관 바로 위다. 하지만 그곳은 이미 다른 건물이 들어서고 도로가 생겨 거기 흥화문을 복원할 수 없었다. 그래서 서쪽 강북삼성병원 가는 길 쪽에 세울 수 밖에 없었다.

창경궁과 종묘 사이에 있는 율곡로 역시 일제 문화재 파괴의 결과물이었다. 1931년 일제가 한민족의 정신을 말살하기 위해 창경궁과 종묘를 끊어 길을 만든 것이다. 2013년 현재 이 율곡로를 터널 형식으로 덮어 종묘와 창덕궁을 연결하는 공사가 진행 중이다.

2
보수와 복원의
본격화

문화재는 어찌 보면 탄생 직후부터 훼손이 시작된다고 할 수 있다. 야외 석조 문화재의 경우, 대부분 1000년 넘게 비바람에 그대로 노출되어 왔기 때문에 그 무엇보다 훼손이 심각하다. 석조 문화재의 훼손 사례가 끊임없이 보고되는 것도 이런 이유에서다. 야외에 있는 석조 문화재의 훼손은 기본적으로 세월의 흐름에 따른 자연적인 훼손이라고 보는 것이 타당할 듯하다. 물론 무관심과 관리 소홀도 한몫하지만 기본적으로는 세월 탓이다.

─── 세월에 따른 석조 문화재 훼손, 보수와 복원

야외 석조 문화재가 이 같은 훼손 위기에 처하게 되면 다양한 보수와 보존 대책을 강구해야 한다. 이끼 등 표면을 훼손하는 이물질을 세척해 제거하고 경화수지를 이용해 금이 간 부위나 벌어진 틈을 접착시켜 강화한다. 그러나 그것이 완전한 대책이 될 수는 없다. 돌과 돌의 부재가 서로 어긋나 있을 경우에는 그것을 새로 반듯하게 쌓는 작업이 필요하다. 해체한 뒤 다시 쌓는 것이다.

조선시대에도 보수 공사가 있었지만 석조 문화재의 보수와 복원이 본격적으로 이뤄지기 시작한 때는 일제 강점기다. 1913년 조선총독부가 훼손된 상태의 석굴암을 보수, 복원한 것이 대표적인 예다. 1924~25년엔 불국사를 보수했고, 1925년엔 다보탑을 해체해 보수하기도 했다.

우리 손에 의해 석조 문화재의 보수와 복원이 이뤄지기 시작한 것은 1960년 전후에 들어서면서부터다. 일제가 약탈해 간 뒤 훼손시켜 되돌려 보낸 국보 86호 경천사지 10층 석탑의 수리와 복원(1959~60년), 감은사지 서3층 석탑의 해체와 복원(1959~60년), 석굴암 보수와 복원(1964년), 도굴꾼에 의해 부재가 서로 어긋나게 된 석가탑의 보수(1966년) 등이다.

문화재 분야의 전문 인력이 양성되고 문화재에 대한 관심이 커지지 시작한 1990년대에 들어서면서 각종 보수와 복원은 더욱 급증했다.

1995년 국보 39호 나원리 5층 석탑(경북 경주)을 해체해 복원했고, 1995년 경복궁 야외에 전시 중이던 국보 86호 경천사지 10층 석탑을 해체해 10년간에 걸친 보수 작업을 마치고 2005년 8월 국립중앙박물관 중앙홀에 복원해 놓았다. 1995~1996년 감은사지 동3층 석탑을 해체해 복원했다. 2001년엔 국보 11호 미륵사지 석탑(전북 익산시)도 고난도의 해체와 보수 공사에 착수해 10년 동안의 지난한 과정을 거쳐 2012년 해체를 마무리하고 2014년부터 조립 복원을 시작한다.

2002년엔 국보 48호 월정사 8각 9층 석탑(강원 평창군)에 금이 가고 부재와 부재 사이가 벌어진 것이 확인되어 그해 탑을 보수하기도 했다. 2002년엔 국보 1호인 숭례문의 홍예문(虹預門, 무지개 모양의 문) 석재 일부도 풍화를 견디지 못하고 떨어져 나가는 사고가 발생했다. 떨어진 석재는 원래의 위치에 다시 붙이는 식으로 보수를 마무리했다. 2006~2008년엔 감은사지 서3층 석탑의 부분을 해체하고 수리하는 작업이 이어졌다.

국보의 석조물을 관리 연구하는 국립문화재연구소는 다보탑, 석가탑 등도 정밀 관찰을 거쳐 해체하고 보수를 해 오고 있다. 1925년 해체해 수리했던 다보탑은 2008~2009년 부분 해체하고 수리 작업을 거쳤다.

석가탑의 경우, 균열이 늘어나고 부재의 뒤틀림이 조금씩 늘어나자 2006년부터 정기 모니터링을 해 왔다. 그러던 차에 2010년 12월 석가탑 균열이 추가로 확인됐고, 이에 따라 국립문화재연구소는 탑을 해체 보수하기로 결정했다. 2012년 9월부터 전면 해체 작업에 들어갔다.

또한 충남 부여의 국보 9호 정림사지 5층 석탑과 경주의 국보 31호 첨성대 등도 조금씩 이상이 생기고 있다는 판단에 따라 이에 대한 정밀 조사를 진행하고 있다.

―― 인위적 훼손과 보수, 복원

인위적인 훼손도 적지 않다. 몽골 침입으로 인한 황룡사 목탑과 초조대장경의 소실, 임진왜란으로 인한 경복궁과 창덕궁 전소, 일제 강점기 일제의 문화재 파괴 등은 모두 인위적인 훼손이었다.

화재는 목조 문화재에 가장 무서운 것이다. 목조 건축물에 대한 화재나 방화도 인위적 훼손이다. 실수로 인한 화재라고 해도 결국은 사람에 의한 인위적 훼손의 범주에 들어간다.

목조 문화재의 화재는 빈번하게 발생한다. 1984년 전남 화순의 보물 163호 쌍봉사 대웅전에 불이 나 건물이 모두 불에 타 없어졌다. 사찰 신도들의 부주의로 인한 화재였다. 상봉사 대웅전은 법주사 팔상전과 함께 국내에 둘밖에 없는 조선시대 목탑이었다는 점에서 더욱 안타까운 화재였다.

1986년엔 전북 김제 금산사에서 화재가 발생해 대장전 내부에 봉안되어 있던 탱화와 불상 등이 모두 소실되었다. 불교에 거부감을 갖고 있는 타종교 광신도의 범행으로 밝혀졌다. 바로 옆에 있는 금산사 미륵전(국보 62호)으로 불이 옮겨 붙지 않은 것이 천만다행이었다.

목조 건축물 화재는 이외에도 전국 곳곳에서 빈번하게 발생한다. 2005년엔 강원도 양양 지역에 초대형 산불이 발생해 낙산사가 화마에 휩쓸리는 참사가 일어났다. 관세음보살을 모신 전각인 원통보전(圓通寶殿)을 비롯해 대부분의 전각이 소실되었고, 보물 479호로 지정된 낙산사 동종이 불에 녹아 내렸다.

2006년 4월엔 창경궁의 문정전(文政殿)에 범인이 불을 질러 문 일부를 태웠고, 한 달 뒤인 2006년 5월엔 세상에 불만을 품은 한 청년 취객이 유네스코 세계유산인 수원 화성의 서장대(西將臺)에 불을 질러 건물이 소실되는 일이 발생했다.

우리의 목조 문화재 훼손 역사에서 가장 처참한 것 가운데 하나는 바로 국보

1 2005년 화재로 소실되었다 복원된 낙산사 원통보전. 앞에 보물 499호 낙산사 7층 석탑이 서 있다. **2** 2005년 화재 발생 이전의 양양 낙산사 동종. **3** 2005년 화재로 인해 낙산사 동종이 불에 타고 있는 모습. 동종은 2006년 복원되었지만, 보물에서는 해제되었다.

1 서울 송파구 석촌동에 위치한 사적 101호 삼전도비. 중국 청나라가 병자호란의 승전을 기념하기 위해 세운 것이다. 우리에게 치욕적인 것이지만 그 치욕의 문화재도 잘 보존해 후대의 교훈으로 삼아야 한다.
2 2007년 누군가 몰래 삼전도비에 붉은 스프레이로 낙서를 했다. 병자호란, 패배 370년, 철거 등을 뜻하는 글씨다. **3** 국립문화재연구소 연구원들이 과학적으로 글씨를 지우고 있는 모습. 사진 | 국립문화재연구소

1호 숭례문 화재라고 할 수 있다. 2008년 2월 10일 한 시민의 방화로 숭례문에 화재가 발생해 1, 2층 목조 누각 대부분을 태워 버리고 말았다. 숭례문은 이후 5년간의 조사 연구 및 보수, 복원 공사를 거쳐 2013년 봄에 원래의 모습을 되찾았다.

  2007년 2월 서울 송파구 석촌동에 위치한 사적 101호 삼전도비(三田渡碑) 표면에 짙붉은 스프레이 글씨가 쓰여 있는 것이 발견됐다. 누군가 붉은 스프레이로 '철', '거' 등의 글씨를 써 넣어 표면을 훼손한 것이다.

  삼전도비는 1639년 병자호란 때 청나라에 패배한 뒤 청의 요구에 따라 세운 석비(石碑)로, 청 태조의 승전(勝戰) 내용이 새겨져 있다. 높이는 3.95m. 아마 우리의 치욕적인 역사를 기념하는 석비이기에 그것을 철거하라고 주장하려고 했던 것 같다. 하지만 이는 잘못된 생각, 범죄 행위다. 치욕의 문화재라고 해도 그것을 잘 보존해 역사의 교훈으로 삼아야 한다.

  국립문화재연구소 보존과학실이 이 글씨를 지우고 원래 모습으로 되살리기 위한 묘안을 찾았다. 작업의 핵심은 삼전도비 비신(碑身)의 표면을 전혀 훼손하지 않고 감쪽같이 글씨를 없애는 것. 문화재연구소는 비신의 표면을 보호하기 위해 스프레이 페인트 글씨를 문질러 지워 버리는 것이 아니라 페인트를 녹여 없애는 방식으로 작업을 진행했다. 한 달여 작업 끝에 표면의 붉은 글씨를 지우고 삼전도비를 원래대로 되살렸다.

3
석조 문화재,
보수와 복원의 어려움

국보 24호 석굴암의 보수는 문화재 보수, 복원에 있어 많은 점을 생각하게 하는 사례다. 1913~1915년 조선총독부는 일부가 무너진 채 방치돼 있는 석굴암을 보수, 복원했다. 그리고 1961~1964년 국내의 문화재 전문가들은 이를 다시 보수했다. 하지만 이 두 차례의 보수, 복원은 모두 많은 문제점과 논란거리를 남겨 놓았다.

먼저, 일제는 석굴암을 수리하면서 본존불이 있는 주실의 천장 외부를 콘트리트로 덮어 씌웠다. 석굴암을 콘크리트 돔 구조물로 바꿔 버린 것이다. 더 심각한 문제는 1964년의 보수 공사에 있었다. 일제가 씌워 놓은 콘크리트 외부에 또 한 겹의 콘크리트층을 만들어 씌웠다. 석굴암을 현대식 콘크리트로 완전히 밀봉해 버린 것이다. 그로 인해 내부와 외부의 온도차가 커져 석굴암 내부에 습기가 더 많이 차고 이슬이 맺히는 결로(結露) 현상까지 발생했다. 급기야는 1966년 내부의 습기를 제거하기 위해 에어콘을 설치하는 진풍경까지 연출해야 했다.

당시 콘크리트를 선택한 것은 현대의 토목공학 방법을 이용해 보수를 더 잘하겠다는 판단에 따른 것이었다. 그 결과는 참담했다. 1200여 년 전 통일신라 때보다 지금의 토목건축 기술이 훨씬 뛰어날텐데, 왜 이런 일이 발생한 것일까.

자연을 무시한 탓이다. 즉 자연 속에서 자연과 함께 생명을 유지해 온 석굴암에 콘크리트와 같은 인공 재료를 사용하려 했던 안일한 발상이 문제였다. 콘크리트는 기본적으로 석굴암과 어울릴 수 없는 것이다. 과학적으로 보존, 보수를 해야 하지만 친환경적인 원래의 상태를 고려하지 않고 너무 쉽게 생각했던 태만함이 빚은 당연한 결과였다.

석탑에 있어 해체와 복원이 결과적으로 긁어 부스럼을 만드는 경우도 있다. 국보 112호 감은사지 동탑의 경우, 1996년 탑의 안전에 이상이 있다고 해서 탑 전체를 해체해 복원했다. 그러나 그 후 탑을 지탱하는 기단부 아래의 잡석들이 무게를 견디지 못하고 함몰하면서 탑 곳곳에 균열이 발생한 바 있다. 잡석을 부실하게 채워 기단부가 불안정해졌기 때문이다.

1995년 해체해 복원한 국보 39호 경주 나원리 5층 석탑 역시 2000년대 들어 기단부와 그 위의 석재 사이에 1~2cm 정도의 틈이 생겨 안전을 위협하고 있다는 지적을 받았다.

이처럼 야외에 있는 석조 문화재를 보수하는 것은 매우 민감하고 어려운 사안이다. 당시로서는 잘해 보겠다고 해체하고 복원했지만 결과적으로 잘못된 보수로 이어지는 경우가 종종 있다.

석탑을 포함해 모든 문화재의 해체, 보수, 보존 작업은 늘 신중해야 한다. 특히 탑을 해체하는 것은 더욱 그렇다. 탑이 다소 기울거나 돌이 어긋났다고 해도 1000년 이상 안정적으로 버티어 왔다는 것은 그 자체로 안정감을 지니고 있음을 뜻한다. 그런 석조물을 해체한다는 것은 안정감을 깨고 자칫 돌이킬 수 없는 상태로 몰아갈 수 있다. 그냥 두자니 더 위험해질 것 같고, 그래서 해체해 복원하니 또 다른 문제가 발생해 오히려 훼손을 부채질하는 결과를 초래할 수도 있다. 해체, 복원은 이렇게 어려운 일이다.

완벽한 보수, 복원이 어렵다고 판단되면 더 우수한 기술이 개발될 때까지 미룰 필요도 있다. 지금 우리 시대에 다 해야 한다는 생각을 버리고 후손에게 그 몫을 넘겨야 한다는 말이다. 특히 과학의 급속한 발전으로 보존과학 기술이 하루가 다르게 발전하고 있다는 점에서 더욱 그러하다.

석조 문화재를 해체해 보수할 때, 새로운 부재를 사용하는 문제도 어려운 대목이다. 과도하게 새로운 재질이 들어가면 그건 새 물건이지 오랜 세월의 흔적이 담긴 문화재라고 보기 어렵다. 1993년 전북 익산시의 미륵사지 동탑을 복원해 놓았다. 하지만 이 탑을 보면 사실 백제 탑이라는 생각이 들지 않는다. 그건 20세기 탑이다.

문화재에는 시간의 흔적이 배어 있어야 한다. 사람들은 문화재에서 아름다운 노화(老化)의 과정을 보고 싶어한다. 이는 문화재의 보존과 보수가 원형(또는 보수 보존 직전의 상태)을 유지하는 최소한도에서 끝나야 한다는 것을 의미한다. 하지만 이것이 늘 정답일 수는 없다. 상황에 따라 다를 수밖에 없다. 이 점이 바로 문화재 보수와 보존 작업의 어려움이자 매력이다.

1913년 조선총독부가 진행한 석굴암 보수 공사 모습. 한국 문화재 역사에 있어 최초의 본격적인 보수 공사였다. 일제는 당시 석굴암을 통째로 뜯어 일본으로 가져가려는 계획을 세우기도 했다.

4
다보탑 · 석가탑 · 감은사지 탑의
해체와 보수

경북 경주에 가면 통일신라를 대표하는 국보 20호 다보탑, 국보 21호 석가탑, 국보 112호 감은사지 동·서 3층 석탑을 만날 수 있다. 이들 탑은 오랜 세월 산성비와 바닷바람의 염분으로 인해 탑의 강도가 약해졌고 탑 기단부에 이끼가 많이 끼었다. 석재 곳곳에 균열이 발생해 전체적으로 탑이 불안정하고 지지력이 약해졌다. 2008년 국립문화재연구소는 국보 20호 다보탑을 그대로 둘 경우 안전에 이상이 생길 수 있다고 판단하고 탑을 부분 해체해 보수, 보존 처리를 진행하기로 했다. 1925년 일제가 해체해 수리한 이후 83년 만의 해체, 보수였다.

2008년 11월 다보탑 해체를 시작했다. 탑 전체가 아니라 상륜부와 4각형과 8각형의 난간이 있는 상층부만 해체했다. 당시 해체한 부재는 사각 난간 35개, 팔각 난간 16개, 상륜부 9개였다. 난간이 많다 보니 난간의 안전한 해체에 각별히 신경을 썼다. 해체 작업의 첫단계는 사각 난간 곳곳을 초음파로 진단하는 일이었다. 초음파 진단을 통해 석탑 부재와 시멘트 모르타르를 구분하기 위한 것이었다. 1972년 다보탑의 난간을 보수하는 과정에서 난간 부재 사이의 이음매를 모르타르로 채웠다. 난간을 해체하려면 먼저 모르타르를 제거해야 한다. 이를 위해 모르타르 부분을 정확하게 체크해 두어야 한다. 그래야만 미세 드릴로 모르타르를 제거하는 작업이 가능하다. 난간 부재는 다른 부재에 비해 가늘기 때문에 강도가 더욱 약하다. 따라서 해체하기 전에 난간 부재를 강화 처리하고 스트레치 필름(일종의 랩)과 압박붕대로 여러 차례 감싸서 최대한 안전을 기했다.

국립문화재연구소는 해체한 부재 60개 가운데 7개는 마모가 너무 심하고 강도가

1 국보 20호 다보탑 전경. 8세기 중반, 높이 10.4m.   2 상륜부 수리 장면. 보수 현장을 투명 가림막으로 설치해 현장을 일반에 공개했다.
3 다보탑의 수리 전경.   4 다보탑 난간과 기단에 나타난 균열들(원 안)

1	2
	3
4	-

1 국보 21호 석가탑(불국사 3층 석탑). 8세기 중반, 높이 8.2m. 해체 수리 이전 모습. 탑의 안전을 실시간 점검하기 위해 센서를 부착해 놓았다. **2** 2012년 석가탑 상륜부를 해체하는 모습. **3** 해체 이전 석가탑 기단부의 불안정한 상태.

약해져 새로 만들어 교체하기로 결정했다. 부재의 성분을 분석한 결과, 난간의 부재는 경주 남산의 화강암으로 밝혀졌고, 상륜부 부재는 감은사지 3층 석탑과 동일한 경주 감포 지역의 응회암으로 확인되었다. 이에 따라 이 지역의 돌을 가공해 상륜부와 난간 부재를 만들어 조립했다. 보수 작업은 2009년 12월 마무리되었다. 국립문화재연구소는 해체, 보수 공사 기간 내내 투명 가림막을 설치해 해체 작업 현장을 일반에 공개하고 설명회를 개최해 문화재 교육 현장으로 활용했다.

국보 21호 석가탑의 경우, 2006년부터 정기 모니터링을 해 왔다. 석재의 재질이 약화된 데다 자잘한 금이 많아 훼손 정도를 관찰해 추후 보수 여부를 결정한다는 방침에 따른 것이었다. 그래서 석가탑 표면에 1000분의 1mm의 움직임까지

1 2007년 국보 112호 감은사지 서탑(682년, 높이 13.44m) 해체 수리 현장의 가림막. 2 감은사지 동탑 수리 모습. 3 감은사지 서탑의 해체 수리 과정에서 표면을 세척하는 모습.

체크할 수 있는 정밀 센서를 달아 놓았다.

2010년 12월 석가탑 기단석(동쪽 상층기단 갑석)에서 길이 1.32m, 최대 폭 5mm의 추가 균열이 확인되었다. 국립문화재연구소는 이 균열은 석탑이 노후했고 환경 변화에 따라 석재가 신축과 팽창을 반복한 결과 발생한 것으로 보았다. 탑을 떠받치는 기단부에 균열이 생기고 부재들이 서로 벌어지고 어긋나 있다는 점이 더욱 심각한 문제였다. 이에 따라 2012년 9월 전면 해체 수리에 들어갔다. 1966년 사리장엄구를 노린 도굴 사건으로 탑의 일부가 훼손돼 부분 해체 수리한 이후 46년 만의 일이다. 석가탑이 해체, 복원되는 것은 고려 정종 4년 1038년 중수(重修) 이후 약 1000년 만이다. 국립문화재연구소는 전면 해체를 한 뒤 다양한 보수, 보존 처리를 하고 다시 조립해 2014년 말까지 복원을 마무리할 예정이다.

감은사지 3층 석탑도 해체와 보수의 과정을 거쳤다. 감은사지 동3층 석탑은 1995~1996년 해체 보수 공사를 했고, 감은사지 서3층 석탑은 1959~1960년 전면 해체와 보수에 이어 2006~2008년 부분 해체와 보수 작업을 했다. 2006년 해체는 탑 맨 위쪽의 찰주(刹柱, 탑 위에 꽂는 기둥)와 3층 옥개석(屋蓋石, 지붕돌) 4조각과 옥개석 받침 4조각을 해체한 뒤 보수 보존 처리가 진행되었다. 감은사지 탑의 옥개석 표면은 다른 석탑에 비해 비바람에 닳아 약해진 모습이 역력했다. 일부는 패이고 또 일부는 몇 겹으로 들떠 양파 껍질처럼 떨어져나갈 것만 같은 모습이었다.

감은사지 서3층 석탑의 가장 어려운 작업은 표면 세척이었다. 석재를 강화 처리하는 것이나 떨어진 부위를 다시 만들어 붙이는 것은 기존의 탑을 훼손시키지 않기 때문에 그리 어렵지 않다. 하지만 세척 작업은 자칫하면 탑의 표면을 손상시킬 수 있다. 그래서 세척기의 분사 강도를 잘 조절해야 한다. 너무 세게 닦아 내면 표면이 지나치게 뽀얘질 수도 있다. 그렇게 되면 신라 탑의 고풍스러움이 사라진다. 때를 닦아 내면서도 탑의 색깔을 그대로 유지해야 하기에 약하게 천천히 세척해야 한다. 그래서 해체한 옥개석 부재 8개를 세척하는 데만 거의 6개월이 걸렸다. 해체 보수 공사는 28개월 만인 2008년 8월 마무리되었다.

석탑 보존 처리,
그 과학의 세계

표면의 오염 물질 세척

표면 세척에 이용하는 기기는 저압 와류(蝸流) 세척기다. 공기와 함께 매우 미세한 돌가루(지름 0.04~0.08mm)를 나선형(와류)으로 분사해 표면을 세척하는 기기다. 여기서 돌가루를 나선형으로 분사시키는 것은 탑의 표면을 보호하기 위해서다. 아무리 미세한 돌가루라고 해도 직선으로 날아가면 표면을 손상시킬 우려가 크다. 그러나 나선형으로 돌면서 날아가면 표면을 손상시키지 않는다.

표면의 지의류 제거

탑의 표면에 강력하게 붙어 있는 지의류(地衣類)는 훈증 가스 소독으로 제거한다. 해당 부위를 밀봉한 뒤 하루나 이틀 동안 훈증 가스를 집어 넣어 지의류가 죽게 함으로써 석재 표면과의 접착력을 약하게 만든다. 지의류가 죽는 데 걸리는 시간은 약 2주. 그 후 저압 와류 세척기로 지의류를 제거한다.

강화 처리

석재의 강도를 높여 주기 위한 강화 처리 약품은 규산에틸(ethyl silicate, 에틸실리케이트)이다. 이것의 성분은 알콜(에틸)과 액체 유리(실리케이트)다. 틈새를 통해 이 약품을 주입하고 표면을 덮어 씌우면 알콜은 날아가 버리고 액체 유리만 남아 석재의 안팎을 모두 강하게 만들어 준다.

부서진 부분 복원

원래 탑과 동일한 재료의 돌로 떨어진 부분을 복원해 원래 자리에 접착한다. 접착 면이 좁거나 불규칙해 떨어질 우려가 있으면 두 부재의 내부에 합성수지 핀을 꽂아 서로 연결한 뒤 다시 접착제로 붙인다. 또한 원래 석탑의 표면 색깔과 똑같이 고색(古色) 처리를 하는데, 늘 고색 처리를 하는 것은 아니다.

5
경천사지 10층 석탑의 기구한 운명

국보 86호 경천사지 10층 석탑(고려 1348년, 높이 13.5m)은 그 외형이 독특하다. 늘씬하게 솟아 올라간 몸매, 각 층마다 세련된 모양의 탑신(塔身, 몸체)과 옥개석(屋蓋石, 지붕돌), 다양하고 화려한 조각 등 독특한 아름다움을 자랑한다.

이 탑은 원래 경기도 개풍군(현재 북한 개성시) 부소산의 경천사에 있었다. 이 석탑의 기구한 운명은 1907년경으로 거슬러 올라간다. 당시 한국을 방문한 일본의 궁내성 대신 다나카 미츠야키(田中光顯)는 고종 황제가 경천사 탑을 자신에게 하사했다는 터무니없는 거짓말로 사람들을 속인 뒤 이 탑을 일본 도쿄(東京) 자신의 집으로 밀반출했다. 그러나 한국과 일본 안팎에서 비난 여론에 직면했고 결국 1918년 이 탑을 한국에 돌려주었다.

경천사 10층 석탑이 이 땅에 다시 돌아올 수 있었던 것은 이방인의 헌신적인 노력 덕분이었다. 영국인 어니스트 베델(Ernest Thomas Bethell, 1872~1909년)과 미국인 호머 헐버트(Homer Bezaleel Hulbert, 1863~1949년)이다. 베델은 『대한매일신보』 등을 만들어 당시 조선의 독립운동에 앞장 섰던 인물. 그는 1907년 영자 신문인 『Korea Daily News』에 일제의 경천사 10층 석탑 약탈 사실을 폭로하고 반환의 당위성을 역설했다. 호머 헐버트는 구한말 선교사이자 고종 황제의 외교 조언자로 조선의 독립을 위해 헌신했던 미국인이다. 1905년 을사늑약의 부당성을 전 세계에 알렸으며, 1907년 고종에게 네덜란드 헤이그 만국평화회담 특사 파견을 건의했다가 1909년 일제에 의해 미국으로 강제 추방당했다. 그는 경천사 10층 석탑 약탈 사실을 알고 난 직후 일본에 있는 영자 신문에 이 같은 사실을 폭로해 반환 여론을 이끌어 냈다. 그는 경천사 10층 석탑 약탈 소식을 듣자 개성으로 달려가 약탈 현장 사진을 촬영한 뒤 1907년 일본의 영자 신문 『Japan Mail』과 『Japan Chronicle』 등에 이 같은 사실을 폭로해 반환 운동의 불을 당겼다.

베델과 헐버트의 노력에 힘입어 1918년 탑이 돌아왔다. 그러나 탑은 많이 훼손되었다. 반환 이후에도 별다른 보존 조치 없이 포장된 상태로 경복궁 회랑에 방치되었다.

사람들은 이 탑에 별다른 눈길을 주지 않았고 그렇게 40여 년이 흘렀다. 이 탑의 존재를 깨달은 것은 1959년. 그제서야 보수에 들어간 것이다. 1년간의 작업 끝에 1960년 탑을 복원해 경복궁 경내에 전시했으나, 그것은 탈락 부위를 시멘트로 메꾸는 정도에 그친 비과학적이고 부실한 보수, 복원이었다.

경천사지 10층 석탑은 복원 이후 경복궁 야외에 전시되면서 풍화 작용과 산성비 등으로 인해 훼손이 계속되었다. 더 이상의 훼손은 심각한 문제를 초래할 수 있다는 판단에 따라 국립문화재연구소는 1995년 해체 보수를 결정했다.

먼저 탑의 142개 부재를 모두 해체한 뒤 국립문화재연구소로 옮겨 각 부재의 보수 작업에 들어갔다. 비바람으로 인해 약화된 대리석을 경화(硬化) 처리하고, 균열 부위를 에폭시 수지 접착제로 붙였다. 1960년 복원 때 채워 넣었던 시멘트를 제거하고 레이저를 이용해 표면의 오염물도 닦아냈다. 해체된 탑의 부재 142개 가운데 심하게 손상된 64개를 새로운 대리석으로 교체했다. 이 탑의 원래 대리석과 암질(岩質)이 유사한 강원도 정선 지역의 대리석을 사용했다. 물론 원 부재의 문양이나 형태 등 원래 모습을 그대로 살렸다.

보수 보존 처리는 2005년 초 모두 마무리되었다. 부재는 대전의 국립문화재연구소에서 서울 용산의 새 국립중앙박물관으로 옮겨졌다. 경천사 탑의 새 전시 장소가 바로 국립중앙박물관의 실내 중앙홀로 결정되었기 때문이다.

국립문화재연구소와 국립중앙박물관은 4월부터 조립 작업에 들어갔다. 수평과 균형을 잡아가며 142개의 부재를 높이 13m까지 쌓아올린다는 건 고난도의 작업

1	-
2	3

1 국보 86호 경천사지 10층 석탑을 국립중앙박물관 실내에서 조립하고 있다. 해체에서 보수, 복원까지 10년이 걸렸다.　**2** 경복궁에 있을 때의 경천사지 10층 석탑 모습.　**3** 현재 국립중앙박물관 으뜸홀에 전시되어 있는 경천사지 10층 석탑의 모습. 1348년, 13.5m.

이다. 1mm만 맞지 않아도 제대로 조립이 되지 않는다. 이 탑의 조립에는 석탑의 해체 조립 경력 15년 안팎의 석공 3, 4명이 5개월 동안이나 매달려야 했다.

탑 전체 무게는 무려 100톤. 부재 하나하나씩의 무게도 수백 kg이다. 난간돌, 몸돌, 지붕돌을 쌓아 한 개 층을 조립하는데 2~3일, 수평을 확인하기 위해 위해 기다리는 데 열흘 정도. 열흘을 기다려 1mm의 오차도 발견되지 않아야 다음 층을 쌓아 올릴 수 있는 것이다. 1mm만 맞지 않아도 142개 부재가 우르르 무너져 내릴 수밖에 없다. 이렇게 민감하고 조심스러운 작업이기 때문에 국립문화재연구소와 석공들은 2001년에 시험 조립도 해 보았다.

탑의 안정을 위해 국립중앙박물관 중앙홀의 바닥엔 탑을 올려 놓을 수 있는 받침대를 만들었다. 우선 맨 아래쪽에 철제 받침대를 만든 뒤 넓적한 화강석 판을 올려 놓고 그 위에 경천사지 탑을 세웠다. 철제 받침대는 가로 세로 6×6m, 높이 65cm. 이 받침대는 규모 8의 지진에 견딜 수 있도록 설계했다. 받침대의 아래쪽은 레일과 바퀴로 중앙홀 바닥과 연결되어 있다. 지진이 발생했을 때 받침대가 레일 위를 움직이며 충격을 흡수하도록 한 것이다.

경천사지 10층 석탑의 해체 보수, 복원 작업은 2005년 8월 초 최종 마무리됐다. 무려 10년 동안의 해체, 보수, 복원 작업이었다. 그건 개성 경천사, 일본, 서울 경복궁 등지로 전전했던 '유랑 100년의 수난사'를 마무리짓는 뜻깊은 작업이기도 하다. 국립중앙박물관은 경천사지 탑 안내문에 헐버트와 베델의 헌신적인 노력에 관한 내용을 포함시켰다.

6
40년간 계속되는
경복궁 복원

한일 강제 병합 100년을 맞은 2010년. 그해 광복절(8월 15일)에 경복궁(景福宮) 광화문(光化門)이 원래 모습을 되찾고 국민의 품으로 돌아왔다. 광화문 복원은 1990년 시작된 경복궁 복원 1단계 사업의 대미를 장식하는 것이었다. 21년에 걸친 대장정을 마치고 조선시대의 정궁(正宮) 경복궁이 원래의 모습과 위용을 하나둘 되찾아가는 과정이기도 했다.

경복궁은 1395년에 세운 조선 왕조 최초의 궁궐이자 조선의 정궁이었다. 앞으로 육조(六曹) 거리(지금의 세종로)가 쫙 펼쳐지고 뒤로는 백악산(북악산), 옆으로는 인왕산이 우뚝 버티고 있어 풍수지리적으로 위치가 좋고 풍광도 매우 아름다운 곳이다. 경복(景福)이라는 이름은 '조선 왕조와 백성이 큰 복을 누리며 번영한다.'는 뜻이다.

임진왜란 때 불에 타 없어진 경복궁은 1865년 고종 때 흥선 대원군의 주도로 중건 공사에 들어가 1867년 완공되었다. 그러나 일제 강점기를 거치며 상당 부분 파괴되고 훼손되었다. 일제 강점기에 변형 훼손된 경복궁을 원형대로 복원 정비하는 것은 자주 국가, 문화 국가로서 너무나 당연한 일이었다. 그러나 광복 이후 우리는 이런저런 이유로 경복궁 복원 사업을 제대로 진행하지 못했다.

─── 경복궁 복원과 총독부 건물 철거 논란

경복궁 되살리기 사업은 1990년대 들어 시작되었다. 이 시기는 김영삼 정부 주도로 식민주의적 역사 의식을 바로 잡고 민족 정기를 되찾기 위한 '역사 바로 세우기' 운동을 전개할 때였다. 경복궁 복원은 그 일환으로 진행되었다. 경복궁의 원형을 되살려 민족 정기를 회복하고 문화 민족으로서의 자긍심을 고취하기 위함이었다. 식민지 시대 일제에 의해 훼손된 경복궁을 되살리는 일은 역사 바로 세우기 사업에서 가장 상징적인 사업이 아닐 수 없었다.

그러나 경복궁 복원은 그리 순탄하지 않았다. 경복궁 복원에서 가장 큰 어려움이자 걸림돌은 조선총독부 건물이었다. 일제는 흥례문(興禮門)을 헐어내고 그 자리에 1926년 조선총독부 청사를 지었다. 그리고 나서 총독부 건물의 시야를 방해한다는 이유로 앞에 있던 광화문을 경복궁 북동쪽 지금의 국립민속박물관 자리로 옮기는 만행을 저질렀다. 그렇게 들어선 조선총독부 건물은 광복 이후 1984년까지 정부청사인 중앙청 건물로 사용했고, 이어 1985년부터는 국립중앙박물관으로 사용해 왔었다.

이 조선총독부 건물을 어떻게 할 것인지가 가장 큰 문제 가운데 하나였다. 문제의 핵심은 조선총독부 건물을 철거할 것인지, 그대로 둘 것인지를 둘러싼 논란이었다. 한쪽에서는 "일제 식민지의 잔재인만큼 무조건 철거해야 한다."는 의견이 나왔다. 다른 한쪽에서는 "쓰라린 역사, 패배와 치욕의 역사도 우리의 소중한 역사이기에 무조건 철거할 것이 아니라 다른 곳을 옮겨 복원해 해야 한다."는 의견이 맞섰다.

치열한 논란이 있었지만 정부는 철거로 최종 결론을 내렸다. 광복 50주년이 되는 1995년 8월 15일, 정부는 총독부 건물의 중앙 돔 지붕 꼭대기의 첨탑을 상징적으로 철거했다. 이어 1996년 12월 조선총독부 건물은 완전히 철거되어 역사 속으로 사라졌다.

---- 1867년 중건 당시로의 복원

경복궁 복원 사업의 가장 기본적이면서도 핵심적인 일은 일제 때 훼손된 전각을 되살리는 것이었다. 경복궁 복원의 기준 시점은 1867년 경복궁 중건 당시로 삼

왔다. 경복궁 중건 당시 전각은 모두 500여 개 동이었지만 복원 공사가 시작되던 1990년 당시의 건물은 36개 동에 불과했다. 최대한 1867년의 모습으로 되살리는 것이었다.

경복궁 복원 사업은 침전(寢殿) 권역, 동궁(東宮) 권역, 홍례문(興禮門) 권역, 태원전(太元殿) 권역, 광화문(光化門) 권역 등 5개 권역으로 나누어 단계적으로 진행되었다. 1990년부터 2010년까지 21년간 총 1,789억 원을 투입하는 대역사(大役事)였다.

침전 권역 복원 사업은 1990년 시작해 1995년 마무리되었다. 침전은 왕와 왕비의 생활 공간을 말한다. 왕의 처소인 강녕전(康寧殿)과 왕비의 처소인 교태전(交泰殿) 등이 대표적인 침전 건물이다. 1867년 중건된 침전 권역 전각들은 1876년 경복궁 대화재로 인해 모두 불에 타버렸다. 이어 1888년 침전 권역을 다시 복원했으나 1917년 창덕궁에 화재가 발생하자 창덕궁의 침전 건물을 복구에 활용하기 위해 강녕전과 교태전 등 경복궁의 침전 건물을 헐어냈다. 정부는 일제가 파괴했던 강녕전, 교태전 등 12개 건물을 복원해 1995년부터 국민에게 공개했다.

동궁 권역 복원 사업은 1994년부터 1999년까지 진행되어 자선당(資善堂), 비현각(丕顯閣) 등 18개 동을 복원했다. 동궁 권역은 왕위에 오를 왕세자와 왕세자비가 생활하던 공간을 말한다. 조선시대 수많은 왕세자들이 이곳에서 학문과 법도를 배우며 제왕의 수업을 받았다.

왕세자의 처소인 자선당이 수난을 당한 것은 1911년이었다. 일제는 경복궁에서 조선물산공진회라는 이름의 박람회를 개최하기 위해 많은 전각을 헐어냈고 그때 자선당도 헐렸다. 일본인 사업가 오쿠라 기하치로(大倉喜八郞)는 헐어낸 자선당 건물을 1915년 일본 도쿄로 빼돌렸다. 오쿠라는 이곳에 '조선관(朝鮮館)'이라는 간판을 달고 미술관으로 사용했다. 그러나 1923년 관동대지진 때 목조 건물이 불에 타버리고 기단부인 석축만 남게 되었다.

그 후 자선당의 존재는 사람들의 기억 속에서 잊혀져 갔다. 그러던 중 1993년 건축사학자인 김정동(金晶東) 목원대 교수가 일본 도쿄의 오쿠라(大倉)호텔 경내에 이 석축이 방치되어 있다는 사실을 확인했다. 김 교수의 노력에 힘입어 자선당 기단부 석축은 1996년 국내로 돌아왔다. 하지만 이 석축은 오랫동안 방치된 탓에 훼손 상태가 매우 심각했다. 자선당 복원에 활용할 수 있는 상황이 아니었다. 따라서 자선당 복원에는 사용하지 못하고 경복궁 내 건청궁 옆에 별도로 보존해 놓고 있다. 최근에는 이 석축들을 복원된 자선당 인근으로 옮겨, 경복궁을 찾는 국내외 관람객들에게 잊혀진 역사를 알릴 수 있는 교육 현장으로 활용하는 방안도 검토되고 있다.

홍례문 권역 복원 사업은 1996년 시작해 2001년 마무리되었다. 홍례문은 광화문과 근정문(勤政門) 사이에 있는 문이다. 광화문을 지나면 바로 나오는 문으로 경복궁 공간에 본격적으로 들어설 때 만나는 첫 번째 문이다. 일제는 1915년 홍례문 일대에서 조선물산공진회를 개최하면서 홍례문 주변을 철거하거나 변형시켰다. 이어 1916년에는 조선총독부 건물을 짓기 위해 홍례문과 주변 행각(行閣)을 완전히 헐어 버렸다. 이렇게 훼손된 홍례문은 2001년 원래 모습을 되찾았다. 홍례문과 주변 행각을 비롯해 명당수가 흐르던 어구(御溝), 이 어구 위에 놓였던 다리 영제교(永濟橋), 왕이 다니던 길인 어도(御道)까지 모두 복원되어 경복궁의 위용을 되살렸다.

경복궁 복원 과정에서 2001년엔 국보 223호인 경복궁 근정전(勤政殿) 보수 공사도 함께 이뤄졌다. 근정전은 경복궁의 정전(正殿)으로 경복궁에서 가장 핵심적인 공간이다. 왕의 즉위식, 문무백관의 조회, 외국 사신들의 접견 등 나라에서 가장 중요한 행사를 거행하던 곳이다. 이 경복궁 근정전은 우리나라에서 가장 큰 2층짜리 전통 목조 건축물이다.

2000년 12월 근정전을 해체 복원하던 문화재청 관계자들은 근정전 남동쪽 귀퉁이 기둥과 1층 추녀 연결 부위가 심각하게 파손된 것을 확인했다. 기둥에 정교하게 끼여 있어야 할 추녀가 기둥에 불과 3~4cm밖에 걸려 있지 않았다. 파손 부위

1916년 일본으로 옮겨진 자선당 전경(위)과 1999년 12월에 복원된 자선당(아래). 일본에서 자선당은 '조선관'이란 이름의 미술관으로 활용되었다. 일본에서 반환된 자선당 석축은 훼손이 심해 복원에는 사용하지 못했다.

에 대한 정밀 진단을 거쳐 무사히 보수 공사를 마칠 수 있었다. 만일 이를 발견하지 못했더라면 근정전 기둥은 머지않아 무너져 버릴지도 모를 일이었다.

태원전 권역도 1997년부터 2005년까지 복원 공사가 진행되었다. 태조의 어진(御眞)을 모시고 제사 지냈던 태원전 등 25개 건물을 복원했다. 경복궁 서북쪽에 위치한 태원전 권역은 군사 정부 시절, 청와대 경호를 위해 군부대가 주둔했던 곳이다. 태원전 권역 건물 복원과 함께 군부대도 철수했다.

태원전 권역 바로 옆은 건청궁(乾淸宮)이 있었던 곳이다. 2004년부터 2007년 건청궁 복원도 이뤄졌다. 건청궁은 1887년 국내 최초로 전깃불이 들어온 근대화의 상징 공간이자, 1895년 10월 8일 명성 황후가 일본인들에게 시해 당한 비극의 현장이다.

건청궁은 1873년 고종이 조성한 궁궐 속의 작은 궁궐이라고 할 수 있다. 아버지 흥선 대원군으로부터 정치적인 독립을 꾀하기 위해 고종은 경복궁 북쪽 깊숙한 곳에 건물을 지었다. 을미사변으로 명성 황후가 시해를 당하자 신변에 위협을 느낀 고종은 1896년 건청궁을 떠나 러시아공사관으로 거처를 옮겼고, 건청궁은 그 후 방치되다 1908~1909년경 일제에 의해 철거됐다. 일제는 이후 1940년 건청궁 터에 미술관을 지었다. 광복 후 이 건물은 전통공예미술관으로 활용되었고 1998년 철거되었다.

2007년 복원된 건청궁은 고종 황제의 침전이었던 장안당(長安堂), 명성 황후의 침전이었던 곤녕합(坤寧閤), 부속 건물인 복수당(福綏堂) 등 20여 개 건물이다. 복원된 건청궁의 특징은 건물에 단청(丹靑)을 하지 않은 점이다. 원래 모습대로 사대부 양반가의 양식을 살려 단청을 하지 않았다.

―― 광화문의 수난과 복원

경복궁 복원 1단계 사업의 마지막은 광화문 복원이었다. 광화문 및 기타 권역 복원 공사는 2001년부터 2010년까지 진행되었다. 광화문은 경복궁의 정문이라는 점

복원된 흥례문 전경(위)과 복원된 광화문 전경(아래). 광화문은 경복궁의 정문이고, 흥례문은 광화문을 지나 경복궁 공간에 들어설 때 만나는 첫번째 문이다. 광화문은 온갖 수난을 겪었지만, 원래 모습대로 2010년 복원되었다.

에서 각별한 관심을 끌 수밖에 없었다.

광화문은 1865년 중건되었다. 그러나 일제 강점기에 들어서면서 광화문의 수난은 그치지 않았다. 조선총독부 청사를 신축하던 일제는 1926년 광화문이 총독부 건물의 시야를 가린다는 이유로 경복궁 건춘문 북쪽, 그러니까 현재 국립민속박물관 자리로 옮겼다. 수난의 시작이었다. 이어 6·25 전쟁 때에는 석축 위의 목조 누각이 불에 타 사라졌다. 1968년 제자리로 옮겨 복원했으나 원래 위치에서 뒤쪽으로 14.5m 밀려났으며, 그 방향도 경복궁 남북 중심축에서 3.5도 동향으로 뒤틀리게 배치됐다. 게다가 석축 위의 누각을 나무가 아니라 콘크리트 구조로 건립했다. 1968년 광화문 복원은 여러모로 불완전한 복원이었다.

광화문 석축 위의 2층짜리 목조 건물을 콘트리트로 만든 것은 분명 잘못이었다. 그러나 광화문이 중심축에서 뒤틀리게 배치된 것은 당시로서는 불가피한 상황이기도 했다. 조선총독부의 축과 맞출 수밖에 없는 상황이었기 때문이다. 일제는 흥례문을 헐어내고 조선총독부 건물을 지으면서 의도적으로 경복궁의 중심축에서 어긋나게 3.5도 동향으로 틀어 배치했다. 경복궁이 관악산을 바라보고 있었지만 일제는 남산에 지은 일본 신사(神社)를 바라보도록 중심축을 왜곡한 것이었다. 1968년 원위치로 이전하면서 총독부 건물에 맞출 수밖에 없었다. 3.5도를 서쪽으로 돌려 바로잡을 경우, 원래 축을 살릴 수는 있지만 당시 중앙청 건물로 쓰던 총독부 청사와 축이 어긋나 경관을 훼손하게 되는 상황이었다.

광화문을 원래 모습으로 되돌리기 위한 공사는 2006년 12월 시작되었다. 복원된 광화문은 공사 전보다 남쪽으로 14.5m, 서쪽으로 10.9m 옮겨졌고 중심(세로)축도 원래대로 바로잡게 되었다.

광화문 현판은 1865년 당시 현판의 글씨로 복원했다. 중건 당시 현판의 글씨는 공사감독관이자 훈련대장이었던 임태영(任泰瑛)이 쓴 한자였다. 그 현판을 촬영했던 유리원판을 찾아낸 뒤 디지털 작업을 거쳐 이 글씨체를 복원해 그 서체대로 현판을 만들었다. 나무판에 글씨를 새기는 작업은 중요무형문화재 각자장(刻字匠)

기능 보유자인 오옥진 씨가 맡았다.

 광화문만 복원한 것이 아니라 중건 당시 모습대로 주변 부속 건물도 함께 복원했으며 흥례문으로 이어지는 어도(御道), 광화문 앞의 월대(月臺) 일부도 복원해 광화문의 위엄을 더욱 높였다. 그러나 광화문 권역 복원이 모두 완벽하게 마무리된 것은 아니다. 경복궁의 담장 동남쪽 모퉁이 망루였던 동십자각과 담장을 연결하는 공사가 남아 있다.

——— 부실 복원, 광화문 현판

1865년 중건 당시의 모습으로 복원되어 2010년 8월 15일 공개된 광화문 현판. 그러나 복원한 지 3개월도 채 되지 않은 2010년 11월 광화문 현판에 금이 가는 사고가 발생했다. 조사 결과 금이 간 곳은 10여 군데 달했고 뒤틀림까지 확인되었다. 기본적으로 목재의 건조 기간이 짧았고 부재 가운데 강도가 약한 목재도 포함

1 1867년 경복궁 중건 당시 모습으로 복원한 광화문 현판. **2** 광화문 현판은 복원한 지 3개월도 되지 않아 금이 가고 말았다. **3** 금이 간 광화문 현판을 수리하는 모습.

되었던 것으로 밝혀졌다. 이음새의 간격이 없어 수축 팽창에 방해가 됐고 또한 본드를 사용해 뒤틀림의 원인이 되었다. 소식을 전해 들은 국민들은 놀라움을 감추지 못했고 부실 졸속 복원이라는 비판에 직면했다. 문화재청은 2010년 12월 금이 간 현판을 일단 수리하고 새로운 현판을 다시 만들어 달기로 결정했다. 이에 따라 2011년 5월 현판을 보수했다.

문화재청은 2014년까지 현판을 다시 제작해 광화문 문루에 걸 계획이다. 중요무형문화재 55호 소목장(小木匠) 보유자 박명배 씨가 현판의 틀을 만들고 강원도 무형문화재 제16호 각자장 보유자 이창석 씨가 임태영의 글씨를 새기게 된다.

___ 2030년까지 2단계 복원

복원 1단계 사업으로 경복궁이 원래 모습을 완전히 되찾은 것은 아니다. 1단계 복원에서는 모두 89개 동을 복원했다. 이로써 경복궁은 모두 125개의 건물을 갖게 되었지만 500여 개 건물이 있던 1867년 중건 당시의 25% 수준에 불과하다. 일제가 얼마나 많이 경복궁 건물을 파괴하고 훼손했는지 극명하게 보여 주는 수치다. 문화재청은 2011년부터 경복궁 복원 2단계 사업에 들어가 2030년 마무리하게 된다. 2단계에서는 253개 건물을 추가로 복원한다. 이렇게 되면 모두 378개 건물을 확보해 1867년 중건 당시의 76% 수준을 회복하게 된다. 1단계 복원 사업으로 경복궁의 주요 뼈대를 갖추었다면 2단계 복원 사업은 이 뼈대에 세세한 살을 붙여 나가는 과정이라고 할 수 있다.

7
숭례문,
화재와 복원 문제

——— 숭례문의 석재 탈락 및 보수

2002년 8월, 국보 1호인 서울 숭례문(崇禮門, 남대문)의 석재가 떨어져 나갔다. 석축 가운데에 위치한 홍예문(虹預門, 무지개 모양의 문) 상단부의 석재 일부가 오랜 세월과 풍화를 견디지 못하고 탈락한 것이었다.

당시 전문가들 사이에 보수 방법을 놓고 많은 논의가 오갔다. 떨어진 돌을 원래 부위에 다시 붙일 것인지, 아니면 가벼운 섬유 강화 플라스틱으로 탈락 부위를 메운 후 표면을 돌처럼 처리할 것인지였다.

국립문화재연구소와 서울시는 복원 방법을 논의한 끝에 2003년 5월 결론을 내렸다. 초강력 에폭시 수지 접착제를 이용해 떨어진 석재를 원위치에 다시 붙이는 방법을 선택했다. 전문가들의 검토 결과, 수지 접착제의 강도는 $1cm^2$당 500kg 정도로 매우 강력하다. 떨어져 나간 홍예석은 가로 90cm, 세로 45cm, 두께 40cm, 무게 160kg 정도여서 접착제를 이용해도 무방하다고 판단한 것이다. 그러나 만일에 대비해 떨어져 나간 석재와 원래 부위 안쪽에 녹이 슬지 않는 스테인리스 봉을 박아 연결하는 방법을 병행했다.

플라스틱으로 모형을 만들어 붙이는 방안을 포기한 것은 그럴 경우 숭례문의 원형을 훼손한다는 판단에서였다.

——— 숭례문 화재와 복원

2008년 2월 10일 일요일, 설 연휴 마지막 날, 밤 8시 50분. 숭례문에 불길이 솟았다.

1 화재 전, 홍예문 상단부 석재 일부가 떨어져 나갔다.　2 이후 수지 접착제로 떨어져 나간 석재를 원위치에 붙였다.　3 2005년 5월 조성한 숭례문 광장. 국민이 국보 1호의 숨결을 느낄 수 있는 획기적인 계기가 되었지만, 관리 부실로 2008년 2월 10일 대형 화재가 발생했다.

우연의 일치일지 모르지만 또 휴일이었다. 2005년 4월 5일 식목일 낮에도 강원도 강릉 양양 일대에 화재가 발생해 양양 낙산사를 덮쳐 고찰(古刹)을 순식간에 폐허로 만들어 놓지 않았던가.

그날 밤, 결국 숭례문 문루 1층의 10%, 2층의 90%가 불에 타버렸다. 현판은 땅에 떨어져 일부가 부서졌다. 정신없이 취재하고 기사를 썼다. 다음날인 2월 11일 새벽 4시, 퇴근을 하며 화재 현장을 들렀다. 처참했다. 집에서 잠깐 눈을 붙인 뒤 오전 8시경 다시 숭례문을 찾았다. 날이 밝고 나서 들러본 현장은 더욱 끔찍했다. 시커멓게 무너져 내린 숭례문 현장은 아침녘 밝은 기운과 대비를 이뤄 보는 이의 가슴을 더욱 시리게 파고들었다. 그날은 분명 대한민국 문화재 보존 관리의 역사에 있어 가장 부끄러운 날이었다. 한 개인의 방화였지만 그것을 막지 못한 책임은 우리 모두에게 있었다. 누군가는 "그러게 숭례문을 개방하지 말았어야 했다."고 소리를 높였다.

사실 이런 지적이 나올 법도 했다. 1960년대 이후 숭례문 주변에 차도가 생기면서 사람들은 숭례문에 접근할 수 없었다. 이 문제를 개선하기 위해 2005년 숭례문 앞쪽에 광장을 만들어 접근이 가능하도록 했다. 2006년엔 숭례문 석축 한가운데 홍예문도 드나들 수 있도록 개방의 폭을 더 넓혔다. 당시, 사람들이 홍예문을 왔다 갔다 하면 자칫 훼손이나 사고가 발생할지 모른다는 우려가 나오기도 했다(숭례문 개방에 관해선 230~234페이지, '숭례문의 개방과 활용 논란' 참조).

어쨌든 국보 1호 숭례문 화재는 우리 모두의 책임이다. 문화재 보존에 그렇게도 무심했던 우리 모두의 잘못이다. 숭례문 개방 자체는 바람직한 일이지만 이에 대한 훼손 대책이 부실했다고 볼 수 있다. 숭례문이 일반인에게 개방된 이후에 방화나 훼손을 감시하고 관리하는 안전 요원을 제대로 배치했어야 하는데, 문화재청이나 서울시가 이를 소홀히 한 것이다.

복원 공사는 누각의 부재 해체 → 부재 실측 및 재사용 여부 판단 → 성벽 복원 → 목조 누각 조립 → 기와 올리기 → 단청 → 현판 걸기 순으로 진행되었다.

2008년 2월 10일 국보 1호 숭례문이 화재로 2층의 90%, 1층의 10%가
불에 타버렸다. 화재 다음날의 처참한 장면이다.

문화재청은 화재 발생 이후 현장 수습, 불탄 부분의 추가 붕괴를 막기 위한 안전 조치, 피해 상황 조사, 주변 발굴, 현판 보존 처리, 복원 설계 등을 마치고 2010년 2월 본격적인 복원 공사에 들어갔다.

숭례문 복구 원칙은 ① 기존 부재를 최대한 활용해 화재 전 모습대로 ② 일제 때 변형 철거된 성곽과 지반을 되살리고 ③ 전통 방식으로 복원한다는 것이었다.

── 전통 방식에 따른 복원 시도

복원의 전 과정은 모두 전통 방식에 따라 진행하기로 했다. 기와와 철은 전통 방식으로 제작하고 나무와 돌을 다듬는 데도 현대식 전동 도구가 아닌 전통 연장을 사용하기로 한 것이다. 전기톱 대신 도끼나 내림톱을 쓰고, 대패 큰자귀 등으로 목재를 다듬는 식이다. 이를 위해 숭례문 복원 현장에 대장간이 등장하기도 했다.

문화재청은 포스코에 의뢰해 조선시대 철 성분 그대로 철괴(철덩어리)를 만들어 숭례문 대장간에서 철물과 연장을 만들어 복원 작업을 진행하기로 했다. 하지만 생각과 달리 전통방식으로 연장을 만들어 사용하는 데에는 한계가 있었고 결과적으로 뜻을 이루지 못했다. 2만 2,000장의 기와도 전통 가마에서 전통 방식으로 구워 사용했다.

숭례문 복원에선 목조 누각뿐만 아니라 숭례문 좌우의 성곽 일부도 되살렸다. 숭례문이 그저 홀로 동떨어진 건축물이 아니라 조선시대 한양 도성의 정문이었다는 사실을 보여 주기 위해서다. 복원한 성벽은 서쪽으로 16m, 동쪽으로 53m이다. 1907년 일제가 헐어낸 숭례문 좌우 성벽이 그 일부만이라도 되살아나는 데 100여 년의 세월이 걸린 셈이다.

숭례문 복원엔 중요무형문화재 제74호 대목장(大木匠), 중요무형문화재 제48호 단청장(丹靑匠), 중요무형문화재 제120호 석장(石匠) 기능 보유자, 중요무형문화재 제121호 번와장(翻瓦匠) 기능 보유자, 중요무형문화재 제91호 제와장(製瓦匠) 기능 보유자 등이 참여했다.

대목장은 목재를 재료로 건물을 짓는 장인을 말한다. 적당한 나무를 벌목해 건조시키고 용도에 맞게 다듬은 뒤, 이것으로 기둥을 세우고 대들보를 올리면서 목재를 서로 얽어 견실한 공간을 만들어 낸다. 문화재청은 강원도 삼척시 준경묘에서 벌목한 금강송 10그루, 국민이 기증한 21그루 등을 확보해 복원에 사용했다.

성벽 쌓기는 석장의 몫이다. 석장은 돌을 채석하고 다듬어 석조물을 만드는 장인을 말한다. 성벽 쌓기의 시작은 돌 고르는 일. 조선시대 한양 도성 성곽에 사용했던 화강암과 특징이나 성분이 비슷한 돌을 골라야 한다. 이런 화강암은 경기 포천시에서 찾아냈다.

화강암을 채석해 가져 오면 우선 그 돌덩이를 필요한 크기로 잘라 내야 한다. 현대식 전동 기계로 매끈하게 절단하는 것이 아니라 전통적인 돌 가르기 기법을 사용했다. 화강암 덩어리의 표면에 쐐기 구멍을 판 뒤 여기에 쐐기를 박고 내려쳐 돌을

1 숭례문 복원은 전통 방식에 따라 이뤄졌다. 석재를 쪼개거나 다듬을 때는 현대식 전동 기구가 아닌 전통 연장인 정을 사용해 수작업으로 했다. 공사에 필요한 철물과 연장들도 현장에 마련한 대장간에서 전통적인 방식으로 제작해 사용하기로 계획을 세웠지만 성공하지 못한 것으로 알려졌다. **2** 전통 방식으로 단청을 하고자 했으나 성공하지 못했고, 그로 인해 부실 단청이란 지적을 받게 되었다. **3** 누각의 목조 구조물을 점검하는 모습, 성벽을 쌓는 현장 모습이다.

화재로 인해 바닥에 떨어져 일부분이 부서진 숭례문 현판(왼쪽)과 수리 후 복원된 숭례문에 처음 매달린 현판(오른쪽).

절단하는 방식이다. 그러고 나서 정으로 표면을 다듬었다. 이렇게 가공한 돌을 운반하고 쌓아 올리는 데에도 모두 전통 방식을 지켜 나갔다.

전통 연장을 사용해 전통 방식으로 돌을 자르고 다듬는 일은 무척 고된 일이다. 1970년대 중반 이후 석공들은 현대식 연장을 사용해 왔다. 전통 건축물을 복원할 때도 돌을 다듬는 일은 모두 현대식 연장으로 했다.

그러나 이번 숭례문 복원 작업에는 전통 연장을 사용했다. 돌을 쪼는 정의 경우, 현대식 연장은 끝에 산업용 다이아몬드를 붙인다. 다이아몬드 덕분에 끝이 날카롭고 단단해 잘 무디어지지 않는다. 그러나 전통 연장은 정 끝이 훨씬 자주 무디어진다. 바로 옆 숭례문 대장간에 두 사람 정도가 늘 지키고 있다가 연장을 벼려 주어야 한다.

이런 이유로 이번 작업은 두 배 정도 힘이 더 들고 시간도 두 배 이상이나 걸렸다. 현대식 연장은 날카롭고 단단하기 때문에 그걸로 돌을 다루면 돌의 표면이 미세하지만 매우 날카롭게 마무리가 된다. 이에 비해 전통 연장으로 돌을 다듬으면 석재의 표면이 더 부드러워진다.

목구조가 완성되면 지붕에 기와를 올려야 한다. 그러기 위해선 먼저 제와장이 기와를 만들어야 한다. 이번 복원을 위해 충남 부여의 한국전통문화대학에 조선시대 전통 기와 가마 3기를 복원해 여기서 전통 기와를 구워냈다.

전통 기와 가마는 일제 강점기를 거치면서 사라져 갔다. 2008년 2월 화재가 발생했을 당시 숭례문의 기와는 공장에서 찍어낸 기계 기와였다. 전통 기와는 기계 기와에 비해 미세한 기공(氣孔)이 많고 밀도가 낮아 외부 기온 변화에도 잘 파손되지 않는다. 또 무게도 기계 기와에 비해 20~30% 가벼워 전통 목조 건축물에 더 적합하다.

전통 기와는 사람이 직접 손으로 하나하나 기와를 만든 뒤 전통 가마에 넣어 3일 넘게 구워야 한다. 그러면 색깔도 다르다. 기계 기와는 가스 가마에서 표면에 그을음을 입혀 색을 내기 때문에 지나치게 색이 진하고 인위적인 느낌을 준다. 반면 전통 기와는 장작 가마에서 저절로 발색(發色)을 하기 때문에 은근하고 인간적인 은회색을 내게 된다.

숭례문 지붕엔 전통 기와 2만 2,000장이 올라갔다. 문루 2층 지붕에 통나무 등으로 적심을 깔고 그 위에 보토(補土)를 깐 뒤 다시 기와를 얹는다. 생석회가 포함된 보토는 빗물의 수분을 차단하고 나무를 갉아먹는 흰개미를 막아 건물을 보호해준다.

―― 부실 단청과 부실 복원 논란

숭례문 복원 공사는 2013년 5월 마무리되었다. 화재가 발생한 지 5년 만에, 본격적인 복원 공사가 시작한 지 3년 만이었다.

전통 방식으로 복원 작업을 진행했지만 아쉬움도 적지 않다. 단청 작업에 사용했던 안료 열 가지 가운데 우리 전통 안료는 한 가지에 불과했고 나머지 아홉 가지는 일본산을 사용해야 했다. 아교 역시 전통 기법으로 제작해 보고자 했으나 결국 실패해 일본 아교를 사용할 수밖에 없었다. 모두 우리 전통 안료나 아교 제작 기술이 전승되지 못했기 때문이었다.

　더더욱 안타까운 일은 복원 공사가 끝난 지 얼마 되지도 않았는데, 부실 복원 논란에 휩싸이게 되었다는 사실이다. 2013년 10월, 복원 5개월밖에 되지 않아 숭례문 목조 누각 80여 곳에서 단청이 갈라지고 벗겨지거나 들떠서 탈락하는 현상이 일어났다. 단청의 색깔도 변했다. 심각한 문제가 아닐 수 없다.

　단청 작업을 이끌었던 단청장은 호분(조갯가루)을 덧칠한 것이 원인일 수 있다고 했다. 일본에서 수입해 온 안료가 값싼 것이라는 비판도 제기되었다. 정확한 원인은 전문가들의 조사가 필요하겠지만 전통 기법을 되살리는 과정에서, 일본산 안료와 아교를 들여다 쓰는 과정에서 철저한 연구와 준비 없이 단청 작업을 했기 때문이다. 어찌됐든 부실 복원이다. 광화문 현판 부실 복원과 함께 또 하나의 부끄러운 기록으로 남게 되었다.

　숭례문 부실 복원 논란은 단청 문제에 그치지 않고 계속 확산되었다. 복원한 숭례문의 목재에도 문제가 있다는 주장이 제기되었다. 특히 복원 공사에서 우리 소나무인 금강송 일부를 러시아산 소나무로 바꿔치기 했다는 주장까지 나오면서 정부 차원의 감사와 경찰의 수사로 이어졌다. 이 과정에서 2014년 1월 복원 숭례문의 목재가 금강송인지, 러시아산인지를 과학적으로 조사하던 목재 연대 전문가가 스스로 목숨을 끊는 일이 일어났다. 숭례문 부실 복원 논란이 뛰어난 목재 문화재 전문가의 목숨을 앗아간 것이다.

　숭례문 부실 복원 논란은 일부 문화재 관계자들과 특정 언론이 지나치게 확대 과장해 부추긴 결과라는 비판도 많다. 숭례문에 대한 국민적 관심을 이용해 석굴암이 곧 무너질 것처럼 왜곡 보도하고 불안감을 조성했다. 숭례문 복원은 분명 부실이다. 하지만 그것을 논의하고 검토하는 과정에 정치적인 편견이 개입될 경우, 그 부작용이 어떠한지 잘 보여 주는 사례이기도 하다.

8
목조 건축물 훼손,
흰개미와의 전쟁

 목조 건축물 보존에 있어 골칫거리의 하나는 흰개미다. 목재를 무참히도 갉아먹기 때문이다. 1999년 경남 합천 해인사의 주지 건물 응향각(凝香閣)에 흰개미가 출현해 해인사와 문화재 관계자들을 깜짝 놀라게 했다. 더구나 응향각은 팔만대장경(국보 32호)이 보관된 팔만대장경판전(국보 52호) 건물에서 얼마 떨어지지 않은 곳이었다.
 목조 건축물의 흰개미 피해는 도처에서 확인되었다. 경남 양산 통도사의 약사전 기둥, 경북 경주 불국사(사적 및 명승 1호)의 대웅전, 경북 영천 은해사(국보 14호)의 영산전, 서울 경복궁의 근정전(국보 223호), 종묘(사적 125호)의 목조 건물이 모두 흰개미의 공격으로 피해를 당한 바 있다. 국립문화재연구소의 조사 결과에 따르면 경복궁과 창덕궁, 창경궁, 덕수궁 등 서울에 있는 조선시대 4대궁 전역에서 흰개미가 발견된 적이 있다. 서로 인접한 종묘와 창덕궁 지대에 흰개미가 집중적으로 분포하고 있다는 사실이 보고되기도 했다.

―― 심각해지는 흰개미 공격

국내에 있는 목조 건축물 지정 문화재 2,600여 건 중 20~25% 정도가 흰개미 피해에 시달리고 있다고 한다. 심각한 문제가 아닐 수 없다.
 흰개미의 공격은 집요하고 위험하다. 흰개미들은 목재 내부를 주로 갉아 먹는다. 그래서 겉으로는 잘 드러나지 않는다. 하지만 지진 등 외부 충격이 가해지면 한순간에 주저앉을 수도 있다. 흰개미는 2~3개월이면 학교 건물 하나를 무너뜨릴 정도로 그 파괴력이 대단하다.

문제의 흰개미는 일본 흰개미다. 이 일본 흰개미는 일제가 경부선 철도를 부설할 때 철도 침목에 묻어 한반도로 넘어왔다고 한다. 일제 침략의 후유증이 이 흰개미에 아직도 남아 있는 것일까.

흰개미는 따뜻하고 습한 곳의 소나무를 좋아한다. 땅속에 집단 서식하다가 일부가 지상으로 나와 소나무 목재를 공격한다. 옛 전통 건축물의 부재가 대부분 소나무라서 피해 우려가 높다. 특히 따뜻한 남부 지방은 더욱 심각하다. 전문가들은 "남부 지방 전통 사찰의 경우, 대부분 흰개미 피해를 입었다고 보면 된다."고 말할 정도다. 최근엔 사찰에 보일러 난방 시설이 늘어나고 지구 온난화가 가속되면서 흰개미의 피해가 남부 전역으로 확산되고 있다. 동시에 지구 온난화로 국내 기온이 상승하면서 서울과 경기 파주, 강원 강릉 등 중부 지방까지 서식지가 북상했다.

현재 가장 심각한 것은 사찰의 무분별한 건물 개보수로 인해 흰개미 공격에 무방비로 노출되고 있다는 사실이다. 과거 온돌로 되어 있는 전통 건축물의 경우, 연기 때문에 흰개미가 접근할 수 없었다. 그러나 사찰들이 난방 시설을 보일러로 개보수하는 사례가 늘면서 흰개미에게 서식지를 제공하는 꼴이 되고 말았다.

1999년 해인사 응향각에 흰개미가 출현한 것도 보일러 시설 탓이었다. 영천 은해사 영산전에서도 건물을 보수할 때 마루를 뜯어내고 비닐 매트를 깔았는데, 이 때문에 습기가 차면서 흰개미가 출현했었다.

이 같은 사례는 문화재 주변 환경을 무분별하게 바꾸었을 때 문화재 훼손을 초래할 수 있음을 보여 준다. 문화재의 보존에 있어 주변 환경 보존이 얼마나 중요한지를 보여 주는 사례다.

—— 흰개미 퇴치 작전

문화재청은 주로 건축물의 피해 부분을 훈증(燻蒸, 연기나 독가스 등으로 살균하는 것) 처리해 흰개미를 퇴치하고 있다. 그러나 훈증 효과는 일시적이다. 지상으로

흰개미가 갉아 먹어 훼손된 목조 건축물 부분들(왼쪽).
흰개미는 사찰은 물론 서울의 궁궐에서도 발견되고 있어 대책 마련이
시급하다. 탐지견을 활용해 흰개미 피해를 예방하는 방안도 시도하고
있다(오른쪽).

사진 | 문화재청

올라와 나무를 공격하는 흰개미는 전체의 20% 정도에 불과하다. 20%가 훈증에 의해 죽는다 해도 땅속에 있는 나머지 80%가 번식을 하고 다시 공격해 온다. 이 같은 일이 반복되기 때문에 훈증으로 20%를 죽이는 것은 그리 효과적이지 않다.

따라서 좀 더 근본적인 대책이 필요하다. 최근엔 베이트(Bait) 시스템을 활용한다. 우선 피해 건물 부근에 살충제를 뿌리고 동시에 소나무 말뚝을 설치해 흰개미를 유인한다. 소나무 말뚝을 공격하러 온 흰개미들이 살충제를 묻혀 땅속 서식지로 돌아가 다른 흰개미를 죽도록 하는 시스템이다. 이 같은 베이트 시스템이 아니면 아예 목조 건축물 주변의 땅속에 살충제를 넣기도 한다. 그러나 이렇게 해도 흰개미는 쉽사리 줄어들지 않는다고 한다. 결국 목조 건축물을 지키기 위해 지속적으로 싸울 수밖에 없는 상황이다.

2007년부터 흰개미와의 전쟁에 흥미로운 변화가 생겼다. 후각이 발달한 개를 활용해 흰개미를 찾아내자는 아이디어가 나온 것이다.

삼성생명 탐지견 센터는 사회 봉사 활동의 하나로 마약, 폭발물 탐지견 등을 양성해 왔다. 그러던 중 목조 문화재의 흰개미 피해가 심각하다는 소식을 전해 들었다. 탐지견은 사람보다 1만 배 이상 후각이 발달했다고 한다. 이처럼 놀라운 후각 능력을 활용해 흰개미 특유의 페로몬 냄새에 반응할 수 있는 훈련을 시작했다. 흰개미 탐지견들은 잉글리시 스프링어 스패니얼종(種) 수컷 두 마리이다. 고궁에서 실전 훈련을 실시한 결과, 좋은 성과를 내자 2007년 10월 문화재청과 협약을 맺고 현장 조사에 투입해 활용하고 있다. 탐지견을 통해 흰개미의 존재를 미리 발견해 피해 예방에 큰 도움을 준다고 한다.

2013년 현재 삼성생명 탐지견 센터는 래브라도 리트리버 종 세 마리를 흰개미 탐지견으로 추가 양성하고 있다. 또한 한국삽살개재단도 삽살개를 흰개미 탐지견으로 양성할 계획이라고 하니 그 활약을 지켜볼 일이다.

9
조선왕조실록 밀랍본의 훼손과 보수

1998년 무렵, 서울대 규장각 서고에서 충격적인 일이 벌어지고 있었다. 한 문화재 보존 처리 전문가는 당시 상황을 "『조선왕조실록』이 줄줄 녹아 내리고 있었다."고 회고했다. 이미 심각한 훼손이었던 것이다.

훼손된 『조선왕조실록』은 전체 1,229권 가운데 태조부터 명종 시대까지의 밀랍본(蜜蠟本) 131권. 밀랍본이라는 말이 다소 생소하다. 밀랍본은 벌집에서 추출한 천연 밀랍 용액에 담근 종이를 건조시켜 만든 책이다. 책장 표면에 초와 같은 천연 파라핀을 바른 경우는 있지만, 천연 밀랍을 발라 책을 만든 것은 세계 역사상 그 유례가 없는 일이다.

500년 전 이렇게 밀랍본을 만든 것은 『조선왕조실록』을 더 오래 보관하기 위한 목적이었을 것이다. 그런데 이것이 오히려 책을 훼손하고 말았다. 시간이 지나면서 천연 밀랍이 녹아 내렸고, 이로 인해 종이와 밀랍이 들러붙어 종이가 딱딱해지고 균열이 발생했다. 딱딱하게 굳은 부분은 곰팡이가 슬은 데다 건드리면 당장 부서질 상황이었다.

태조~명종대『조선왕조실록』밀랍본의 보수, 복원 작업은 그렇게 시작되었다. 보수, 보존 처리의 기본 방향은 한지에서 밀랍을 제거하고, 찢어지고 훼손된 종이를 접합해 원래대로 되살리는 것이다. 국립문화재연구소는 강원대 제지공학과와 함께 2005년부터 기초 조사 및 복원 기술 개발에 들어갔다.

2008년 밀랍본 종이와 밀랍의 성분 등을 규명했다. 밀랍본 종이의 밀도는 일반 한지의 3배에 달하는 고밀도라는 점, 100% 고급 닥나무 섬유로 만들어졌다는 점,

밀랍은 지리산 벌에서 추출한 밀랍과 가장 유사하다는 점 등이다. 이를 토대로 밀랍본 재현품을 만들어 훼손 과정을 압축 재현해 보고 밀랍을 제거하는 탈랍(脫蠟) 실험에 들어갔다.

연구팀이 개발한 탈랍법은 ① 클로로포름에 종이를 넣고 밀랍을 녹이는 용매 탈랍법 ② 열과 압력을 가해 밀랍을 빼내는 가온 가압 탈랍법 ③ 액체 상태의 이산화탄소에 밀랍을 녹여 내는 초임계 유체 탈랍법 등이다. 그런데 이 실험 과정이 순탄하지 않았다. 밀랍을 제거하는 것은 어렵지 않았지만 종이가 훼손되었기 때문이다. 밀랍을 제거한다고 해도 종이가 조금이라 훼손되면 아무런 의미가 없다. 이런 어려움으로 2013년 현재 완벽한 탈랍법을 찾아내기 위한 연구와 실험은 여전히 진행 중이다. 문화재 보수 보존 복원 작업이 얼마나 조심스럽고 오랜 세월이 걸리는 작업인지 잘 보여 주는 사례다.

 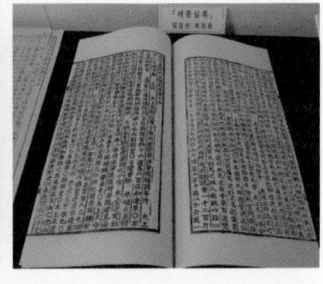

『조선왕조실록』 밀랍본(왼쪽)과 『조선왕조실록』 밀랍본 상태 그대로 재현한 것(오른쪽). 밀랍본은 밀랍이 녹아 종이에 딱딱하게 들러붙으면서 훼손이 심각한 상황이다. 밀랍본 상태 그대로 재현해 충분한 탈랍 실험을 거친 뒤 밀랍본의 탈랍과 보수 작업을 진행하게 된다.

5

보수와 복원의 기준과 딜레마

무너지기 직전 상태였던 미륵사지 석탑. 이 탑을 어떻게 해체 보수를 할 것인지를 놓고 10여 년간 치열한 논란이 있었고, 실제 해체를 하는 데에도 10년이 훨씬 넘게 걸렸다. 2014년부터는 해체한 부재를 다시 쌓아 올려야 한다. 어떻게 어디까지 쌓아 올려야 할 것인지도 중요한 고민거리다. 문화재의 보수, 복원은 이렇게 매우 조심스럽고 어려운 작업이다. 철저한 준비와 오랜 과정을 거쳐야 한다. 그러다 보니 어떤 기준으로 보수, 복원을 해야 하는지 끊임없이 논란이 발생하게 된다.

야외에 있는 석조 문화재를 비바람으로부터 보호하기 위해 별도의 보호각을 만들었으나, 그것이 오히려 경관을 훼손하고 해를 끼치는 경우도 있다. 보호각을 설치할 때는 그것이 가장 좋은 방법이었겠지만 세월이 흐르면서 생각이 바뀌고 보존 방법이나 기술이 발전함으로써 상황이 역전되는 것이다.

반구대 암각화 보존을 둘러싼 논란도 20년 가까이 계속되고 있다. 어떤 보존 방안이 가장 적절한지를 놓고 전문가들과 이해 당사자들의 생각이 서로 다르기 때문이다. 광화문 현판을 복원하면서 한자로 할 것인지 한글로 할 것인지를 놓고 격론이 오가기도 했다. 이는 복원의 기준에 대한 논란이다. 보수, 복원의 기준과 딜레마에 관한 내용들은 문화재를 좀 더 깊이 있게 이해하는 데 도움을 줄 것이다.

1
미륵사지 석탑,
해체와 보수의 어려움

국내 최고(最古) 최대(最大) 석탑인 국보 11호 미륵사지 석탑(백제, 7세기 초). 전북 익산시의 미륵사지에 남아 있는 이 석탑도 붕괴 우려가 높다는 전문가들의 판단에 따라 해체 복원 중이다. 무려 1400여 년 만의 해체 복원이다.

  현존하는 우리나라 전통 석탑 가운데 가장 오래되었고 가장 큰 탑이다. 또한 사라져 버린 백제 무왕(武王, 재위 600~641년) 시기 미륵사의 비밀을 간직한 탑이다. 그리고 탑 양식이 목탑에서 석탑으로 바뀌어 가는 한국 석탑의 발전 과정을 고스란히 보여 주는 탑이기도 하다. 탑신을 보면 문과 기둥이 있고, 기둥 위를 가로지르는 돌을 올려 놓았는데, 이것이 마치 건축물을 연상시킨다. 돌을 이용해 나무 집을 짓듯 탑을 만들었다는 점에서 백제 석공들의 돌 다루는 솜씨가 보통이 아니었음을 알 수 있다.

  이 탑이 해체에까지 이르게 된 데에는 목탑 양식으로 지어졌다는 점과 연관이 깊다. 목조 건물처럼 탑을 세우면 오래 지탱하기 어렵다는 문제가 발생한다. 기둥도 여럿 세우고 그 사이에 돌문까지 설치하고 게다가 대들보 같은 돌도 올려 놓아야 한다. 이렇게 하려면 우리가 흔히 보아 온 석탑보다 훨씬 많은 부재(部材)가 들어가야 한다. 탑을 구성하는 돌의 수가 많으면 많을수록 탑은 위험하다. 자칫 돌 하나만 뒤틀리더라도 연쇄 반응으로 탑 전체가 흔들리고 무너질 수 있기 때문이다. 이와 달리 돌의 수가 적으면 적을수록 탑은 훨씬 더 안전한 상태를 유지한다. 이처럼 미륵사지 석탑은 목조 건축물 모양의 목탑 형식을 계승하다 보니 부재를 많이 써야 했고, 그렇기 때문에 늘 위험에 노출되어야 했다.

우려는 현실로 나타났다. 미륵사에는 원래 가운데에 목탑 하나가 있고 그 좌우의 동서쪽에 석탑 2기가 있었다. 조선시대를 지나면서 동탑은 붕괴되었고 서탑도 일부가 무너졌다. 목탑도 조선시대 이전에 무너졌거나 불에 타 없어졌다. 서쪽의 석탑만 남게 된 것이다. 하지만 이 서쪽 석탑도 안전할 수 없었다. 1915년경 탑의 일부가 와르르 무너져 내렸다. 원래 9층이었을 것으로 추정되는 탑의 꼭대기 세 개 층이 완전히 무너졌다. 6층까지만 남은 것이다. 그것도 6층까지의 네 개 면 가운데 세 개 면(서쪽 면 전체와 서남쪽, 남쪽, 북쪽 면 상당 부분)이 상당 부분 무너져 버리고 말았다.

이때 일제는 탑이 더 이상 무너져 내리지 않도록 무너진 경사 면에 시멘트 콘크리트를 발라 응급 조치를 취했다. 위태롭기 짝이 없는 상황에서 시멘트까지 덕지덕지 발라져 있는 그런 모습이 우리가 보아온 국보 11호 미륵사지 서탑의 모습이었다. 해체 직전 미륵사지 서탑의 높이는 14.2m였다.

시멘트를 발랐다고 해도 그건 임시 방편에 불과했다. 부재의 강도는 약해졌고, 남아 있는 부분도 부서지고 금이 가 언제 붕괴될지 모르는 상황이었다.

미륵사지 동탑은 발굴 결과를 토대로 1993년 복원됐다. 화강암 석재 2,700톤, 연인원 4만 5천 명, 공사비 29억 원이 들어갔다. 동탑의 전체 높이는 27.8m. 9층이라는 전제에서 9층 석탑으로 복원했다. 그러나 부재는 거의 대부분이 새로운 화강암으로 만든 것이다. 탑의 표면은 누렇게 바랜 모습이 아니라 아주 뽀얗다. 세월의 흔적이 없는 것이다. 그렇다 보니 이것이 백제 탑인지 20세기 탑인지 구분하기 어렵다. 백제의 느낌이 없다. 이를 놓고 "굳이 저렇게 복원할 필요가 있었을까?" 의문을 제기하는 사람도 많다. 이를 과연 어떻게 보아야 할까?

___ 해체를 둘러싼 논란

1990년대 들어 미륵사지 서탑을 해체, 보수, 복원해야 한다는 의견이 강하게 제기되었다. 동시에 이를 놓고 뜨거운 논란이 일었다. 위험한 상태에서 해체에 들어갈

1 1915년경 미륵사지 서탑이 무너졌다. **2** 일제가 응급 조치로 시멘트를 발라 수리를 했다. **3** 미륵사지 서탑의 동쪽 모습. 탑의 4개 면 가운데 동쪽 면의 해체 전 모습이다. **4** 미륵사지 동탑 전경. 발굴 결과를 토대로 1993년 복원된 것이다. 미륵사엔 원래 동서로 두 기의 석탑이 있었다. 동탑은 부재 대부분을 새로운 화강암으로 복원했는데, 세월의 흔적이 없어서 백제 탑인지 20세기 탑인지 구분하기 어렵다.

경우 자칫 더 크게 파괴될 수 있다는 반대론과 언제 무너질지 모르기 때문에 해체, 복원해야 한다는 찬성론이 팽팽히 맞섰기 때문이다. 수년 동안 결론을 내리지 못한 채 격론이 거듭되었다.

1997년 해체, 보수로 결론이 났다. 해체로 결론이 났음에도 앞으로의 과정을 놓고 논란과 비판이 계속되었다. 탑을 해체한다 해도 기존 부재를 얼마나 다시 사용할 수 있는지, 해체 결과 다시 복원할 수 없는 상황이 벌어진다면 어떻게 할 것인지 등에 관한 회의론이었다. 어쨌든 국립문화재연구소는 1997년부터 정밀 안전진단 등 해체, 복원 준비에 들어가 드디어 2001년 10월 말 해체를 시작했다.

미륵사지 서탑 해체에 있어 가장 어려운 일은 덕지덕지 달라 붙어 있는 시멘트를 떼내는 것이었다. 시멘트를 떼내는 과정에서 자칫 그것에 붙어 있는 탑의 부재를 훼손할 수 있기 때문이었다. 그래서 처음에 치과용 드릴이나 에어 브러시 등으로 시멘트를 떼내자는 말도 있었다. 하지만 역시 사람의 손끝이 가장 정교하다는 판단에 따라 석공들이 직접 정으로 쪼아 가면서 시멘트를 떼냈다. 탑을 해체하면서 약 3천 개의 부재가 나왔다. 해체는 2012년까지 계속되었다. 주변 발굴도 함께 이뤄졌다. 해체에만 12년이 걸린 것이다.

___ 복원 기준 논란, 어떻게 어디까지 할 것인가

해체도 어렵지만 해체 이후 복원도 만만치 않다. 해체가 진행 중이던 2005년부터 복원을 놓고 논의를 시작했다. 해체를 놓고도 논란이 뜨거웠지만 복원을 놓고도 이견이 많아 논의는 다양하고 치열하게 진행되었다.

우선 석재의 강도를 확인해 해체한 부재를 어느 정도까지 다시 사용할 수 있는지 판단해야 한다. 9층까지 복원할 것인지, 아니면 해체 직전의 모습대로 복원할 것인지도 논의 대상이었다. 국립문화재연구소는 2005년부터 ①9층 복원 ②6층 부분 복원 ③6층 전체 복원 등의 방안을 놓고 논의를 진행했다.

우선 9층 복원안을 보자. 9층까지 복원하는 것은 쉬운 일이 아니다. 미륵사지 동탑은 9층이라는 전제 아래 9층으로 복원했지만 엄밀히 말하면 그 원형이 정확하게 어떤 모습인지 100% 장담할 수 없다. 이런 상황에서 9층 복원은 처음부터 부담스러운 방안이다.

또 다른 문제점도 발생한다. 9층까지 복원할 경우, 해체해서 나온 부재 3천 개는 탑을 완전히 쌓기에 절대 부족하다. 3천 개 중에는 다시 사용할 수 없는 부재도 들어 있다. 해체한 옛 부재를 강도 테스트한 결과, 다시 사용할 수 있는 것은 75% 정도였다. 그렇다면 새로운 화강석을 가공해 사용해야 한다. 새로운 화강석이 더 많이 들어간다면 탑의 색은 어떻게 될까. 새로운 화강석의 뽀얀 색과 백제시대 부재의 짙은 회갈색이 뒤섞이게 될 것이다. 물론 새로 집어넣는 부재의 색을 과거의 것에 가깝게 변색 처리를 할 수도 있다. 하지만 고풍스러운 분위기와 현대식 분위기가 뒤섞일 수밖에 없고 그렇게 됐을 때 어쩌면 낯선 모습이 될지도 모른다.

이런저런 문제점 때문에 9층 복원안은 일찌감치 제외되었고 6층 복원안으로 논의가 좁혀졌다. 6층 복원안은 전체 복원과 부분 복원의 두 갈래로 논의가 진행되었다.

6층 전체 복원안은 해체 직전 남아 있던 부분뿐만 아니라 무너져 사라진 부분까지 새로운 부재로 모두 쌓아 올려 6층을 만드는 방안이다. 탑이 대칭이 되기 때문에 '6층 대칭 복원'이라 불렀다. 대칭 복원은 구조적, 시각적으로 안정적이다. 사라진 부분까지 복원해야 하기 때문에 새로운 부재를 많이 사용할 수밖에 없다. 해체 부재 가운데 다시 사용할 수 있는 것은 75% 정도라고 했다. 따라서 6층까지 대칭으로 쌓을 경우, 옛 부재는 50% 정도에 그친다.

6층 부분 복원안은 사라진 부분은 그냥 두고 남아 있는 부분을 중심으로 쌓아 올리는 방안이다. 원래 있던 부분과 콘크리트가 있던 부분까지만 복원하는 것이다. 콘크리트를 제거한 그 자리에 새로운 부재로 돌을 쌓아 올려 해체 직전의 모습으로 되돌린다는 방안이다. 단 1, 2층 옥개석은 온전한 상태로 추가 복원할 수도 있다. 복원 이후의 모습이 비대칭이어서 '6층 비대칭 복원'이라고 부르기도 했다.

1 미륵사지 서탑 1층 탑신 해체 모습. 탑 내부를 채웠던 돌들이 가득하다.
2 미륵사지 석탑 복원안. 왼쪽은 문화재청이 남동측면을 컴퓨터그래픽으로 예상해 본 모습. 오른쪽은 동측면의 복원 도면. 해체 직전의 모습으로 복원하되 탑의 안전을 고려해 1, 2층은 옥개석(지붕돌)을 모두 되살리기로 했다. 미륵사지 석탑은 해체를 모두 마치고 2014년부터 조립 복원에 들어간다. 국립문화재연구소가 작성한 도면이다. 사진 | 국립문화재연구소

이 방안은 역사적 가치를 되살리고 새로운 부재 사용을 최소화한다는 이점이 있다. 그러나 시각적으로 구조적으로 불안정하다.

두 가지의 6층 복원을 놓고 논의가 진행되면서 문화재와 고건축 전문가들의 의견은 비대칭 복원안 쪽으로 기울어 갔다.

──── 6층 부분 복원안으로 결정

6년에 걸친 논의 끝에 국립문화재연구소는 2011년 복원 방안을 사실상 마무리했다. 좀 더 구체적으로 말하면 탑의 2층까지는 모두 복원하고 3~6층은 부분 복원하는 방안이다. 6층 부분 복원안(비대칭 복원안)이 가장 적절한 방안으로 평가받은 것이다.

6층 부분 복원안은 해체 직전의 모습에 최대한 가깝게 되살리는 방안이다. 이 안에 따르면 2층까지는 사방을 모두 복원한다. 1, 2층의 경우는 탑의 아랫부분이기 때문에 모두 복원해 안정감을 유지해야 한다. 3~6층은 해체 전의 모습으로 복원하되 탑의 안전을 위해 일부 보완 복원한다. 없어진 부재나 강도가 약해져 사용할 수 없는 부재 대신 석축 부재를 재활용할 예정이다. 원부재와 재활용하는 부재 이외에 새롭게 들어가는 부재는 약 38% 정도이다. 국보로 지정될 당시의 원형(훼손된 상황)을 보존한다는 대원칙을 지키는 복원 방안으로 평가받는다.

6층 부분 복원안은 신부재의 비율이 38%이지만 6층 전체 복원안은 신부재의 비율이 61%에 이른다. 문화재의 보수와 복원은 원형 보존의 원칙을 최우선으로 하기 때문에 6층 부분 복원안이 가장 적절하다. 이는 미륵사지 서탑의 진정성을 회복하고 국보로서의 역사성과 가치를 보존하는 방안으로 평가받았다. 2014년부터 조립 복원 공사에 들어가 2016년 마무리된다.

미륵사 미스터리

2009년 1월 14일, 전북 익산시 금마면 기양리의 백제시대 미륵사지 석탑(국보 제11호) 해체 현장. 탑을 해체하는 일이 시종 긴장된 작업이었지만, 1층 해체가 진행되면서 발굴단은 더욱 긴장의 고삐를 조여야 했다. 전통적으로 옛 사람들은 탑 속에 사리장엄구(舍利莊嚴具)와 같은 중요한 불교 관련 유물들을 집어넣었다. 그동안 대체로 기단부나 1, 2층 탑신에서 이들 유물이 발견되었다. 따라서 지표면에 가까워지면서 중요한 유물이 발견될 가능성이 점점 높아지고 있고, 그렇기에 발굴단은 기대와 함께 긴장을 늦출 수 없었던 것이다.

세기의 발견

이 같은 상황에서 바로 그날, 발굴단은 1층 기단부의 심초석(心楚石) 아랫부분을 발굴하고 있었다. 심초석은 탑 내부의 중심 기둥을 받쳐 주는 커다란 돌을 말한다.

　발굴단은 크레인을 이용해 심초석의 윗돌을 조심스럽게 들어 올렸다. 순간, 어딘가에서 외마디 탄성이 터져 나왔다. 심초석 중앙의 사리공(舍利孔, 사리장엄구를 안치하는 공간)에서 무언가 노란색 빛이 새어 나왔다. 예상했던 대로 사리장엄구였다. 사리공 밑바닥에 녹색 유리판을 깔고 그 위로 이들 유물이 안치되어 있었다. 백제 왕실의 안녕과 미륵사의 번영을 기원하기 위해 조성한 1300여 년 전 사리장엄구 일체가 발굴되는 순간이었다.

　이날 발견된 유물은 항아리 모양의 금제 사리호(金製舍利壺), 금제 사리봉안기(金製舍利奉安記), 은제 사리기(銀製舍利器) 6점, 장식용 칼로 보이는 단도(短刀) 2점, 금제 족집게, 은제 관장식, 시주자 명단이 새겨져 있는 얇은 금판 조각, 각종 구슬 등 500여 점. 유물을 감쌌던 천도 함께 발견되었다. 금제 사리봉안기를 통해 확인된 유물의 연대는 639년이었다.

　금제 사리호는 그 조형미와 공예 기법에 있어 백제 금속공예의 백미로 꼽힐 만하다. 높이 13cm, 어깨 폭 7.7cm에 보주형(寶柱形, 한쪽이 뾰족한 구슬 모양) 고리가 달린 뚜껑이 있다. 표면은 넝쿨무늬와 작은 원이 나열된 무늬 등으로 화려하고 정교하게 장식되었고 몸체는 중간 부분에서 위아래로 분리할 수 있도록 되어 있다. 뚜껑과 길죽한 목, 어깨와 몸통으로 이어지는 곡선은 단정하면서도 유려하다. 금제 사리호의 조형미와 표면 장식을 통해 7세기 당시 백제 금속공예의 우수성을 잘 알 수 있다. 항아리 모양의 금속 사리기는 매우 드문 편이다.

이 금제 사리호 안에서 또 하나의 금제 사리호가 발견됐다. 사리호가 외함과 내함으로 되어 있었음을 확인한 것이다. 사리 내함에서는 사리 12과와 구슬, 짙은 갈색의 깨진 사리병이 발견되었다.

무왕과 선화공주 미스터리, 새로 밝혀진 미륵사의 역사

당시 발굴을 통해 학계와 세간의 관심을 가장 많이 끈 것은 금제 사리봉안기다. 여기에 미륵사의 창건 배경과 시주자가 새겨져 있기 때문이다. 이 봉안기는 가로 15.5cm 세로 10.5cm 크기의 금판에 한자를 음각한 뒤 붉은색 칠(朱漆)을 해 글씨가 선명하게 드러나도록 해놓았다. 봉안기의 핵심 내용은 다음과 같다.

우리 백제 왕후께서는 좌평(佐平) 사탁적덕(沙乇積德)의 따님으로 지극히 오랜 세월 동안 선한 인연을 심어 이번 생에 뛰어난 보은을 받아 만민을 어루만져 기르시고 불교의 동량(棟樑)이 되셨기에 능히 깨끗한 재산을 희사하여 가람(伽藍)을 세우시고, 기해년(己亥年, 639년) 정월 29일에 사리(舍利)를 받들어 맞이했다.

원하옵나니, 세세토록 공양하고 영원토록 다함이 없어서 이 선량한 근원을 재산으로 삼아 대왕폐하의 수명은 산악과 같이 견고하고 치세는 천지와 함께 영구하여, 위로는 정법(正法)을 넓히고 아래로는 창생(蒼生)을 교화하게 하소서. (김상현 전 동국대 교수 번역)

我百濟王后佐平沙乇積德女種善因於曠劫受勝報於今生撫育萬民棟梁三寶故能謹捨淨財造立伽藍以己亥年正月十九日奉迎舍利願使世世供養劫劫無盡用此善根仰資大王陛下年壽與山岳齊固寶曆共天地同久上弘正法下化蒼生

(왼쪽) 금제 사리호와 금제 사리봉안기 발굴 모습. (오른쪽) 금제 사리봉안기의 앞면과 뒷면.
사진 | 국립문화재연구소

사리봉안기의 핵심을 정리해 보면, "좌평 사택적덕의 딸인 백제 왕후가 재물을 내놓아 미륵사 가람을 창건하고 기해년(己亥年)인 639년에 사리를 봉안했다."는 것이다. 이는 놀라운 이야기다. 그동안 『삼국유사(三國遺事)』의 기록 등에 따라 서동(薯童)왕자였던 백제 무왕과 신라 진평왕의 셋째딸 선화공주가 사랑을 성취한 뒤 함께 익산에 미륵사를 창건했다고 믿어 왔다. 국경과 신분을 초월한 이들의 사랑은 많은 후대인들에게 감동을 주었고, 그에 힘입어 미륵사의 창건도 이들에 의해 이뤄진 것으로 여겨져 왔다.

그러나 이 금제 사리봉안기의 발견으로 그동안의 이 같은 믿음은 흔들리게 되었다. 미륵사를 창건한 백제 왕후는 선화공주가 아닌 좌평 사택적덕의 딸이었던 것으로 확인되었기 때문이다. 좌평 사택 씨는 백제의 8개 부족 세력 가운데서도 가장 강력한 세력이었다. 이 사리봉안기의 내용으로 무왕이 신라 진평왕의 셋째딸인 선화공주와 결혼했다는 설화는 후대의 가공일 가능성까지 대두되었다. 사실 백제 말기 시대 상황으로 보아 적국(敵國)인 신라의 공주가 무왕의 왕후가 될 수 있었는지에 관해서는 그럴 수 없다는 회의적인 시각도 적지 않았다. 물론 그렇다고 사리봉안기 내용만으로 무왕과 선화공주의 사랑 자체를 허구로 단정할 수 있는 것은 아니다. 당시 문화로 보면 무왕의 부인이 여러 명이었을 것이기 때문이다.

어찌 됐든 금제 사리봉안기의 내용은 또한 왕실의 안녕을 기원하는 내용과 함께 미륵사의 창건 목적과 석탑의 건립 연대 등을 정확히 밝혀 주는 중요한 자료다. 미륵사를 창건한 주체는 무왕과 선화공주가 아니라 무왕과 사택 씨의 딸이라는 사실은 이제 새로운 역사가 되었다. 미륵사지 석탑에서 나온 사리장엄구가 미륵사의 역사를 바꾼 것이다.

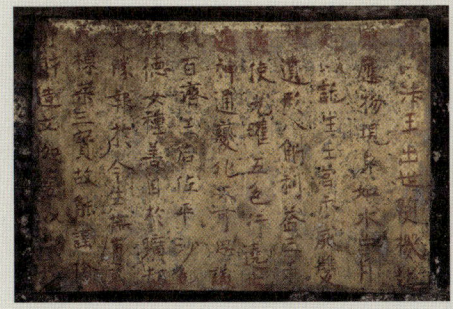 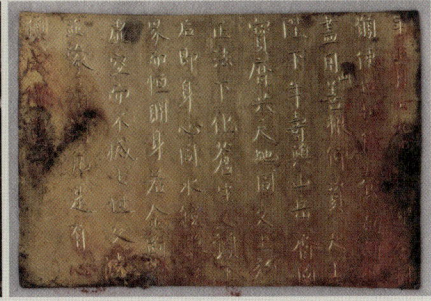

2
석조 문화재,
야외 보호각의 명암

_____ 원각사지 10층 석탑 유리 보호각의 딜레마

국보 2호 서울 원각사지 10층 석탑(조선 1467년, 높이 12m). 이 탑에는 유리막이 씌워져 있다. 탑의 훼손을 막기 위한 유리 보호각이다. 야외에 있는 탑을 이렇게 유리 보호각으로 완전히 둘러 씌워 보호하고 있는 경우는 전 세계에서 그 유례를 찾아보기 힘든 일이다. 어떻게 이런 일이 생겼을까?

야외 석조 문화재는 무방비로 비바람에 노출될 수밖에 없다. 특히나 최근 들어 산성비의 피해가 심각해지고 도심의 경우엔 비둘기가 배설물을 쏟아내 석조물의 표면 훼손을 부채질하고 있는 실정이다. 그래서 이러한 위험 요소를 막아 보자는 생각에서 문화재를 보호하는 구조물을 만들기도 한다. 바로 보호각이다.

원각사지 10층 석탑은 대리석 재질이기 때문에 보통의 화강암 탑에 비해 약하고 부드럽다. 그래서 훼손도 빠르다. 게다가 비바람과 비둘기 배설물 등으로 인해 훼손이 심각해졌다. 1999년부터 이 문제를 해결하기 위해 전문가들이 머리를 맞대고 아이디어를 찾았다. 그 아이디어가 유리 보호각이었다. 2000년 서울시는 문화재위원회의 승인 아래 유리 보호각을 만들어 탑을 완전히 덮어 씌웠다.

유리막을 씌우는 것을 놓고 찬반 논란이 있었다. 그러나 그 이상의 대책이 없다는 것도 엄연한 현실이었고, 그래서 전문가들은 유리막을 선택한 것이다.

탑을 야외에 노출시키지 않고 유리막으로 감쌌으니 어쩌면 완벽한 보존 처리라고 할지도 모른다. 하지만 실제 이 탑을 보면 답답하고 안쓰럽다. 유리의 반사로 인해 탑의 전체적인 모양이나 몸체에 새겨진 무늬를 제대로 감상할 수 없다.

가까이 가 보면 유리 보호각은 먼지와 얼룩으로 지저분하기 짝이 없다. 원각사지 석탑의 그 아름답고 매력적인 자태를 전혀 느낄 수가 없다. 석탑은 야외에 노출된 상태로 있을 때 진정한 가치가 있는 것인데, 유리 보호각 속에 가두어 탑을 숨막히게 만들어 버린 것은 아닐까.

유리 보호각의 후유증도 발생하고 있다. 2003년 9월엔 보호각 유리에 금이 가는 사고가 발생했다. 유리 보호각 동쪽면의 판유리(각 1.5×1.5m) 18개 가운데 하나에 균열이 생겼다. 조각이 떨어져 나가지는 않았지만 무수한 균열로 인해 유리 자체가 뿌옇게 보일 정도였다. 자동차 유리처럼 유리에 코팅이 되어 있다고 하지만, 그래도 만약에 유리 조각이 보호각 내부로 튕겨나갈 경우 탑을 훼손할 수 있는 상황이었다. 그 후 서울시는 손상된 유리를 새것으로 교체했다.

원각사지 10층 석탑을 보존해야 한다는 데 이의를 다는 사람은 없다. 문제는 그 방식이다. 탑의 훼손을 막는 것이 제일의 명제였던 당시 상황에서 유리 보호각은 어쩔 수 없는 선택이었을 것이다. 하지만 결과적으로 보면 좀 더 신중할 필요가 있었다. 유리 보호각으로 덮어 씌운 탑에서 어느 누가 문화재의 참맛을 느낄 수 있겠는가. 어려운 작업이겠지만 유리 보호각 없이 자연에 노출된 상태에서의 보존 방법을 찾았어야 했다. 감동과 아름다움을 제대로 살리면서 보존 대책을 강구해야 한다는 지적이다.

이런 비판이 제기되자 한때 유홍준 문화재청장이 "탑골공원 원각사지 10층 석탑의 유리 보호각을 없애고 탑을 국립중앙박물관 실내로 옮긴 뒤 그 자리엔 복제품을 만들어 설치하는 방안을 추진하기로 했다."고 발표한 바 있다.

당시 이에 대해 유리 보호각 철거엔 대체로 찬성하지만 실내 이전엔 반대하는 여론이 많았다. 실내 이전 반대 논리는 "문화재는 원래 위치에 있어야 한다."는 것이었다. 한 문화재 전문가는 "파리에 노틀담 사원이 있고 런던에 민스터 교회가 있고 경주에 분황사, 황룡사가 있는 것처럼 서울 도심엔 원각사라는 절터가 있어야 역사와 문화의 의미가 있는 것이다. 그런데 거기서 탑을 빼가면 원각사 탑은

1 서울 탑골공원에 있는 국보 2호 원각사지 10층 석탑. 15세기, 높이 12m. 유리 보호각을 씌우기 이전의 모습. **2** 유리 보호각을 씌운 후 모습. **3** 2003년 보호각의 판유리에 균열이 생겨 교체했다(원 안).

존재 의미를 잃어 버린다. 단순히 탑 하나 옮기는 차원이 아니라 서울의 역사를 왜곡하는 것이다."라고 지적하기도 했다. 탑은 야외에서 주변 경관과 조화를 이루며 존재해야 한다. 하여튼 당시 유홍준 문화재청장의 발언은 신중하지 못한 것이었고, 한바탕 해프닝으로 끝났다.

____ 서산 마애여래삼존상 보호각의 딜레마

온화하고 해맑은 백제의 미소로 유명한 국보 84호 충남 서산 마애여래삼존상(마애삼존불, 6세기 말~7세기 초)에는 목제 보호각이 설치되어 있었다. 비바람으로부터 마애불을 보호하기 위해 1965년에 세운 것이다.

그런데 예상치 못한 문제가 발생했다. 보호각과 암벽 접합 부위의 시멘트 콘크리트가 빗물에 녹아 내리면서 바위를 뿌옇게 변색시키기 시작한 것이다. 또한 보호각 속에 마애불을 가두어 놓다 보니 통풍이 제대로 이뤄지지 않아 내부에 습기가 차는 등 마애불의 보존 관리에 역효과를 초래하고 말았다. 보호각 내부와 외부의 온도와 습도의 차가 크고 통풍이 제대로 되지 않아 불상에 이슬이 자주 맺히기도 했다. 더욱 심각한 문제점은 보호각이 관람을 방해한다는 사실이다. 보호각 내부가 어두침침해 마애불의 아름다운 미소를 제대로 감상할 수 없게 된 것이다.

그런 상태로 세월이 흘렀고 한국 마애불의 최고 명작인 이 불상의 진면목을 느낄 수 없는 상황에 이르렀다. 제대로 볼 수 없으니 그 매력을 느낄 수 없고, 제대로 느낄 수 없으니 사랑하는 마음도 생기지 않는 악순환이 반복되었다.

이 같은 지적이 끊이지 않자 문화재청과 서산시는 2006년 보호각 가운데 기둥과 지붕만 남겨 놓고 벽체와 문을 모두 철거했다. 그 후 자연 채광과 통풍이 가능해졌다. 서산 마애여래삼존상이 41년 만에 다시 햇살을 다시 맞이하게 된 것은 정말 다행스런 일이다. 하지만 기둥과 지붕만 남은 보호각은 그 모습이 어색해 마애여래삼존상의 경관을 해치는 또 다른 문제점을 낳았다. 이에 따라 문화재청은

2007년 기둥과 지붕까지 모두 철거했다. 대신 자연 채광이 가능한 투명 재질로 입구 위쪽에 비 가림막을 설치하는 방안을 놓고 논의가 이뤄지기도 했다. 하지만 투명 가림막 역시 마애여래삼존상의 경관을 훼손한다는 지적에 따라 실제로 설치하지는 않았다.

　마애여래삼존상을 보호하기 위해 설치했던 보호각, 그것이 오히려 불상을 훼손했다는 판단이 나왔고 그로 인해 보호각이 40여 년 만에 사라지게 되었다. 이는 문화재를 바라보는 시각이 시대에 따라 변했음을 의미한다. 또한 야외 석조 문화재의 보수 보존의 어려움과 딜레마를 잘 보여 주는 사례이기도 하다.

1 서산 마애여래삼존상을 보호하기 위해 목조 보호각을 설치한 모습. 보호각의 문을 열어 놓아도 그림자 때문에 내부가 어두워 마애불의 아름다운 모습을 제대로 감상하기 힘들었다.　**2** 목제 보호각의 문과 벽체를 철거했을 때의 서산 마애여래삼존상.　**3** 보호각을 모두 철거한 모습. 자연 채광과 통풍이 가능해졌고, 제대로 감상할 수 있다.

3
수표교,
해체 이전의 딜레마

2005년 10월, 서울의 청계천이 복원되었다. 청계천 복원과 함께 논란이 되었던 수표교 원위치 이전 복원 사업도 석조 문화재 해체 복원이 어려움과 딜레마를 극명하게 보여 주는 사례다. 서울시는 2003년 7월 청계천의 복개 도로와 고가를 걷어내고 물길을 되살리는 청계천 복원 사업을 시작했다. 그 과정에서 청계천에 놓여 있었던 조선시대 교량을 원래 모습대로 복원해야 한다는 의견이 제기되었다.

수표교(水標橋)도 그 대상의 하나였다. 수표교는 청계천에 흐르는 수량을 측정했던 다리로 다리 돌기둥에 경(庚)·진(辰)·지(地)·평(平)이란 표시를 해서 물의 깊이를 재었다. 원래 청계천에 있던 조선시대 다리였는데, 1959년 청계천 복개공사 때 서울 장충단 공원으로 옮겨졌다. 이 수표교를 원래 위치인 청계천으로 옮겨 복원할 것인지를 놓고 치열한 논란이 벌어진 것이다.

서울시와 일부 전문가들은 원형 실물을 장충단 공원에 그대로 두고 대신 청계천의 원위치에는 복제품을 설치하는 방안을 추진했다. 서울시가 내세운 이유는 수표교의 길이와 하천 폭이 일치하지 않는다는 점이었다. 복원되는 청계천 가운데 수표교가 있었던 청계2가 지점의 하천 폭은 약 23m. 그런데 수표교의 길이는 27.5m. 수표교가 하천 폭보다 길어 원위치로 옮길 경우 하천 양쪽 차도로 2m 이상씩 튀어나오게 된다. 따라서 원형보다 길이가 짧지만 모양이 같은 복제품을 놓겠다는 것이 서울시의 생각이었다.

이어 2003년 말, 일부 고건축 전문가들은 수표교를 원위치로 이전하기 위해 해체하는 과정에서 수표교가 손상될 가능성이 높다는 의견을 내놓기도 했다. 석조물을

1
2

1 수표교. 1920년대의 모습. 원래 청계천에 있던 조선시대 다리였는데, 1959년 청계천 복개 공사 때 서울 장충단 공원으로 옮겼다.
2 현재 장충동에 있는 모습. 청계천을 복원할 때 이 수표교를 원래 위치로 옮겨 복원할 것인지를 놓고 치열한 논란이 벌어졌다.

5 보수와 복원의 기준과 딜레마 • 207

해체하면 그동안 유지되어 온 균형이 깨져 부재가 손상되고 그로 인해 새로운 돌로 교체하는 사태가 발생할 수 있다는 설명이었다. 실제로 수표교를 옮기면 부재의 70%는 새 돌로 바꾸어야 한다는 안전 진단 결과도 나왔다.

문화재 보호 시민 단체와 일부 전문가들은 서울시의 주장을 반박했다. 수표교 복원 없는 청계천 복원은 복원이 아니라는 것이었다. 시민 단체는 서울시가 청계천 상류의 물길 폭을 21~23m로 획일화했기 때문에 수표교가 하천보다 길어지는 사태가 발생했다고 지적했다. 설계를 변경해 18세기 조선시대 당시의 하천 폭을 그대로 살려 복원하면 수표교의 길이와 하천 폭의 불균형을 해결할 수 있다는 말이었다.

논란이 이어지자 서울시는 수표교를 원위치로 이전할 경우 원래 부재를 어느 정도 사용할 수 있는지, 옮긴 자리에서 청계천의 물살을 어느 정도 견디어 낼 수 있는지 등등을 점검하기 위한 정밀 진단을 벌이기도 했다. 수표교를 원위치에 옮겨 복원한다는 것은 문화재 보존의 기본적인 대원칙이다. 그러나 해체 이전으로 인해 또 다른 문제가 발생할 가능성을 배제할 수 없다는 지적도 만만치 않았다. 문화재 보존 복원 작업의 딜레마라고 할 수 있는 대목이다.

하여튼 찬반 논란은 뜨겁게 진행되었고 결국 청계천의 원위치엔 복제품을 만들어 설치하고 실물은 장충동 위치를 그대로 유지하는 것으로 결론이 났다.

4
난항,
울산 반구대 암각화 보존

울산 울주군 대곡리의 국보 285호 반구대(盤龜臺) 암각화. 대곡천 하류의 거대한 바위에 새겨진 선사시대 바위그림이다.

이 암각화는 1971년 동국대 문명대(文明大) 교수팀(지금은 동국대 명예교수)의 발견으로 세상에 알려지게 되었다.

반구대 암각화에는 사람 모습을 비롯해 호랑이, 사슴, 멧돼지, 고래, 물개와 같은 동물 그림 300여 점이 새겨져 있다. 전문가들은 이 암각화의 제작 시기를 신석기시대 후기부터 청동기시대 사이로 추정하고 있다. 대곡천 바위 가운데 그림이 새겨진 부분은 폭 10m, 높이 4m이다.

이 암각화를 하나하나 들여다보면 한반도에 살았던 선사시대 사람들의 생생한 일상을 발견하게 된다. 성기를 드러내 놓고 춤을 추는 남자, 고래를 잡고 있는 사람, 함정에 빠진 호랑이, 교미하는 멧돼지, 작살이 꽂혀 있는 고래, 물을 뿜고 있는 고래 등. 당시 일상을 사실적 역동적이면서 익살스럽게 담아냈다. 거대한 바위에 이렇게 빼곡하게 그림을 새겨 넣은 경우는 세계적으로 그 유례가 드물다.

대곡천 인근에는 국보 147호 천전리 암각화가 있다. 천전리 암각화에는 점, 원, 동심원, 마름모, 물결무늬, 신의 얼굴로 추정되는 무늬 등 추상적·기하학적 무늬가 새겨져 있어 반구대 암각화와 다른 면모를 보여 준다. 2010년 반구대 암각화와 천전리 암각화는 주변 문화 역사 경관과 함께 '대곡천 암각화군'이라는 이름으로 유네스코 세계유산 잠정 목록에 올랐다.

―― 훼손되어 가는 암각화

반구대 암각화가 계속 훼손되고 있다. 기본적으로 수천 년의 오랜 세월이 흐르고 바위 표면이 약해지면서 훼손이 일어나는 것이지만, 중요한 대목은 주변 환경의 변화에 따라 훼손이 가속화하고 있다는 점이다.

1965년 울산시 산업단지의 공업용수를 확보하고 인근 지역 주민들의 식수를 마련하기 위해 반구대 암각화에서 4km 아래 떨어진 곳에 사연(泗淵)댐을 축조했다. 이로 인해 반구대 암각화는 매년 4~8개월간 물에 잠겼다가 노출되는 일이 반복적으로 일어나면서 암각화 표면이 약해지고 있다. 특히 겨울철에는 암각화 바위 틈새로 들어간 물이 얼었다 녹는 일이 빈번하게 발생하면서 암각화의 훼손을 부채질하고 있는 상황이다.

반구대 암각화는 빗물이 잘 들이치지 않는 지형에 위치한 데다 바위의 표면이 매끈해 빗물이 잘 스며들지 않아 오랜 세월을 잘 견뎌올 수 있었다고 한다. 그랬던 암각화였지만 주변에 설치한 인공 구조물 때문에 훼손의 속도가 빨라진 것이다. 물론 1965년이면 반구대 암각화의 존재를 알지 못했을 때다. 하지만 사연댐으로 인해 반구대 암각화가 훼손되고 있다는 사실이 확인된 이상 보존 대책에 촛력을 기울여야 한다.

2010년 공주대 산학협력단이 발표한 연구 결과를 보면 반구대 암각화 표면의 24%가 훼손되었으며 최대 깊이 3~4mm까지 풍화가 진행된 것으로 나타나 보존이 시급한 상황이다.

―― 암각화 보존을 둘러싼 논란

암각화 표면이 훼손되고 있다는 지적이 제기되자 1990년대 중반부터 문화재청과 울산시, 문화재 전문가들이 모여 보존 대책을 논의하기 시작했다. 다양한 논의를 통해 2003년 무렵 ① 댐 수위 조절 ② 유로(물길) 변경 ③ 차단벽(차단 제방) 설치의 세 가지 안이 제시되었다.

1 국보 285호 반구대 암각화. 4km 아래 댐이 생기면서 물에 잠기는 기간이 늘어나 암각화 표면이 훼손되고 있다. **2** 반구대 암각화 앞에 설치하기로 문화재청과 울산시가 잠정 합의한 카이네틱 댐. 소규모의 투명한 물막이 댐이라고 하지만 반구대 암각화의 경관을 훼손한다. 따라서 이 댐이 제대로 설치될 수 있을지는 좀 더 지켜보아야 한다. 사진 ｜ 문화재청

1안은 사연댐의 수위를 현재 60m에서 52m로 낮추어 댐에서 흘러나오는 물이 암각화를 침수시키지 않도록 하는 방안이다. 2안은 대곡천 물길이 암각화 앞으로 지나가지 않도록 터널 등을 만들어 물길을 변경하는 방안, 3안은 암각화에 물이 접근하지 못하도록 암각화 앞에 물막이 벽이나 제방을 쌓는 방안이었다.

  그런데 문화재청과 울산시의 생각이 달랐다. 대부분의 전문가들과 문화재청은 1안에 찬성했다. 1안 지지자들은 2, 3안의 문제점을 지적했다. 2, 3안은 터널을 만들거나 벽을 설치해야 하는데, 이럴 경우 반구대 암각화의 주변 경관을 훼손하고 공사 과정에서 진동이 발생해 암각화에 손상을 줄 수 있다는 것이다. 이렇게 되면 유네스코 세계유산으로서의 가치를 상실할 수 있다.

  울산시는 1안에 반대하고 2, 3안을 지지했다. 1안처럼 사연댐의 수위를 낮출 경우 울산으로 흘러드는 물이 줄어 들어 울산 시민의 용수가 부족해진다는 것이 그 이유였다. 문화재청은 반구대 자체의 경관 보존이 중요하다고 본 것이고, 울산시는 시민들의 식수 확보가 더 중요하다고 생각한 것이다.

  양측의 의견은 팽팽히 맞섰고 수년간 논란이 계속되었다. 그러나 의견은 점점 1안으로 좁혀졌다. 하지만 울산시는 물 부족 문제를 먼저 해결해 주지 않으면 댐 수위를 낮출 수 없다고 맞섰다. 난항이 계속되자 2009년 국무총리실이 나서 조정안을 제시했다. "사연댐 수위를 낮춰 암각화를 보존한다. 수위를 낮추어 반구대 암각화로 흘러드는 물의 양을 줄이고 대신 부족한 물은 다른 곳에서 공급한다."는 내용이었다. 구체적으로는 암각화 인근에 있는 청도 운문댐의 물을 매일 7만 톤씩 울산에 끌어오는 방안을 포함해 하루 12만 톤의 물을 울산시에 공급하겠다는 것이다. 이른바 '울산권 맑은물 공급 사업'이었다.

  2010년 드디어 울산시는 대체 수원 확보를 통해 물 문제를 해결하는 조건으로 1안을 받아들였다. 10년 이상을 끌어온 반구대 암각화 보존 논란이 드디어 해결의 실마리를 찾는 순간이었다. 문화재청은 운문댐 용역 결과만 나오면 2011년 하반기부터 댐의 수위를 낮추고 수문을 설치하는 공사에 들어갈 계획을 세웠다. 해발

52m 수준으로 댐의 수위를 낮추면 암각화가 물에 잠기는 기간을 연중 55일로 줄일 수 있고, 여기에 수문을 설치하면 암각화가 물에 잠기는 날은 연중 하루 이틀에 불과하다.

그런데 2011년 7월 돌발 변수가 발생했다. '울산권 맑은물 공급 사업'이 정부의 예비 타당성 조사에서 '사업성 없음'으로 판정이 나온 것이다. 운문댐에서 물을 끌어오는 방안이 무산된 셈이다.

이런 와중에 울산시는 유로 변경안과 차단벽 설치안 등 기존의 2, 3안을 다시 정부에 제안했다. 10년 넘게 끌어온 암각화 보존 문제는 처음부터 다시 논의해야 하는 형국이 되어 버렸다. 상황이 이렇게 급변하자 "소중한 문화유산은 점점 훼손되어 가고 있는데 정부가 경제성만 따져 타당성이 없다고 결론을 내린 것은 무책임한 일이다."라는 비판이 그치지 않았다.

____ 암각화 경관 훼손, 카이네틱 댐 설치

2011년 이후 반구대 보존 문제는 해결점을 찾지 못한 채 평행선을 달리며 계속 표류했다. 그러던 차에 박근혜 정부가 들어서고 반년 남짓 지난 2013년 6월 16일 예상치 못한 일이 일어났다. 문화재청과 울산시가 총리실 주재로 반구대 암각화 앞에 카이네틱 댐(가변형 투명 물막이)을 설치하기로 합의한 것이다. 문화재청과 울산시의 갈등으로 인해 반구대 암각화만 훼손되어 가는 것에 대한 비판 여론이 비등해지자 국무총리가 직접 중재에 나서 두 기관의 합의를 이끌어 낸 것이다.

합의 내용의 핵심은 반구대 앞에 카이네틱 댐을 설치하는 것이다. 카이네틱 댐은 투명한 보호막을 활용한 소규모의 가변형 댐으로, 암각화 전면에 설치해 암각화 앞으로 물이 들어오지 못하도록 한다.

문화재청과 울산시가 합의했다지만 카이네틱 댐은 여러모로 문제가 많다. 가장 큰 문제는 카이네틱 댐이 암각화의 경관을 훼손한다는 점이다. 투명한 댐이라고 하지만 전체적인 구조물 조감도를 보면 카이네틱 댐으로 인해 암각화를 제대로 관람하거나 느낄 수 없게 된다. 또한 댐 설치 과정에서 암각화에 훼손을 줄 수도 있다.

카이네틱 댐으로 합의한 것은 문화재청이 그동안의 입장(댐 수위 조절)을 포기하고 울산시의 주장(유로 변경, 차단벽 설치)을 받아들인 셈이다. 카이네틱 댐은 울산시가 주장하고 문화재청이 반대했던 차단벽 설치와 다를 것이 없다. 차단벽이 투명한 재질로 바뀌었을 뿐이다. 대체 왜 이런 일이 벌어진 것일까.

카이네틱 댐 합의 이후, 반구대 암각화 주변에서는 댐 설치를 위한 발굴 조사가 이뤄졌다. 그 과정에서 공룡 발자국이 다수 발견되기도 했다. 반구대 암각화가 국보이기 때문에 그 앞에 크든 작든 댐을 설치하려면 문화재위원회의 심의를 통과해야 한다. 문화재청과 울산시의 합의는 그저 합의일 뿐이다. 문화재위원회의 승인을 받지 못하면 댐을 설치할 수 없다. 2014년 1월 문화재위원회 건축문화재분과는 울산시가 제안한 반구대 암각화 카이네틱 댐 설치 타당성을 검토한 결과, 심의 보류 결정을 내렸다. 문화재위원회는 ① 가칭 가변형 투명 물막이는 한시적인 시설물이어야 하므로 한시성을 확보할 수 있는 구체적인 실천 계획을 제출하고 ② 안전성 및 시공성을 확인할 수 있는 사전 검증 계획을 제출하라는 조건을 제시했다. 이는 카이네틱 댐이 반구대 암각화의 경관을 훼손할 우려가 크다는 지적으로 해석할 수 있다.

카이네틱 댐 설치 합의는 반구대 암각화의 해결책이 될 수 없다. 이 합의는 기존의 논의에서 한 걸음도 나아간 것이 없다. 오히려 그동안의 논의에서 더 후퇴한 것이라는 비판까지 나온다. 반구대 암각화 보존의 길이 쉽지 않다는 것을 보여 주는 또 하나의 사례라고 할 수 있다.

─── 또 다른 난제, 표면 강화 처리

사연댐 수위 조절도 중요하지만 이 시점에서 암각화의 표면 보존 및 강화 처리 작업도 시급하고 중요한 일이다. 하지만 이것도 매우 조심스러운 일이다. 표면 강화 처리는 엄밀히 말해 표면을 변화시키는 것이다. 표면에 막이 생기게 되는데 이것이 또 다른 부작용을 초래할 수 있다. 지금 강화 처리를 하면 10~20년은 보존이 되지만 그 이후에 더욱 심각한 훼손을 가져올 수도 있다는 지적이 나온다. 게다가 이 같은 보존 처리도 암각화 앞의 물이 완전히 빠져야 작업이 가능하다. 이래저래 쉽지 않은 상황이 계속 이어지고 있다.

문제가 해결될 만하면 물 문제가 끊임없이 불거지면서 암각화 보존 대책을 마련하는 데 걸림돌이 되고 있다. 이는 근본적으로 울산시와 울산 시민들에게 공급하는 물이 부족하지 않을까 우려하기 때문이다. 정부는 따라서 울산 시민들의 우려를 말끔히 씻어 주려는 노력을 지속적으로 펼쳐야 한다. 또한 반구대 암각화와 같은 문화유산은 생활의 걸림돌이 아니라 우리의 삶과 정신을 윤택하게 해 주는 것이라는 사실도 널리 알려야 한다. 아무런 성과도 없이 논란만 계속되는 동안 우리의 소중한 문화유산은 점점 더 훼손되고 있다. 논란을 벌이더라고 암각화를 먼저 살려 놓은 뒤 논란을 벌여야 한다.

이제 문화재 보존은 단순히 그 문화재 자체만을 보존하는 것이 아니라 주변의 경관과 환경도 함께 보존해야 한다는 것이 세계적인 추세다. 반구대 암각화 역시 마찬가지다. 지금 우리 세대는 이를 잘 보존해 후대에 물려주어야 할 의무가 있다. 지금 우리만의 편의를 생각해선 안 된다. 좀 더 전향적인 자세가 필요하다.

5
한자인가 한글인가,
광화문 현판 논란

2005년 1월 문화재청은 광복 60주년(2005년 8월 15일)에 맞추어 광화문 현판을 교체하겠다고 발표했다. 그때 광화문에 걸려 있던 현판은 1968년에 박정희 대통령이 쓴 한글 현판이었다. 1950년 6·25 한국전쟁 때 광화문 현판은 목조 문루와 함께 불에 타 없어졌다. 그 후 1968년 콘트리트로 광화문을 복원하면서 당시 박정희 대통령이 한글로 현판 글씨를 썼던 것이다. 그래서 2005년 초까지만 해도 광화문 현판은 한자가 아니라 한글이었다.

―― 갑작스런 현판 교체 계획과 찬반 논란

2005년 1월 문화재청과 유홍준 문화재청장의 현판 교체 계획은 "정조의 글씨를 집자(集字)해 다시 현판을 만들기로 했으며 문화재위원회 심의를 통과하면 8월 15일 광복절에 새 현판으로 바꿔 달 것이다."라는 내용이었다.

이러한 계획은 갑작스러운 것이었다. 경복궁 복원 사업의 일정에 따라 2006년 광화문 복원 공사를 시작해 2009년경 마무리할 예정이었기에 그 과정에서 현판 교체를 논의하고 진행하면 될 일이었다. 예상치 못한 발표였기에 이런저런 의문이 제기되면서 논란이 일었다. 곳곳에서 "박정희 대통령의 한글 현판을 바꾸려는 시도는 박정희 대통령의 흔적을 지우려는 정치적 의도가 담겨 있다."는 비판이 터져 나왔다. 8월 15일 이전에 교체하겠다고 했는데 시간도 얼마 없는 상황이었다. 절대 서두를 일이 아니었다. 그런데도 이렇게 갑작스레 발표해 교체를 추진하겠다는 것 자체가 정치적 판단이었다는 지적을 받기에 충분했다.

비판은 거셌다. 문화재청도 한 발 물러섰다. 2005년 4월 이 문제를 논의하기 위해 문화재위원회가 열렸다. 문화재위원회가 문화재청장의 계획에 제동을 걸었다. 문화재위원회는 "현판을 서둘러 먼저 교체할 것이 아니라 광화문 권역을 복원하면서 이와 함께 현판도 교체하도록 한다."고 하고 이를 문화재청에 권고했다. 일단 현판을 곧바로 서둘러 교체하려는 움직임은 막아냈다. 문화재청도 일정을 서두르지 않고 광화문 복원 일정에 맞춰 진행하기로 했다.

그럼에도 박정희 전 대통령 글씨의 현판은 바꾸기로 한 것이다. 이 무렵 경복궁 중건 당시 광화문의 현판 글씨는 임태영(任泰瑛)이 쓴 것으로 확인되었다. 임태영은 1865년 경복궁 중건 당시 훈련대장으로 영건도감제조(營建都監提調)를 맡아 경복궁 공사를 총책임졌던 인물이다. 6·25 한국전쟁 때 광화문 문루와 함께 현판이 불에 타 이미 사라졌기에 임태영 글씨의 현판 모습을 확인할 수가 없었다. 그러던 차에 국립문화재연구소가 일본 도쿄대에서 1902년 촬영한 광화문 사진의 유리사진 원판을 확인했다. 국립중앙박물관이 소장하고 있는 1919년 촬영한 광화문 현판 유리사진 원판을 해독해 냈다. 이에 따라 문화재청은 임태영의 글씨로 복원하기로 했고, 이 같은 사실은 2006년 초부터 언론을 통해 알려지기 시작했다.

2006년 12월, 기존 콘크리트 광화문 철거를 시작으로 복원 공사가 시작되었다. 철거를 해야 했기에 2007년 1월 박정희 대통령 글씨의 한글 현판을 떼냈고, 현재 국립고궁박물관에 보관하고 있다.

1865년 중건 당시의 임태영의 한자 글씨체로 현판을 복원한다는 것이 알려지면서 또다시 논란이 일었다. 다른 글씨로 바꾸자는 것이었다. 의견은 다양했다.

"현재 이 시대에 활동하는 현역 서예가의 글씨로 하자."

"정조의 어필이나 한석봉, 김정희의 글씨를 집자(集字)해 현판을 만들자."

"한자가 아니라 한글로 해야 한다. 훈민정음체나 조선시대 한글 목판 활자체로 하자."

이처럼 저마다의 의견이 봇물처럼 터져 나왔다.

이들 논란은 ① 한글로 할 것인지 한자로 할 것인지 ② 1865년 중건 당시의 임태영 글씨로 할 것인지 말 것인지로 크게 나눌 수 있다. 그러나 따져 들어가 보면 더욱 복잡해진다. 이 시대의 대표적인 서예가가 현판 글씨를 써야 한다는 주장도 있었다. 그렇다면 누가 이 시대의 서예가란 말인가. 모든 사람이 동의하는 대표 서예가를 고를 수 있는가. 현실적으로 불가능한 일이다. 또 다른 갈등과 논란이 터져 나올 것이다. 게다가 한글로 쓸 것인지, 한자로 쓸 것인지의 문제도 있다. 한글로 쓴다면 어떤 글꼴로 할 것인지 이것도 논란거리다. 이렇게 따져 든다면 광화문 현판 글씨체 논란은 끝이 없다.

 이런 불필요한 논란을 잠재우는 것은 1865년 중건 당시의 모습으로 복원하는 것이다. 이것이 다름 아닌 복원이다. 복원은 복원 대상이 되는 기준 시점(광화문의 경우 1865년)의 모습을 되살리는 것으로 너무나도 기본적이고 당연한 일이다.

 논란이 그치지 않았지만 문화재청은 전문가들의 의견을 수렴해 1865년 중건

1
2

1 1965년 콘크리트로 광화문을 복원할 당시에 제작해 걸었던 한글 현판. 박정희 당시 대통령의 글씨다.
2 1865년 경복궁 중건 당시에 걸었던 광화문 현판. 당시 공사 책임자였던 훈련대장 임태영의 글씨다. 이것은 1902년 촬영한 사진이다.

당시처럼 임태영의 글씨체로 복원해 현판을 만들기로 최종 결정했다. 서예 전문가들과 함께 광화문 유리원판 사진의 현판 부분을 디지털 기술로 복원해 글자의 윤곽을 확인했다. 이렇게 복원한 서체를 목판에 새기는 작업은 중요무형문화재 제106호 각자장(刻字匠) 기능 보유자가 맡았다. 현판은 가로 3.9m, 세로 1.5m 크기에 재질은 소나무이다. 현판의 색상은 흰색 바탕에 검은색 글씨다. 문화재청은 복원한 광화문 현판을 2010년 8월 15일 공개했다.

―― 현판 균열과 글씨체 논란 재점화

광화문 현판이 복원된 지 채 3개월도 되지 않은 2010년 11월 문제가 생겼다. 광화문 현판에 금이 간 것이다. 부실 복원이었다. 문화재청은 일단 2011년 4월 현판을 수리했다. 동시에 2013년까지 현판을 다시 만들어 교체하기로 했다. 하지만 2014년 1월 현재 현판 교체 작업은 이뤄지지 않았다.

현판을 다시 만들어 걸기로 결정한 것이 화근이었다. 현판을 새로 만들 때, 현판의 글씨를 한자가 아니라 한글로 해야 한다는 주장이 또다시 제기된 것이다.

한글 단체를 중심으로 한글 현판론이 펼쳐졌다. "위대한 우리의 한글로 광화문 현판을 만들어야 한다. 다시 만드는 광화문 현판엔 이 시대의 문화와 정신이 들어가야 한다."는 게 주장의 요지이다.

문화재 전문가들을 중심으로 한 반론도 만만치 않았다. "경복궁과 광화문의 1865년 중건 당시 모습으로 복원하는 것이다. 현판도 당연히 그때의 한자체로 되돌려야 한다. 광화문을 복원하는 것이지 새로 만드는 것이 아니기 때문이다."

이미 2006년부터 2010년 사이에 논의가 끝난 사안인데 현판이 금이 가서 다시 만든다고 하니 또다시 한글로 현판을 만들어야 한다는 주장이 나왔다. 부실한 복원이 한글, 한자 논란을 한 번 더 초래한 셈이다.

논란의 양상은 2006~2010년의 재판이었다. 그러나 부실 복원이라는 계기 때문인지 논란은 더 뜨거웠다. 특히 한글로 바꿔야 한다고 주장하는 사람들의 목소리가 더 높아졌다. 문화재청은 곤혹스러웠다. 그래서 여론을 수렴하기로 했다. '1865년 중건 당시로 복원'이라는 원칙을 재천명할 수도 있었을 텐데 부실 복원이 매우 부담스러웠던 것이다. 공청회 한 차례, 토론회 두 차례 등 다양한 방식으로 여론에 귀를 기울였다. 공청회에서는 격론이 펼쳐지고 고성이 오가기도 했다. 2011년 11~12월 19세 이상 5천 명을 대상으로 설문조사를 실시했다. 그 결과는 57.8% 한글 지지, 41.3% 한자 지지였다. 한글로 바꿔야 한다는 사람이 더 많았다.

2012년 12월 문화재위원회는 임태영 글씨체로 최종 결정했다. 문화재 위원 대부분은 "한글 현판은 문화재 복원 정신과 맞지 않는다. 광화문 현판은 경복궁 복원이라는 전체 틀에서 바라보아야 한다. 따라서 중건 당시의 임태영 글씨로 복원해야 한다."고 밝혔다.

이 논란은 광화문 현판의 기준 시점을 어디로 볼 것인가의 문제와 직결되어 있다. 광화문을 새로 만드는 것이 아니라 복원하는 것이다. 그렇기에 그 기준은 1865년 중건 당시여야 한다. 이렇게 보면 문제는 단순 명확해진다. 한글을 쓰면 자주적이고 한자를 쓰면 사대적이라고 생각해선 곤란하다.

―― 현판 색상 문제

2010년 복원한 현판은 '흰색 바탕에 검은색 글씨'였다. 이것이 광화문 현판 원형(1865년 당시 모습)의 색상인지, 경복궁 정문 현판의 색상으로 적절한지 등에 대해 의문이 제기되기도 했다. '흰색 바탕에 검은색 글씨일까. 검은색 바탕에 흰색 글씨일까. 아니면 검은색 바탕에 금색 글씨일까.', 이런 논란이었다.

흰색 바탕에 검은색 글씨의 현판은 드물다. 경복궁 등 궁궐의 전각이나 성곽 성문의 현판은 대부분 검은색 바탕에 흰색 또는 금색 글씨다. 6·25 한국전쟁으로 파괴된 이후 1968년에 새로 세웠던 광화문의 한글 현판도 검은색 바탕에 흰 글씨였다.

광화문 현판의 색상을 두고 논란이 일었던 것은 중건 당시 현판의 색상을 보여 주는 컬러 사진이나 기록이 없기 때문이다. 2010년 복원 당시 유리원판 사진을 통해 한자 글씨체는 확인했지만 흐린 흑백사진인 탓에 현판의 바탕과 글씨의 색깔을 정확하게 확인하지 못했다. 유리원판 사진으로 볼 때 바탕이 희게 보이고 글씨가 검게 보이자 흰색 바탕에 검은색 글씨로 현판을 복원한 것이다.

일부 전문가들은 '검은색 바탕에 흰색 또는 금색 글씨'여야 한다는 의견을 내놓았다. "경복궁 광화문의 중요성으로 볼 때, 검은색 바탕에 흰색 글씨가 맞다고 본다. 흰색 바탕은 너무 가벼워 보여 경복궁의 품격에 어울리지 않는다. 한글인지 한자인지 못지않게 배경과 글씨의 색상 문제가 더 중요하다." "경복궁의 근정전과 흥례문처럼 국왕이 자주 이용하는 건물의 현판은 검은색 바탕에 금색으로 글씨를 썼다. 글씨를 금색으로 할지 흰색으로 할지는 논의해 봐야겠지만 바탕은 검은색이어야 할 것 같다."

그러나 이런 주장들은 객관적인 사실이라기보다 개인적인 추론이다. 이에 따라 문화재청은 2010년 모습처럼 '흰색 바탕에 검은색 글씨'로 현판을 다시 복원하기로 했다.

6

문화재의 활용

1990년대 중반까지만 해도 숭례문에 가까이 다가간다는 것은 거의 불가능한 일이었다. 그러나 1990년대 말부터 "숭례문에 다가가 숭례문을 만져 보고 체취를 느낄 수 있어야 한다."는 지적이 제기되기 시작했다. 이후 2000년대 들어 숭례문이 개방되었고, 석축 가운데 홍예문을 드나들 수 있게 되었다.

문화재를 바라보는 시각은 시대에 따라 변한다. 숭례문 개방도 이런 변화를 반영한 것이다. 경복궁과 덕수궁의 수문장 교대 의식, 경회루 공연, 창덕궁 달빛기행을 비롯해 궁궐에서 열리는 다양한 문화 행사와 체험 행사도 마찬가지다.

그러나 보존과 활용을 조화롭게 이끌어 간다는 것은 그리 쉬운 일이 아니다. 활용에 지나치게 치중하다 보면 자칫 문화재가 훼손될 수 있기 때문이다. 반대의 경우도 적지 않다. 석굴암에 가 보면 보호를 위해 유리문을 만들어 관람객들이 안으로 들어가지 못하도록 했다. 하지만 유리 반사 등으로 인해 석굴암의 아름다움과 매력을 제대로 느낄 수 없다. 획일적인 보존 방법 때문에 관람객의 감상(활용)이 심각한 방해를 받고 있는 형국이다.

문화재 활용은 이렇게 보존과 갈등을 겪기도 한다. 국립경주박물관 경내에 걸려 있는 성덕대왕신종의 경우도 그런 예다. 종을 보존하기 위해 타종을 중단할 것인가. 아니면 활용의 측면에서 타종을 계속할 것인가. 보존과 활용 역시 흥미로운 주제다.

1
문화재를 바라보는
시각의 변화

최근 들어 문화재를 실생활에 활용하자는 움직임이 많아지고 있다. 이는 문화재를 박물관 속에 가두어 놓는 것이 아니라, 우리가 실제로 호흡할 수 있어야 문화재의 가치를 이해하고 문화재에 대해 감동을 느낄 수 있다는 말이다.

활용 대상이 되는 문화재는 대체로 야외에 있는 건축물들이다. 불상이나 도자기, 그림 같은 경우는 감상은 할 수 있지만 손으로 만지게 할 수는 없기 때문이다. 건축물들은 가까이 다가가기도 하고 들락날락하면서 체험을 할 수 있다. 이뿐만 아니라 이들 공간에서 다양한 문화 행사 등을 할 수도 있다. 문화재를 문화 관광 자원으로 활용해 그 부가가치를 높여야 한다는 생각과도 맞닿아 있는 셈이다.

―― 고궁의 활용

이렇게 문화재를 바라보는 시각이 변함에 따라 이에 발맞추어 문화재청을 비롯한 정부 기관이나 민간 기구에서 다양한 활용 프로그램을 내놓고 있다.

1990년대 들어 보수와 복원이 급증했다면, 2000년대 이후에는 여기에 활용의 측면까지 고려한 문화재 행정을 전개하고 있다. 문화재 활용 가운데 가장 두드러지는 것은 고궁의 활용이다. 문화재청이 추진하고 있는 '고궁 관광 자원화 - 살아 숨쉬는 4대궁과 종묘 만들기' 같은 것이다. 이 프로젝트는 2009년경 본격적으로 시작되었다.

경복궁, 창덕궁, 창경궁, 덕수궁, 종묘의 대표적 이미지와 콘셉트를 이끌어 내 이에 어울리는 활용 및 체험 교육 프로그램을 운영하는 것이다.

문화재청이 정한 고궁별 콘셉트를 보면 ① 경복궁 – 조선 왕조 법궁으로서의 정통과 격식 ② 창덕궁 – 자연과 함께 하는 한국미 ③ 창경궁 – 효심과 내전 이야기 ④ 덕수궁 – 대한제국과 근대를 향한 꿈 ⑤ 종묘 – 제례의 숭고한 정신과 계승 등이다.

이러한 기준을 토대로 경복궁에서는 경회루 연향, 수문장 교대 의식, 세종조 회례연, 장고(醬庫, 궁중의 장독대) 개방 등의 프로그램이 진행되고 있다. 창덕궁에서는 창덕궁 달빛기행, 연경당 공연, 내의원 체험 등이, 창경궁에서는 강연과 아침 공연 프로그램이, 덕수궁에서는 대한제국 외국공사 접견, 각종 공연, 수문장 교대 의식 등의 프로그램이 시민들과 함께 하고 있다.

종묘는 조선시대 선왕에 대한 제사를 올리던 곳이다. 조선의 유교적 법식을 생각해 본다면 조선시대에 가장 중요한 공간이라고 할 수 있다. 태조 이성계가 조선 왕조 초기 개경에서 한양으로 수도를 옮기고 가장 먼저 종묘를 건설한 것도 이 때문이다. 종묘에선 지금도 매년 5월 첫째 일요일에 전주 이씨 대동종약원 주관으로 종묘제례를 봉행한다. 전통 계승과 문화재 활용의 좋은 사례라고 할 수 있다.

고궁을 활용한 프로그램 가운데 가장 인기있는 것 중의 하나는 세계유산 창덕궁을 밤에 만나는 '창덕궁 달빛기행'이다. 고궁 가운데 덕수궁이 야간 관람(오후 9시까지)을 실시하고 있지만 규모가 작은 덕수궁과 달리 창덕궁은 규모가 큰 데다 볼거리가 많아 야간 관람의 묘미를 만끽할 수 있다.

2010년 2월부터 세 차례에 걸쳐 시범 야간 관람을 시행한 결과, 시민들의 호응이 크고 안전에도 특별한 문제가 없다고 판단해 2010년 5월부터 상설화했다. 창덕궁의 야간 관람 코스는 돈화문 → 금천교 → 인정문 → 인정전 → 선정전 → 대조전 → 낙선재 → 후원 길 → 부용지와 주합루 → 애련지 → 연경당 → 숲길 → 돈화문이다. 연경당에서는 대금산조, 가야금산조 등의 국악 공연을 마련한다. 경복궁과 창경궁에서도 봄, 가을 며칠씩 야간 개방을 한다.

1 경복궁 경회루 야간 전통 공연. 2 경복궁에서 행해지는 장고(궁중 장독대) 개방 행사. 3 경복궁에서 매일 열리는 수문장 교대 의식.

궁궐 활용을 활성화하기 위해 시작된 봄, 가을 야간 개장 행사가 큰 인기를 끌고 있다. 야간 개장 행사가 열리면 창경궁은 인산인해를 이룬다. 사람들이 너무 몰려 관객 수를 제한하기도 한다.

─── 보존인가, 활용인가

물론 문화재는 그 특성상 보존을 대원칙으로 한다. 문화재는 보존의 대상이면서 감상의 대상이다. 그러나 이 두 측면을 동시에 만족시킬 수 없는 상황이 많다. 보존에 비중을 두면 활용도가 떨어지고, 활용에 치우치다 보면 문화재가 훼손될 우려가 높기 때문이다. 이런 까닭에 문화재의 활용을 놓고 논란이 인다.

어찌 보면 활용과 보존은 양립하기 힘든 대목도 있다. 문화재 관리의 제1원칙은 당연히 보존 전승이다. 보존을 해치는 어떠한 정책이나 프로그램도 그것에 우선할 수 없다. 훼손이 되고 나면 끝이다. 활용도 불가능한 일이 되어 버린다. 이렇기에 보존이냐 활용이냐의 딜레마는 문화재 현장에서 늘 부딪히는 문제이다.

누군가는 "개방을 하는 순간, 문화 관광 자원으로 활용을 하는 순간, 문화재는 훼손되는 것"이라고 말하기도 한다. 틀린 말은 아니다. 그렇다고 꼭 따라야 할 철칙도 아니다. 보존의 한도 내에서, 훼손을 막아낼 수 있는 한도 내에서 개방과 활용은 필요한 일이다.

창덕궁에서 열리는 '창덕궁 달빛기행' 프로그램. 궁궐에서 열리는 문화 체험 프로그램 가운데 가장 품격이 높고 매력적이다.　사진 | 문화재청

2
숭례문의 개방과 활용 논란

을사늑약으로 대한제국의 외교권을 박탈한 일제는 1907년 '성벽처리위원회'라는 기구를 만들어 서울 성곽 철거 계획을 세우기 시작했다. 당시 일제의 통감부는 이렇게 주장했다.

"선인(鮮人) 동화를 위해 간과할 수 없는 것이 있다. 한두 가지 예를 들면 산성(山城)이란 것이 조선 도처에 있고, 고명찰(古名刹), 가람(伽藍) 등은 거의 배일(排日)이란 역사적 재료를 가지고 있다. 몇 년에 왜적을 격퇴했다든지 하는 등의 글귀가 변기에조차 써 있다. 점차적으로 제거해야 선인 동화를 이룰 수 있을 것으로 생각한다."

1907년 일제 통감부는 숭례문 바로 옆의 한양 도성 성곽 일부를 헐어 버렸다. 일본 왕자가 서울을 방문했을 때, 통행에 방해가 된다는 이유였다. 천인공노할 만행이었고 우리로서는 엄청난 수모와 치욕이 아닐 수 없었다. 이듬해인 1908년에는 흥인지문 주변의 성곽을 헐어 내고 본격적인 성곽 철거에 들어갔다. 이렇게 숭례문 좌우의 한양 도성 성벽은 무너졌고 그 옆으로 전찻길이 놓였다.

급기야 1915년에는 도로를 확장한다는 명분을 내세워 한양 도성의 서쪽 정문인

1 일제에 의해 훼손되기 전 숭례문의 모습. 2 일제가 훼손한 숭례문의 모습. 양쪽 성곽의 일부를 헐어 내고 전찻길을 놓았다. 3 2013년 5월 복원된 숭례문 전경. 일제 때 철거된 성곽 일부를 되살리고 광장을 조성해 국보 1호 숭례문의 아름다움을 가까이에서 감상할 수 있다.

6 문화재의 활용 • 231

돈의문(敦義門)까지 흔적도 없이 파괴해 버렸다.

   1960년대 이후 주변에 차도가 생기면서 수많은 고층빌딩이 올라갔다. 사람들은 숭례문에 접근할 수가 없었다. 주변엔 넘나들 수 없는 도로와 질주하는 차량들뿐이고, 사람들은 국보 1호 숭례문에 접근할 수 없었다. 대한민국 국보 1호 숭례문은 절해고도(絶海孤島)가 되었다. 저 멀리서 혹은 차를 타고 지나가면서 볼 수밖에 없는 국보였다. 사람들은 국보 1호를 열심히 외웠지만 그 국보 1호가 마음속에 와닿기는 어려웠다. 국보 1호는 그렇게 우리로부터 멀어져 갔다.

—— 숭례문 개방 논란

1990년대 들어서면서 이에 대한 반성이 일기 시작했다. 가까이에서 숭례문의 숨결을 느낄 수 있어야 한다는 것이었다. 그럼, 어떻게 하면 접근을 할 수 있을 것인가. 이를 놓고 다양한 논의가 진행되었다. 가장 간단한 방법은 숭례문으로 접근할 수 있는 횡단보도를 설치하는 것이다. 그런데 그것이 쉽지 않았다. 횡단보도를 만드는 것만으로 관람이 가능해지는 건 아니다. 숭례문 주변이 바로 차도에 붙어 있기 때문에 시민들이 둘러볼 수 있는 공간을 만들어야 한다. 그러기 위해선 차도 일부를 걷어 내고 그곳에 관람 공간을 만들어야 한다. 그래야 횡단보도를 건너간 시민들이 숭례문을 감상할 수 있다. 하지만 이 같은 안은 거부되었다. 교통에 방해가 된다는 것이었다.

   1990년대 말 논의의 방향이 바뀌었다. 숭례문에 접근할 수 있는 지하 통로를 설치하는 안이었다. 숭례문 주변의 지하통로 가운데 한 가닥을 숭례문의 입구인 홍예문과 연결되도록 10여 미터 연장하겠다는 것이다. 시민들이 지하도를 통해 홍예문으로 나와 숭례문을 가까이에서 관람할 수 있도록 하겠다는 방안이었다. 그러나 전문가들은 지하 통로 공사 시 진동으로 인해 숭례문의 구조물이 흔들릴 수 있다며 반대했다. 여기에 일반인들의 접근을 허용할 경우 원형을 훼손할 우려가 높다며 숭례문의 접근 또는 개방 자체를 반대하는 의견도 적지 않았다.

사실 지하도를 연장해 홍예문으로 연결되는 접근 통로를 만들겠다는 안은 잘못된 것이다. 공사로 인한 진동도 문제지만 숭례문의 핵심 공간인 홍예문 앞에 지하 계단을 만든다는 것은 있을 수 없는 일이다. 숭례문의 경관과 원형을 심각하게 훼손하기 때문이다. 이런 안을 추진했다는 것이 지금 생각하면 참으로 어이없는 일이었다.

횡단보도를 설치하고 숭례문 주변으로 관람 공간을 조성하면 된다. '교통, 교통' 하는 사람들이 보면 복잡하고 심각한 일이라고 하겠지만 그렇지 않다. 간단한 일이다. 어떻게 간단하는 말인가? 생각만 바꾸면 된다. 서울 도심의 주인이 도로와 차량이 아니라 사람과 역사가 주인이라고 생각을 바꾸면 된다. 차선이 줄고 도로가 좀 좁아져 차량의 통행이 불편해지면 어떤가. 그것이 무슨 문제가 된다는 말인가. 그렇게 생각을 바꾸면 이 문제는 간단히 해결된다. 그런데 그런 의견은 잘 받아들여지지 않았다. 안타깝기도 하고 한심하기도 한 상황이었다. 정책 입안자만 탓할 일이 아니었다. 우리 모두 이런 생각에 사로잡혀 있었다.

—— 시민에게 다가온 숭례문

그리고 5년여가 흘렀고 급기야 우리 사회의 생각이 바뀌기 시작했다. 도시 공간의 주인은 빌딩과 차량이 아니라 사람과 역사여야 한다는 인식이 퍼져 나갔다. 결국 2005년 5월 숭례문 남쪽 주변에 광장이 조성되었다. 사람들은 숭례문 옆으로 접근할 수 있게 되었다. 고립되었던 숭례문이 드디어 사람들과 호흡하게 된 것이다.

서울시는 서울역 맞은편 남대문로 5가와 숭례문 사이의 차도를 포장해 2,500평 규모로 광장을 만들었다. 여기엔 '사진 찍는 곳(포토 아일랜드)'을 만들어 놓기도 했다. 또한 당시 태평로와 남대문로 등 차로와 맞닿는 쪽의 숭례문 가장자리에 3m 너비의 보도를 설치해 시민들이 숭례문 주위를 걸어서 돌 수 있도록 할 예정이었다. 그러나 이 계획은 이뤄지지 않았다. 아쉬운 대목이었다. 이왕 개방하고 사람들이 접근하게 할 것이라면 좀 더 가까이 다가갈 수 있도록 했어야 했다.

이듬해 2006년에는 한 발짝 더 나아갔다. 숭례문 석축 한가운데의 홍예문을 개방해 사람들이 통과할 수 있도록 한 것이다. 획기적이고 바람직한 일이었다. 비로소 사람들은 대한민국 국보 1호 숭례문의 숨결을 느낄 수 있게 되었다.

당시 우려의 목소리도 있었다. 사람들이 홍예문을 통과하게 될 경우, 자칫 훼손이나 사고가 발생할지 모른다는 것이었다. 안타깝게도 그 우려는 현실이 되었다. 2008년 2월 10일 화재가 발생했다. 관리의 부실이었지만 어찌 보면 개방을 했기 때문일지도 모른다. 개방을 두고 비판이 나왔다.

그럼 어찌 해야 할까? 문화재를 보존하기 위해 꼭꼭 가두고 사람들을 가까이 접근하지 못하도록 해야 할 것인가? 아니다. 숭례문은 개방해야 한다. 대신 우리 모두 관심을 가져야 하고 완벽한 방재 시스템을 갖추면 된다.

3
석굴암, 유리문 폐쇄와 제2석굴암 논란

국보 24호이자 유네스코 세계유산인 석굴암을 찾을 때마다 마음이 무겁다. 유리벽 때문이다. 석굴암을 보존하기 위해 주실(主室, 본존불이 있는 방)로 통하는 전실(前室) 앞면을 유리문으로 막아 놓았다. 훼손을 막기 위한 것이다. 그래서 일반 관람객은 본존불의 공간 안으로 들어갈 수가 없다. 관람객들은 유리문 앞에서 전실과 주실 쪽을 기웃거리다 이내 밖으로 빠져나간다. 여기저기 유리의 반사로 석굴암의 불상들은 흔들리고 그 모습이 눈에 선명하게 들어오지 않는다. 전실의 팔부중상(八部衆像·불법을 수호하는 불교 신들의 조각상)에 조명까지 뒤섞여 어지럽기만 하다.

게다가 유리문의 알루미늄 새시는 또 어떠한가. 촌스럽고 멋대가리는 전혀 없다. 구멍가게 수준의 디자인이다. 그저 어느 산중의 이름 없는 암자에 만들어 놓은, 제대로 관리도 하지 않는 그런 시설물 같다. 석굴암의 품격과 전혀 어울리지 않는 알루미늄 새시, 거기에 자물쇠까지 덜렁 채워 놓았으니 대체 이것이 국보이고 세계유산이란 말인가. 이런 상황에서 마음속 깊이 감동을 받는다는 것은 애초부터 불가능하다.

석굴암 및 문화재 관계자 몇몇은 문을 열고 전실과 주실로 들어가 그 성스러운 공간을 체험할 수 있지만 보통 관람객들은 그럴 수 없다. 석굴암 유리문을 이대로 둘 경우 석굴암 관람객들은 석굴암에 가도 석굴암을 제대로 느낄 수 없다.

보존이라는 명분 아래 석굴암 앞을 유리문으로 턱 하니 막아 놓은 이 현실, 1970년대 당시로서는 어쩔 수 없는 선택이었다고 해도 이제는 바뀌어야 한다. 세월이 흘러 유리문의 문제점이 노출되었는데도 그대로 둔다는 것은 있을 수 없는 일이다. 전문가들이나 관계자들은 석굴암의 아름다움을 소리 높여 말한다. 그들은 유리문 속으로 들어가 제대로 감상할 수 있기에 진면목을 감상할 수 있다. 그러나 보통 사람들은 그렇지 못하다. 어딘지 앞뒤가 맞지 않는다.

보존하기 위해 만들었던 유리문이 이제 오히려 관람을 방해한다. 보존을 하고자 했으나 관람이라는 활용의 목적을 충족시키지 못하는 것이다.

―― 제2석굴암 논란

보존이라는 명분 아래 설치해 놓은 유리문 때문에 사람들은 안으로 들어가 관람할 수가 없다. 그러다 보니 이와 똑같은 복제품을 만들어 그곳에서 관람할 수 있도록 하면 좋겠다는 의견들이 나오고 있다. 지금의 석굴암과 똑같은 석굴암을 만들어 관람하도록 하고 원래 석굴암은 공개하지 않는다는 것이다. 그래서 이를 제2석굴암이라고 부르기도 한다. 1997년 불국사가 석굴암을 영구 보존하기 위해 제2석굴암을 경내에 조성하겠다고 발표했다. 당시 불국사의 발표 요지는 이러했다.

"석굴암 참배객과 관람객이 너무 많아 예배 대상과 문화재로서의 신성한 가치가 날로 훼손돼 가고 있다. 민족의 유산인 석굴암을 길이 보존하기 위해 제2의 석굴암을 경내에 만들기로 했다. 참배, 관람과 문화재 보호를 동시에 충족키 위해서는 제2석굴암의 조성이 불가피하다."

2001년 문화재청은 이를 추진했다. 석굴암에서 동남쪽으로 100m 떨어진 계곡에 지상 1층, 지하 1층의 석굴암 역사유물전시관을 짓기로 했다. 실물 크기의 석굴암 모형과 영상실 등을 설치해 관람객이 본존불 뒤쪽까지 둘러보고 직접 만져 볼 수 있도록 한다는 계획이었다. 이러한 소식이 알려지면서 논란이 뜨거웠다. 특히 학계의 비판이 심했다. 논란의 핵심은 위치가 적절하지 못하다는 점이었다. 석굴암 본체에서 불과 100m밖에 떨어지지 않은 곳에 역사유물전시관을 짓는 것은 문화유산을 훼손하는 행위라는 지적이 많았다. 석굴암 전시관 자체를 반대하는 것은

국보 24호 석굴암의 현재 모습. 석굴암 보호라는 명분으로 전실 앞을 유리문으로 막아 놓았다. 그래서 이곳을 찾는 사람들은 유리 반사로 인해 석굴암의 매력을 제대로 느낄 수가 없다. 게다가 알루미늄 새시 유리문과 달아 놓은 자물쇠는 석굴암의 분위기와 전혀 어울리지 않는다.

아니지만 그 위치는 명백한 문화재 훼손이라는 지적이었다. 화강암이 아닌 합성수지로 석굴암 모형을 만든다면, 문화재로서의 감동을 줄 수 없기 때문에 위치에 관계 없이 모형을 제작할 필요가 없다는 의견도 나왔다.

당시 많은 문화재 관련 학회와 시민 단체들은 석굴암 역사유물전시관 건립 철회를 촉구하는 성명을 발표했다. 그러나 "제2석굴암 건립 예정 부지는 석굴암 본존불의 시야를 가리지 않으며 주변 환경와 어울리게 건축할 수 있다."고 반박하는 전문가들도 있었다. 결국 2003년 문화재위원회는 이 계획안을 승인하지 않았다. "석굴암 역사유물전시관 건립의 필요성과 취지는 인정하지만 건립 예정 위치(석굴암 경내)는 부적절하므로 향후 충분한 시간을 갖고 전시관 위치, 건립 규모, 모형 재질 등 제반 사항에 대하여 다시 논의해야 한다."고 의견을 모았다.

이 문제가 완전히 마무리된 것은 아니다. 재연될 가능성은 언제나 농후하다. 아니나 다를까 2012년 불국사가 다시 제2석굴암 건립을 추진하는 것으로 알려지면서 그 향방에 관심이 쏠리고 있다. 석굴암의 보존만 생각한다면 제2석굴암 추진은 일견 일리가 있어 보인다. 그러나 활용의 측면에서 일차원적인 접근이다. 제2석굴

석굴암 일주문을 지나 경내로 들어가는 길. 이 길의 오른쪽 아래에 복제품 석굴암을 건설하자는 논의가 있었다.

암을 만든다고 해도 복제품이나 모형에서는 감동을 느낄 수 없다. 그곳을 찾는 사람들이 수십 번을 관람해도 감동을 받지 못하고, 그렇기에 석굴암의 가치를 느끼지 못할 것이다.

제2석굴암은 그래서 별 의미가 없다. 두 마리 토끼를 잡으려다 오히려 두 마리 다 놓치는 우를 범할 수 있다. 발상의 전환이 있어야 한다. 감동을 주지 못하는 석굴암 유리문의 득실을 냉정히 되돌아볼 필요가 있다는 말이다.

유리문을 철거해야 한다. 유리문을 걷어 내고 제한 관람으로 바꾸어야 한다. 일정 시간에만 공개하거나 정해진 인원으로 제한하는 방식이다. 석굴암 내부를 보존하되 감상하는 사람들은 정말로 제대로 된 분위기에 그 진면목을 제대로 감상할 수 있어야 한다. 그래야 감동을 느낀다. 감동을 주지 못하는 지금 석굴암의 유리문 보존 방식보다 제한된 인원에게라도 감동을 주는 것이 훨씬 낫지 않을까.

관람료를 받고 지금처럼 엉망인 상황의 석굴암을 보여 주는 것도 잘못된 일이고, 감동도 없는 모형을 만들어 거기 관람객을 떼로 유치하려는 생각도 잘못된 것이다. 모두 비판을 면하기 어려울 것이다.

4

활용인가 보존인가,
성덕대왕신종 타종과
금동미륵보살반가사유상의 해외 전시

종을 칠 것인가 말 것인가. 경북 경주시 국립경주박물관 경내에 걸려 있는 국보 29호 성덕대왕신종(일명 에밀레종, 통일신라 771년) 얘기다. 성덕대왕신종 하면 단연 종소리다. 긴 여운의 신비하고 그윽한 종소리. 그런데 그 종소리를 지금은 직접 들을 수 없다. 2004년부터 타종을 중단했기 때문이다. 타종을 할 경우, 종에 충격을 주어 자칫 심각한 훼손을 초래할 수 있다는 판단에서였다.

성덕대왕신종이 제작된 지 1300년 가까운 세월이 흘렀으니 종이 점점 약해지고 훼손되어 가는 것도 불가피한 일이다. 오대산의 국보 36호 상원사 동종 역시 오랜 타종으로 인해 균열이 생겨 타종을 중단한 상태다. 보물 2호인 옛 보신각 동종(1468년) 역시 보존을 위해 1985년부터 타종을 중단했다. 현재 서울 보신각에 걸려 있는 종은 1985년 새로 만든 것이고, 조선시대 옛 종은 국립중앙박물관으로 옮겨 보존 전시하고 있다. 종을 치지 않는 일은 보존에 중점을 둔 것이고, 종을 치는 일은 활용에 역점을 둔 것이라고 할 수 있다. 이처럼 야외에 걸려 있는 종을 칠 것인가, 말 것인가는 종의 보존과 직결된 문제다.

성덕대왕신종의 타종 중단 문제를 놓고 전문가들 사이에서 오랫동안 뜨거운 논란이 있었다. 타종 중단은 1993년으로 거슬러 올라간다. 국립경주박물관은 종의 안전에 위험이 있을 수 있다는 우려에 따라 1992년 12월 31일 제야의 타종을 끝으로 1993년부터 타종을 중단했다.

하지만 그 후 다시 종을 쳐야 한다는 의견이 제기되면서 찬반 논란이 그치지 않았다. "종은 치기 위해 만든 것이다. 종은 소리가 날 때 존재 의미가 있다. 정기적으로 타종하면 오히려 생명이 오래갈 수 있다."는 타종 찬성론. "종은 종소리만 중요한 것이 아니다. 외관상의 미학적인 가치도 중요하다. 타종은 분명 종의 균열을 가져온다. 지금 괜찮다고 해서 종을 친다는 건 있을 수 없는 일이다."라고 반박하는 타종 반대론. 찬성론과 반대론이 팽팽히 맞섰다.

이런 논란 속에서 국립경주박물관은 1996년부터 1999년까지 성덕대왕신종 안전 문제 등을 과학적으로 점검하기 위해 종합 학술 조사를 벌였다. 그 결과 주조 당시 형성된 기포 문제와 약간의 부식 현상을 제외하곤 별다른 결함이 없는 것으로 밝혀졌다. 즉 타종이 불가능할 정도는 아니라는 조사 결과였다.

이 같은 결과에 따라 국립경주박물관은 문화재위원회의 승인을 얻어 2001년부터 타종을 재개했다. 종에 가해지는 부담을 최소화하기 위해 외부 기온이 높지도 낮지도 않은 10월 초에 타종하기로 한 것이다. 단, 성덕대왕신종에 조금이라도 이상이 생기면 즉각 타종을 중단한다는 단서 조항이 붙었다. 어쨌든 2001년 10월 9일, 2002년 10월 3일, 2003년 10월 3일 타종이 이뤄졌다. 그렇게 3년 동안 타종이 진행되었으나 또다시 종의 안전에 대한 우려가 제기되었다. 국립경주박물관은 타종 예정일인 2004년 10월을 한 달 앞둔 9월, 성덕대왕신종 타종을 완전히 중단했다. 타종을 둘러싸고 논란이 계속되었고, 이에 관한 결정이 자주 바뀌어왔음을 알 수 있다. 그만큼 고민이 많았음을 의미한다. 성덕대왕신종 타종이 워낙 민감하고 중요한 사안이다 보니 종의 보존을 위해 결정을 번복하는 것은 어쩔 수 없는 일이기도 하다. 어찌 됐든 보존을 위해 성덕대왕신종의 신비로운 종소리를 직접 들을 수는 없게 되었다. 녹음해 놓은 종소리야 들을 수 있겠지만 실제 종소리를 듣는 것만큼 감동적일 수는 없다. 보존과 활용의 조화, 참 어려운 문제다.

국보의 해외 전시(활용)를 놓고 논란이 벌어진 경우도 있다. 2013년 10월부터 2014년 2월까지 미국 뉴욕 메트로폴리탄박물관에서 '황금의 나라, 신라' 특별전이 열렸다. 국립중앙박물관이 이 전시에 국보 83호 금동미륵보살반가사유상을 출품하기로 하자 이를 두고 논란이 일었다. 세계 최고인 메트로폴리탄박물관에서 열리는 신라특별전에 출품해 우리 문화재의 우수성을 널리 알리자는 의견과 해외 전시가 잦으면 국보가 훼손될 수 있다는 의견이 팽팽히 맞섰다.

논란 끝에 문화재위원회는 2013년 4월 조건부로 해외 반출을 가결했다. 하지만 석 달 뒤인 7월 문화재청은 "국보 83호는 그동안 8차례에 걸쳐 3000일 정도 해외에 나가 있었기 때문에 또 나갈 경우 훼손될 우려가 크다."는 이유를 들어 반출 불허 결정을 내렸다. 그러자 이에 대한 반발이 거세졌다. 국립중앙박물관과 국내 전문가들을 포함해 메트로폴리탄박물관까지 결정 철회를 요구하고 나섰다.

결국 한 달 뒤인 2013년 8월 문화재청은 문화체육관광부와 청와대의 중재로 불허 결정을 철회하고 반출을 허가했다. 문화재청은 "문화재 보존 관리가 가장 중요하지만 특별전이 우리 전통문화를 알리는 좋은 기회라는 점을 고려해 해외 반출을 승인한다."고 밝혔다. 이 역시 '보존인가 활용인가'를 놓고 논란을 벌였던 대표 사례라고 할 수 있다.

미국 뉴욕 메트로폴리탄박물관 특별전 '황금의 나라, 신라'에 출품된 국보 83호 금동미륵보살반가사유상. 반가사유상의 철학적인 미소와 종교적인 자태는 수많은 세계인들을 매료시켰다.   사진 | 국립중앙박물관

5
황룡사 9층 목탑, 과연 복원이 가능한가

법주사 팔상전, 쌍봉사 대웅전도 유명하지만 목탑 하면 역시 경주의 황룡사 9층 목탑을 빼놓을 수 없다. 7세기 중반 이후, 신라의 수도 서라벌(현재의 경북 경주시)의 상징물은 단연 황룡사 9층 목탑이었다. 높이 80m. 서라벌 창공에 우뚝 솟은 이 탑은 불교 이념의 상징이었다. 신라인들은 이 탑을 바라보며 신라 땅이 불국토(佛國土)가 되어 영원히 번성하길 기원했다.

6세기에 창건된 황룡사는 고려 때인 13세기 몽고 침입으로 모두 불에 타 없어지고 그 터만 남아 있다. 발굴 결과 동서 288m, 남북 281m에 달하는 거대한 규모로 확인되었다. 경주 황룡사에 9층 목탑에 세워진 것은 선덕 여왕 때인 645년이다. 중국 당에서 유학하고 돌아온 승려 자장(慈藏, 590~658)의 제안에 따라 백제의 장인 아비지(阿非知, 생몰년 미상)의 기술 지도를 받아 가며 3년 만에 공사를 완성했다. 9층은 중국, 일본 등 주변의 아홉 나라를 물리치겠다는 뜻을 표현한 것이다. 황룡사는 신라 최대의 호국 사찰이었고, 황룡사 9층 목탑은 황룡사의 핵심으로 호국 사상의 상징이었다.

그러나 이 탑은 거대한 규모 때문에 이런저런 일을 겪어야 했다. 완공 직후부터 벼락을 맞는 일이 많았다. 718년에 벼락을 맞아 720년 크게 수리했고, 9세기 들어 탑이 기울기 시작하자 872년에 탑을 해체하고 아예 다시 짓기도 했다.

이 탑이 사라진 것은 고려 때인 1238년, 몽골의 침입을 받아 황룡사와 함께 불에 타버리고 주춧돌만 남게 되었다. 이 주춧돌 가운데 심초석(心礎石)이란 것이 있다. 심초석은 목탑 내부 한가운데에서 탑을 지탱해 주는 중앙 기둥의 주춧돌을 말

1 황룡사지. 6세기에 창건된 황룡사는 동서 288m, 남북 281m에 달하는 큰 규모였고, 높이 80m에 이르는 9층 목탑도 있었다. 1238년 몽골의 침입으로 불에 타 주춧돌과 당간 지주만 남아 있다. 2 황룡사와 9층 목탑을 컴퓨터 그래픽으로 추정 복원한 모습. 문화재 디지털 복원 전문가 박진호 씨의 작품이다.

한다. 현재 남아 있는 이 심초석은 동서 약 435cm, 남북 약 300cm, 두께 약 120cm 에 무게는 30톤에 달한다. 이것 하나만으로도 황룡사 9층 목탑의 규모가 어느 정도였는지 쉽게 알 수 있을 것이다.

많은 사람들은 불에 타 사라져 버린 황룡사 9층 목탑을 그리워한다. 황룡사 목탑을 복원해 그 웅장한 모습을 보고 싶어 한다. 이런 의견이 지속적으로 대두하자 2005년 문화관광부와 경주시는 '경주 역사문화도시 조성사업'의 일환으로 황룡사 복원 프로젝트를 내놓았다. 2030년까지 황룡사의 건물을 복원하고 특수 스크린을 설치해 여기에 레이저를 쏘아 황룡사 9층 목탑의 위용을 보여 주겠다는 것이다. 그리고 황룡사 9층 목탑이 어떻게 생겼는지 정확한 고증이 이뤄지면 목탑까지도 직접 복원하겠다는 내용이다. 하지만 이를 놓고 논란도 많다. 반대론자들이 가장 우려하는 것은 철저한 고증 문제다. "황룡사와 황룡사 9층 목탑의 경우, 원래 어떤 모양이었는지 참고할 만한 사료가 거의 없는데 어떻게 원형대로 복원할 수 있는가?" "현재의 목조 건축 기술로 9층의 목탑을 제대로 만들어 낼 수 있는가?" 하고 의문을 던진다.

그러나 찬성론자들은 경주의 활력을 되살리기 위해 이 같은 복원 프로젝트가 필요하다고 말한다. "로마를 가 보면 활력이 넘치지만 경주는 그렇지 않다. 너무 차분하고 조용하다. 많은 사람들이 경주를 찾도록 하기 위해선 이러한 프로젝트가 하나의 아이디어가 될 수 있다." "경주는 과거와 현재가 공존해야 한다. 황룡사지가 신라의 모습으로만 머물러 있을 수는 없다. 거기에 21세기의 세월이 다시 쌓여야 한다. 그런 점에서 황룡사 목탑 레이저 쇼는 괜찮은 아이디어다."라고 찬성한다.

양쪽의 주장이 모두 일리가 있는 데다 2030년까지 이어지는 장기 프로젝트여서 지금 섣불리 결론을 내리기는 쉽지 않다. 그러나 우리 국민과 외국인이 즐겨 찾는 경주를 만들기 위해선 좀 더 적극적인 자세도 필요하다. 1989년 루브르 박물관 앞에 유리 피라미드를 만들 때 전통과 어울리지 않는 비판도 많았지만 세월이 흐른 지금은 루브르의 명물이 되었다. 2013년 현재 아직도 논란이 많다. 그러나 경주시는 꾸준히 황룡사와 9층 목탑의 복원을 준비하고 있다.

7

국보의 도난과 가짜 사건

지금도 호시탐탐 문화재를 노리는 음험한 눈길이 있다. 일확천금을 위해 국보 문화재를 훔치려는 사람들, 가짜를 만들어 진짜로 둔갑시켜 손쉽게 돈을 벌려고 하는 사람들. 실제로 우리 주변에서는 이런 일들이 생각보다 훨씬 자주 발생한다. 국보 도난 사건은 일제 강점기인 1920년대로 거슬러 올라간다. 이후 지금까지 심심치 않게 도난 사건이 터져 나온다. 더욱 놀라운 점은 경비 시스템이 대단할 것으로 생각되는 유명 박물관에서도 도난 사건이 일어난다는 점이다. 우리의 국립박물관에서도, 프랑스의 루브르박물관에서도 도난 사건이 발생했다.

가짜를 만들어 세상을 속이려는 사람도 많다. 가짜 문화재를 만들어 바다에 빠뜨린 뒤 진짜인양 건져내 국보로 지정받은 경우까지 있을 정도다. 골동 시장에는 가짜 문화재들이 적잖이 유통되고 있다. 추사 김정희의 글씨나 흥선 대원군 이하응의 묵란은 절반이 가짜라는 말이 나올 정도다. 과학적 수법을 동원해 조직적으로 가짜를 만들어 내다 보니 가짜를 구분하는 것도 쉽지 않은 일이다. 국보 문화재를 노리는 다양한 범죄의 손길, 그 세계를 소개한다.

1
국보
도난 사건

2003년 5월 충남 공주시 국립공주박물관에 전시 중이던 국보 247호 공주 의당 출토 금동보살입상(金銅菩薩立像)이 도난당하는 충격적인 사건이 발생했다.

그 충격이 채 가시지도 않은 2004년 12월, 경북 경주시 국립경주박물관 야외 전시물인 조선시대 석인상(石人像, 인물 돌조각)이 감쪽같이 사라져 버린 사실이 확인되었다. 이 경우 도난 사건은 이미 수개월 전에 발생했지만 그 사이 박물관은 도난 사실조차 모르고 있었던 것이다. 국보가 즐비한 국립박물관에서 발생한 이 같은 사고는 우리의 문화재 관리가 얼마나 허술한지를 단적으로 보여 주는 사례였다.

유수의 박물관에서 어떻게 이런 일이 발생할 수 있을까 싶지만 문화재 도난 사건은 의외로 빈번하다. 국내에서의 문화재 도난은 매년 20여 건, 1천여 점에 달한다. 그러나 회수율은 30% 정도에 불과한 실정이다.

—— 무참히 털린 국립공주박물관

2003년 5월 발생한 국립공주박물관 국보 불상 강탈 사건은 온 나라를 발칵 뒤집어 놓았다. 아직도 그 기억과 충격이 생생하다. 5월 15일 밤 10시 25분경, 충남 공주시 국립공주박물관 당직실에 30대의 복면 괴한 2명이 침입했다. 이들은 칼과 전기 충격기로 당직 학예연구사를 위협해 눈과 입을 가린 뒤 1층 전시실로 뛰어들어갔다. 이어 진열장 유리를 깨고 국보 247호 공주 의당 금동보살입상과 고려 상감청자 2점, 조선 분청사기 1점을 훔쳐 달아났다.

당직자는 당직실 옆 철제 문을 내리지 않아 괴한의 침입에 무방비였다. 건물 밖에 있는 청원경찰 역시 범인들의 침입을 전혀 눈치채지 못했다. 국보가 전시되어 있는 전시실엔 폐회로 텔레비전(CC TV)조차 없었다. 범인을 잡고 무사히 유물을 되찾긴 했지만 박물관 보안이 얼마나 허술했는지를 보여 주는 단적인 사례였다.

2003년이면 저 옛날도 아니다. 첨단의 시대에 국립박물관이 이렇게 무참히 털리다니, 국립박물관의 역사에서 치욕스러운 사건이었다.

── 연기처럼 사라졌다 돌아온 고구려 불상

국내에서 발생한 희대의 도난 사건으로는 아마도 국보 119호 금동 연가7년명 여래입상(金銅延嘉七年銘如來立像) 도난을 들어야 할 것이다.

1967년 10월 24일 오전 10시 30분경 서울 덕수궁미술관 2층 전시실. 경비원이 유리 진열장 속에 있어야 할 고구려 불상이 사라지고 한 장의 메모만 덩그러니 들어 있는 것을 발견했다. 메모의 내용은 이러했다.

"문화재관리국장께 직접 알리시오. 오늘 밤 12시까지 돌려주겠다고. 잠시 후 11시에 국장께 연락하겠소."

문화재관리국(현 문화재청)과 경찰은 발칵 뒤집혔다. 범인은 이후 오전 11시 30분, 오후 3시, 오후 6시에 문화재관리국장에게 전화를 걸어 "밤 12시에 돌려주겠다."는 말만 남기곤 일방적으로 끊어 버렸다. 수사는 갈피를 잡지 못하고 시간만 계속 흘렀다. 밤 11시, 문화재관리국 전화벨이 요란하게 울렸다. 범인의 목소리가 들려왔다.

"한강철교 제3교각 16, 17번 침목 받침대 사이 모래밭에 있으니 찾아가시오."

모두들 한강 철교 밑으로 달려갔고, 불상은 거기 무사히 있었다. 그러나 범인은 영영 잡지 못했다.

── 위기일발의 연속, 신라 금관

전시 중인 문화재 도난 사건은 일제 강점기였던 1927년으로 거슬러 올라간다.

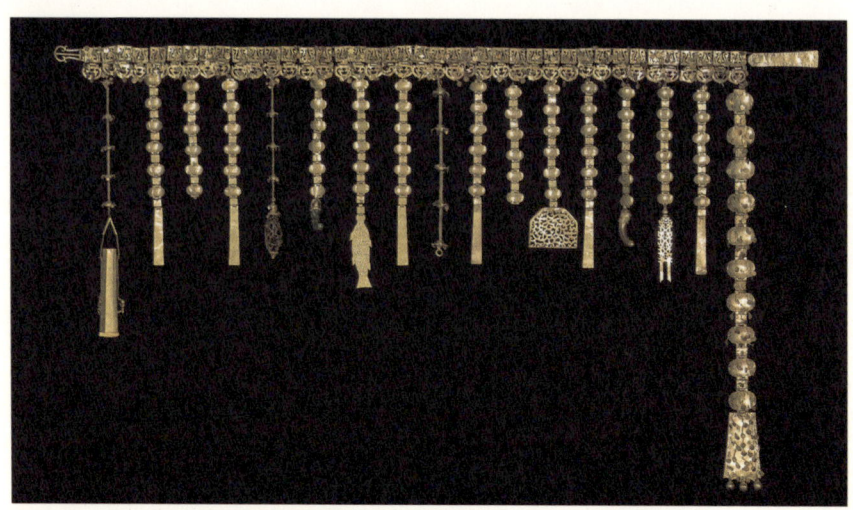

1927년 11월 10일 밤, 경주박물관에 침입한 범인이 금관총에서 출토된 순금 허리띠와 장식물(현재 국보 제88호) 등 금제 유물을 몽땅 털어갔다. 그런데 신기하게도 금관에는 손도 대지 않았다. 6개월이 지났건만 수사에 진전은 없고 사건은 미궁으로 빠져들었다. 그러던 중 1928년 5월 어느 날 새벽, 경주경찰서장 관사 앞을 지나던 한 노인이 이상한 보따리 하나를 발견했다. 열어 보니 찬란한 황금빛 유물, 바로 그 도난품들이었다. 하지만 범인은 이미 종적을 감춘 뒤였다.

이때 화를 면했던 금관총 출토 금관(현재 국보 87호)은 1956년 결국 수난을 겪고 말았다. 국립경주박물관에 또다시 범인이 침입했다. 범인은 1927년과는 정반대로 다른 금제 유물엔 손도 대지 않고 금관총 출토 금관 한 점만 훔쳐갔다. 그러나 천만다행으로 그건 모조품이었다. 금관총 출토 금관은 그렇게 극적으로 살아남았다.

___ 그치지 않는 국보의 수난

이외에도 국보 도난 사례는 적지 않다. 1965년에는 경남 밀양 표충사에 보관 중이던 청동향완(국보 75호), 1967년에는 충남 아산 현충사의 이충무공『난중일기(亂中日記)』(국보 76호), 1974년에는 전남 순천 송광사의 목조삼존불감(木彫三尊佛龕)(국보 42호)을 도난당했다. 모두 범인을 잡고 문화재를 되찾기는 했지만 1950~70년대는 국보 수난 시대였다고 할 만하다.

도난 사건은 1990년대 이후 다시 기승을 부리기 시작했다. 1993년 12월 서울

1 금관총 출토 허리띠와 장식물. 1927년 도난당한 허리띠와 장식물은 1928년 경주경찰서장 관사 앞에서 발견됐다. **2** 국보 119호 금동 연가7년명 여래입상. 고구려 6세기, 높이 16.2cm. 1967년 서울 덕수궁미술관에서 도난당한 이 불상은 그날 밤 한강 철교 밑에서 발견됐다.
3 국보 247호 공주 의당 금동보살입상. 백제 7세기, 높이 25cm. 2003년 5월 15일 밤에 박물관 전시실에서 괴한들에게 강탈당한 이 불상은 5월 26일에 회수되었다.

 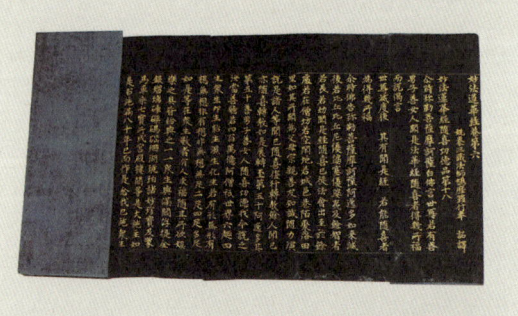

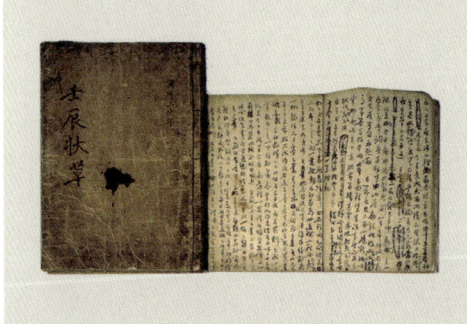 

1 국보 75호 청동향완. 1965년 밀양 표충사에서 도난당했다 되찾았다. 사찰 소장품은 대부분 인적이 드문 곳에 있고 보안 시설까지 허술한 경우가 많아 도둑의 표적이 되고 있다. **2** 보물 959호 감지은니묘법연화경. 경주 기림사 소장품으로 1993년 12월 도난당했다. **3** 국보 76호. 이순신 장군의 난중일기 및 서간첩 임진장초. 1967년 아산 현충사에서 도난당했다 되찾았다. **4** 국보 42호 목조삼존불감. 순천 송광사에서 1974년 도난당했다 무사히 회수했다.

세종문화회관에서 전시 중인 『월인석보(月印釋譜)』 목판본(1568년판) 등이 도난 당했다. 1993년 11월 서울 성신여대박물관은 두 차례에 걸쳐 조선시대 회화와 고려청자 등을 털렸고, 1998년 1월에는 전남 해남 충무사의 이충무공 영정(이당 김은호의 1966년 작)이 도난당하는 사건이 일어났다.

2001년 3월에는 서울의 한 고미술상의 아파트에서 국보 238호인 안평대군의 〈소원화개첩(小苑花開帖)〉 등 문화재 100여 점이 도난당했다. 이 〈소원화개첩〉은 아직까지 찾지 못했다.

이 같은 문화재 도난 사건을 보면 사찰에서 발생한 경우가 적지 않다. 밀양 표충사의 청동 향완 도난 사건, 순천 송광사의 목조삼존불감 도난 사건이 그 대표적인 사례다. 국보 이외에 보물 도난 사건은 더욱 많다. 1995년 1월 고려 16국사 영정 13점(전체는 16점, 보물 1043호) 도난, 1992년 3월 전남 구례 천은사의 보물 924호 아미타후불도(阿彌陀後佛圖)(보물 924호) 도난, 1993년 12월 경북 경주 기림사의 감지은니묘법연화경(紺紙銀泥妙法蓮華經)과 감지금니묘법연화경(紺紙金泥妙法蓮華經)〉(이상 보물 959호) 도난 사건 등등. 사찰이 대부분 인적이 드문 곳에 위치해 있고 보안 시설까지 허술한 곳이 많아 검은 손길이 그치지 않고 있는 것이다.

해외 문화재,
미술품 도난 사건

문화재, 미술품 도난 사건은 외국에서도 빈번하게 발생한다. 영국의 일간지 인디펜던트에 따르면 2004년 8월 현재 도난당했거나 실종된 명화엔 파블로 피카소의 작품 280여 점, 후앙 미로의 작품 240여 점, 마르크 샤갈의 작품 200여 점 등이 포함되어 있다. 이들 작품은 현재까지 행방이 묘연하다.

〈절규〉의 수난 – 올림픽과의 악연

2004년 8월 22일 발생한 뭉크(Edward Munch, 1863~1944)의 〈절규〉 도난 사건을 놓고 영국의 일간지 인디펜던트는 "역대 명화 절도 사상 가장 대담했다."고 평했지만, 어찌 보면 어이없는 사건이었다. 아테네 올림픽이 한창이던 2004년 8월 22일 오전 11시경 노르웨이 수도 오슬로의 뭉크미술관. 관람객으로 북적이는 전시실에 복면을 한 두 명의 무장 괴한이 들이닥쳤다. 한 사람은 총으로 미술관 보안 요원을 위협했고 다른 한 사람은 벽에 걸린 〈절규〉와 〈마돈나〉를 잡아당겨 철사줄을 뜯어냈다. 30여 명의 관람객들은 놀라서 그저 멍하니 쳐다볼 뿐이었다. 범인들은 그림을 들고 유유히 걸어나가 미리 대기해 놓은 아우디 A6 승용차를 타고 도주했다. 범행 장면은 폐회로 텔레비전(CCTV)에 포착되었고 이것이 언론을 통해 공개되었다. 어이없이 도난당하는 모습을 지켜본 전 세계 미술 애호가들은 충격을 감추지 못했다. 도난 직후, 한 낙태 반대 운동 단체가 '자신들의 범행'이라고 주장하면서 "노르웨이 정부가 낙태 금지 정책을 발표하면 그림을 돌려주겠다."고 밝히기도 했다.

두 작품의 목제 그림틀은 오슬로 거리에서 부서진 채 발견되었다. 그러나 사건 발생 두 달이 지나도록 범인을 잡지 못했다. 작품의 행방 역시 묘연했다. 그러던 중 뭉크미술관은 2006년 이들 그림을 회수했다. 하지만 어떻게 되찾았는지에 대해서는 알려지지 않았다. 도난 당시 미술관이 추정한 두 작품의 가격은 모두 1,900만 달러. 그러나 시장에 나올 경우 〈절규〉는 7,500만 달러, 〈마돈나〉는 2,500만 달러에 이른다는 것이 당시 전문가들의 견해다.

뭉크 작품 〈절규〉의 수난은 여기에 그치지 않는다. 또 다른 〈절규〉가 도난당한 적이 있기 때문이다. 뭉크가 1893~94년 그린 〈절규〉는 모두 4점. 뭉크미술관에 2점, 노르웨이 오슬로 국립미술관에 1점 소장되어 있고 나머지 1점은 개인이 소유하고 있다. 그 가운데 국립미술관 소장

〈절규〉가 1994년 2월 릴리함메르 동계올림픽 기간에 도난당한 것이다. 1994년 당시에도 한 낙태 반대 운동 단체가 "낙태 실태에 관한 영화를 TV로 방영하면 그림을 되돌려주겠다."고 주장한 적이 있었다. 이 작품은 3개월 후, 오슬로 외곽의 한 호텔에서 종이에 싸인 채 발견되었다.

10년의 시차를 두고 발생한 두 사건에는 유사점이 많다. 모두 올림픽 기간 중에 도난당했다는 점, 낙태 반대 운동 단체들이 개입되었을 가능성이 있다는 점, 감시 카메라에 도난 장면이 찍혔다는 점 등. 우연으로 치부해 버리기엔 공통점이 너무나 많다.

〈절규〉 4점 가운데 개인이 소장하고 작품은 2012년 5월 뉴욕 소더비 경매에서 1억 1,992만 2,250달러(약 1,355억 원)에 낙찰된 바 있다. 당초 예상했던 8,000만 달러를 뛰어넘는 것으로, 당시 세계 미술품 경매 최고가를 기록했다.

〈모나리자〉의 수난 – 루브르박물관의 치욕

철벽 보안을 자랑할 것 같은 프랑스 루브르박물관에서도 도난 사건이 이어졌다. 그것도 레오나르도 다 빈치(Leonardo da Vinci, 1452~1519)의 〈모나리자〉가 털렸다는 점에서 더욱 충격적이다. 루브르박물관 휴관일이었던 1911년 8월 21일. 이날 아침 한 청년이 전시실 벽에 걸린 〈모나리자〉를 떼어 유유히 전시실을 걸어 나갔다. 경비원들은 박물관 직원이 사진을 찍기 위해 작품을 떼어 가는 것으로만 생각했다. 전시실의 1차 관문을 통과한 범인은 계단으로 숨어 들어갔다. 거기서 액자를 뜯어내고 그림을 둘둘 말아 옷에 감춘 뒤 박물관을 빠져나갔다.

범인은 2년 뒤인 1913년 11월 이탈리아의 피렌체에서 경찰에 붙잡혔다. 놀랍게도 20대의 이탈리아 화가였다. 그는 다음과 같이 범행 동기를 밝혔다. "〈모나리자〉를 조국의 품으로 돌려주려고 했다. 이탈리아의 문화재와 미술품을 약탈해 간 나폴레옹에 대해 복수하고 싶었다." 경찰에 붙잡힐 무렵, 범인은 피렌체의 한 고미술상과 거래를 진행하고 있었다. 자신에게 거액을 주

(왼쪽) 에드바르 뭉크의 〈절규〉. 1893년 작. 2004년 8월 22일 노르웨이 뭉크미술관에서 전시 중이던 이 작품과 〈마돈나〉가 도난당했다.
(오른쪽) 레오나르도 다 빈치의 〈모나리자〉. 1911년 루브르박물관에서 도난당한 이 작품은 1914년 회수됐다.

면 피렌체의 우피치미술관에 〈모나리자〉가 걸릴 수 있도록 해 주겠다고 했다. 치기 어린 영웅심의 발로였지만, 그렇게 해서 〈모나리자〉가 피렌체의 우피치미술관에 잠시 전시되었으니 범인의 꿈은 이뤄졌는지도 모른다. 어쨌든 이듬해 〈모나리자〉는 루브르박물관으로 무사히 돌아갔다.

1998년 5월 루브르박물관은 또다시 치욕을 겪어야 했다. 박물관에 침입한 범인은 인상파 화가 카미유 코로(Jean-Baptiste-Camille Corot, 1796~1875)의 그림 〈세브르의 길〉을 캔버스째 오려내 연기처럼 사라졌다. 루브르박물관 측이 "최첨단 도난 방지 장치를 가동해 더 이상의 도난은 없을 것이다."라고 호언한 직후였다.

경찰 복장으로 위장하고, 전시실 벽을 뚫고 – 기상천외한 수법

미술품 도난 사건은 이뿐만이 아니다. 1998년 5월 이탈리아 국립현대미술관에서 고흐(Vincent van Gogh, 1853~1890)와 세잔(Paul Cézanne, 1839~1906) 작품 3점을 도난당한 사건, 1991년 네덜란드 암스테르담 빈센트 반 고흐 박물관에서 〈해바라기〉 등 20여 점을 도난당한 사건, 1985년 파리 마모탕박물관에서 모네(Claude Monet, 1840~1926)의 작품 〈인상-해돋이〉 등 10여 점을 강탈당한 사건 등이다.

그 수법도 다양하다. 1990년 3월 미국 보스턴 이사벨라 스튜어트 가드너 박물관에서는 경찰 복장으로 위장한 범인들이 마네(Edouard Manet, 1832~1883), 렘브란트(Rembrandt Harmenszoon van Rijn, 1606~1669), 드가(Edgar Degas, 1834~1917)의 그림을 챙겨 달아났다. 1990년 캐나다 토론토의 한 화랑에선 범인들이 경보망을 피해 아예 벽을 뚫고 들어가 피카소의 작품을 훔쳐가는 대담한 범행을 저지르기도 했다.

카이로 국립박물관의 위기일발 – 문화재 도난 미수

문화재를 훔치려다 미수에 그친 사건도 있었다. 1996년 9월 이집트의 카이로국립박물관. 20대 청년이 박물관 개장 직후 투탕카멘(Tutankhamen, 재위 B.C 1361~ B.C 1352)의 순금제 보검을 양말 속에 감추어 나오다 현관에서 붙잡혔다. 경찰 조사 결과, 그는 전날 관람객으로 가장해 박물관에 들어간 뒤 전시대 밑에 숨었다. 밤이 되자 밖으로 나온 그는 드라이버로 투탕카멘 보물 진열장 유리 뚜껑을 열어 순금제 보검을 양말 속에 넣었다. 휴대하기 쉬운 작은 유물 20여 점은 나중에 찾아갈 생각으로 화장실에 숨겨 놓았고, 아침에 박물관 밖으로 나오다 덜미를 잡힌 것이다.

경찰에서 밝혔던 범인의 말이 충격적이다. "박물관은 일단 폐장하고 나면 간섭하는 사람이 아무도 없어 물건을 훔치기에 너무 편하다. 가정집을 터는 것보다 훨씬 쉬웠다……. 이번 실패는 아마도 '파라오의 저주' 때문인 것 같다."

2

도난 문화재와
미술품의 회수

문화재나 미술품을 도난당하면 범인을 잡는 것도 시급하지만 도난 작품을 무사히 찾는 것이 가장 중요하다. 범인을 잡으면 다행이지만, 범인을 잡지 못할 경우도 많다. 하지만 범인을 잡지 못해도 문화재가 돌아오는 경우가 종종 있다. 수사망이 좁혀지면서 불안하고 다급해진 범인들이 도난 문화재를 되돌려 놓고 사라지는 것이다.

____ 특정 장소에 갖다 놓고 연락을 해오는 경우

2003년 국립공주박물관에서 강탈당한 국보 247호 공주 의당 금동보살입상은 사건 발생 11일 만에 무사히 되찾았다. 범인 두 명 중 한 명을 붙잡은 경찰은 휴대전화 메시지를 통해 도난 문화재를 지니고 있는 공범 한 명을 집요하게 설득했다. 공범은 경기 용인시 명지대 인근의 한 우유대리점 앞 화분에 국보를 갖다 놓은 뒤 이 같은 사실을 경찰에 알렸다. 2003년 5월 26일 0시 30분경, 경찰은 그곳에서 무사히 국보를 회수했다. 4일 뒤인 5월 30일 새벽, 공범은 경찰에 다시 전화를 걸어 나머지 문화재 세 점을 돌려주겠다고 했다. 경찰은 범인의 말에 따라 곧바로 대전 호남고속도로 유성IC 인근의 공중전화 부스 옆으로 달려갔고, 가방에 들어 있는 문화재 세 점을 찾을 수 있었다. 1967년 덕수궁미술관에서 연기처럼 사라졌던 국보 119호 금동 연가7년명 여래입상도 이런 식으로 돌아왔다.

____ 우편이나 탁송으로 돌려보내는 경우

1991년 3월 서울의 조계종 총무원에 화물 탁송편으로 동종(銅鐘) 하나가 배달되

와르카 항아리 기원전 3200년경. 2003년 봄, 이라크 전쟁 당시 이라크 바그다드 국립박물관에서 도난당했던 이 문화재는 6월 13일 박물관으로 되돌아왔다.

었다. 그건 1987년 12월 31일 도난당했던 전북 고창 선운사의 동종이었다. 왼손으로 서툴게 쓴 듯한 편지 한 통도 함께 배달되었다. 그 편지의 내용이 흥미롭다. "종을 훔친 후 매일 밤 꿈에 보살이 나타났고 그 꿈에 감복해 이 종을 돌려 보낸다."는 것이었다. 불교 문화재이기에 이런 일이 생긴 것일까. 그러나 그건 감복이 아니라 두려움이었을 것이다.

── 도난 장소 또는 제3의 장소에
       갖다 놓는 경우

2003년 봄 이라크 전쟁에서 바그다그가 함락될 당시 바그다드 국립박물관에서 도난당했던 이라크의 명품 와르카 항아리(기원전 3200년경)가 그해 6월 13일 박물관으로 되돌아왔다. 이날 낮 12시경, 박물관 앞에 붉은색 도요타 승용차가 멈추더니 20대 남자 세 명이 차에서 내려 와르카 항아리를 박물관 직원에게 돌려주곤 쏜살같이 사라졌다.

제3의 장소에 갖다 놓고 사라지는 경우도 적지 않다. 1927년 국립경주박물관에서 도난당한 금관총 출토 순금 허리띠와 장식물이 경주경찰서장 관사 앞에서 발견된 것이 바로 그러한 예다. 2003년 9월에는 6년 전

도난당한 울산 석남사의 지장보살도(地藏菩薩圖)가 경남 양산 통도사 성보박물관 앞에서 발견되기도 했다.

___ 애국이라는 명분의 치기 어린 문화재 회수

2004년 10월, 희한하면서도 부끄러운 문화재 귀환이 있었다. 일본에 건너간 우리 문화재를 찾아온다는 명분으로 일본의 문화재를 훔쳐 국내로 들여온 사건이 일어난 것이다.

당시 일본 유명 사찰을 돌아다니며 고려불화 등을 훔쳐 온 일당이 붙잡혔다는 소식이 언론에 보도되었다. 일본 효고(兵庫)현 가쿠린지(鶴林寺) 보물관의 고려불화〈아미타삼존도(阿彌陀三尊圖)〉를 훔친 김 모 씨와 황 모 씨를 검찰이 구속한 것이다. 이들은 1998년과 2001, 2002년 모두 세 차례에 걸쳐 가쿠린지를 비롯해 오사카(大阪) 에이후쿠지(叡福寺)와 아이치(愛知)현 린쇼지(隣松寺)에서 불화 등 수십 점의 문화재를 훔진 것으로 밝혀졌다. 김 씨는 검찰에서 이렇게 말했다.

"현존하는 고려불화 대부분이 일본에 있고 한국에는 거의 남아 있지 않다는 사실을 알고 일본이 약탈해 간 문화재를 되찾아오려고 했던 것이다."

이들은 이 가운데 〈아미타삼존도〉를 국내 골동상에 판매했다. 검찰은 대구 지역의 한 암자에서 보관하고 있다는 사실을 확인했다. 이 불화는 여러 단계를 거쳐 한 개인 사업자가 암자의 스님에게 기부한 것으로 드러났다. 그러나 사찰 측은 "잃어버렸다."며 반환을 거부했다.

이후 수사는 답보 상태에 머물러 있다. 어디에 있는지 알 수도 없다. 그들은 애국이라고 강변하지만 그들의 행위는 애국이 아니라 나라 망신이다. 그것이 과연 진정한 귀환일 수 있을까.

___ 사후 회수보다는 사전 예방으로

2003년 7월부터 문화재보호법이 강화되면서 도난 문화재의 회수 사례가 늘고 있다.

그동안은 도난 시점부터 공소시효(7년)를 적용했었다. 훔친 문화재를 감춰 놓고 7년이 지난 뒤 시장에 내다 팔면 아무런 문제가 되지 않았던 것이다. 이렇다 보니 문화재 도난과 밀거래를 막을 수 없다는 지적이 많았고, 이에 따라 2003년 7월 법을 강화했다. 공소시효를 범죄 시점부터 적용하는 것이 아니라, 도난 문화재를 은닉한 사실을 수사기관이 확인했을 때부터 적용하도록 바꾼 것이다. 도난 문화재 거래가 훨씬 어려워졌고, 동시에 도난 문화재 회수 가능성이 높아진 셈이다. 그렇지만 일단 도난당하고 나면 그것을 되찾는다는 건 보통 어려운 일이 아니다. 너무나 당연한 얘기겠지만 중요한 점은 도난당하지 않는 것이다. 결국 철저한 관리와 예방만이 유일한 대책이다.

—— 서산 부석사 불상을 둘러싼 논란

2012년 10월, 두 명의 한국인이 일본 나가사키(長崎)현 쓰시마(對馬)시 간논지(觀音寺)의 불상 창고에 침입했다. 이들은 창고의 지붕을 뜯고 들어가 안에 있던 금동여래입상과 금동관음보살좌상을 훔쳐 도주했다. 불상 두 점은 배편을 통해 부산으로 반입됐다. 그때까지 이 일은 아무런 이슈가 되지 않았다.

2개월 뒤인 2012년 12월 초, 일본 정부는 "간논지에서 한국인이 불상을 훔쳐 한국으로 반입했다."며 우리 정부에 수사를 요청해 왔다. 도난품이 어떻게 항만을 통과해 한국으로 들어올 수 있었단 말인가? 항만을 통과할 때, 부산항의 문화재감정관은 이 불상들을 가짜라고 판단했다. 가짜라고 하면 별로 중요하지 않은 물건이라는 말이다. 문화재일 경우에 한해 공항이나 항만에서 체크하는 것이지, 문화재가 아닌 가짜 불상이라고 한다면 그걸 갖고 나가든 들여오든 문제가 되지 않는다. 그렇게 해서 간논지의 불상 두 점은 가짜로 판단되어 한국에 들어왔다. 그런데 일본 정부가 "그 불상은 도난 문화재"라며 수사를 요청해 온 것이다.

문화재청과 대전지방경찰청이 범인들을 붙잡았다. 훔친 불상을 압수해 조사한 결과, 금동여래입상은 8세기 통일신라시대, 금동관음보살좌상은 14세기 고려시대

금동관음보살좌상, 고려 14세기. 일본 간논지에서 훔쳐 국내에 반입한 불상으로 충남 서산 부석사에 있었던 것이다. 이 불상 반환을 둘러싼 논란이 뜨거웠다.

사진 | 문화재청

작품으로 드러났다. 게다가 금동관음보살좌상은 충남 서산 부석사에 있었던 불상으로 확인되었다. 예전에 서산 부석사 있던 불상이라는 사실이 밝혀지자 순식간에 논란이 뜨거워졌다. 절도범이 일본에서 훔쳐 한국에 들여온 이 불상을 일본에 돌려줄 것인지, 말 것인지의 논란이었다.

　서산 부석사는 "금동관음보살좌상은 일본이 약탈해 간 것이다. 그러니 일본에 돌려주지 말아야 한다. 이번 기회에 한국에 남겨 다시 부석사로 돌아와야 한다."고 강력하게 주장했다. 일본 측은 "약탈이 아니다. 정상적으로 일본으로 넘어온 것이기 때문에 부석사에 돌려 줄 필요가 없다."고 반박했다. 부석사는 대전지방법원에 이전 금지 가처분 신청을 제기했다. 법원은 "일본이 정상적인 방법으로 소장했다는 증거가 나오지 않는 한 반환해서는 안 된다."고 판결했다.

　금동관음보살좌상은 1330년 조성되어 서산 부석사에 봉안했던 불상이다. 이것은 사실이다. 그런데 언제 어떻게 일본으로 넘어갔는지 알 수 없다. 약탈해 갔다는 것은 정황상의 추정일 뿐이다. 물증은 없다. 물증이 없는데도 "일본이 약탈해 간 것이니 돌려주지 말아야 한다."고 주장하는 것은 또 하나의 억지가 아닐 수 없다. 더욱 큰 걱정은 마치 이 불상을 훔쳐 온 절도범들이 약탈당한 우리 문화재를 되찾아온 것인 양 생각할 수 있다는 점이다. 수치스럽고 부끄러운 일인데도, 문화재 절도범에게 면죄부를 줄 우려가 매우 크다는 말이다.

　우선, 이 금동관음보살좌상은 일본 쓰시마의 간논지에 돌려주어야 한다. 그 이후에 약탈과 반환에 관한 논의를 시작하는 것이 순서다. 절도범들이 훔쳐 온 불상을 일본에 돌려주지 않는다는 발상은 근본적으로 몰염치하고 비이성적이다. 앞으로의 문화 교류는 물론이고 일본에 있는 약탈 문화재를 우리가 반환해 오는 데 있어서도 나쁜 선례가 될 것이다.

3
가짜 국보와
발굴 조작

우리 주변에서 만나는 문화재 가운데에는 가짜가 적지 않다. '문화재는 돈이 된다.'는 생각에 사로잡힌 사람들이 가짜를 만들어 시장에 내다 팔기 때문이다. 다행히 국보에는 가짜가 거의 없다. 문화재 각 분야의 전문가들이 모여 수차례의 심의를 거쳐 국보로 지정하기 때문에 가짜가 파고들 여지가 거의 없는 편이다. 그러나 예외가 있었다. 바로 국보 274호였던 거북선별황자총통이다.

―――― 국보 274호 거북선총통의 위조 및 발굴 조작

1992년 8월, 해군의 이충무공 해전유물발굴단은 경남 통영시 한산도 앞바다에서 거북선총통을 발굴해 내는 개가를 올렸다. 귀함별황자총통(龜艦別黃字銃筒), 거북선에 장착했던 무기라는 점에서 많은 관심이 집중되었다. 획기적인 발굴이라는 평가 속에 세상이 떠들썩했다. 그리고 발굴 3일 만에 국보 274호로 지정되었다.

4년이 채 지나지 않은 1996년 6월, 이 총통은 가짜이고 총통 발굴은 조작으로 밝혀졌다. 진급에 눈이 먼 한 해군 대령이 골동상과 짜고 가짜를 만들어 한산도 앞바다에 빠뜨린 뒤 진짜인 양 건져낸 것이다. 한국 문화재 역사에 있어 초유의 사기극이었다.

단서는 한 달 전인 1996년 5월 검찰에 의해 포착되었다. 광주지방검찰청 순천지청은 수산업자인 홍 모 씨를 조사하던 중 "국보 274호 별황자총통은 가짜다."라는 충격적인 이야기를 들었다.

검찰은 곧바로 문제의 별황자총통을 발굴했던 해전유물발굴단장 황 모 대령을

은밀하게 불렀다. 검찰에 불려온 황 대령은 "나도 그런 소문을 듣긴 했다. 그러나 해군의 명예를 생각해 덮어 주면 좋겠다."며 범행 사실을 부인했다.

황 대령은 부인했지만 말의 뉘앙스에서 무언가 냄새가 묻어났다. 검찰은 직감적으로 '발굴 조작'임을 알아채고 물증을 잡기 위한 본격 수사에 착수했다. 검찰은 황 대령을 다시 소환해 자백할 것을 설득했다. "해군사관학교 출신의 명예를 생각하라."면서 황 대령의 자존심을 건드렸지만 황 대령은 쉽게 넘어오지 않았다. 며칠씩 밀고 당기기가 계속되었다.

그러던 6월 중순 어느 날, 황 대령은 결국 사실을 실토했다. 발굴 조작이 밝혀진 순간이었다. 황 대령이 홍 모 씨를 통해 골동상 신 모 씨의 총통을 넘겨받아 이것을 바다에 빠드린 뒤 발굴한 것처럼 꾸민 것이었다. 이런 불법에 돈 거래가 빠질 수는 없는 법, 황 대령이 그 대가로 신 모 씨에게 돈을 건넨 것도 확인되었다.

해군은 6월 18일 이 같은 사실을 발표했다. 관련 학계는 물론 전 국민을 충격에 몰아넣었다. 연일 이 문제가 톱뉴스로 다뤄졌다. 범인인 황 대령과 홍 씨를 붙잡고 신 씨를 추적하는 상황이었다. 어쩌면 사건이 일단락될 수도 있었다. 그러나 사태가 이 정도에서 수습되지 않았다. 총통 자체가 가짜일 수 있다는 의문이 제기된 것이다.

우선, 보존 상태가 지나치게 양호하다는 점이 지적되었다. 바다에서 건져 올린 다른 총통들은 녹이 많이 슬어 글씨를 알아보기 어려운 것이 보통이다. 그러나 이 총통에 새겨진 글씨는 요즘 새긴 글씨처럼 너무나 선명했다.

총통에 새겨진 '귀함황자경적선 일사적선필수장(龜艦黃字警敵船 一射敵船必水葬)'이라는 문구도 수상쩍다는 지적이 나왔다. 이 문구는 '거북선의 별황자총통은 적을 놀라게 하고, 한 발만 쏘아도 적의 배를 바다에 침몰시킨다.'는 뜻이다.

이 문구 가운데 일부 표현은 조선시대나 임진왜란 당시에 사용하던 것이 아니었다. 대표적인 예가 귀함(龜艦), 적선(敵船), 수장(水葬) 등이다. 이러한 단어는 당시의 기록에 전혀 나타나지 않거나 당시 어법으로 보아 어색한 것들이다.

1 가짜 거북선별황자총통. 1996년 발굴 3일 만에 국보 274호로 지정되었으나, 4년 뒤인 1996년 가짜로 밝혀져 국보에서 해제되었다.
2 가짜 거북선별황자총통의 세부. 총통에 새겨진 문구도 임진왜란 당시에는 사용하는 표현이 아니었다.

임진왜란 당시엔 거북선을 귀함이 아니라 귀선으로 불렀다. 조선시대 군선(軍船)은 '艦(함)'으로 쓰지 않고 '船(선)'이라고 썼던 것이다. 또한 한반도에 침략해 온 적군이나 적선 등은 모두 敵(적)'으로 표기했다. 따라서 '敵船(적선)'이란 표현은 당시의 것으로 볼 수 없다. '一射(일사)' 도 마찬가지. '射(사)'는 발사한다는 뜻이지만 그건 현대에 사용하기 시작한 것이다. 조선시대에 '射(사)'는 화살을 쏘는 것에만 사용했다. 포나 총통과 같은 화약 무기의 경우에는 '放(방)'으로 표기했다. 이런 점으로 미뤄볼 때, 이 총통이 임진왜란 때의 것이 아니라 후대에 누군가가 새겨 넣은 것, 즉 가짜라는 의견이 강력히 제기되었다.

이에 따라 검찰의 수사는 계속 이어졌다. 이 총통을 제공했다는 신 모 씨의 집에서 제작 시기가 불확실한 총통 13점과 글씨를 음각하는 도구들이 발견되었다. 가짜의 가능성이 한층 높아졌다. 그리고 며칠 뒤, 문제의 신 모 씨를 붙잡았다. 집요한 추궁 끝에 신 씨와 그의 사위가 함께 총통을 만들었다는 자백을 받아냈다. 신 씨 집 옥상에서 총통을 만들고 거기에 글씨를 새겨 넣은 뒤 화공 약품을 이용해 부식시켜 조선시대 것으로 둔갑시킨 것이었다.

이 사건의 경우, 총통을 정확히 고증하지도 않고 발굴 인양 사흘 만에 국보로 지정한 문화재 위원들도 책임을 면할 수 없다. 당시 국보 지정 심의에 참가한 문화재 위원 가운데에 무기 전문가는 한 명도 없었다. 그런 상황에서 해군의 말만 믿고 회의를 열어 토론도 없이 불과 30분 만에 국보로 지정하다니…….

4년 뒤인 1996년 8월 30일, 문화재 위원들은 이 총통을 국보에서 해제했다. 그들이 지정해 놓고 그들이 해제한 것이다. 한국 문화재 사상 가장 부끄러운 날 가운데 하루였다.

일본 고고학자의
구석기 발굴 조작

2000년 8월 말, 일본 마이니치(每日)신문사 편집국 간부에게 한 통의 짧막한 이메일이 날아들었다. 그 메일의 요지는 이러했다.

'후지무라의 구석기 유적 발굴은 날조된 것이다.'

날조? 조작? 그냥 흘려 넘기기엔 너무나 엄청난 내용이었다. 후지무라 신이치(藤村新一)가 누구인가. 일본 고고학계에서 '신의 손'으로 불리는 사람. 3만~5만 년 전이던 일본의 구석기 문화 유적을 50만~60만 년 전으로 끌어올린 일본 구석기 연구의 대표 학자가 아니던가. 그가 유적을 조작했다고? 신문사 편집국엔 일순간 긴장이 감돌았다. 마이니치 편집국은 곧바로 특별취재반을 구성했다. 각종 전문 서적과 관련 자료를 뒤지고 고고학 전문가들을 만나 의견을 들었다. 자료를 하나하나씩 찾고 전문가들의 의견을 들으면 들을수록, 그 제보에 신빙성이 높다는 쪽으로 기울어 갔다.

의심이 가는 사항은 대략 이러했다. 그동안 일본 고고학사에 길이 남는 주요 구석기 유적과 유물 발굴은 모두 후지무라에 의해 이뤄졌다. 즉 모두 그가 직접 찾아냈거나 그가 지시한 장소에서 발견된 것이었다. 그리고 석기는 모두 땅속의 동일한 깊이에서 발굴되었고 너무 깨끗했다. 마이니치 취재팀은 후지무라와 함께 발굴에 참가한 사람으로부터 이런 얘기도 들었다.

"그는 언제나 다른 모든 발굴단원이 쉬고 있을 때, 혼자 땅속에서 석기를 꺼내와 발굴했다고 말하곤 했다."

무언가 조작을 암시하는 말이다. 심증이 갔다. 그러나 이 엄청난 사실을 보도하려면 심증만으론 부족하다. 물증이 있어야 했다. 취재팀은 9월부터 현장 촬영에 착수했다. 후지무라는 이메일 제보 얼마 전인 8월 하순부터 미야기(宮城)현 가미타카모리(上高森) 등 여러 곳의 구석기 유적을 발굴하고 있었다. 취재팀은 가미타카모리 유적 등 두 곳의 현장에 잠입해 후지무라의 의심스런 행동을 사진에 담았다. 그러나 후지무라 몰래 사진을 찍다 보니 너무 먼 거리의 촬영이었고,

그로 인해 결정적 증거를 찾지 못했다. 취재팀은 망원 거리가 훨씬 긴 비디오 카메라를 이용해 촬영하기로 방법을 바꾸었다.

증거 확보, 본인 자백을 확보한 후 신중하게 보도

잠복 취재를 시작한 지 거의 두 달이 다 되어 가던 2000년 10월 22일 새벽, 후지무라가 가미타카모리 유적에서 구덩이를 파고 거기에 석기를 파묻는 장면을 생생하게 포착했다. 마이니치 신문사 입장에서 보면, 희대의 특종이 눈앞에 다가온 순간이었다.

하지만 이것만으로도 부족했다. 너무나 엄청난 파문을 몰고 올 사건이기 때문에, 당사자의 확인 없이 보도한다는 것은 상당히 위험스러웠다. 자칫 오보로 판명나기라도 한다면……. 당사자의 확인이 필요했다. 마이니치는 본인의 실토를 받기 전에는 보도하지 않기로 결정했다. 이제 남은 일은 그의 자백을 받아 내는 일, 어쩌면 이것이 가장 어려운 일이었다. 그러나 후지무라와의 접촉은 좀처럼 성사되지 않았다.

그러던 중, 10월 27일. 후지무라는 가미타카모리 유적에서 70만 년 전과 60만 년 전의 석기 등 31점 구석기 유물을 발견했다고 발표했다. 일본의 언론은 이를 대서특필했다. 일본 구석기의 역사가 다시 쓰여진다고 말이다. 마이니치 취재팀은 어이가 없었다. 후지무라와의 접촉을 서둘러야 했다.

11월 4일 오후 마이니치 취재팀은 드디어 센다이(仙台) 시의 한 호텔에서 후지무라를 만났다. 후지무라는 처음 40분 정도 발굴 조작을 부인하면서 자신의 발굴 실적에 대한 자랑만을 늘어 놓았다. 취재팀은 마지막 수단으로 비디오 화면을 보여 주었다. 깜짝 놀란 후지무라는 말문을 닫았다. 긴장된 침묵이 흘렀다. 그렇게 10분이 흘렀을까. 후지무라가 입을 열었다.

"전부 조작한 것은 아니다. …… 마(魔)가 낀 것 같다. …… 10월 22일 가미타카모리 유적에 석기를 묻은 것이 맞다. …… 전기 구석기시대인 홋카이도(北海道) 소신후도자카(總進不動坂) 유적도 내가 발굴 조작한 것이다."

다음날인 2000년 11월 5일 마이니치 신문 1면. '구석기 발굴 날조'란 제목으로 톱기사가 실렸고 순식간에 일본 열도를 충격으로 몰아넣었다. 70만 년 전 구석기 유적이라면 일본뿐 아니라 전 세계 고고학계의 관심사였던만큼 파장도 컸다. 한국의 거북선별황자총통 발굴 조작보다 더욱 엄청난 파괴력을 지닌 사건이었다.

'신의 손'의 몰락, 180곳 중 162곳을 조작해

후지무라 신이치. 당시 직책은 도호쿠(東北)구석기문화연구소 부이사장. 그가 고고학 발굴을 시작한 것은 1970년대 초였다. 고교 졸업 후 독학으로 고고학을 배워 1972년부터 본격적으로 발굴에 뛰어들었다. 1981년 4만여 년 전의 구석기 유물을 발견해 당시 3만 년 전이었던 일본의 구석기 연대를 1만 년 더 끌어올리며 최고(最古) 신기록을 세웠다. 이후 그는 구석기 유적을 발굴할 때마다 최고 신기록을 작성해 '신의 손' 또는 '석기의 신'으로 불렸다.

그의 발굴 조작이 들통난 가미타카모리의 전기 구석기 유적이 대표적인 경우다. 후지무라는 1992년부터 이곳의 발굴을 주도했다. 1992년 첫 발굴 당시의 출토 유물은 13만 년 전이었다. 이후 다섯 차례 추가 발굴을 할 때마다 연대가 올라갔다. 1993년 50만 년 전, 1995년 60만 년 전, 1999년에 70만 년 전까지 구석기 유물을 차례차례 발굴하면서 자신의 최고 기록을 경신해 갔다. 그가 손만 댔다 하면 더 오래된 유물이 쏟아져 나온 것이다.

마이니치의 보도가 가져온 파문은 예상대로 엄청났다. 일본의 구석기 발굴 전체에 대한 재조사가 필요하다는 의견이 제기되었다. 일본고고학회는 2001년 일본 구석기 유적 조사에 들어갔다. 그리고 2003년 후지무라가 발굴에 관여했던 180곳 유적 가운데 162곳의 전기, 중기 구석기 유적이 모두 날조된 것으로 확인했다. 후지무라의 조작 덕분에 '70만 년 전'까지 거슬러 올라갔던 일본의 구석기 문화가 다시 '3만~5만 년 전'으로 밀려 내려왔다.

2004년 1월 마이니치 신문은 후지무라와의 인터뷰 기사를 실었다. 이 기사에서 후지무라는 "20대 후반인 1974년경부터 구석기 유적을 날조했다."고 털어놓았다. 그리곤 "한 번 구석기 연대를 올리고 나니 더 오래된 것을 보고 싶어하는 주위의 기대가 커져 그 압박감 때문에 조작을 멈출 수 없었다."고 했다.

4
가짜 문화재 실태

추사 김정희(秋史 金正喜, 1786~1856)의 추사체 글씨와 흥선 대원군 이하응(李昰應, 1820~1898)의 묵란(墨蘭, 먹으로 그린 난초 그림) 중 절반은 가짜라는 말이 있다. 그만큼 가짜 문화재가 많다는 것을 뜻한다. 가짜 문화재 사건에 있어 가장 충격적인 사례는 앞에서 살펴보았던 거북선별황자총통 조작 사건이다.

가짜 여부를 놓고 가장 뜨겁게 논쟁이 벌여졌던 경우로는 1994년 혜원 신윤복(蕙園 申潤福, 1758~?)의 속화첩(俗畵帖) 논란을 들 수 있다. 당시 일본에서 이 그림을 사들여 온 한 고미술 단체와 일부 미술사학자가 진짜라고 발표하면서 학계에 엄청난 충격을 주었다. 사실이라면 국보로 지정되어야 할 판이었다. 그러나 곧바로 가짜 의문이 제기되었다. 한동안 치열한 격론이 벌여졌다. 자세히 살펴보면 신윤복 진품과 그 표현 기법이나 붓의 터치, 여인 얼굴의 표정 등이 전혀 다르다. 그런데도 당시 구입자 측은 일방적으로 진품이라는 결론을 내리고 논쟁을 끝냈다. 이후 더 이상의 논쟁은 이뤄지지 않았고 작품의 행방도 알려지지 않았지만 가짜라는 것이 학계와 전문가들의 중론이다.

1999년엔 한 고미술 단체 간부들이 가짜 회화와 불상을 만들어 거래하다 구속되는 사건이 발생해 세상을 놀라게 했다. 이들이 만든 가짜에는 금동반가사유상, 겸재 정선(謙齋 鄭敾, 1676~1759)의 〈금강전도〉, 단원 김홍도(檀園 金弘道, 1745~1806)의 〈신선도 병풍〉 등이 포함되어 있었다. 모두 국보와 흡사하게 만든 것이었다. 1990년대 이후엔 일부 몰지각한 골동상들이 중국 길림(吉林) 지역에 공장을 차려 놓고 가짜 불상 등을 만들어 마치 북한의 문화재인 것처럼 가장해 국내로 들여오는 경우가 늘고 있다.

가짜는 옛 문화재에만 국한되지 않고 근현대 미술품에도 범람하고 있다. 이를 반영이라도 하듯 1992년에는 이중섭(李仲燮, 1916~1956)의 〈소〉 그림을 놓고 가짜 논란이 일었다. 1990년대 초엔 천경자(千鏡子, 1924~)의 〈미인도〉 진위 논쟁이 발생했다. 〈미인도〉의 작가 천경자는 가짜라고 주장한 반면 〈미인도〉를 소장한 국립현대미술관과 화랑협회 감정위원회는 진짜라고 반박하는 특이한 경우였다. 1999년 구속된 위조범 권 모 씨가 자신이 〈미인도〉를 위조했다고 밝히긴 했으나, 이후 상황이 특별히 달라진 것은 없다.

2002년 한국화랑협회가 "20년 동안 의뢰받은 작품 2,500여 점의 진위를 감정한 결과, 이중섭의 그림 중 75%가, 박수근(朴壽根, 1914~1956), 김환기(金煥基, 1913~1974), 천경자의 그림 중 약 40%가 가짜로 밝혀졌다."고 발표해 사람들을 충격에 빠뜨렸다. 이 통계에서 알 수 있듯 가짜는 '돈이 되는' 유명 화가의 작품에 집중되어 있다.

2005년 3월, 한 경매에 나온 이중섭 작품 〈물고기와 아이〉에 대해 가짜라는 의혹이 제기되었다. 특히 문제의 작품을 이중섭의 아들이 소장해 왔다는 점에서 세간의 화제였다. 이중섭, 박수근의 작품을 소장한 김 모 씨가 연루되면서 진위 논란은 확산되었다. 가짜라고 주장하는 한국미술품감정협회와 박수근의 아들, 진짜라고 주장하는 이중섭의 아들과 김 모 씨가 급기야 서로를 검찰에 고소하는 지경에 이르렀다. 검찰의 수사 결과, 이 그림들은 가짜로 결론이 났다. 더더욱 놀라운 것은 검찰이 압수한 가짜 이중섭, 박수근 작품이 무려 2,740점이라는 점이다.

그런데 여기에는 좀 독특한 면이 있다. 그 위조 수법이 매우 조야하다는 점이다. 사실 김 씨가 소장한 작품은 첫눈에도 가짜라는 사실을 알 수 있을 정도로 허술한 가짜였다. 이 작품이 시중에 유통된다고 해도 진짜로 속아 넘어갈 가능성이 별로 없을 것이다. 50여 년 전 한 중학생이 그린 그림 위에 덧칠을 해서 만든 가짜 박수근 그림도 포함되어 있는데, 이 그림에 넘어갈 사람이 과연 몇이나 될까. 이렇게

1 1994년 한 고미술 단체가 일본에서 구입해 들여 온 뒤 가짜 논란에 휩싸였던 신윤복의 속화첩. 2 이중섭의 〈소〉. 왼쪽이 진품이고 오른쪽은 한국화랑협회가 1999년 가짜로 판정한 작품이다.

서툴고 엉성한 위작이지만 실제로 2005년 경매에서 속아 넘어간 사람이 있었으니, 위작을 만들면 돈을 벌 수 있는 게 우리네 현실이다. 그래서 2,800여 점이라는 엄청난 양의 가짜를 만들어 놓았던 게 아닐까.

"고관에게 뇌물로 상납한 작품은 대부분이 가짜였다."는 한 화랑 주인의 말이나 "내 가짜 그림이 군 고위 장교에게 선물로 제공되는 것을 보았다."는 중광 스님(2002년 타계)의 말처럼 가짜 문화재, 가짜 미술품 문제는 위험 수위를 넘어선 지 이미 오래다.

—— 가짜는 누가 어떻게 만드나

가짜 문화재 제작 수법은 손으로 직접 하나하나 만드는 수공(手工) 방식부터 컴퓨터 등 첨단 장비를 이용하거나 각종 과학 지식을 응용해 만드는 것까지 다양하다. 날이 갈수록 정교해지고 지능화, 치밀화되고 있기 때문에 오랜 경력의 문화재 전문가들조차도 진짜인지 가짜인지 구분하기 어려운 경우가 늘고 있다.

가짜 문화재가 가장 많이 발견되는 분야는 회화와 서예이다. 도자기, 금속공예품 등 다른 고미술품에 비해 가짜를 만들기가 수월하기 때문이다. 또한 작가를 알 수 없는 도자기나 금속공예품과 달리 회화나 서예는 유명 작가의 작품이 많아 비싸게 팔아 돈을 벌 수 있기 때문이기도 하다.

회화나 서예에 있어 가짜를 만드는 대표적 수법으로는 베끼기(모사), 앞장 뒷장 떼기, 낙관 바꿔치기 등을 들 수 있다. 그중에서도 베끼기가 가장 빈번하게 이용된다. 이 방법은 말 그대로 특정 작품을 한지에 똑같이 모사하는 것이다. 가짜 제작자들의 그림 테크닉은 수준급이기 때문에 모사는 그리 어려운 일이 아니다.

청전 이상범(靑田 李象範, 1897~1972)의 설경(雪景) 그림은 모사하기 쉬워 가짜가 특히 많다는 것이 전문가들의 중론이다. 그래서 시중에 나도는 청전의 설경 그림은 상당수가 가짜라고 한다.

직접 그림을 보아 가면서 그대로 베끼는 경우도 있지만 컴퓨터와 카메라를

1 2009년 '진짜와 가짜의 세계' 전시에 소개되었던 가짜 추사 김정희 글씨. 전체적으로 글씨가 조잡하고 멋이 없다. 추사체를 흉내냈지만 많이 다르다. 이것은 가짜 중에서도 수준이 낮은 편이다.　2 2009년 '진짜와 가짜의 세계' 전시에 소개되었던 가짜 겸재 정선 그림. 오래된 종이에 겸재 필체로 그린 것이다. 그러나 선과 점에 겸재 특유의 힘과 시원함, 자연스러움과 유려함이 없다. 흉내를 내다 보니 선과 점은 부자연스럽고 경직되어 있다. 자신감이 없다 보니 한 곳에 여러 번 붓질한 것이 눈에 뜨인다.

사진 | 한국고미술협회

사용하기도 한다. 진품 원작을 사진으로 찍은 뒤 컴퓨터를 이용해 먹의 농담, 붓질의 강약 등 전체적인 붓질 방법과 경향, 그림의 색채 등을 정밀하게 분석해 그 결과에 맞추어 그림을 모사하면 진품과 흡사한 모양을 띠게 된다. 그림에 들어가는 화가의 자필 사인도 이 같은 방식으로 베낀다.

베끼기 방식에는 습자지 베끼기라는 것이 있다. 유명 작가의 진품 위에 습자지를 놓고 목탄으로 밑그림을 그린다. 이렇게 그린 습자지 밑에 다시 한지를 놓고 습자지의 목탄 자국을 따라 선을 그리면 한지에 그림 자국이 남게 된다. 그러고 나서 한지에 새겨진 선 자국을 따라 먹과 물감으로 채색해 가짜 작품을 만드는 방법이다.

이렇게 그림을 베끼고 나면 낙관(落款, 회화나 서예 작품에 찍는 작가의 도장)을 찍어야 한다. 가짜 제작자들은 원작에 찍혀 있는 낙관을 사진으로 찍은 뒤 그 모양 그대로 동판으로 떠 가짜 그림에 찍는다.

그림이 오래됐다는 분위기를 내기 위해 담뱃잎을 우려낸 물에 한지를 적시기도 한다. 그러면 한지가 누렇게 변해 마치 수십 년, 수백 년 전의 종이처럼 보인다. 그림을 그린 뒤 완전히 마르기 전에 뜨거운 장판 밑에 넣어 적당히 곰팡이가 슬게 하기도 한다. 또한 가짜 제작자들은 중국에서 수백 년 전 종이와 물감, 인주 등을 구입해 사용하는 경우도 있다.

앞장 뒷장 떼기는 그림이 그려진 한지를 물에 불려 정교하게 두 장으로 분리시켜 한 작품을 두 개로 만드는 수법이다. 옛사람들이 사용했던 전통 안료는 물에 닿아도 번지지 않는 특성이 있어 그림의 색채를 손상시키지 않는다.

한국화는 대체로 표구를 하기 위해 그림 뒤에 종이를 다시 붙인다. 이를 배접(褙接)이라고 한다. 세월이 오래 지나면 앞장 그림의 색채가 뒷장의 배접지에 배어들게 된다. 뒷장 떼기는 앞장의 원그림을 떼어 내고 뒷장에 남아 있는 희미한 그림 위에 다시 덧칠해 또 하나의 작품을 만들어 내는 수법이다. 앞장 떼기는 그 반대다. 앞장의 원그림이 희미하고 뒷장의 그림이 선명할 경우, 앞장을 떼내고 덧칠을 해 마치 진짜인 것처럼 유통시키는 방식이다.

또한 유명 화가의 화풍과 비슷한 무명 화가 작품을 구입한 뒤 원작자의 낙관과 서명을 위조해 그려 넣기도 한다. 낙관이 없는 그림을 구해 유명 작가의 낙관을 새로 위조해 넣는 경우도 많다. 1999년에 구속된 한 위조범 역시 이 같은 방식으로 공재 윤두서(恭齋 尹斗緖, 1668~1715)와 혜원 신윤복의 가짜 그림을 만들었다.

작가가 밑그림으로 그려 놓은 초본(드로잉 원화)를 구해 그 위에 색깔을 입히는 수법도 사용한다.

국내의 회화 작품 위조범 가운데 상당수는 한국화를 매우 잘 그리는 것으로 알려져 있다. 유명 근현대 작가의 제자도 있고, 청전 이상범보다 그림 솜씨가 뛰어난 사람도 있다고 한다. 가짜를 만드는 사람들은 특히 정통 산수화 분야에 많다. 위조범들은 더욱 그럴듯한 가짜를 만들기 위해 특정 작가나 특정 장르의 작품을 놓고 집중적으로 반복 훈련을 한다.

불상이나 향로, 총통 등 각종 금속공예품의 경우, 주물용 거푸집을 이용해 가짜를 만든 뒤 인공적으로 표면을 부식시켜 오래전에 만들어진 것처럼 꾸미는 수법이 가장 일반적이다.

거북선총통을 위조했던 신 모 씨는 자신의 주물 공장에서 구리, 주석, 아연 등으로 가짜 총통을 만들어 시구(詩句)와 제작 연대 등을 새겨 넣은 뒤 화학 약품을 넣은 물통에 담가 표면을 부식시켰다. 부식 효과를 내기 위해 그는 화학 약품 물통에 담갔다 꺼내기를 두 달 동안 반복했다고 한다. 그리곤 이를 몰래 바다에 빠뜨려 물속에서 자연적으로 부식된 것처럼 꾸민 뒤 다시 건져 올려 400여 년 전 임진왜란 당시의 총통을 발굴한 것처럼 속인 것이었다. 다른 종류의 금속공예품 역시 대개 이 같은 방식으로 가짜를 만든다.

도자기의 경우 다른 문화재에 비해 위조가 어렵다. 가장 비싸다는 고려청자를 완벽하게 재현하기가 쉽지 않은 데다 수백년 전 도자기의 분위기를 연출한다는 것도 만만치 않기 때문이다. 그렇다고 해도 위조가 전혀 불가능한 것은 아니다. 최근 개발된 신종 수법은 수십 년에서 100년 정도 된 값싼 도자기를 구입해 그 위에 그림을 그리고 유약을 새로 바른 뒤 다시 가마에 굽는 방식이다. 그리고 나서 표면에 적당히 상처를 입히고 때를 묻혀 오랜 세월이 흐른 것처럼 꾸민다. 이 경우 도자기 전문가들의 눈에는 가짜임이 쉽게 드러나지만 일반인들로서는 구분하기가 어려워 위조범들의 사기 행각에 말려들게 된다.

안과 밖이 다른 가짜를 만드는 수법도 있다. 가짜 청자 상감동자무늬 대접을 예로 들어 보겠다. 청자에 상감 기법의 동자무늬가 들어가 있으면 값이 많이 나가기 때문에 이 같은 가짜를 만드는 것이다. 이 가짜 대접의 제작 순서는 이렇다. ①치과용 드릴을 이용해 진짜 청자 대접 안쪽을 갈아 낸다. ②진품과 똑같은 가짜를 만들어 안쪽에 동자무늬를 상감한다. ③새로 만든 가짜의 바깥면을 치과용 드릴로 갈아 낸다. ④가짜를 진짜의 안쪽에 포갠다. ⑤포개는 과정에서 빈 공간이 생기면 여기에 신문지 등을 넣어 채운다. 이렇게 만든 가짜는 수리하는 과정이 아니고서는 가짜임을 확인할 길이 없다.

지금까지 설명한 가짜 제작 방식은 위조범들이 처음부터 의도적으로 가짜 문화재를 만든 경우에 해당한다. 그러나 이와 다른 유형의 가짜도 있다. 원작과 같은 시대에 만들어진 모사품이 진짜로 둔갑해 거래되는 경우다.

조선시대에는 유명 화가의 제자들이 스승의 작품을 그대로 흉내내 그리는 것이 일종의 그림 연습이었다. 오랫동안 모방하다 보면 스승의 원작과 거의 흡사한 작품이 나오게 된다. 이 작품들이 유명 화가의 원작인 것처럼 판정받아 거래되는 일이 적지 않다.

흥선 대원군은 그의 생전에 주변 사람들이 난초를 그려 오면 자신의 낙관을 찍어 준 것으로 알려져 있다. 안목이 부족한 일반인들은 흥선 대원군의 낙관이 있다는 이유만으로 그것을 대원군의 진품으로 믿게 된다.

5
가짜 문화재의 진위 감정

진위 판정을 위한 감정은 과학적인 분석과 육안 감정을 병행한다. 과학적 분석은 그림에 사용된 종이나 안료, 금속공예품의 재료 등을 분석해 문화재와 근현대 미술품의 제작 연대를 확인하는 방법이다. X선이나 적외선 촬영 등을 통해 후대에 덧칠한 흔적이 없는지를 밝히고, 안료 성분 분석을 통해 그 시대가 언제인지 등을 밝히게 된다.

가짜 거북선총통 사건이 터졌을 때, 국립문화재연구소는 과학적 분석법을 이용해 총통이 가짜라는 사실을 밝혀냈다. 감정 의뢰를 받은 연구소가 원자분석법을 통해 성분을 분석해 보니 아연이 검출됐다. 아연은 열을 받으면 쉽게 녹는다. 총포의 목적과 기능상 쉽게 녹는 아연이 들어갈 수는 없다. 아연이 녹아 버리면 총포의 기능을 상실하기 때문이다. 연구소는 이 같은 분석을 바탕으로 이것이 임진왜란 때 실제로 사용된 총통일 수 없고, 따라서 후대에 위조된 총통으로 결론을 내릴 수 있었다.

가짜 금속공예품을 만드는 위조범들은 위조품의 겉모양에는 각별히 신경을 쓰지만 재료의 성분까지 신경을 쓰는 경우는 많지 않다. 이것이 위조범들의 허점이다. 따라서 과학적 재질 분석을 통해 그 재료가 그 문화재의 기능에 맞는 재료인지, 같은 시대 다른 금속공예품의 재료와 일치하는지 등등을 분석해 진위 여부를 가려낼 수 있다.

그러나 과학적 분석만으로는 부족하다. 한 예로, 19세기 이후 근현대 미술품을 방사선 연대 측정법으로 연대를 확인해 본다고 하자. 이 연대 측정법은 200여 년의 오차가 발생한다. 따라서 수천 년 전, 수만 년 전 문화재는 200년의 오차가 발생해도 연대 측정에 별 문제가 없지만 200년이 채 되지 않은 근현대 문화재나 미술품은 오차 범위 안에 있어 연대 측정의 의미가 없다.

설령 오차 범위를 벗어나 어느 문화재의 연대를 확인할 수 있다고 해도 그것을 진짜라고 단정할 수도 없다. 재료가 옛날 것이라고 해서 그 유물 자체가 옛날에 만들어졌다고 볼 수 없다는 말이다. 이는 옛날 재료를 이용해 만든 가짜도 적지 않기 때문이다.

금동 불상의 경우, 재질이나 도금 상태 등이 과거의 것으로 밝혀져도 당시 불상의 일반적인 형식이나 특징, 당시 사람들의 미감이 담겨 있는지까지 확인해야 한다. 이는 전문가들의 육안 감정을 무시할 수 없다는 것을 의미한다.

회화 작품 역시 종이나 안료가 과거 특정 시기의 것으로 확인됐다고 해도 그것만으로는 진짜라고 단정할 수 없다. 그 작가의 공인받은 다른 진품과 비교해 본 뒤 붓의 터치나 필선, 색의 농담 등이 맞아떨어져야만 최종적으로 진품 판정을 받을 수 있다. 또한 작품이 속한 시대의 특징적인 양식이나 필선, 힘의 강약, 색의 농담에 대한 분석도 병행해야 한다. 이를 위해 유명 작가별로 다양한 데이터베이스를 만들어 놓고 의심스러운 작품을 이와 비교해 판단하는 방식을 도입할 필요가 있다.

어딘가 경직되고 자연스럽지 못한 그림은 가짜일 가능성이 높다. 베껴 그린 가짜 그림을 잘 들여다보면 붓의 터치나 필선 등에 있어 경직된 경우가 많다. 위조범들이 조심조심 그리다 보니 전체적으로 자연스러움이 떨어지는 것이다.

그러나 진위 감정은 보통 일이 아니다. 전문가마다 견해가 다른 경우가 비일비재하기 때문이다. 명쾌하게 진위가 판명되지 않고 진위 논란이 오랫동안 이어지는 것도 이러한 이유에서다. 그만큼 진위 감정이 어렵다는 말이다.

6

도난인가 아닌가,
훈민정음 상주본 미스터리

2008년 7월, 문화재청 홈페이지 게시판에 글이 하나 올라왔다. 경북 상주시에 사는 골동상 배 모 씨가 올린 글이었다. "집에서 고서적 한 권이 나왔는데 국보 문화재로 지정받고 싶습니다." 그건 놀랍게도 훈민정음 해례본이었다. 문화재청은 깜짝 놀랐다. 세상에 하나밖에 없는 것으로 알려진 훈민정음 해례본이라니…….

훈민정음 해례본은 훈민정음의 창제 동기와 그 의미, 사용법 등을 소개한 목판본 해설서이다. 지금까지 간송미술관이 소장하고 있는 해례본이 유일한 것으로 알려져 있었다. 간송미술관 소장본은 현재 국보 70호이자 유네스코 세계기록유산이다.

문화재청은 현장 조사를 나갔다. 배 씨는 "집을 수리하기 위해 짐을 정리하는 과정에서 훈민정음 해례본을 발견했다."고 했다. 조사를 해 보니 서문 네 장과 뒷부분 한 장이 없어졌지만 보존 상태가 비교적 양호해 가치가 매우 높았다.

이 소식이 조금씩 알려졌다. 한 달 뒤인 2008년 8월 상주시에 사는 또 다른 골동상 조 모 씨가 펄쩍 뛰었다. 조 씨는 "그 해례본은 아버지로부터 물려받은 집안 유물이다. 배 씨가 내 가게에서 고서적들을 30만 원에 사 가면서 훈민정음 해례본을 슬쩍 훔쳐갔다."고 주장했다. 그리곤 배 씨를 상대로 민사소송을 제기했다.

이렇게 해서 훈민정음 상주본의 존재가 세상에 널리 알려지기 되었다. 민사소송을 제기한 조 씨는 2011년 6월 대법원에서 승소했다. "해례본을 절취한 배 씨는 조 씨에게 돌려주라."고 판결한 것이다. 그러나 배 씨는 이를 거부한 채 해례본의 행방에 대해 입을 다물었다. 검찰과 법원이 세 차례 강제 집행과 압수 수색을 했지만 그 행방을 찾지 못했다. 배 씨는 "내가 훔쳤다면 국보 지정 신청도 안했을 것이다. 해외로 튀어도 벌써 튀었을 것이다."라고 했다.

문화재청은 배 씨가 해례본을 낱장으로 뜯어 비닐로 포장한 채 어딘가에 숨겨 놓은 것으로 추정하고 있다. 문화재 위원이 2008년 문화재 감정을 위해 배 씨의 집을 찾았을 때 그가 낱장으로 뜯긴 두 장만 보여 줬기 때문이다. 하지만 그 소재는 밝히지 않았다. 상황이 이렇게 되자 문화재청은 배 씨를 문화재보호법 위반 혐의로 형사 고발했다.

국보에 버금가는 훈민정음 해례본은 어디에 있는 것일까. 훼손의 우려는 없는 것일까. 해외로 유출된 것은 아닐까. 배 씨가 훈민정음 해례본을 눈에 보이지 않는 곳에 숨겨 놓다 보니 땅속에 묻어 놓았을 가능성이 높다. 조 씨도 "배 씨가 비닐로 싸서 항아리 등에 넣은 뒤 땅에 묻었을 것"이라고 주장한 바 있다. 그랬을 경우, 습기 등에 민감한 종이 문화재이기 때문에 훼손의 우려가 심각하다. 아무리 진공 포장을 해 놓았다고 해도 통풍이 되지 않으면 위험할 수밖에 없다는 것이 전문가들의 공통된 지적이다. 훈민정음 해례본은 엄청나게 비싼 가격에 거래될 수 있다.

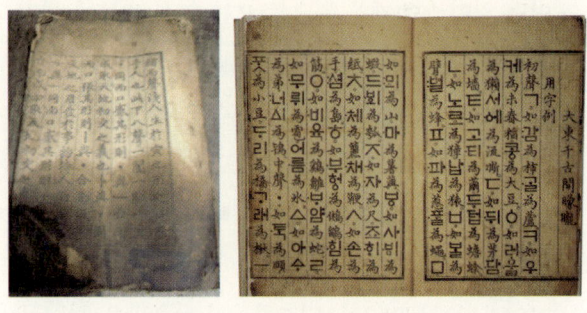

2008년 경북 상주에서 그 존재가 확인된 『훈민정음 해례본』(왼쪽). 그러나 도난 여부를 놓고 법적 소송에 휘말린데다 지금은 어디에 있는지 조차 확인할 수 없는 상황이 되어 버렸다. 국보 70호로 지정된 『훈민정음 해례본』. 간송미술관 소장(오른쪽).

배 씨가 처벌받아 형을 살더라도 거액의 돈을 쥘 수 있기 때문에 내놓을 리 없다는 얘기가 나오는 것도 이런 이유에서다.

그럼 어떻게 해야 할까. 이에 대해 다양한 의견이 나온다. 그 중요성을 감안해 우선 이 해례본을 확보하는 데 주력해야 한다는 얘기가 많다. 해례본을 먼저 안전한 곳으로 이끌어 내야 한다는 말이다.

그러기 위해선 배 씨가 마음을 고쳐야 한다. 하지만 그 방법을 놓고 의견이 엇갈린다. 우선 배 씨가 해례본을 내놓을 수 있도록 무언가 흥정을 해야 한다는 의견이다.

"일종의 플리바게닝(plea bargaining, 유죄협상제)처럼 배 씨가 훈민정음을 내놓고 재판을 받거나, 수사에 협조하면 형량을 조정해 주는 방안이다."

"사전 경매를 통해 일정 정도 금전적 보상을 해 주는 방안도 검토해 봐야 한다."

"현실적으로 배 씨에게 금전적 보상이 돌아가지 않고선 훈민정음 해례본을 양지로 끌어내기 어려울 것 같다."

이에 대한 반론도 만만치 않다. 금전적 보상이나 형량 완화는 있을 수 없다는 말이다.

"돈을 쥐여 주는 것은 도둑을 키우는 꼴이다."

"이번 일이 문화재를 돈으로 보는 인식 때문에 생긴 일인데 이를 금전적 보상으로 해결한다는 것은 어불성설이다."

참 어려운 일이다. 해례본의 소재는 확인되지 않고 시간만 흘러가고 있다. 이런 와중에 조 씨는 2012년 5월 국립고궁박물관에서 상주본을 되찾으면 국가에 기증하겠다는 의사를 밝혔다. 실물이 빠진 채로 서류만 오가는 기증식이었다. 하지만 그 후에도 배 씨의 태도에는 변함이 없었다.

2012년 12월부터 2013년 2월까지 상주박물관에서는 특이한 전시가 열렸다. '잊혀져 가는 해례, 소중한 우리의 근본을 찾아서'라는 이름의 특별전이었다. 훈민정음 해례본 상주본에 대한 관심을 불러일으키고 무사 귀환을 기원하는 의미를 담은 전시였다. 전시실 한가운데에 훈민정음 해례본 안내문만 세워 놓고 전시대를 비워 놓는 형식으로 전시장을 꾸며 사람들의 눈길을 끌었다.

배 씨는 2012년 2월 형사소송 1심에서 징역 10년을 선고받았지만 2012년 9월 항소심에서는 무죄를 선고 받았다. 당시 무죄를 선고한 대구고법 재판부는 "피고인은 앞으로 50년 더 살기가 어렵다. 훈민정음 해례본 상주본이 당신의 운명과 함께해서는 안 된다. 해례본을 공개하고 전문가들에게 맡겨 후손들을 위해 잘 보존될 수 있도록 해달라."고 당부했다. 이에 대해 배 씨는 "그렇게 하겠다. 나의 억울함이 밝혀지면 기증할 의사가 있다."고 답했다. 그러나 상황은 하나도 달라진 것이 없다. 게다가 2012년 12월에 법적인 소유권자인 조 씨가 세상을 떠났다. 상황이 좀 더 복잡해진 것이다. 현재는 검찰이 대법원에 상고해 놓은 상황이다.

판결도 판결이지만 이 해례본이 무사히 다시 세상에 나오기를 기대하기가 쉽지 않아 보인다. 안타까운 일이다.

해외에 있는 국보급 문화재들

우리 선조들이 남겨 준 문화재는 우리 땅 한반도에만 있는 것은 아니다. 외국에도 우리의 문화재가 있다. 사람의 드나듦에 따라 문화재도 함께 국경을 넘나들기 때문이다. 그런데 외국에 있는 우리 문화재를 두고 모두 약탈당한 것으로 생각하는 사람들이 많다. 그건 잘못된 생각이다. 해외에 있는 우리 문화재 모두가 약탈당한 것이 아니다. 정상적으로 유출된 문화재도 많다. 외국인이 돈을 주고 구입했거나 선물로 받아 갖고 나간 것도 포함되어 있기 때문이다.

이 장에서는 해외에 있는 우리 문화재 가운데 가장 대표적인 것들을 소개한다. 일본 나라(奈良)의 덴리(天理)대 도서관에 있는 조선시대 안견의 그림 몽유도원도, 신라 스님 혜초의 여행기 왕오천축국전, 세계에서 가장 오래된 금속활자본인 직지심경, 일본의 국보가 된 조선시대 막사발, 우리나라보다 외국에 더 많이 흩어져 있는 종교미술의 정수 고려불화, 일제 강점기 때 약탈당해 일본 도쿄국립박물관에 있는 오구라컬렉션 등등. 정상적으로 나간 것도 있고 약탈당한 것도 있지만 어찌됐든 모두 이국 땅에서 조국을 그리워하고 있는 국보급 문화재들이다.

1
우리 문화재가
해외에 나가 있는 까닭

우리의 문화재가 우리나라에만 있는 것은 아니다. 국경을 넘나드는 사람을 따라 문화재도 이동하게 되고, 그로 인해 우리 문화재가 해외에도 존재하게 된다. 문화재청과 국립문화재연구소 등은 해외에 있는 우리 문화재의 현황을 지속적으로 조사해 파악하고 있다. 그 결과 해외에서 존재가 확인되는 우리 문화재의 수량이 매년 늘어나고 있다.

정부가 확인한 국외 소재 우리 문화재는 2013년 1월 현재 모두 15만 2,911점이다. 모두 20개 국에 분포해 있다.

이 가운데 가장 많은 나라는 일본으로 모두 6만 6,819점이 있다. 미국이 4만 2,325점, 독일이 1만 727점, 중국이 8,278점으로 뒤를 이었다. 그러나 이 숫자는 정부 기관에서 공식적으로 확인한 숫자에 불과하다. 실제로는 이보다 몇 배 더 많은 우리 문화재가 해외로 유출되었을 것으로 추정한다. 최소한 수십만 점에 달한다는 것이 대체적인 추측이다.

우리의 근현대사를 생각해 보면 우리 문화재가 일본으로 가장 많이 유출되었으리라는 것은 쉽게 짐작할 수 있다. 고대 이후 우리와의 교류가 많았던 데다 일제강점기를 거치면서 문화재의 불법 반출이 빈번하게 자행되었기 때문이다.

하지만 그렇다고 해서 일본이나 외국에 있는 우리 문화재가 모두 약탈된 것이라는 말은 아니다. 구입, 선물 등 정상적인 과정을 거쳐 해외로 나간 문화재들도 적잖이 포함되었을 것이다.

해외로 불법 유출된 문화재 가운데 우리나라로 다시 돌아온 문화재는 외규장각 약탈 도서, 일본 궁내청 소장 조선 왕실 도서를 포함하여 모두 9,700여 점이다. 문화재청의 공식 자료에 따르면 2013년 현재 반환된 문화재는 9,756점이다. 그러나 민간 차원에서 비공식적으로 돌아온 것까지 포함하면 1만여 점을 넘어섰을 것으로 보인다.

국외 소재 한국 문화재 2013년 1월 현재, 국외소재문화재재단 자료

소장 국가	소장 수량	대표 소장처
일본	66,819	도쿄국립박물관
미국	42,325	메트로폴리탄박물관
영국	7,954	브리티시 뮤지엄(영국박물관)
독일	10,727	쾰른동아시아박물관
러시아	4,067	모스크바국립동양박물관
프랑스	2,896	국립기메박물관
중국	8,278	북경고궁박물원
덴마크	1,278	국립박물관
캐나다	2,192	로얄온타리오박물관
네덜란드	35	리이덴국립민속박물관
스웨덴	51	동아시아박물관 등
오스트리아	1,511	비엔나민속박물관 등
바티칸	298	민족박물관
스위스	119	민족학박물관 등
벨기에	56	왕립예술역사박물관
호주	41	뉴사우스웨일즈박물관 등
이탈리아	18	국립동양도자박물관
카자흐스탄	1,024	국립도서관
대만	2,881	국립고궁박물원 등
헝가리	341	훼렌쯔호프동양미술박물관
계	152,911	

2
한국 회화의 걸작, 몽유도원도

2009년 9월 국립중앙박물관에서 한국박물관 개관100주년 특별전 '여민해락(與民偕樂)'이 열렸다. 1909년 창경궁에 우리나라 최초의 박물관인 제실박물관(帝室博物館)이 생긴 지 100년을 기념하는 특별전이었다. 여민해락은 '백성과 함께 즐긴다'는 뜻이다. 당시 전시작 중 가장 눈길을 끄는 작품은 단연 안견(安堅, 15세기, 생몰연도 미상)의 〈몽유도원도(夢遊桃源圖)〉(1447년)였다. 일본 나라(奈良)현의 덴리(天理)대에서 빌려온 것으로 1986년, 1996년에 이어 세 번째 국내 전시였다.

2009년의 〈몽유도원도〉 전시는 국립중앙박물관이 오래전부터 준비해 온 야심 찬 기획이었다. 그러나 작품을 소장하고 있는 일본 덴리대는 애초에 그림을 빌려 줄 수 없다고 했다. 국립중앙박물관의 설득 끝에 덴리대는 2009년초 '짧은 대여'를 결정했다. 이후 전시 기간을 놓고 협상이 시작됐다. 중앙박물관은 20일을, 덴리대는 일주일을 제시했다. 수차례의 줄다리기 끝에 결국 9일/10일로 타협을 봤다. '여민해락' 전시는 46일간이었지만 〈몽유도원도〉는 개막일부터 9일 동안만 전시해야 했다.

이 같은 상황에서 덴리대 도서관 측이 더 이상 이 작품을 한국 전시에 빌려 주지 않을 것이란 소식이 언론을 통해 전해졌다. 〈몽유도원도〉를 볼 수 있는 마지막 기회라는 얘기가 퍼지면서 수많은 인파가 몰렸다. '여민해락' 특별전 46일 동안의 전체 관람객 10만 7,203명 가운데 〈몽유도원도〉가 전시된 9일간의 관람객은 6만 1,123명이었다. 〈몽유도원도〉 전시 기간에 관람객들이 집중적으로 방문한 것이다.

일본 덴리대 도서관에 있는 〈몽유도원도〉는 해외에 있는 우리 문화재 가운데 단연 돋보이는 작품이다. 15세기 조선 세종 무렵의 화원인 안견이 1447년 그린 두루마리 작품이다. 안평대군(安平大君, 1418~1453)이 꿈에 보았다고 하는 도원의 모습을 화폭에 옮긴 것이다. 크기는 가로 106.5cm, 세로 38.7cm.

이 작품은 실제의 현실 세계와 환상적인 도원의 세계가 조화와 대비를 이루면서 신비롭고 웅장한 화면을 연출한다. 마치 현실의 세계에서 꿈속의 무릉도원(武陵桃源)으로 여행하는 듯 보는 이를 화폭 속 무릉의 세계로 끌고 들어간다. 특히 다소 추상적인 듯하면서 첩첩이 펼쳐진 장대한 산세(山勢)가 그림에 힘을 더해 주면서 전체적인 분위기를 역동적이면서도 심오하게 이끌어 간다.

가로로 길게 펼쳐지는 보통의 두루마리 그림들은 오른쪽에서 시작해 왼쪽으로 그 내용이 전개되는데 이 몽유도원도는 그 반대다. 낙관이 오른쪽 아래에 있는 것도 이 때문이다.

'몽유도원도'라는 제자(題字)와 그림 왼쪽에 붙어 있는 발문(跋文) 등 안평대군의 명필도 빼놓을 수 없는 매력이다. 당대 최고의 서예가이자 다방면에 능했던 문화예술인 안평대군이 이 그림에 얼마나 애착을 가졌는지 잘 보여 주는 대목이다.

안평대군은 안견이 〈몽유도원도〉를 그려오자 당대의 인사들에게 이 그림을 보여 주었다. 그림을 본 그들은 감동적인 감상문을 적었다. 이 그림 왼편에 장황(裝潢, 표구)해 놓은 이들 발문은 안평대군, 신숙주, 정인지, 박팽년, 성삼문, 김종서, 박연 등 22인이 쓴 찬사의 글 23편이다. 모두 당대 최고의 학자, 문화예술인들이었다. 그래서 발문까지 합하면 〈몽유도원도〉의 전체 길이는 20m에 달한다. 이 〈몽유도원도〉는 안견의 작품 가운데 현존하는 유일한 진품으로 평가받고 있어 그 가치가 더욱 높다.

〈몽유도원도〉가 언제 일본으로 빠져나갔는지는 정확하지 않다. 대략 19세기 후반 경인 조선시대 말기였을 것으로 추정되지만 정확한 것은 아니다. 그리고 일본인이 불법으로 반출해 갔다고 보는 사람도 있지만 이 역시 단정할 물증이 없다. 따라서 현재로서는 정상적인 경로를 통해 일본으로 넘어갔다고 보는 것이 옳다.

(위) 안견의 〈몽유도원도〉. 비단에 채색, 38.7×106.5cm, 1447년. 일본 덴리대학 소장. 안평대군이 꿈에 보았다는 도원(桃源)의 모습을 그렸는데, 실제의 현실 세계와 환상적인 도원의 세계가 조화와 대비를 이루면서 신비롭고 웅장한 화면을 연출한다.
(오른쪽) 〈몽유도원도〉 앞에 붙어 있는 안평대군의 제첨(題簽)과 시문(詩文) 제시. 이 제시는 〈몽유도원도〉가 완성되고 3년이 지난 1450년에 쓴 것이다.

世間何處夢桃源	이 세상 어느 곳을 도원으로 꿈꾸었나
野服山冠尙宛然	은자(隱者)들의 옷차림새 아직도 눈에 선하거늘
著畵看來定好事	그림으로 그려 놓고 보니 참으로 좋을씨고
自多千載擬相傳	천 년을 이대로 전하여 봄직하지 않은가
後三年正月一夜	(도원을 꿈꾼 지) 3년 뒤 정월 초하룻날 밤에
在致知亭 因披閱有作 淸之	치지정에서 다시 이를 펼쳐 보고서 짓는다 청지(안평대군) 씀.

— 안휘준, 『안견과 몽유도원도』에서 인용

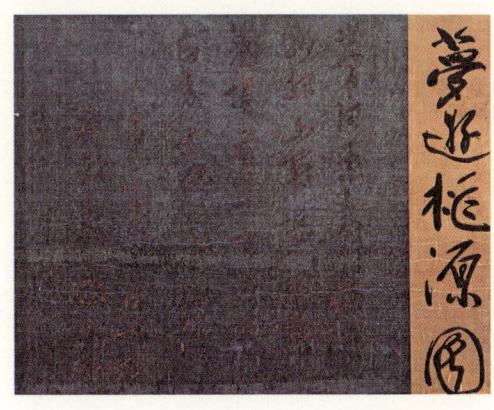

8 해외에 있는 국보급 문화재들 • 291

이 그림이 일본에서 모습을 드러낸 것은 1893년 11월 일본 규슈(九州) 가고시마(鹿兒島)의 한 개인이 소장하고 있다는 사실이 알려지면서부터다. 〈몽유도원도〉는 그 후 여기저기를 거쳐 1947년경 도쿄의 류센도(龍泉堂)라는 고미술 화랑으로 넘어갔다. 이어 1953년 덴리대가 구입해 오늘에 이르고 있다.

이 작품이 덴리대로 넘어가지 않고 우리 품으로 다시 돌아올 수 있었다는 이야기도 전해 온다. 1949년 한국인 고미술상이 작품을 들고 부산에 나타났다는 얘기다. 당시 컬렉터였던 손재형(추사 김정희의 〈세한도〉를 일본에서 찾아온 사람), 이영섭 등에게 작품을 보였고 구매자를 수소문했다. 그러나 가격이 너무 비쌌던 탓인지 매입자를 찾지 못하고 〈몽유도원도〉는 다시 일본으로 돌아갔다고 한다.

당대 컬렉터였던 간송 전형필에게는 이 소식이 전해지지 않았다. 이 상황에 대해 누군가는 "1949년 간송이 그 소식을 들었더라면 틀림없이 작품을 구입했을 텐데."라고 아쉬워하기도 한다. 하지만 당시 들어왔던 〈몽유도원도〉는 진짜가 아니라 가짜였다는 의견도 있다.

3
한국 최초의 여행기,
왕오천축국전

1908년 2월 25일 프랑스 동양학자 폴 펠리오(P. Pelliot, 1878~1945년)가 실크로드의 요충지인 중국 둔황(敦煌) 막고굴(莫高窟)에 도착했다. 중앙아시아 조사단을 구성해 중국 신장(新疆) 위구르 지역의 카슈가르에 들어온 지 1년 5개월 만이었다. 펠리오의 머릿속엔 온통 둔황 문서였다. 신장 위구르에 머물 때 둔황 막고굴에서 귀중한 고문서가 발견됐다는 얘기를 들었기 때문이다. 그렇게도 기다렸던 둔황의 막고굴에 도착했으니 그의 몸과 마음은 날아갈 듯했다.

막고굴 도착 다음날부터 펠리오는 현지 조사에 착수했다. 곧바로 왕 도사라는 사람을 만났다. 왕 도사의 이름은 왕원록(王圓籙), 1900년 둔황 막고굴로 흘러들어와 도사 노릇을 하던 사람이었다고 한다. 어느 날 막고굴 16굴을 청소하던 중 우연히 벽 뒤로 연결되어 있는 17굴 석실을 발견했다. 그 안에는 3m가 넘는 높이로 무수히 많은 고문서가 산더미처럼 쌓여 있었다. 각종 고문서를 수장하고 있었다고 해서 이 17굴을 장경동(藏經洞)이라 부른다. 그 후 왕 도사는 일종의 관리인 역할을 하게 됐다.

당시 왕 도사를 통하지 않고는 둔황 문서를 만날 수 없었다. 그렇기 때문에 펠리오가 왕 도사를 찾은 것이다. 펠리오에 앞서 이곳을 찾았던 러시아 탐험가에게는 17굴 석실의 존재조차 알려 주지 않았고, 영국의 오렐 스타인(Mark Aurel Stein, 1826~1943)에게는 석실 안으로 발을 들여 놓지도 못하게 했던 왕 도사였다. 그러나 펠리오의 유창한 중국어 앞에 왕 도사는 무너지고 말았다. 왕 도사는 결국 석실 조사를 허락했다.

1908년 3월 3일, 조사가 시작됐다. 펠리오는 첫날 10시간 동안 쭈그려 앉아 고문서를 조사했다. 대부분 6~10세기의 귀중 문서들이었다. 한문 경전뿐 아니라 다양한 언어의 고문서로 가득했다. 펠리오는 이 석실이 동양학의 보고라고 생각했다. 펠리오의 조사는 3주 동안 계속됐다. 조사 과정의 어느 날, 펠리오는 앞뒤 일부가 떨어진 필사본 두루마리를 발견했다. 서명도 저자명도 떨어져 나간 상태였지만 펠리오는 숨이 멎는 듯했다. 그건 혜초의 『왕오천축국전(往五天竺國傳)』이었다.

펠리오는 왕 도사와 흥정을 했다. 17호 석실 안에 있는 모든 문서를 팔라는 흥정이었다. 왕 도사가 이를 받아들일 리가 없었다. 펠리오는 그를 끝없이 설득했고, 결국 왕 도사는 이 고문서들을 펠리오에게 넘겼다. 펠리오는 중요 문서 6천여 점을 선별해 500냥이라는 헐값으로 입수했다. 펠리오는 5월 30일 둔황을 떠나 10월 5일 베이징에 도착했다. 여기서 그는 문서를 포장해 프랑스로 부쳤다.

『왕오천축국전』은 곧바로 파리에 있는 프랑스 국립도서관으로 들어갔다. 이듬해인 1909년 5월 펠리오는 이 사실을 학계에 보고했다. 『왕오천축국전』은 이렇게 모습을 드러냈다.

혜초의 『왕오천축국전』이 발견된 둔황석굴 17굴 장경동과 그 입구.
그 안에서 고문서들을 살펴보고 있는 펠리오(맨 오른쪽).

『왕오천축국전』은 통일신라의 혜초(慧超) 스님(704~780년)이 727년경에 지은 기행문이다. 723년부터 727년까지 인도와 아랍, 페르시아, 중앙아시아 등 서역의 여러 나라를 여행하면서 보고 들은 내용을 기록한 것이다. 중국 사람들은 8세기 당시 인도를 천축이라고 불렀다. 따라서 책 이름은 다섯 천축국(五天竺國)을 다녀오고(往) 나서 쓴 기록이라는 뜻이다.

많은 사람들은 혜초를 '한국 최초의 세계인'이라고 말한다. 혜초는 704년경 신라 수도인 경주에서 태어났다. 719년 열다섯의 어린 나이에 밀교를 공부하기 위해 중국으로 건너갔다. 4년 뒤인 723년 열아홉 살 때 그는 인도로 구법(求法) 기행을 감행한다.

중국 광저우(廣州)를 출발해 뱃길로 인도에 도착한 혜초는 불교의 8대 성지를 순례한 후 서쪽으로 간다라를 거쳐 페르시아와 아랍을 지나 다시 중앙아시아를 거쳐 파미르 고원을 넘었다. 이어 쿠차와 둔황을 거쳐 727년 11월 당나라 수도인 장안(지금의 시안)에 돌아왔다. 장장 4년에 걸친 약 2만 km의 대장정이었다. 『왕오천축국전』은 그 4년에 걸친 대장정의 기록이다.

혜초가 둘러보고 기록한 지역은 모두 40여 곳. 다섯 천축국뿐만 아니라 서역 중앙아시아 지방에 대한 다양한 정보가 가득하다. 『왕오천축국전』은 따라서 8세기 인도와 중앙아시아 곳곳의 언어와 지리, 역사와 종교 등을 모두 통섭한 기록물이자 탐험 여행기이다.

혜초의 천축 여행은 기본적으로 구법 여행이었다. 동천축국 여행에서의 주된 관심은 불교에 관한 것이었다. 그러나 중천축, 남천축, 서천축, 북천축으로 옮겨가면서 혜초의 관심은 불교에 머무르지 않았다. 정치, 경제, 사회는 물론이고 의식주와 같은 일상생활, 언어와 지리, 기후 등 자연 환경으로 확장되었다. 인간 삶과 관련된 내용을 빠짐없이 기록한 것이다. 혜초는 구법의 길을 떠난 밀교승이었지만 동시에 호기심 가득한 문명 탐험가였다. 혜초를 한국 최초의 세계인이라고 부르는 것도 이 때문이다.

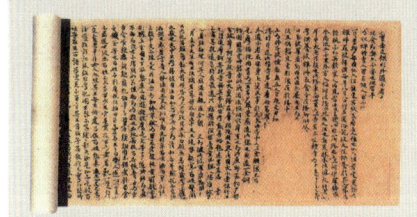
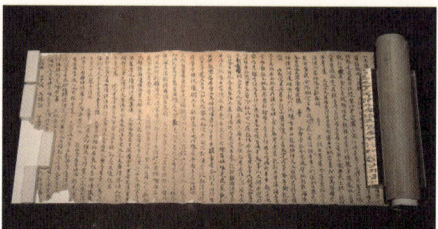

1 혜초가 727년 완성한 『왕오천축국전』: 현재 남아 있는 부분은 총 227행에 5,893자이다. 폭 43cm, 길이 358cm, 프랑스국립도서관 소장
2 2010~2011년 국립중앙박물관 특별전에 출품됐을 때의 『왕오천축국전』 전시 모습.　3 중국 시안(西安)에 신라국 고승 혜초를 기리는 '혜초기념비정'이 세워졌다. 이 정자와 비는 한·중 불교 협력 차원에서 2001년 건립되었다

그의 여행 길은 실크로드를 관통했다. 혜초는 4년 동안 여행을 하면서 고향땅 경주를 그리워하기도 했다.『왕오천축국전』을 보면 그가 고향을 그리워하는 시가 나오기도 한다. 저 먼먼 이역 땅에서 달 밝은 밤, 흘러가는 구름을 보며 신라땅 계림(鷄林, 경주)에 대한 그리움을 시로 노래한 것이다.

月夜瞻鄕路	달 밝은 밤에 고향길을 바라보니
浮雲颯颯歸	뜬구름은 바람처럼 돌아가네
緘書忝去便	그 편에 편지 한 통 부쳐 보지만
風急不聽廻	바람이 거세 빙빙 돌고 들을 수가 없구나
我國天岸北	내 나라는 하늘가 북쪽에 있고
他邦地角西	남의 나라는 땅끝 서쪽에 있네
日南無有雁	일남(日南)에는 기러기마저 없으니
誰爲向林飛	누가 소식 전하러 계림(鷄林)으로 날아갈 것인가

혜초는 이처럼 고국을 그리워했으나 당나라 땅 장안에서 밀교를 연구하다 780년경 76세의 나이로 입적했다. 후대의 우리 한국인으로서는 참으로 안타까운 일이다. 그가『왕오천축국전』을 들고 조국인 신라 땅 경주에 돌아왔었더라면……. 그래서 위대한『왕오천축국전』이 한국 땅에 남아 있게 되었더라면……. 생각할수록 아쉬운 일인지도 모른다.

혜초는 중국 장안에서 생을 마쳤다. 이국 땅에서의 그의 죽음은 어쩌면 세계인으로서의 운명일지도 모른다. 아쉬워할 것만은 아니다. 그래서 장안에서 잠들어 있던『왕오천축국전』이 폴 펠리오에 의해 발견되었고 이후 프랑스로 넘어갔다. 누군가는 땅을 칠지도 모를 일이지만 너그럽게 생각해 볼 필요도 있다. 그렇게 프랑스로 건너가 더 유명해졌을 수도 있다고. 이 모든 것이 2만km를 여행한 세계인 혜초의 운명이자『왕오천축국전』의 매력인 셈이다.

『왕오천축국전』은 두루마리 필사본으로, 현재 남아 있는 부분은 총 227행에 5,893자. 폭 42cm, 총길이 358cm이다. 세로 28.5cm, 가로 42cm 크기의 종이 아홉 장을 붙여 만들었다. 막고굴 장경동에서 발견된 두루마리 필사본에 대해선 혜초가 직접 썼을 것으로 보는 견해도 있고, 혜초의 원본을 보고 누군가 필사했을 것으로 보는 사람도 있다.

『왕오천축국전』은 현재 프랑스 국립도서관이 소장하고 있다. 『왕오천축국전』은 약탈 문화재가 아니다. 따라서 우리가 돌려받아야 할 문화재가 아니다. 폴 펠리오는 1908년 당시 막고굴 관리자로부터 헐값에 이들 고문서를 구입해 프랑스로 보냈다. 약탈에 가까운 구매였지만 어쨌든 돈을 주고 구입했기에 중국도 소유권을 주장할 수 없는 상황이다.

2010년 12월 『왕오천축국전』이 한국에 온 적이 있다. 국립중앙박물관에서 열린 특별전 '실크로드와 둔황-혜초와 함께 하는 서역기행'에 3개월간 전시되었다. 둔황에서 프랑스로 넘어간 이래 『왕오천축국전』이 공개 전시된 것은 처음이었다. 프랑스 국립도서관 밖으로 나온 것도 처음이었다. 혜초가 727년 이 글을 완성했고 2010년 12월 한국에 들어왔으니 1283년 만의 귀향이었던 셈이다.

4
직지심경, 세계 최고(最古) 금속활자본

1377년 충북 청주시 흥덕사에서 간행된 세계 최고(最古)의 금속활자본 고려『직지심경(直指心經)』. 인류 역사상 우리가 가장 먼저 금속활자를 만들어 책을 찍어 냈다는 증거물이다. 금속 활자를 이용해 1455년 간행된 독일의 구텐베르크 성경보다 78년이 빠르다.

『직지심경』의 원이름은『백운화상초록불조직지심체요절(白雲和尙抄錄佛祖直指心體要節)』이다. 14세기 고려 고승 백운(白雲, 1299~1374)이 선(禪)의 요체를 깨닫는 데 필요한 법어를 초록한 것이다. 그런데『직지심경』은 현재 우리 땅에 있는 것이 아니라 프랑스 국립도서관에 소장돼 있다. 어떻게 프랑스로 넘어가게 된 것일까. 역시 19세기 말~20세기 초, 그 비극의 시기로 거슬러 올라간다.

이를 프랑스로 가져간 사람은 1887~1905년 주한 프랑스 영사와 대리공사로 서울에서 근무했던 콜랭 드 플랑시(Collin de Plancy)라는 인물이다. 그가 공사 생활을 마치고 1906년 프랑스로 돌아갈 때 함께 수집해 가져간 장서 속에『직지심경』하권이 포함되어 있었다. 프랑스에서 이 책은 골동품 수집가였던 앙리 베베르(Henry Vever, 1854~1943)라는 사람에게 넘어갔다. 1950년 베베르가 사망하자 유족들은 그의 유언에 따라 프랑스 국립도서관에 이 책을 기증했다.

그 후『직지심경』의 존재는 잊혀졌다. 그러다 17년이 흐른 1967년 프랑스 국립도서관에서 사서로 일하던 박병선(朴炳善, 1923~2011) 선생이『직지심경』의 존재를 확인하게 되었다. 그리고 1972년 5월, 이 책은 전 세계인들을 놀라게 했다. 1972년은 유네스코가 지정한 '세계 도서의 해'였고 이를 기념하기 위한 특별전이

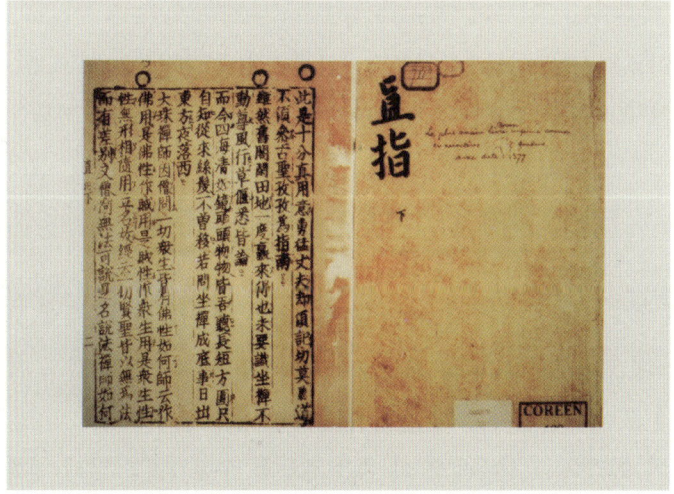

1 고려시대 때인 1377년 『직지심경』을 간행했던 충북 청주 흥덕사.
2 『직지심경』 하권. 세계에서 가장 오래된 금속활자본으로, 현재 프랑스국립도서관이 소장하고 있다.

5월 파리에서 열렸다. 『직지심경』은 '책의 역사'라는 이름의 전시에 출품되었다. 세계에서 가장 먼저 인쇄된 금속활자본이라는 사실에 많은 사람들은 놀라움과 함께 경의를 표했다. 그리곤 곧바로 세계 최고(最古)의 금속활자본으로 공인받았다. 한국이 세계 최초로 금속활자를 만든 나라로 기록된 것이다. 그리고 30년 가까이 흐른 2001년, 『직지심경』은 유네스코 세계기록유산으로 지정되었다.

그러나 아쉽게도 국내에 『직지심경』은 남아 있지 않다. 금속활자로 찍어 냈으니 여러 권이 있을 법도 한데, 아직 더 이상의 『직지심경』이 확인되지 않고 있다.

그래서 현재 충북 청주시를 중심으로 1997년부터 『직지심경』 찾기 운동이 전개되고 있다. 현상금까지 걸려 있다. 청주시는 『직지심경』을 찍어 낸 흥덕사가 있었던 곳이다. 『직지심경』의 본고장, 한국 인쇄 문화의 본고장으로서의 자존심을 지키겠다는 청주시의 의지가 담겨 있다. 또한 청주시는 청주고인쇄박물관을 건립해 『직지심경』의 가치를 널리 알리고 있다. 청주시와 직지찾기운동본부는 당시의 『직지심경』이 국내 어딘가에 한두 부 정도는 남아 있을 것으로 기대하고 있다. 하지만 아직까지 『직지심경』을 찾았다는 소식은 들려오지 않는다. 안타까운 일이다. 어딘가에서 이 위대한 문화유산이 우리 앞에 모습을 나타내 주길 기대한다.

5
고려불화, 종교미술의 정수

고려는 불교를 숭상했기 때문에 불교 미술품을 많이 만들었다. 그중 고려불화는 화려함과 섬세함이 돋보이는 종교미술의 명품이다. 섬세하고 단아한 형태, 원색을 주조로 한 화려한 색채와 호화로운 금니(金泥, 금가루 채색), 물 흐르듯 유려하면서도 힘 있는 선묘(線描) 등 고려인의 미의식과 불교적 정신 세계를 잘 보여 준다.

그러나 그 고려불화를 이 땅에서 보기란 그리 쉬운 일이 아니다. 우리에게 고려불화가 거의 남아 있지 않고 대부분 해외로 나가 있기 때문이다.

현재 남아 있는 고려불화는 모두 160여 점. 일본에 130여 점이 있고, 나머지는 미국, 유럽, 한국에 분산돼 있다. 해외에 있는 고려불화는 그 소장처도 다양하다.

일본의 도쿄(東京)국립박물관, 나라(奈良)국립박물관, 규슈(九州)국립박물관, 교토(京都) 지온인(知恩院), 교토 센오쿠하쿠코칸(泉屋博古館), 도쿄 네즈(根津)미술관, 나라의 주구지(中宮寺), 사가(佐賀)현 가가미진자(鏡神社), 미국의 클리블랜드미술관, 샌프란시스코아시아관, 스미소니언프리어갤러리, 메트로폴리탄박물관, 보스턴미술관, 시카고미술관, 독일의 베를린시립박물관, 쾰른동아시아박물관, 영국의 대영박물관(브리티시뮤지엄), 빅토리아&앨버트박물관, 프랑스의 기메박물관, 러시아의 예르미타시박물관 등이다.

국립중앙박물관은 2011년 이탈리아 국립동양예술박물관에서 고려불화인 〈아미타내영도(阿彌陀來迎圖)〉 한 점을 확인하기도 했다. 그동안 국내 학계에 알려지지 않은 고려불화였다.

고려불화는 부처의 모습이나 부처의 일생을 그린 것, 보살의 모습을 그린 것, 불경에 나오는 내용을 그림으로 옮겨 표현한 것 등 종류가 많다. 그 가운데에서도 〈수월관음도(水月觀音圖)〉가 가장 유명하다.

〈수월관음도〉는 선재동자가 관음보살을 찾아가 불교의 도를 구하는 장면을 그린 것이다. 여기서 수월(水月)은 물속에 비친 달을 말한다. 이것은 불교에서 세속의 헛된 꿈을 뜻한다고 한다. 따라서 〈수월관음도〉는 사람들이 마음 한편에 갖고 있는 허망한 욕망을 깨닫고 불심(佛心)의 평정을 되찾고자 하는 의미를 담고 있는 것이다. 관음보살의 가르침을 통해 불심의 평정을 되찾는다는 점에서 수월은 또한 관음보살의 자비심을 비유하는 것이기도 하다.

〈수월관음도〉의 관음보살을 보면 보관(寶冠)을 썼고 온몸에 살갗이 드러나는 옷을 걸치고 있다. 오른발을 왼발에 올려 놓은 반가(半跏) 형태를 하고 물가의 바위에 앉아 있다. 바로 옆에는 버드나무 가지 등이 꽂힌 정병(淨甁)이 있고, 발 아래쪽 관음의 눈길이 닿는 곳엔 선재동자의 모습이 보인다. 〈수월관음도〉는 대략 이런 모습이다.

〈수월관음도〉는 국내에 거의 남아 있지 않고 대부분 일본에 있다. 일본에 있는 것 가운데엔 국보로 지정해도 손색이 없는 명품이 많다. 일본에 있는 가장 유명한 작품은 교토(京都) 센오쿠하쿠코칸에 있는 〈수월관음도〉로 1323년 서구방(徐九方)이 그린 것이다.

일본 단잔진자(談山神社)와 센소지(淺草寺)사 소장품인 〈수월관음도〉도 두드러진다. 단잔진사 〈수월관음도〉는 선재동자를 맞이하는 관음보살을 단아하면서도 유려하게 표현했다. 반면 센소지사 〈수월관음도〉는 특이한 모습이다. 관음보살이 은은한 녹색의 물방울 모양 광배 속에 서 있는 모습이어서 '물방울 관음'이라 부르기도 한다. 관음보살의 자태는 늘씬하고 우아한 고려 미인을 연상시킨다. 고려시대 불교 미술의 화려함과 품격을 보여 주는 걸작들이다.

(왼쪽) 서구방의 〈수월관음도〉. 1323년, 비단에 채색, 165×101.5cm. 일본 센오쿠하쿠코칸 소장.

(오른쪽) 〈수월관음도〉. 고려 후기, 비단에 채색, 142×61.5cm, 일본 센소지 소장. 광배가 물방울 모습이어서 '물방울 관음'이라 부르기도 한다.

___ 고려불화가 일본에 많이 건너간 까닭

그렇다면 대체 고려시대 불화들은 언제 어떻게 일본으로 건너간 것인가. 왜 우리나라에는 고려불화가 거의 남아 있지 않은 것인가.

고려불화가 일본에 건너간 경위에 대해선 단정적으로 말하기 어렵다. 대략적인 추정이 가능할 뿐이다. 우선 두 가지 견해가 가능하다. 정상적인 방법으로 넘어갔을 것이라는 견해와 강제로 약탈해 갔을 것이란 견해다. 그 방식이 어떻든 일본에 고려불화가 많이 건너갔다는 점은 고려와 조선시대 당시 일본 사람들이 고려불화를 매우 좋아했음을 의미한다.

고려불화가 일본에 넘어간 과정은 시대에 따라 다르다. 고려 전기엔 무역이나 교류를 통해 평화적인 방법으로 넘어갔을 것 같다. 하지만 14세기 고려 말 왜구 침입 당시와 16세기 임진왜란 당시에는 일본인들이 고려불화를 약탈해 갔을 것이란 견해가 많다.

14세기 들어 한반도 해안가에 왜구의 침략이 빈번해졌다. 왜구 침략은 14세기 후반에 극성을 부렸다. 1380년대엔 매년 40회 정도 한반도를 침략해 왔다. 왜구는 사찰에 난입해 불교 문화재를 약탈해 갔다. 최선주 국립춘천박물관장은 그의 박사학위 논문 「일본 소재 고려시대 불교 미술의 연구」에서 이렇게 지적한다.

"왜구가 탈취한 고려의 불교 미술품은 불상, 법종, 불화, 사경 등 다양한 것이었으나 그중에서도 우선 이동이 용이하고 재화적인 가치가 높으면서 일본인들에게 거부감이 없는 것일수록 약탈이 대상이 되었을 것이다. 이처럼 재료의 특성상 약탈하기도 쉽고 가벼워서 가장 용이한 것은 역시 불화이다."

왜구들이 불화를 약탈해 간 것은 일본에서 돈이 되기 때문이었다. 14세기 당시 일본에서는 고려불화가 인기 상품으로 거래되었다. 우리에게 널리 알려진 일본 사가(佐賀)현 가가미진자(鏡神社)의 〈수월관음도〉(1310년 작)는 일본인이 구입해 가가미진자에 기증한 것으로 전해 온다. 이 작품의 화면에는 1391년 12월에 써넣은 글에 이 같은 내용이 들어 있다. 당시 일본에서 이미 고려불화가 유통되고 있었다는 것을 보여 주는 기록이다.

　조선 전기에는 고려불화가 일본과의 교류를 통해 정상적인 경로로 일본에 넘어가기도 했다. 15세기 일본은 우리나라의 경전과 범종 등 불교 미술품에 대해 지대한 관심을 갖고 있었다. 그래서 조선 왕실에 불교 미술품을 전해달라고 수차례에 걸쳐 요청하기도 했다. 조선 왕실이나 민간에서 일본인에게 불교 미술품을 선물했고, 불화도 그렇게 해서 일본으로 넘어가게 되었다. 이 시기 고려불화도 함께 일본으로 넘어갔을 것이다.

　그러나 임진왜란이 발발하면서 상황은 달라졌다. 약탈에 의해 고려불화가 유출되는 계기가 되었다. 그 한 예가 나가사키(長崎)의 사이쿄지(最教寺)에 있는 14세기 고려불화 〈열반도〉이다. 이것을 임진왜란 때 일본으로 가져왔다는 기록이 불화를 보관하는 상자 뚜껑에 남아 있다. 임진왜란 때 불화를 가져갔다는 것은 약탈일 가능성이 높다. 물론 약탈이라고 단정할 만한 물증이 있는 것은 아니지만 정황상 십중팔구 약탈에 의한 유출이었을 것이다. 일본의 막부(幕府)시대엔 미술품 거래가 더 활성화되면서 미술품을 투자의 대상으로 인식하기도 했다. 불화의 수요가 더 늘어났고, 그로 인해 비싼 가격에 거래되었을 것이라는 점은 어렵지 않게 짐작할 수 있다. 세월이 흐른 뒤 일제 강점기 때에도 적지 않은 불화가 일본으로 유출되었다.

　일본 다음으로 고려불화를 많이 갖고 있는 나라는 미국이다. 미국과 유럽에 있는 고려불화는 일본을 거쳐 갔을 것으로 추정한다. 한국에서 직접 유출된 것이 아니라 일본에 건너간 불화들이 다시 그쪽으로 넘어갔을 가능성이 높다는 추론이다. 1868년 메이지(明治) 유신 이후 불교 억제 정책을 펴면서 불상과 불화들이 적잖이 훼손되었다. 이 와중에 불화 등 불교 미술품이 해외로 유출되었을 것이란 견해다. 하지만 미국의 경우, 미군정 당시 한국에 들어와 있던 미군들이 서울 인사동을 찾아 골동품을 구입했는데, 이때 고려불화도 함께 수집해 미국으로 가져갔을 것이란 얘기도 전한다.

외국으로 고려불화가 많이 유출되었다고 해도 한국에 고려불화가 적게 남아 있는 것은 무슨 이유에서일까. 우선 무수한 외침에 의해 불에 타버렸을 가능성을 들지 않을 수 없다. 특히 조선시대엔 폐불(廢佛) 정책으로 인해 많은 불화를 소각했을 것으로 추정한다. 설령 적극적으로 소각하지 않았다고 해도, 유교를 숭상하고 불교를 억압하는 숭유억불(崇儒抑佛)의 사회 분위기 속에서 고려불화를 그리 열심히 보존하지 않았을 것으로 생각된다. 그로 인해 고려불화는 한 점 두 점 훼손되면서 사라져 갔을 것이다.

6
조선 막사발,
일본 국보가 되다

우리가 흔히 막사발이라고 불러왔던 것, 조선시대 막사발 한 점이 일본의 국보로 지정되어 있다. 일본 교토(京都)의 다이도쿠지(大德寺) 고호안(孤篷庵)에 가면 '기자에몬(喜左衛門) 이도다완(井戶茶碗)'이라는 막사발이 있다. 높이는 8.2~8.9cm, 지름은 약 15.5cm. 이 찻사발은 일본의 국보다. 이것은 조선시대 때인 15~16세기경 경상도 남해안 지역에서 만들었고, 임진왜란을 전후에 일본인들이 가져간 것으로 추정된다. 그러나 누가 어디서 만들었는지는 정확하게 밝혀지지 않았다.

차 마시기를 좋아하는 일본인들이 지극히 평범해 보이는 이 찻사발을 자신들의 국보로 정해 놓고 숭상하는 것은 무슨 까닭일까. 무로마치(室町)시대였던 15~16세기 일본의 무사들 사이에선 차 마시는 것이 유행했다. 오다 노부나가(織田信長), 도요토미 히데요시(豊臣秀吉), 도쿠가와 이에야스(德川家康) 등 16세기 후반 일본을 호령했던 최고의 무사들은 차를 즐겼고 동시에 차 모임을 자주 열었다. 예법을 갖추어 차를 마시면서 서로의 결속을 다지기 위해서였다.

차에 대한 관심은 자연스럽게 찻그릇, 찻사발에 대한 관심으로 이어졌다. 그러던 중 그들은 조선의 찻사발을 발견하곤 그 아름다움에 매료되었다. 도요토미 히데요시도 이 찻사발에 매료돼 직접 소유하기도 했다. 이후 17세기 모모야마(桃山)시대의 다인(茶人)인 다케다 기자에몬(竹田喜左衛門)이라는 사람이 소유했다. 그래서 '기자에몬 이도다완'이라고 라고 부르게 된 것이다. 그러나 왜 조선의 사발을 그들이 이도(井戶)라고 부르는지는 아직 정확하게 알려진 바가 없다.

이 이도다완은 어찌 보면 지극히 평범하다. 별로 꾸민 대목도 없다. 그런데 꾸미지 않았기에 더 아름다운 것이다. 일본의 미술사가였던 야나기 무네요시(柳宗悅)도 "이도다완에는 경탄할 만한 자연의 지혜가 담겨 있다. 철학과 생활의 축소판으로서 그 아름다움은 솔직한 것, 자연스러운 것, 무심한 것, 사치스럽지 않은 것, 과장이 없는 것에 있다."고 찬사를 내놓은 바 있다.

그릇 밑부분과 굽 주변의 오돌도톨한 부분을 보면 묘한 매력에 빠져들지 않을 수 없다. 이 오돌도톨한 부분은 매화피(梅花皮)라고 부른다. 그릇 표면에 바른 유약이 녹아 내리다가 불의 온도 부족으로 인해 완전히 녹아 내리지 못하고 아랫부분에서 응결된 것이다. 그런데 일본의 무사들은 이 부분을 특히 좋아했다고 한다. 그 오돌도톨한 촉감이 마치 칼집의 철갑상어 가죽 표면과 비슷했다고 한다. 이도다완의 찻잔을 잡을 때마다 장검 칼집의 촉감을 느끼며 전의(戰意)와 충성심을 되새겼던 것일까. 그 분위기가 우리와 사뭇 다르지만, 16세기 전후 일본의 무사들은 찻잔을 통해 자신들의 정신 세계를 가다듬었다고 볼 수 있다.

어쨌든 이 막사발은 꾸민 것 없이 담백하기에 오히려 일본인을 사로잡은 것이다. 자연의 일부로 살아갔던 조선 도공의 정신이 담겨 있다는 점이 더욱 돋보인다.

일본 무사들의 사랑을 받았던 조선시대 막사발 〈기자에몬 이도다완〉. 일본의 국보로 지정되었다. 높이 8.2~8.9cm.

7
칠지도,
백제의 하사품인가, 헌상품인가

2004년 1월, 일본 나라(奈良)현 나라(奈良)시의 나라국립박물관에 한국인의 발길이 끊이지 않았다. 일본의 고도(古都)인 나라는 우리로 치면 경주나 부여쯤 되는 곳이다. 평소에도 이곳을 찾는 한국인이 적지 않았지만 이때는 달랐다.

그 많은 한국인이 나라국립박물관에서 보려고 했던 것은 무엇일까. 바로 칠지도(七支刀 또는 七枝刀)였다. '백제가 일본에 하사한 것인가, 아니면 헌상한 것인가'를 놓고 한일 고대사학계에 뜨거운 쟁점이 되어 온 유물이 바로 이 칠지도이다. 그 실물이 10년 만에 모습을 드러냈기 때문이다.

이 칠지도는 현재 일본의 국보다. 그러나 백제에서 만든 것이다. 이 칼이 언제 어떻게 일본으로 건너간 것일까. 백제 왕이 일본 왕에 하사한 것인가, 아니면 헌상한 것인가.

쇠로 만든 칠지도는 길이 74.9cm이다. 몸체 좌우로 나뭇가지 모양의 작은 날이 각각 세 개씩 모두 여섯 개가 서로 어긋나게 솟아 있는 형태다. 가운데 몸체까지 합하면 날은 일곱 개가 되고 그래서 칠지도라고 부른다. 몸체 앞면에 34자, 뒷면에 27자 등 모두 61자의 글자가 금으로 상감되어 있다.

이 칼은 언제부터인지 정확하지 않지만 나라현 덴리(天理)시 후루마치(布留町)의 이소노카미(石上) 신궁에 전해 왔다. 이소노카미 신궁은 일본에서 가장 오래된 신사의 하나다.

이 칠지도는 신궁에서도 아무도 들어갈 수 없는 금족지(禁足地)라는 곳에 비밀스럽게 보관되어 왔다. 너무 비밀스러워 그 누구도 칠지도의 비밀 상자를 열 생각을 하지 못했다. 그랬던 칠지도가 그 베일을 열고 모습을 드러낸 것은 1874년이다. 이소노카미 신궁의 다이쿠우사(大宮司)로 부임한 간 마사토모(菅政友)라는 인물이 몸체 앞뒤에 금으로 상감된 명문을 발견한 것이다. 그때까지만 해도 이 칼에 이 같은 글씨가 새겨져 있다는 사실을 몰랐던 것이다.

그 후 61자의 상감 글자에 대한 연구가 진행되었다. 연구가 이뤄지면서 이 명문의 해석을 놓고 한·일 학계의 의견이 팽팽히 맞서게 되었다.

그 명문을 보자. "泰囗四年囗月十六日丙午正陽造百鍊鋼七支刀囗辟百兵宜供供侯王囗囗囗囗作", "先世以來未有此刀百濟王世囗(子)奇生聖音故爲倭王旨造傳示囗(後)世"("태囗4년囗월십육일병오정양조백련강칠지도囗피백병의공공후왕囗囗囗囗작", "선세이래미유차도백제왕세囗(자)기생성음고위왜왕지조전시囗후세.")

여기서 논란이 되는 대목은 제작 연대인 연호(泰囗四年)와 "백제 왕세자가 왜왕을 위해 만들어 주었다(百濟王世子奇生聖音故爲倭王)"는 대목이다.

먼저 일본의 해석을 보자. 19세기 말~20세기 초에 일본은 '泰囗4년' 가운데 잘 보이지 않는 囗자를 始(시)로 해독하고, 중국 서진 태시(泰始) 4년, 즉 서기 268년으로 보았다. 그런데도 『일본서기(日本書紀)』 가운데 신공(神功) 황후 때의 기록인 「신공기(神功紀)」 52년(252년)의 내용과 연결시켰다. 거기엔 "백제왕이 구저 등의 사신을 보내 칠지도(七枝刀) 한 자루와 칠자경(七子鏡) 한 개 그리고 각종 보물을 바쳤다."는 대목이 들어 있다. 이 기록 속의 칠지도가 바로 이소노카미 신궁의 칠지도라고 주장했던 것이다.

1960년대부터 일본은 다시 泰囗4년의 囗자를 和로 해독했다. 그들의 주장에 따르면 중국 동진 태화(泰和) 4년, 즉 369년이 된다. 일본은 왜 369년으로 해석했을까. 369년은 왜군이 낙동강 이남의 임나를 정벌했다고 주장하는 바로 그해이다. 이른바 '임나일본부(任那日本府)' 설의 근거로 이용하기 위한 전략이었다. 그래서 일본은 "임나를 정벌한 야마토(大和)정권에 백제가 칠지도를 만들어 헌상했다."고 주장하기 시작했다. 일본의 대표적인 국보 안내서 『國寶の旅』(講談社, 2001)에도

일본의 국보인 칠지도. 백제가 만들었다. 앞뒷면에 새겨진 명문을 두고 한·일 학계의 의견이 대립되어 있다.

칠지도는 4세기에 제작된 것으로 나온다.

국내 학계의 견해는 이와 정반대다. 백제 왕세자가 일본 왕에게 '하사'한 칼이라는 것이다. 그 견해의 대강은 이렇다. "칠지도에 나오는 태화라는 연호는 중국 것이 아니라 백제 고유의 연호. 백제 왕이 일본에 있는 백제의 속국(식민지 또는 분국)의 왕에게 만들어 준 칼이다."

어찌 됐든 한·일 양국의 의견이 팽팽히 맞서는 형국이다. 일본의 해석엔 정치적 의도가 다분히 담겨 있다. 그러나 우리의 주장 역시 명쾌한 물증이 있는 것은 아니다. 최근엔 백제 왕세자가 대등한 입장에서 왜왕에게 칼을 만들어 준 것으로 봐야 한다고 말하는 사람도 있다.

명문을 둘러싼 해석도 해석이지만 그 못지않게 궁금한 것이 하나 있다. 『일본서기』에 나오는 칠지도가 바로 이소노카미 신궁에 전해 오는 지금의 칠지도인가 하는 의문이다. 사실 지금 우리가 보는 칠지도는 가지가 일곱 개라기보다는 여섯 개라는 생각을 지울 수 없다. 가운데의 몸체를 가지로 보는 것은 상식에서 벗어나기 때문이다. 특히 지금의 칠지도가 신궁에서 발견되었을 때, '육차모(六叉鉾)'로 불렀다는 점도 이런 의구심을 더해 준다. 이소노카미 신궁의 육차모가 『일본서기』의 칠지도로 둔갑했을 가능성도 있다. 하지만 이 역시 추론일 뿐 객관적인 증거를 댈 수는 없다.

현재로선 한·일 양국이 모두 공감하는 하나의 의견을 내놓기란 거의 불가능한 상황이다. 칠지도 유물이 제대로 공개되지도 않는 데다 공동 연구마저 이뤄지지 못하기 때문이다. 현실적으로 볼 때 칠지도는 당분간 베일에 가려 있을 수밖에 없다. 그러나 한 가지 사실은 모두가 인정한다. 이 칼은 백제가 만들었다는 점이다.

다만 이 점을 염두에 둘 필요가 있다. 이 칠지도가 백제시대에 일본으로 건네졌다는 사실이다. 해외에 있는 문화재의 대부분이 국권 침탈기인 19세기말~20세기 초에 유출되었다는 사실과 가장 큰 차이점이다.

8
국권 침탈의 슬픔,
도쿄국립박물관 오구라 컬렉션

일본을 대표하는 도쿄의 도쿄국립박물관. 이곳에서 발행한 『東京國立博物館 名品 100選』이라는 책을 보면 멋진 금동관모(金銅冠帽)가 등장한다. 그 사진 밑에 적혀 있는 간단한 설명을 보면 이렇다. '5세기 후반~6세기 전반, 삼국시대, 경남 창녕 출토, 오구라(小倉) 컬렉션 기증.'

오구라 다케노스케(小倉武之介, 1870~1964). 그는 일제 강점기 때 한국의 문화재를 약탈하고 수집한 일본인 사업가이자 컬렉터였다. 도쿄제국대학을 졸업하고 한국으로 건너온 그는 경부철도를 다닌 뒤 대구에서 대구전기회사를 설립했다. 이 회사는 대흥전기, 남선합동전기로 발전해 1910년대 조선에서 제일가는 전기회사가 됐다. 오구라는 자신의 부(富)를 토대로 1921년경부터 전국 곳곳에서 조선의 유물을 수집하기 시작했다. 그는 특히 도굴품을 많이 모았다. 당시는 경주, 대구, 고령 등 경상도 지역의 신라와 가야 고분이 무수히 도굴되는 상황이었다. 그 도굴품 가운데 상당수가 오구라의 손에 들어간 것이다. 1940년대 초반, 경북 고령군 고령경찰서에서는 오구라가 도굴한 트럭 두어 대 분량의 유물을 공공연히 보관하고 있었다는 얘기도 전한다. 그는 한반도뿐만 아니라 중국의 만주, 허베이성(河北省), 산시성(山西省) 지역까지 다니면서 유물을 모은 것으로 알려져 있다.

오구라는 수집한 유물을 대구와 일본 도쿄에 있는 그의 집에 나누어 보관했다. 1945년 일본 패망과 함께 일본으로 돌아가게 됐을 때 오구라는 한국에 있던 유물은 그대로 두고 몸만 건너갔다. 그는 일본으로 돌아간 뒤에도 한국의 유물을 수집했다.

그가 일제 강점기 때부터 수집해 도쿄에 보관하던 유물이 바로 오구라 컬렉션

1 오구라 컬렉션의 하나인 6세기 가야 금관. 높이 13.2cm. 일본 도쿄국립박물관 소장   2 오구라 컬레션의 하나인 8세기 금동 원통형 사리기. 높이 12.5cm. 일본 도쿄국립박물관 소장   3 오구라 컬렉션의 하나인 5~6세기 금동관모. 높이 41.8cm. 일본 도쿄국립박물관 소장. 이 금관은 경남 지역에서 출토된 것으로 보인다.

이다. 오구라는 1958년 오구라 컬렉션 보존회를 설립했다. 오구라는 1964년 세상을 떠났고, 이후 그의 아들이 재단을 맡아 운영하다 1980년대에 컬렉션을 모두 도쿄국립박물관에 기증했다. 현재 도쿄국립박물관에 있는 오구라 컬렉션의 규모는 모두 1,110건이다. 그 가운데 대부분이 우리나라에서 약탈해 간 문화재들이다.

오구라 컬렉션은 신석기시대, 청동기시대 유물부터 삼국시대, 통일신라시대, 고려시대, 조선시대의 문화재들을 망라한다. 이 가운데 가장 두드러진 것은 대가야 유물로 보이는 금관, 경남 창녕에서 출토된 고깔 모양의 금동관모, 각종 금제 장식 등 삼국시대의 고고 유물이다. 6세기 가야 금관은 우리가 흔히 보아 온 신라 금관보다 모습이 좀 단순하다. 그러나 초화(草花) 모양의 장식에서 절제되면서도 세련된 조형미를 느낄 수 있다. 삼성미술관 리움에 있는 또 다른 금관처럼 가야 금관의 전형을 보여 주는 중요한 유물이다.

창녕 고분에서 출토된 것으로 전해지는 삼국시대 금동관모 역시 명품의 하나다. 고깔형의 관모에 날개 장식과 깃 장식을 달아 화려함을 자랑한다. 이들 유물은 모두 고분에서 나왔을 것이 유력하다. 결국 오구라나 다른 일본인이 도굴했음을 의미한다.

탑에 봉안됐던 사리장엄구와 의식용 불교 법구(法具)도 주목할 만하다. 표면에 99기의 소탑(小塔)과 연꽃이 장식되어 있는 금동 원통형 사리합(8세기)이 눈길을 끈다. 이 사리기는 통일신라인들의 깊은 불심(佛心)을 잘 보여 주는 불교 문화재다. 오구라가 수립한 다양한 사리기들은 모두 경주 남산에서 출토된 것으로 알려져 있다.

청동기시대 사람들이 어깨에 착용했던 것으로 추정되는 청동견갑(靑銅肩甲)도 명품에 속한다. 이 견갑에는 뿔이 긴 사슴과 호랑이, 고사리 등이 새겨져 있어 당시 사람들의 샤머니즘적 일상을 엿볼 수 있다.

오구라 컬렉션에는 이 밖에도 통일신라 불상, 고려청자, 조선 분청사기와 백자, 강세황, 김홍도, 정선, 변상벽 등의 조선 회화, 조선시대 복식 등이 포함되어 있다. 한반도의 역사 전 시대와 모든 장르를 아우르는 명품 컬렉션이다. 다만 그 명품들이 우리가 약탈당한 문화재라는 사실이 못내 부끄럽고 안타까울 따름이다.

9
미국 속의 한국 문화재, 은제주전자와 해학반도도

'아니, 어쩌면 이렇게 이색적이고 화려할 수 있을까. 이게 정말 우리 고려 때 그릇이란 말인가.'

2009년 가을, 서울 용산구 국립중앙박물관에서 '한국박물관 개관 100주년 기념 특별전'이 열렸다. 당시 출품된 문화재 가운데 가장 화제가 되었던 것은 일본 덴리대(天理大)에서 빌려온 안견의 〈몽유도원도〉였다. 그러나 〈몽유도원도〉 못지않게 관객들을 사로잡은 작품이 있었다. 고려 때 만든 은제 금도금 주전자와 받침. 그 모양이 화려하고 이색적인 데다 미국에서 빌려왔다는 사실이 알려지면서 많은 사람들은 주전자의 매력에 빠져들었다.

이 주전자는 고려시대의 가장 우수한 금속공예품 가운데 하나로 꼽힌다. 은으로 만든 뒤 표면을 금으로 도금했다. 그 색깔도 좋지만 주전자의 전체적인 모양이 매우 고급스럽고 화려하다. 뚜껑을 보면 연꽃이 겹겹으로 피어 있고, 맨 위에 한 마리 봉황이 앉아 있다. 마치 연꽃의 향연 같아 보인다.

주전자 몸체 표면은 빙 둘러가면서 대나무 줄기를 표현했고 그 줄기마다 연꽃무늬와 덩쿨무늬를 음각으로 새겨 넣었다. 주둥이는 대나무의 마디마디로 형상화했다. 전체적으로 조형미가 뛰어나다. 화사하면서도 절제를 잃지 않아 반듯하고 질서정연하다. 주전자를 받치는 받침까지 세트로 온전하게 남아 있어 그 가치가 더욱 높다. 그래서 '세계에서 가장 아름다운 주전자'로 불리기도 한다.

이 주전자는 미국 보스턴박물관 소장품이다. 언제 어떻게 미국으로 건너갔는지 정확히 알려지지 않았지만 분명한 것은 우리 조상이 만든 명품이라는 사실이다.

고려 은제금도금 주전자와 받침. 주전자 34.3cm, 받침 16.8cm. 미국 보스턴박물관 소장. 연꽃이 겹겹으로 피어 있는 뚜껑 위에는 봉황이 앉아 있다. 몸체는 대나무 줄기 형태이다. 고급스럽고 화려하면서도 조형미가 뛰어나 '세계에서 가장 아름다운 주전자'로 불리기도 한다.

〈해학반도도〉. 1842년 또는 1902년, 271×714cm, 미국 호놀룰루아카데미미술관 소장. 6폭짜리 병풍 한 쌍(총 12폭)으로 궁중 연희 때 사용했던 채색 장식화다.

하와이 호놀룰루아카데미미술관에 있는 19세기〈해학반도도(海鶴蟠桃圖)〉도 눈길을 끄는 미국 소재 한국 문화재다. 이 병풍은 호놀룰루아카데미미술관이 1927년 뉴욕에 있는 일본 야마나카(山中) 골동상회를 통해 구입한 것이다. 2006년 호놀룰루아카데미미술관의 요청으로 2007년 국내로 돌아와 국립문화재연구소에서 보존 처리를 마쳤고, 한 차례 국내 전시를 거친 뒤 2008년 다시 미국으로 돌아갔다. 보존 처리 과정에서 병풍 오른쪽 위에 금가루로 임인(壬寅)이라는 간지가 써 있는 것을 확인했다. 간지로 보아 1842년 또는 1902년에 제작했을 것으로 보인다.

이 작품은 장수의 상징인 해, 구름, 물, 바위, 학, 영지, 복숭아 등을 그려 궁중 연회 때 사용했던 채색 장식화다. 흔히 알려진 십장생에 더하여 청둥오리나 나라꽃 같은 모습의 화초를 추가로 그려 넣었다. 십장생 가운데 학과 복숭아를 중심으로 그렸다고 해서 특별하게〈해학반도도〉라고 부른다. 반도(蟠桃)는 선경(仙境)에서 자라는 큰 복숭아를 말한다. 이〈해학반도도〉는 6폭짜리 병풍 한 쌍(총 12폭)으로, 전체 크기는 271×714cm이다.

화면 전체를 압도하는 오색 구름, 물결 위로 떠오르는 붉은 해가 강렬하게 다가온다. 바다 위를 날고 있거나 서로 마주보고 서 있는 열 마리 학의 모습도 인상적이다. 커다란 복숭아의 모습에서 무릉도원 선경의 분위기를 느낄 수 있다. 화면 곳곳을 금박으로 장식해 화려함을 극대화했다. 조선 왕조 왕실과 백성의 건강과 장수 번영을 기원하는 마음을 화려하면서도 시원스럽게 표현한 셈이다.

금박 장식과 화려한 채색, 수채화를 연상시키는 화법, 12폭에 이르는 초대형 크기 등을 주목해 보면, 우리가 흔히 보아온 일반적인 십장생 병풍과는 그 분위기가 사뭇 다르다. 따라서 조선 말기 궁중 장식화의 또 다른 면모를 잘 보여 주는 작품이라고 할 수 있다.

미국에는 우리 문화재가 많이 있다. 2013년 1월 현재 전 세계에 흩어져 있는 우리 문화재 15만 2,911점 가운데 미국에 있는 것은 4만 2,325점으로, 일본에 이어 두 번째로 많은 양이다. 미국에 이렇게 많은 우리 문화재가 있다는 점에 놀라지 않을 수 없다. 메트로폴리탄박물관, 브루클린박물관, 필라델피아박물관, 코넬대 허버트 존슨미술관 등 미국의 박물관, 미술관 곳곳엔 우리 문화재가 산재해 있다. 선사시대 토기, 각종 청동기부터 청자와 백자, 그림, 금속공예품 등 그 장르는 다양하다.

우리 문화재가 미국으로 반출된 시기는 대체로 19세기 후반부터 20세기 중반. 약탈해 의해 반출된 경우도 적지 않지만 구입과 선물 등을 통해 미국으로 건너간 경우도 꽤 있다. 특히 흥미로운 것은 일본의 대표적인 고미술상이었던 야마나카(山中)상회가 중개 역할을 한 사실이다. 일본 교토(京都)와 오사카(大阪)에서 출발한 야마나카상회는 미국의 뉴욕과 보스턴에 지점을 냈고 미국 유수의 박물관들이 이곳을 통해 한국 문화재를 수집했다. 앞에서 살펴본 〈해학반도도〉도 호놀룰루아카데미미술관이 이렇게 수집한 것이다.

1934년 간송 전형필(澗松 全鎣弼)이 조선시대 혜원 신윤복의 풍속화첩인 국보 135호 〈혜원전신첩(蕙園傳神帖)〉을 구입한 것도 야마나카 상회로부터였다.

문화재의 약탈과 반환

9

우리 근대사가 그러했듯 근대기 우리의 문화재 역시 수난을 겪어야 했다. 그 수난의 대표적 사례는 문화재 약탈이다. 19세기 후반~20세기 전반, 일제와 서구 열강은 우리 땅에서 적지 않은 문화재를 파괴하고 약탈해 갔다. 특히 일제의 문화재 약탈은 엄청났다. 개성에 있던 경천사 10층 석탑을 비롯해 경복궁의 전각을 해체해 일본으로 밀반출했고, 경주・부여・공주・개성・평양 등 고도를 돌아다니며 도자기와 고고 유물 등을 도굴해 갔다. 이뿐만 아니라 도서와 회화, 공예, 석조물, 선사시대 유물, 복식, 생활민속품 등 모든 장르에 걸쳐 귀중한 문화재들을 불법으로 반출했다.

약탈 당한 문화재는 돌려받아야 한다. 하지만 한번 약탈당한 문화재를 돌려받는다는 것은 결코 쉽지 않은 일이다. 약탈해 간 나라가 돌려줄 마음이 없으면 협상의 진척이 매우 어려울 수밖에 없다. 시간도 오래 걸린다. 인내심도 있어야 하고 치밀한 전략도 필요하다.

여러 노력에 힘입어 1990년대 이후 약탈 문화재 반환 사례가 조금씩 늘고 있다. 1991년부터 20년 넘게 지리한 반환 협상을 벌여 온 외규장각 의궤도 2011년 우리에게 돌아왔다. 일본 궁내청 소장 조선 왕실 도서 1,205권 역시 2011년 12월에 우리 품으로 돌아왔다.

1
일제와 서구의 문화재 약탈

외국 사람들과의 교류가 많아지면서 우리 문화재가 외국에 나가 있는 것은 어쩌면 당연한 일이다. 그러나 해외에 있는 우리 문화재의 대부분이 약탈에 의해 유출된 것이라는 사실이 우리를 안타깝게 한다. 우리 문화재 해외 유출은 19세기 말 서구 제국주의 열강과 일제에 의한 약탈이 이뤄지면서 빈번하게 자행되었다.

물론 외국인들이 돈을 주고 구입해 간 것이나 선물을 받아 자신들의 나라로 가져간 것도 있다. 1880년대 이후 서울에 들어온 각국의 외교관들이 대표적인 경우다. 1887년 초대 주한 프랑스 대리공사로 부임한 프랑스 외교관 콜랭 드 플랑시는 한국의 도자기와 그림 등을 수집해 본국의 국립기메동양박물관에 보냈다. 그는 세계 최고(最古) 금속활자본 『직지심체요철』(직지심경)을 수집해 간 인물이기도 하다. 이 밖에 1882~1885년 고종의 외교 고문으로 일하면서 기산 김준근(箕山 金俊根, 생몰년 미상)의 풍속화를 수집해 독일로 가져간 묄렌도르프(Paul Georg von Möllendorff, 1841~1901), 1883년 제물포(인천)에 세창양행이라는 무역회사를 설립하고 도자기, 그림, 민속품 등 1천여 점을 수집해 간 독일인 하인리히 콘스탄틴 에두아르 마이어(Heinrich Constantin Eduard Meyer, 1841~1926) 등도 대표적인 경우라고 할 수 있다. 마이어는 자신의 수집품 일부를 함부르크민속박물관에 기증하기도 했다.

—— 프랑스와 미국의 문화재 약탈

1866년 흥선 대원군 이하응은 서양의 종교인 천주교가 나라를 어지럽힌다는 이유를 들어 천주교 금지령을 내렸다. 그러나 천주교의 종교 활동이 줄어들지 않자 프랑스 선교사를 비롯해 수많은 한국인 천주교도를 처형했다. 이를 병인년의 천주교 박해라고 해서 병인박해(丙寅迫害)로 부른다.

그러자 프랑스는 함대를 앞세워 조선의 강화도를 침략했다. 이 사건을 병인양요(丙寅洋擾)라고 한다. 병인년(1866년)에 서양이 일으킨 소요 사태라는 뜻이다. 당시 프랑스군은 강화도를 점령하고 이곳의 행궁(行宮, 임금의 임시 거처)과 도서관인 외규장각(外奎章閣) 등 각종 건물에 불을 지르는 만행을 서슴지 않았다. 이로 인해 건물은 물론이고 각종 도서 4,700여 권과 기타 왕실 귀중품이 잿더미로 사라졌다. 그것도 모자라 프랑스군은 거기에 있던 귀중 도서와 무기, 각종 물품을 약탈했다. 20년에 걸친 지리한 반환 협상 끝에 2011년 우리 품에 돌아온 외규장각 도서들이 바로 이때 약탈해 간 것이다.

1871년에는 미국이 군함을 앞세우고 조선을 침략해 왔다. 5년 전인 1866년 발생한 미국의 상선(商船) 제너럴 셔먼호(號) 사건을 빌미 삼아 조선에 개항을 요구하면서 무력으로 침략한 사건이다. 1866년 제너럴 셔먼호는 평양 대동강을 거슬러 올라와 조선과의 통상을 요구했다. 그러나 이를 거절당하자 조선인을 감금, 살육하고 재물을 약탈하는 만행을 저질렀다. 이에 분노한 우리의 관군과 백성들은 이 배를 불살라 격침시키고 선원들을 모두 살해해 버렸다. 그로부터 5년 뒤인 1871년 미군 함대는 이 제너럴 셔먼호 사건을 핑계삼아 조선의 강화도를 공격했다. 하지만 조선 군대의 결사 항전으로 미군은 20여 일 만에 물러났다. 신미년(1871년)에 서양이 일으킨 소요 사태라는 의미에서 신미양요(辛未洋擾)라고 부른다.

이 신미양요 때 미국은 강화도에서 많은 약탈을 자행했다. 당시 미군이 약탈해간 것 가운데 가장 대표적인 것이 수자기(帥字旗)이다. 강화도 광성보 전투에서 미군이 빼앗아 간 것이다. 수자기는 수(帥) 자 글씨가 쓰여진 깃발이며, 여기서 수(帥)는 장군을 의미한다. 이 깃발의 크기는 가로 세로 4.5m, 세로 4.5m이다. 군부대 훈련장이나 숙소에 세워 놓던 대장의 군기(軍旗)다. 대개 누런 바탕에 검은색으로

'帥' 자가 쓰여져 있다. 이 수자기는 수기(帥旗)라고 부르기도 한다.

신미양요 때 약탈당한 이 수자기는 미국 매릴랜드주 애나폴리스의 미국해군사관학교(UNSA)박물관에 보관되어 있었다. 문화재청은 수년간의 반환 협상 끝에 10년간의 장기 임대 형식으로 2007년 10월 수자기를 국내에 들여왔다. 신미양요의 비극이 발발한 지 136년 만의 귀향이었다.

── 일제의 문화재 약탈

일본에 의한 문화재 파괴와 약탈도 매우 심각한 수준이었다. 일제는 서슴지 않고 문화재를 약탈해 가는 만행을 저질렀다.

1894년에는 중국 집안에 있는 광대토대왕비 조작 사건이 발생했다. 일본인들이 광개토대왕비에 석회를 바르고 문구를 조작해 일본에 유리하도록 바꾼 것이다. 그건 단순한 문화재 훼손이 아니라 심각한 역사 파괴였다.

1905년 러일전쟁 때 일본군은 함북 길주에 있던 북관대첩비(北關大捷碑)를 강탈해 갔다. 북관대첩비는 숙종 때 세운 임진왜란 승전비다. 이 비석에는 1592년 임진왜란 당시 조선의 의병장 정문부(鄭文孚, 1565-1624)가 왜군을 물리친 내용이

신미양요 때 미군이 약탈했던 수자기. 미국해군사관학교박물관에 보관되어 있다가 2007년 10월 장기 임대 형식으로 국내에 들어왔다.

기록되어 있다. 일본군은 이 비석을 불법으로 약탈해 가 도쿄 야스쿠니(靖國) 신사의 외진 곳에 방치해 놓았다. 북관대첩비는 오랫동안 사람들의 머릿속에서 잊혀져 갔다. 그러나 천만다행으로 1980년대부터 민간 차원의 반환 운동이 시작되었다. 마침내 약탈 100년 만인 2005년 10월 드디어 우리에게 반환되었고, 2006년 3월 휴전선을 통과해 원래 위치였던 북한의 길주로 인도되었다.

일제는 경천사 10층 석탑(고려 1348년 제작, 현재 국보 86호)도 약탈해 갔다. 이 탑은 원래 경기 개풍군(현재 북한의 개성시) 부소산의 경천사에 있었다. 그런데 1907년 한국을 방문한 일본 정부의 궁내대신 다나카 미스야키(田中光顯)는 "고종이 이 탑을 내게 하사했다."고 사람들을 속인 뒤 탑을 해체해 일본으로 빼돌렸다. 그러나 이 같은 사실이 알려지면서 일본 내에서 이 탑을 한국으로 돌려보내야 한다는 여론이 일었다. 반환 여론에 밀린 다나카는 결국 1918년 이 탑을 한국에 반환했다. 하지만 탑은 적잖이 훼손된 뒤였다.

일제는 1906~1910년경에는 평양시 대동 구역의 조선시대 누정 애련당(愛蓮堂)을, 1915년엔 경복궁 자선당(資善堂) 건물을 통째로 뜯어 일본으로 무단 반출하는 만행을 저질렀다. 이 무렵 일본인들은 불국사 다보탑 기단부의 네 귀퉁이에 있던 네 개의 돌사자 중 세 개를 몰래 떼내 달아나기도 했다. 그래서 지금 다보탑에는 돌사자가 한 개밖에 없다.

1914년에는 조선총독부 직원들이 조선시대 4대 사고(史庫)의 하나인 강원도 오대산 사고에 소장되어 있던『조선왕조실록』등 조선시대의 귀중한 고문서를 빼돌렸다. 이때 일본 도쿄제국대학으로 약탈해 간 고문서는 1923년에 발생한 관동대지진으로 대부분 불에 타 없어지고 20여 권만이 살아 남았다. 2006년 여름 도쿄대(도쿄제국대학의 후신)는 이 오대산 사고본 47책을 서울대에 기증이라는 형식으로 반환했다.

강원도 강릉 한송사지에 있던 한송사 석조보살좌상(현재 국보 124호)도 약탈당한 경험이 있는 비운의 문화재다. 1912년 일본인에 의해 강제로 반출되었다가 한일협정에 따른 약탈 문화재 반환 협약이 체결된 이듬해 1966년에 우리에게 반환되었다.

또한 일본인들은 우리 고분을 몰래 도굴해 그 속에 있는 귀한 유물을 빼돌렸다. 이토 히로부미(伊藤博文)는 사람을 시켜 개성 일대의 고려 고분을 몰래 도굴해 수많은 고려청자를 일본으로 빼돌렸다. 경주, 부여, 공주, 평양 등 중요한 유적 도시에서도 불법적인 도굴이 빈번하게 자행되었는데, 가루베 지온(輕部慈恩, 1897~1970)이라는 인물이 가장 악명 높았다. 당시 충남 공주에서 교사로 일했던 가루베 지온은 공주 송산리 고분군을 마구 파헤쳐 수많은 백제 유물을 몰래 소유했다. 그런데 가루베 지온을 생각할 때마가 가슴을 쓸어내리지 않을 수 없는 일이 있다.

그가 불법으로 파헤친 송산리 6호분 바로 옆엔 무령왕릉이 있었다. 가루베 지온이 그 무령왕릉의 존재를 알았다면 당연히 도굴했을 것이다. 그렇게 됐다면 1971년 무령왕릉 발굴도 이뤄지지 못했을 것이고, 우리는 그 화려하고 가치 있는 백제의 문화재를 만날 수도 없었을 것이다. 그리고 백제 역사의 상당 부분이 여전히 베일에 가려져 있을 것이다. 생각만 해도 참 끔찍한 일이다. 무령왕릉이 가루베의 손을 피해간 것은 그야말로 불행 중 천만다행이었다.

2
약탈 문화재의
국내 반환

 불법으로 약탈해 간 문화재는 원래 소유국으로 되돌려 주어야 한다. 하지만 국제사회는 이 같은 기본적인 원칙을 잘 지키지 않고 있다. 그래서 우리도 약탈당한 문화재를 찾아오는 데 큰 어려움을 겪고 있다.
 광복 이후 우리가 반환받은 문화재는 약 1만여 점. 이 가운데 해외의 기관이 우리에게 기증한 것은 약 3천 점이고, 정부 간 협약에 의해 반환받은 것은 약 2천 점 정도에 불과하다. 여기엔 우리의 국공립 박물관이 돈을 주고 구입한 것도 포함되어 있다. 약탈당한 문화재의 양에 비하면 표도 나지 않을 정도로 미미한 수준이다.
 이렇게 문화재 반환이 지지부진한 것은 기본적으로 약탈국의 반환 의지가 없는 데다 우리 정부가 반환을 위한 협상을 제대로 진행해 오지 못했기 때문이다. 한번 약탈당한 문화재의 경우, 기본적으로 반환이 쉽지 않다는 점도 현실적으로 간과할 수 없는 대목이다.

――― 한일협정과 치욕적인 약탈 문화재 반환
일제가 무참하게 약탈해 간 문화재 가운데 일부는 1966년 5월 우리 땅에 돌아왔다. 약탈 문화재 반환은 1965년 6월 22일 한일협정을 체결하면서 맺은 「한·일 문화재 및 문화 협력에 관한 협정」에 따른 것이었다.
 그러나 일제의 약탈 문화재 반환 협상이 시작된 것은 이보다 앞선 1958년부터이다. 1962년엔 일본에 반환 대상 목록을 제시했지만 문화재 반환은 제대로 진행되지 않았고, 결국엔 1965년 한일협정에 의해 문화재 반환이 이뤄지게 된 것이다.

하지만 한일협정에 따른 일본의 문화재 반환은 터무니없고 무례하기 짝이 없는 행위였다. 지극히 일부만 돌려주었기 때문이다.

당시 한국 정부는 일제의 조선총독부가 반출해 간 고분 출토품과 일본인이 개인적으로 약탈해 간 문화재 등 모두 4,479점의 문화재를 반환해 줄 것을 요구했다. 그 대상은 조선에 통감부가 설치된 1905년부터 1945년 사이에 약탈해 간 문화재였다. 대상을 좀 더 구체적으로 살펴보면 조선총독부가 반출해 간 고분 출토품 689점(도쿄국립박물관, 도쿄대 소장), 통감 및 총독이 반출해 간 도자기 103점, 데라우치(寺內) 총독이 소장한 서화 245점, 불상 8점, 통감부 전적 1,015점, 일본 국유에 해당하는 분묘 출토품과 체신 관련 문화재 758점, 오구라(小倉) 컬렉션 80점, 기타 개인 소장품 1,581점 등이다.

그러나 일본은 개인 소유 문화재를 제외한 채 국유 공유 문화재 1,432점만 반환하고 더 이상 돌려주지 않았다. 1,432점은 고고미술품 438점, 전적 852점, 체신 관계 자료 36점, 1958년 이미 반환받은 창녕 교동 고분군 출토품 106점이다. 당시 한국 정부가 강력히 반환을 요청했던 경남 양산 부부총 출토품 489점도 돌아오지 않았다. 소장처인 도쿄국립박물관의 반대 때문이었다.

정부는 경제 개발 자금을 지원받는 데만 급급해 문화재 반환에 소극적인 태도로 일관하다 겨우 1,432점 반환으로 문화재 반환 협상을 마무리지었다. 한일협정에 따라 반환된 것은 반환 요청 문화재의 32%에 불과하다. 약탈당한 문화재의 엄청난 양을 생각해 보면 1,400여 점은 문화재 반환이라고 말할 수 없을 정도다.

이 같은 반환 결과는 당시 한국 정부의 안일한 대응 탓이었다. 그건 우리에게 분명 치욕이었다. 한·일 정부 간 협상이 서류상으로 일단 끝난 것이어서 정부가 나서서 다시 반환 협상을 추진하는 데에는 어려움이 많다. 그래서 정부 간 협상에 의한 문화재 반환은 매우 어려운 상황이다. 우리 정부는 그 후에도 약탈 문화재를 추가로 반환해 달라고 일본 정부에 수차례 요청했으나 일본은 번번이 이를 거부했다.

1990년대 이후의 약탈 문화재 반환

이 같은 상황이라서 일본 정부와의 협상을 통해 약탈 문화재를 반환받는다는 것은 매우 어려운 일이 되어 버렸다. 한일협정 이후 문화재 반환은 거의 이뤄지지 않다가 1990년대 들어 조금씩 반환이 이뤄졌다.

그런데 약탈 문화재 반환은 대부분 정부와 민간의 공동 협상 또는 민간 차원에서 이뤄진 것들이다. 위에서 말한 것처럼 정부 대 정부의 협상만으로는 어렵기 때문이다. 그래서 순수하게 정부 간 협상에 의해 문화재가 반환된 경우는 그리 많지 않다. 1991년 도쿄국립박물관 소장 영친왕, 영친왕비 복식과 장신구 반환(한국-일본), 2007년 미국해군사관학교박물관 소장 수자기(帥字旗) 반환(한국-미국), 2011년 국립프랑스도서관 소장 외규장각 도서 반환(한국-프랑스), 2011년 일본 궁내청 소장 조선 왕실 도서 반환 등이다.

1990년대 이후, 약탈 문화재 반환의 대표 사례를 살펴보자.

1991년 한·일 정부 간 협상에 의해 도쿄국립박물관에 보관되어 있는 영친왕, 영친왕비 복식과 장신구 295점이 한국에 돌아왔다. 이들 유물은 현재 국립고궁박물관이 보관 전시하고 있다.

1996년 경복궁 자선당 건물의 받침돌이 돌아왔다. 건물은 모두 사라지고 기단부 돌만 남아 있는 것을 목원대의 김정동 교수가 확인해 여러 기관과 힘을 모아 이 문화재를 국내로 들여왔다. 1996년에는 일제 감정기 때 데라우치 총독이 약탈해 간 데라우치 문고를 일본의 야마구치여자대학이 경남대학에 기증했다. 1999년에는 일본의 개인 소장가가 고려시대 동종을, 2001년에도 일본의 개인 소장가가 문인석(文人石, 문인 선비들의 모습을 새긴 돌 조각품) 65점을 한국에 기증했다.

2005년에는 북관대첩비가 돌아왔다. 북관대첩비는 임진왜란 때 정문부(鄭文孚)를 대장으로 한 함경도 의병이 왜군을 물리친 것을 기리기 위해 1707년 숙종의 지시로 함북 길주(현재의 김책시)에 세운 전공비다. 이 비석을 1905년 러일전쟁 당시 일제가 일본으로 약탈해 가 도쿄의 야스쿠니(靖國) 신사의 구석진 곳에 방치해

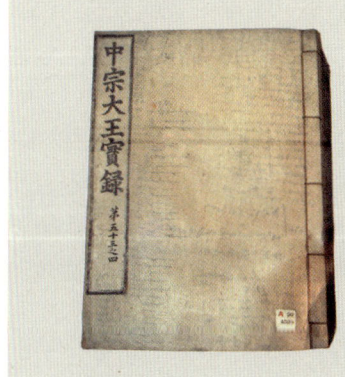

1 북한이 길주에 설치해 놓은 국보 지정 안내문 표석. **2** 1905년 러일전쟁 때 일제가 약탈해 간 북관대첩비가 민간 차원의 끈질긴 반환 협상 끝에 2005년 반환되었다. 이 비는 국립문화재연구소에서 세척과 보존 처리를 거친 후 북한에 있는 원위치(함북 길주)에 다시 세워졌다. **3** 일본으로 약탈당했다 2006년 우리 품으로 돌아온 『조선왕조실록』 오대산 사고본.

놓았다. 이후 오랫동안 사람들의 기억 속에서 잊혀졌다가 1970년대 재일 사학자가 이를 발견하면서 세상에 다시 알려지게 되었다. 그리고 1980년대부터 이를 되찾아 오려는 민간 차원의 노력이 진행되었고, 마침내 한·일 불교계의 노력에 의해 2005년 10월 고국 땅으로 돌아온 것이다. 북관대첩비가 1905년 조국 땅을 떠났으니 무려 100년 만의 감격적인 귀환이었다. 이 비는 국내로 돌아온 뒤 국립문화재연구소에서 세척과 보존 처리를 거쳐 2006년 3월 북한의 원위치로 옮겨졌다.

이어 2006년 6월엔 일본 도쿄대에 있던 『조선왕조실록』 오대산본(오대산 사고에 보관했던 실록)이 우리의 품으로 돌아왔다. 1910년 일제가 약탈해 간 지 96년 만의 귀환이었다. 『조선왕조실록』은 조선시대 기록 문화의 엄정함을 보여 주는 위대한 문화유산으로, 국보 151호 및 유네스코 세계기록유산으로 지정되어 있다. 이 오대산 사고본은 우리에게 반환된 이후 국보 151호로 추가 지정되었다.

3
20년이 걸린
외규장각 약탈 도서 반환 협상

약탈 문화재 반환 협상에 있어 가장 큰 어려움을 겪은 것 가운데 하나가 1866년 프랑스가 병인양요 때 약탈해 간 외규장각 도서였다.

외규장각은 1782년 정조가 강화도에 창덕궁 규장각의 부속 시설로 설치했던 왕실 자료실이다. 1866년 강화도를 침략한 프랑스군은 불을 질러 외규장각을 파괴하고 귀중 도서 340여 권과 지도, 갑옷 등을 약탈해 갔다. 조선의 국운이 기울어 가던 시절, 우리는 무기력하게 귀중한 사료를 빼앗겼고 세월이 흐르면서 그 존재는 잊혀져 갔다.

1950년대 프랑스로 유학을 간 박병선이라는 사학도가 있었다. 프랑스 국립도서관 사서로 일하던 그는 1975년 프랑스국립도서관 베르사이유 분관의 폐지 창고에서 이 외규장각 도서 가운데 297권이 있다는 것을 확인했다. 놀라운 발견이었다. 박병선 선생은 1967년에 세계 최고(最古)의 금속활자본인『직지심경』을 찾아낸 장본인이다(299페이지 참조).

그 외규장각 도서 191종 297권이 2011년 반환되어 돌아왔다. 1993년『휘경원원소도감의궤(徽慶園園所都監儀軌)』상권이 돌아왔고, 나머지 296권이 2011년 4월부터 5월 사이 네 차례로 나뉘어 조국 땅에 돌아온 것이다. 프랑스군이 외규장각에서 약탈해간 지 145년 만에, 1991년 반환 협상을 시작한 지 2년 만의 일이다.

외규장각 도서 297권 가운데 294권은 조선 왕실 의궤다. 의궤는 조선 왕실에 중요한 행사가 있을 때 그 과정과 주요 의례 절차, 내용 등을 그림 중심으로 기록한 보고서 형식의 책이다. 조선시대의 정치 사회상과 엄정한 기록 문화를 보여 주는 귀중한 사료다. 프랑스가 약탈해 간 의궤는 『가례도감의궤(嘉禮都監儀軌)』, 『존숭도감의궤(尊崇都監儀軌)』, 『장례도감의궤(葬禮都監儀軌)』, 『천릉천원도감의궤(遷陵遷園都監儀軌)』, 『친경의궤(親耕儀軌)』, 『영정도감의궤(影幀都監儀軌)』 등 조선 후기 정치와 문화의 흐름과 내면을 들여다보는 데 귀중한 자료들이다.

여기엔 어람용(御覽用, 임금이 볼 수 있도록 고급스럽게 제작한 것) 30권과 유일본 8권이 포함되어 있어 그 가치가 더욱 크다. 어람용은 종이도 고급지를 사용한 데다 표지도 고운 녹색 비단으로 입히고 놋쇠 물림으로 장정을 한 것으로 일반 의궤와는 질적으로 다르다.

외규장각 도서의 반환 협상은 1991년으로 거슬러 올라간다. 1991년 10월 서울대 규장각이 외규장각 도서의 반환 추진을 정부에 요청했다. 이에 따라 다음 달인 1991년 11월 외무부가 프랑스 외무부에 정식으로 반환을 요청하고, 1992년 2월 접촉을 시작하면서 한국과 프랑스 사이의 반환 협상이 시작되었다.

그 무렵 중요한 변수의 하나로 등장한 것이 김영삼 정부의 고속철도(KTX) 건설 계획이었다. 당시 한국은 고속철도의 개발 기술과 운영 시스템을 고속철도 선진국에서 도입해 와야 했다. 그 대상은 프랑스 테제베(TGV), 독일의 이체(ICE), 일본의 신칸센(新幹線)이었다.

프랑스 역시 한국의 고속철도 건설이라는 초대형 프로젝트에 지대한 관심을 갖지 않을 수 없었다. 그런 상황에서 한국 정부의 외규장각 도서 반환 요청에 맞닥뜨리게 된 것이다. 프랑스로서는 난감한 일이었다. 한국의 요청을 노골적으로 거부할 경우, 한국 국민의 감정을 자극해 프랑스 TGV가 한국의 고속철도 사업에 참여하는 데 커다란 장애물이 될 것이다. 그렇다고 해서 한국의 요청을 받아들일 경우, 프랑스에 문화재를 약탈당한 다른 국가들의 반환 요청에 직면하게 될 것이다. 프랑스는 경우의 수를 계산하면서 이런저런 전술을 마련했다.

1993년 프랑스의 미테랑(Francois Mitterrand, 1916~1996) 대통령이 한국을 방문했다. 1993년 9월 14일 미테랑 대통령은 한국-프랑스 정상회담에서 "외규장각

 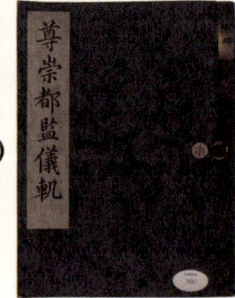 

1 외규장각은 정조 때인 1782년 강화도에 설치한 규장각의 부속 시설이다. 1866년 프랑스군에 의해 불타버렸고, 이곳에 보관하던 왕실 의궤 등을 약탈당했다. 외규장각은 2003년 복원되었으며, 관련 의궤 등을 복제하여 전시하고 있다.   2 2011년 반환된 외규장각 의궤의 표지. 오른쪽 두 권은 임금이 볼 수 있도록 만든 어람용 의궤이고, 왼쪽은 일반 의궤. 어람용이 표지와 제본이 훨씬 고급스럽다.

도서를 교류의 방식으로 한국에 영구 임대하겠다."고 약속했다. 다음날인 9월 15일 『휘경원원소도감의궤(徽慶園園所都監儀軌)』 상권을 김영삼 대통령에게 전달하고 외규장각 도서의 반환 의지를 상징적으로 표명했다. 『휘경원원소도감의궤』는 영구 대여(3년마다 기간 연장) 형식으로 반환된 것이다. 미테랑 대통령의 반환 의지 표명은 사실상 TGV가 한국 고속철도 사업자로 선정되도록 하기 위한 정치적인 의도가 깔려 있는 행위였다. 그 동기야 어떻든 외규장각 도서 반환 협상이 시작 2년 만에 가시적인 성과를 내는 듯 보였다.

그러나 미테랑 대통령의 반환 의사 표명은 프랑스 내부의 강한 반대에 부닥쳤다. 프랑스국립도서관의 한 사서가 눈물을 흘리며 돌려줄 수 없다고 했다는 일화가 전해지면서 화제가 되기도 했다.

일부에서는 "프랑스에는 저토록 책을 아끼는 사서가 있는데 우리에게도 저런 사람이 있을까?"라고 말하기도 했다. 물론 이렇게 생각할 수도 있다. 하지만 프랑스 사서의 행위는 몰상식하고 파렴치한 행위였다. 프랑스군이 외규장각 도서를 불법적으로 약탈했다는 것은 만천하에 다 알려진 역사적 사실이다. 그것을 뻔히 알고 있는 도서관 사서라는 사람이 그런 행동을 했다는 것은 도저히 납득할 수 없는 일이다. 문화인의 순수한 행위가 아니라 정치적 쇼 같은 것이었다. 그런 행위를 놓고 도서관 사서의 열정 운운하는 것은 참으로 한심한 일이 아닐 수 없었다. 하여튼 이런 일까지 일어날 정도로 프랑스 내부의 반대가 만만치 않았다.

사실 어찌 보면 이는 충분히 예측 가능한 일이었다. 프랑스가 애초부터 외규장각 도서를 진심으로 돌려줄 생각을 갖고 있지 않았기 때문이다. 게다가 프랑스는 TGV 수출 계약을 따냈고 더 이상 한국에 외규장각 도서를 돌려줄 필요성이 사라진 것이다.

어쨌든 양국 정상회담 이후 실무 협상이 본격적으로 진행되었다. 그 과정에서 프랑스는 외규장각 도서를 돌려주거나 대여하는 대신 그와 동일한 값어치의 문화재를 요구했다. 즉 '등가(等價) 교환, 맞교환'을 주장한 것이다. 프랑스 내부의 반대

『영조정순왕후가례도감의궤』의 본문(일부). 1759년, 66세의 영조가 15세의 어린 정순왕후와 혼례를 올리는 모습을 그림으로 표현했다. 조선 후기 왕실 혼례의 전모를 잘 이해할 수 있는 자료다.

여론과 프랑스 국내법 때문에 외규장각 도서만 한국에 돌려줄 수 없다는 말이었다.

우리의 입장에서 보면, 맞교환은 프랑스에 있는 외규장각 도서를 돌려받는 대신 우리가 갖고 있는 다른 외규장각 도서를 그들에게 빌려주는 식이다. 즉 우리 것을 주고 외규장각 도서를 돌려받겠다는 것이다. 이 같은 협상안은 굴욕적이라는 비판을 받았다. 전문가 대부분은 "유괴된 아이를 데려오기 위해 내 아이를 내주는 꼴이다. 프랑스의 문화재 약탈을 합법적으로 인정해 주는 것일 뿐 아니라 다른 해외 유출 문화재 환수에도 좋지 않은 선례를 남기는 것"이라고 비판했다. 차라리 돌려받지 않는 것만 못하다는 의견도 적지 않았다. 한국에서의 반대 여론이 비등해지자 맞교환 방식의 논의는 더 이상 진행되기 어려워졌다. 그로 인해 1994년부터 외규장각 도서 반환 협상은 사실상 중단되었다. 간헐적인 논의가 있긴 했지만 상황의 변화에 아무런 영향을 미치지 못했다.

이후 김대중 정부 시절인 1999년 양국 정부는 한상진(韓相震) 한국정신문화연구원장(지금의 한국학중앙연구원장)과 자크 살루아(Jacques Sallois)를 교섭 대표로 위촉해 협상을 재개했다. 양국 대표단은 한-프 공동역사연구팀을 만들어 논의를 진행했고 2001년 합의에 도달했다. 프랑스에 있는 의궤 가운데 유일본 어람용 의궤 67권을 우선 한국에 대여하고, 한국에 있는 고문서(여러 권의 복본이 있는 비어람용 의궤 등)를 장기 임대 형식으로 맞교환하자는 것이다. 세부 사항에 있어 차이는 있겠지만 큰 틀로 보면 여전히 맞교환 방식이었다. 이들의 합의는 엄밀히 말하면 협상을 위임받은 민간 차원의 합의였다. 따라서 이들의 합의문을 놓고 양국 정부가 공식적인 최종 판단을 내려야 하는 것이다. 협상 대표단은 이 같은 내용으로 권고안을 작성해 양국 정부에 제출했다.

이 같은 합의 내용이 알려지자 국내 여론은 비판적이었다. 우리 것을 주고 외규장각 도서를 받아온다는 것 자체가 받아들이기 어려웠다. 우리 것을 일정 기간 전시용으로 빌려줄 수는 있겠지만 맞교환은 프랑스의 약탈 행위를 합법화하는 것에 다름 아니다. 이것은 한국 정부가 애초에 반환 협상을 시작한 기본적 취지에 위배

되는 것이다. 게다가 다른 나라와의 문화재 반환 협상에 나쁜 선례를 남긴다는 비판이 그치지 않았다. 받아들일 수 있는 안이 아니었다. 2004년 결국 한국 정부는 이 권고안을 수용하지 않았다. 무산된 것이다. 외규장각 도서 반환 협상은 또다시 지지부진해졌다.

  2007년 반환 협상이 재개되었다. 같은 해 시민단체인 문화연대가 프랑스 정부를 상대로 외규장각 도서 반환 소송을 제기하기도 했다. 그러던 중 2009년 변화의 조짐이 나타났다. 프랑스가 등가 교환 맞교환에 대한 기존의 주장을 철회한 것이다. 중대한 변화였다. 가장 큰 걸림돌이 사라진 것이었다. 이에 맞춰 우리 정부는 외규장각 도서의 영구 대여를 프랑스에 공식 요청했다. 협상은 잘 진행되었다.

  2010년 11월 주요 20개국(G20) 서울정상회의에서 한국과 프랑스 정상이 '의궤 대여'에 합의하면서 반환 협상에 새로운 돌파구가 마련되었다. 이명박(李明博) 대통령과 니콜라 사르코지(Nicolas Sarkozy) 프랑스 대통령은 외규장각 도서 297권(『휘경원원소도감의궤』 상권 포함)을 5년마다 대여를 갱신하는 방식으로 사실상 한국에 반환하기로 합의했다. 대여에 대한 대가로 우리가 프랑스에 대여해 주는 것은 없다.

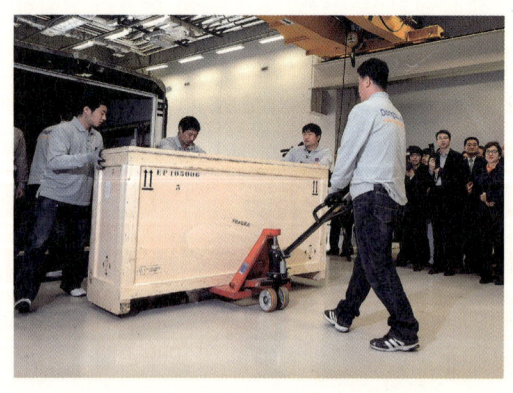

1866년 프랑스군이 약탈해 프랑스국립도서관이 소장해 오던 외규장각 소장 의궤가 2011년 고국에 돌아왔다. 4월 14일 1차분을 시작으로 5월 27일까지 네 차례에 걸쳐 반환되었다. 돌아온 외규장각 도서를 국립중앙박물관 수장고로 옮기는 모습.

그런데 5년 단위로 대여를 하고 5년마다 갱신하는 방식을 놓고 논란이 일기도 했다. 우선 이 같은 대여 방식에 대한 비판론을 보자.

"대여이기 때문에 소유권은 프랑스국립도서관에 있고 그렇기에 차후 예상치 못한 일이 발생할 수 있다. 사르코지 대통령이 돌려받을 의사가 없다고 했지만 5년마다 다시 계약을 맺을 때 어떤 일이 생길지 아무도 모른다."

하지만 이러한 방식이 가장 현실적이며 실질적이라는 견해가 많은 편이었다. "5년마다 자동으로 갱신되고 이와 관련한 어떠한 예외 규정도 없기 때문에 이러한 대여는 실질적인 환수이다." "소유권 회복이나 반환은 우리가 외친다고 해서 되는 것이 아니다. 이런 대여 방식의 환수는 가장 현실적이고 합리적인 것이다. 그리고 물건이 돌아오는 것이기 때문에 사실상의 반환이다."라는 견해였다. 그리고 "이제 우리에게 실물이 넘어온 이상, 프랑스가 소유권자라는 것은 그저 형식적인 사실에 불과할 따름이다."라고 바라보는 사람도 많다. 또한 맞교환이 아니라는 점에서 이전의 협상 논의에 비해 진일보한 것이라는 평가도 적지 않다.

외규장각 도서 대여에 관한 양국의 합의문에 들어 있는 일부 조항을 놓고도 논란이 있다. 2015년, 2016년 한국 프랑스 문화 교류의 해 기념으로 프랑스에서의 전시 행사가 열리면 그 행사에 의궤가 활용될 수 있다는 내용의 조항이다. 이를 놓고 "이때 의궤가 다시 돌아간다는 말인가. 그렇다면 다시 한국 땅에 돌아올 수 있는 것인가."라는 의문을 갖는 사람도 있다.

어쨌든 외규장각 도서 반환은 약탈당한 문화재가 정부 간 협상을 거쳐 고국 땅에 돌아왔다는 점에서 그 의미는 각별하다. 1965년 한일협정 이후 정부 차원의 협상으로 다량의 문화재를 돌려받은 것은 처음이었다. 그렇기에 비록 대여 형식의 반환이지만 약탈 문화재 반환 역사에 중요한 전기를 마련한 것이다..

그럼에도 우리에겐 남은 과제가 있다. 1866년 프랑스군은 외규장각에 있던 지도, 족자, 옥책 등도 함께 약탈해 갔다. 외규장각 도서 297권 외에 프랑스군이 약탈해 갔던 다른 문화재에 대한 반환 협상도 지속적으로 진행되어야 한다.

4
일본 궁내청이 소장한
조선 왕실 도서의 반환

한·일 관계에 있어 2010년은 매우 특별한 해였다. 우리가 국권을 상실한 지 100년이 되던 해였기 때문이다. 그해가 시작되면서 "일본은 한국 침략의 역사적 사실에 대해 진심으로 사과해야 한다. 그래야만 21세기 진정한 동반자가 될 수 있다."는 여론이 일었다. 국내는 물론 일본의 양심적인 지식인들 사이에서도 이 같은 의견이 나오기 시작했다. 분위기는 사뭇 심각하고 진지했다.

2010년 5월 10일, 한일강제병합 100년을 맞아 한국과 일본의 지식인 213명이 서울과 도쿄에서 '한일병합조약의 불법성과 원천 무효'를 선언하는 공동 성명을 발표했다. 한국과 일본 지식인들의 이 같은 움직임은 일본 정부에 압박으로 작용했다. 침략을 인정하고 사과하면서 동시에 그에 걸맞는 실질적인 행동을 취해야 한다는 여론이 퍼져 나갔다. 일본 정부도 이를 외면만 할 수는 없었다. 그 실질적 행동 가운데 하나가 약탈 문화재 반환이어야 한다는 얘기들이 나왔다.

2010년 8월 10일 간 나오토(菅直人) 일본 총리가 담화에서 조선 왕실 의궤 등 일본 궁내청 소장 도서를 반환하겠다고 밝혔다. 일본이 성의를 보인 것이라는 긍정적인 평가가 나왔지만 일본의 저의에 대한 우려의 목소리도 만만치 않았다. 이번 반환으로 불법 반출된 문화재 반환 문제를 일단락지으려는 것은 아닌지 하는 우려였다. 즉 담화의 진정성이 부족하다는 것이었다. 문화재 반환도 중요하지만 이보다 더 중요한 것은 한국 침략에 대한 일본의 진심 어린 사과였다. 그러니 진심으로 사과는 하지 않고 문화재 반환으로 어물쩍 넘어가려고 해선 안 된다는 비판이었다.

이런 과정을 거쳐 2010년 10월 일본 정부는 조선 왕실 의궤 등 한반도에서 반출된 도서 1,205권을 한국에 돌려주기로 한국 정부와 합의하고 '한일도서협정'을 체결했다. "한반도에서 유래하는 도서 1,205권을 협정 발효 후 6개월 이내에 인도하며, 양국 간 문화 교류 협력을 발전시키기 위해 서로 협력한다."는 내용이었다.

이렇게 해서 2011년 12월 일제 강점기에 반출돼 일본 궁내청이 소장하고 있던 도서 150종 1,205권이 100여 년 만에 고국으로 돌아왔다. 1,205권 가운데 5권은 2010년 10월 19일 노다 요시히코(野田佳彦) 일본 총리가 한·일 정상회담 때 반환했고, 나머지 1,200권이 고국 땅을 밟은 것이다. 이들 도서의 귀환은 1998년 문화재청이 궁내청 도서 현지 조사를 시작한 지 13년, '조선왕실의궤환수위원회'가 2006년 의궤 반환 운동을 시작한 지 5년 만의 결실이다.

1,205권은 모두 일본 궁내청의 왕실 도서관인 쇼료부(書陵部)에 있던 것들이다. 당시 쇼료부에는 조선 왕실 의궤, 제실(帝室) 도서 등 639종 4,678권이 있었다. 반환된 150종 1,205권은 조선 왕실 의궤 81종 167권, 초대 조선통감인 이토 히로부미(伊藤博文)가 규장각에서 반출해 간 도서 66종 938권, 『증보문헌비고(增補文獻備考)』 2종 99권, 『대전회통(大典會通)』 1종 1권 등이다.

이토는 1906~1909년 한·일 관계 조사 자료로 쓰겠다는 명분으로 규장각 소장본 33종 563권과 통감부 수집본 44종 465권 등 77종 1,028권을 일본으로 반출해 갔다. 이 중 11종 90권은 1965년 한일문화재협정에 따라 반환됐으며 『이충무공전서』, 『퇴계언행록』 등 나머지 66종 938권이 2011년 12월 반환됐다. 이토가 반출해 간 도서 가운데 『국조통기(國朝通紀)』, 『무신사적(戊申事績)』, 『갑오군정실기(甲午軍政實記)』, 『강연설화(講筵說話)』, 『청구만집(靑邱漫輯)』, 『을사정난기(乙巳定難記)』, 『갑오군정실기(甲午軍政實記)』 등은 국내에 없는 유일본으로 추정된다. 그만큼 학술적 연구 가치가 높다는 말이다.

조선 왕실 의궤는 조선총독부가 1922년 5월 일본 궁내청에 기증한 80종 163권과 궁내청이 구입한 1종 4권이다. 의궤에는 명성 황후의 장례식 과정을 꼼꼼히 기록한 『명성황후 국장도감의궤』, 1903년 고종의 순비 엄씨를 황귀비로 봉하는 의식을 기록한 『진봉황귀비의궤』, 1901년 9월 순비 엄씨를 고종의 계비로 책봉하는 과정을 기록한 『책봉의궤』 등이 포함돼 있다. 궁내청이 구입한 것은 『진찬의궤(進饌儀軌)』이다.

『대전회통』은 고종 때인 1865년 왕명에 따라 만들어진 조선시대 마지막 법전이다. 『경국대전(經國大典)』의 내용을 기본법으로 삼고 『속대전(續大典)』과 『대전통편(大典通編)』 등의 입법 규정 내용을 비교하며 현실에 맞게 내용을 보완한 책이다. 『증보문헌비고』는 18세기 백과사전 『동국문헌비고(東國文獻備考)』를 고쳐 1908년 간행한 전통문화 백과사전으로, 제도 문물 연구에 귀중한 자료로 평가받는다.

그러나 일본의 문화재 반환 과정이 그리 유쾌한 것만은 아니다. 진심 어린 사과의 마음이 담겨 있지 않았기 때문이다. 문화재의 '반환'이 아니라 '인도'라는 애매한 표현을 택한 것이 그 단적인 반증이다. 엄밀히 말하면 약탈을 인정하지 않는다는 것이다. '한반도에서 유래한 도서'라는 표현도 기분 나쁜 표현이다. 또한 일본 정부의 문화재 반환은 지식인들의 여론에 떠밀려 이뤄진 혐의가 짙다. 1965년 한일협정에 따른 반환이 있었기에 법률적으로 한국에 문화재를 돌려줄 의무가 있는 것은 아니어서 '인도'를 쓴다는 식이었다.

그럼에도 이 반환은 약탈 문화재 반환의 역사에서 진전된 것임에 틀림없다. 그동안 어렵게만 느껴졌던 정부 차원의 반환이었기에 그 의미가 크다고 할 수 있다. 그러나 냉정하게 보면 이 반환은 민간과 정부의 공동 노력에 의한 성과라고 말해야 옳을 것이다. 1998년부터 국립문화재연구소 등을 중심으로 일본 소재 한국 전적류 문화재 실태를 꾸준히 조사해 데이터베이스를 구축해 놓은 것이 매우 중요한 역할을 했기 때문이다. 여기에 2006년 불교계를 중심으로 조선왕실의궤환수위원회를 설립해 환수 운동을 전개한 것이 큰 힘이 되었다. 따라서 민관 공동 노력에 의한 약탈 문화재 환수의 모범 사례로 기록될 것이다.

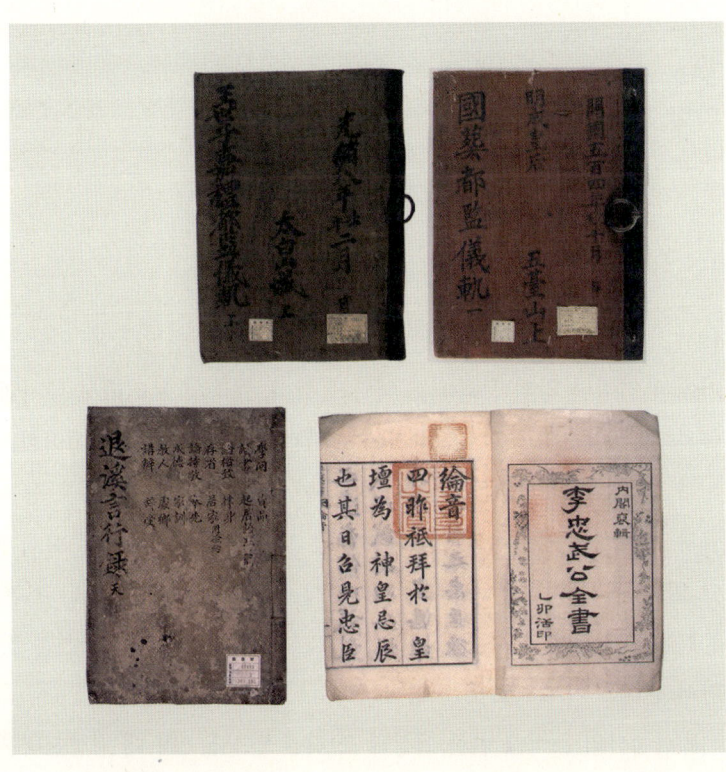

일본에 약탈당했다 2011년 고국으로 돌아온 조선 왕실 도서들. 위 왼쪽부터 시계 방향으로, 『왕세자가례도감의궤』, 『명성황후국장도감의궤』, 『이충무공전서』, 『퇴계언행록』.

9 문화재의 약탈과 반환 • 347

5
국제 사회의
약탈 문화재 반환 논란

19세기 전후 아프리카, 아시아를 침탈했던 제국주의 영국과 프랑스 등은 해당 국가에서 엄청난 양의 문화재를 약탈해 갔다. 영국의 브리티시 뮤지엄(일명 대영박물관)과 프랑스의 루브르박물관에 전시된 유물의 상당수는 이러한 약탈 문화재들이다. 영국, 프랑스에 문화재를 약탈당한 국가는 대부분 이집트 등 아프리카 국가들과 그리스 등이다. 이들 국가는 영국, 프랑스에 줄기차게 문화재 반환을 요구하고 있다. 특히 이집트의 경우, 브리티시 뮤지엄에 있는 로제타 스톤 등 약탈당한 문화재 되찾기에 총력을 경주하고 있다. 하지만 영국과 프랑스는 갖은 핑계를 대면서 반환을 거부하고 있는 형국이다.

유럽에서의 문화재 반환 협상의 또 다른 양상은 2차 대전 참전국 사이에서 찾아 볼 수 있다. 이런 협상은 두 유형으로 나눠 볼 수 있다.

첫째, 독일과 독일이 점령했던 나라(프랑스 등) 사이. 이는 독일이 문화재를 약탈해 간 경우다. 2차 대전 당시 독일의 나치가 약탈한 문화재 중 약 200만 점은 2차 대전 직후 전후(戰後) 처리 과정에서 원래 소유국으로 반환됐다. 그러나 나머지는 아직도 돌려주지 않고 있다.

둘째, 독일과 종전 후 독일에 주둔했던 연합국(옛 소련인 러시아 등) 사이. 이는 독일이 다른 나라에 약탈당한 경우다. 독일의 일부 지역을 점령했던 옛 소련은 그곳에서 많은 문화재들을 약탈해 갔다. 독일 고고학자 하인리히 슐리이만이 (Heinrich Schliemann, 1822~1890) 트로이 유적에서 발굴한 프리아모스(Priamos, 그리스신화에 나오는 트로이의 마지막 왕)왕의 보물 등 약 20만 점을 약탈해 간 것이 대표적인 경우다. 지금의 러시아는 이들 문화재를 원래 소유국에 돌려주지 않았다.

독일은 옛 소련이 약탈해 간 문화재(슐리이만이 발굴한 트로이 유물)를 돌려달라고 러시아에 요구하고 있다. 그러나 자신이 약탈한 것은 돌려주지 않고 있다. 심각한 모순이 아닐 수 없다. 주변국들은 약탈국 독일이 문화재 반환을 요구할 자격이 있는지 의문을 제기하기도 한다. 독일이 러시아에 약탈 문화재 반환을 요구할 때마다 프랑스와 영국은 바짝 긴장하지 않을 수 없다. 자신들에게도 약탈 문화재를 반환하라는 압력이 거세지는 등 불똥이 튀지 않을까 하는 걱정 때문이다.

유럽에서의 문화재 반환은 이처럼 이해 관계가 서로 복잡하게 얽혀 있다. 그래서 특별한 성과를 거두기가 어렵다. 1994년 프랑스가 독일로부터 28점을 환수받은 것 이외에 두드러진 반환 성과는 찾아볼 수가 없다.

로제타 스톤 반환 논란

1799년 7월, 프랑스의 엔지니어들이 이집트 알렉산드리아 인근 지중해안의 라시드 타운 근처에서 줄리앙 요새를 건설하고 있었다. 공사 감독이자 나폴레옹 이집트 원정대의 일원이었던 한 장교는 오래된 벽에 끼워져 있던 커다란 검은색 석판(石板)을 발견했다. 그 석판은 온통 문자로 가득했다. 그 돌은 기념 석판의 일부였다. 이 석판엔 세 가지 모양의 글씨가 새겨져 있었다. 맨 위에는 이집트의 상형문자, 중간엔 아라비아 문자로 보이는 글자, 아래엔 고대 그리스어였다. 그리스 문자는 쉽게 번역할 수 있었으나 이집트 상형 문자와 아라비아 문자는 해독할 수 없었다. 그리스어를 번역한 결과, 기원전 196년에 제작한 것으로 확인되었다.

석판을 발견하고 나서 프랑스 군대는 나일 전투에서 넬슨(Viscount Horatio Nelson, 1758~1805) 제독이 이끄는 영국 군대에 패하고 말았다. 영국군은 이 석판이 매우 중요하다는 사실을 깨닫곤 프랑스 군대로부터 빼앗았다. 이렇게 해서 이 석판은 영국으로 넘어가 브리티시 뮤지엄이 소장하게 되었다. 사람들은 이 석판을 로제타 스톤(Rosetta stone)이라고 부른다. 이 석판이 발견된 라시드를 로제타라고도 부르는데, 로제타에서 발견된 돌(스톤)이라는 뜻으로 로제타 스톤이라 이름 붙인 것이다.

영국이 이 석판의 주인이 되었지만 여기 새겨진 상형문자를 해독한 것은 영국인이 아니라 프랑스의 장 프랑수아 샹폴리옹(Jean-Francois Champollion, 1790~1832)이었다. 그는 1824년 이 석판에 새겨진 상형문자 해독에 성공했다. 1500여 년 만에 이집트의 상형문자를 세계 최초로 해독한 것이다. 로제타 스톤의 상형문자 해독은 엄청난 사건이었다. 그 덕분에 이집트학(이집톨로지, Egyptology)이 탄생하고 고대 이집트에 관한 다양한 연구가 가능해졌기 때문이다.

1999년은 로제타 스톤 발견 200주년이 되던 해였다. 이를 기념해서 샹폴리옹의 고향인 프랑스 지롱드 지방과 영국의 브리티시 뮤지엄에서 다양한 축제와 세미나 등이 개최되었다. 이 행사를 앞두고 영국과 프랑스는 이집트 관계자를 초청했다.

이집트는 이를 거절했다. 약탈해 간 이집트의 문화재를 놓고 영국인과 프랑스인들이 축제를 벌인다는 것이 심히 불쾌했다. 이집트인들은 "보물을 도둑 맞았는데 무엇을 축하하란 말인가. 남의 물건 약탈해 놓고 우리를 초청하다니……." 하고 분노했다.

이집트 입장에서 더욱 괘씸한 대상은 브리티시 뮤지엄이었다. 이집트는 로제타 스톤 발견 200주년을 앞두고 수년 전부터 로제타 스톤을 반환해 줄 것을 브리티시 뮤지엄에 요구했었다. 그러나 브리티시 뮤지엄은 이집트의 요구를 거들떠보지도 않았다.

영국의 반응이 없자 이집트는 수위를 낮추어 로제타 스톤을 한시적으로 빌려달라고 요청했다. 브리티시 뮤지엄은 여전히 요지부동이었다. 이집트는 화가 나면서도 애가 탔다. 로제타 스톤 200주년 행사를 치르지 않을 수는 없고, 그렇다고 로제타 스톤 실물도 없이 행사를 치를 수도 없고…….

이집트는 요구 수준을 한층 더 낮추었다. 최소한 기념 행사 전후에 3개월 만이라도 이집트에서 전시할 수 있도록 빌려 달라고 호소했다. 영국인 일부에서 이에 대해 긍정적인 의견이 나왔다. 이 정도는 받아들여야 하는 것 아닌가 하는 의견이었다. 그러나 브리티시 뮤지엄의 반응은 단호했다. 비록 빌려 주는 것이라고 해도 한번 이집트에 들어가면 자칫 되돌아오지 못할 수도 있다는 우려를 강력하게 제기했고, 이에 동조하는 의견이 늘어났다. 반환이든 대여든 이집트의 시도는 무산되었다. 이집트는 로제타 스톤을 이국 땅에 놔둔 채 로제타 스톤 발견 기념 행사를 열 수가 없었다. 이집트는 끝내 모든 기념 행사를 취소하고 말았다.

___ 트로이 유물 반환 논란

러시아는 1945년 2차 세계 대전 직후 독일에서 약 200만 점의 문화재를 약탈해 갔다. 여기엔 슐리이만이 터키의 트로이 유적에서 발굴했다고 하는 프리아모스의 보물이 포함되어 있었다. 이들 유물은 현재 러시아 모스크바의 푸시킨박물관에 소장되어 있다.

  러시아가 약탈해 간 문화재의 반환을 놓고 독일과 러시아 간에 논란이 계속되어 왔다. 독일은 특히 슐리이만이 발굴한 유물에 강한 집착을 보이고 있다. 약탈 문화재는 그 이유나 상황을 막론하고 원래 소유국에게 돌려주어야 한다는 것이 독일의 주장이다. 여기에 터키도 가세하고 있다. 터키의 주장은 유물은 원래 위치인 터키로 되돌아와야 한다는 것이다.

  독일과 터키의 요구에 대해 러시아와 푸시킨박물관은 이렇게 반박하고 있다.

  "제대로 보존하고 있다면 그것이 어디에 있든 무슨 상관인가. 전 세계인이 제대로 감상할 수 있으면 그만 아닌가. 우리가 약탈당한 것도 있는데 왜 우리가 돌려줄 문화재만 문제 삼는가. 절대 돌려줄 수 없다."

  러시아는 유물을 돌려주지 않기 위해 1999년 7월 '약탈 문화재 반환 금지법'까지 만들었을 정도다. 이 같은 상황에서 트로이 유물이 독일로 되돌아갈 가능성은 거의 없어 보인다.

(왼쪽) 로제타 스톤. 1799년 프랑스군이 이집트 라시드 근처에서 발견했지만 영국군과의 전투에서 패해 빼앗겼다. 이 석판의 상형문자를 해독한 이는 프랑스의 상폴리옹이다. 석판의 반환을 두고 이집트, 프랑스, 영국이 갈등을 겪었다.

(오른쪽) 엘긴 마블스(부분). 그리스 파르테논 신전에 있었던 대리석 부조들이다. 영국인 엘긴이 뜯어내 반출한 후, 파산 위기에 몰리자 영국 정부에 팔았고, 지금은 브리티시 뮤지엄에 있다. 영국은 그리스의 반환 요구를 거부하고 있다.

트로이 유물 반환 논란과 관련해 독일이 과연 문화재 반환을 요구할 자격이 있는가라는 의문을 제기하는 사람도 적지 않다. 독일 역시 나치시대 주변국의 문화재를 다수 약탈했기 때문이다.

이 논란을 옆에서 지켜본 프랑스 루브르박물관과 영국의 브리티시 뮤지엄은 자신들에게 미칠 파급 효과 때문에 전전긍긍했다. 이들은 "우리는 당사국보다 문화재를 더 잘 보존할 수 있다. 후진국에 그대로 두었으면 도굴 등으로 인해 심하게 훼손됐을 것이다."라고 주장하기도 한다. 이들의 주장이 과연 맞는 것일까. 이럴 때 쓰는 말이 바로 적반하장(賊反荷杖)이다.

─── 엘긴 마블스 반환 논란

기원전 5세기경에 세워진 그리스 아테네 아크로폴리스 언덕의 파르테논 신전은

세계에서 가장 아름다운 건축물 중의 하나로 꼽힌다. 그런데 대리석으로 만든 이 신전의 주요 조각 장식물은 그리스가 아니라 영국 런던의 브리티시 뮤지엄에 있다. 어떻게 그리스의 문화재가 영국에 있는 것일까.

1810년 영국의 엘긴(Elgin)경 토마스 브루스(Thomas Bruce, 1766~1841)가 파르테논 신전의 벽과 천장을 장식한 대리석 조각품 253점을 영국으로 약탈해 갔기 때문이다.

엘긴은 1801년 무렵 오스만투르크 주재 공사가 되어 그리스로 가게 되었다. 당시 그리스는 오스만투르크의 지배 하에 있었다. 엘긴은 그에 앞서 사랑하는 여인에게 결혼 선물로 그리스 건축 양식의 저택을 지어 주겠다고 약속한 적이 있었다. 그런 그에게 그리스는 자신의 약속을 실현할 수 있는 기회였다.

엘긴은 처음엔 파르테논 신전을 그림으로 그려 이것을 이용해 자신의 건물을 지으려고 했었다. 그러나 시간이 지나면서 아예 이들을 통째로 뜯어가기로 마음을 바꿨다. 그는 1801년부터 약 10년 동안 파르테논 신전의 대리석 조각 253점을 뜯어내 이를 영국으로 반출했다. 그러나 엘긴이 돈을 주고 구입했다고 말하는 사람도 있다. 하여튼 여인을 위해 이렇게 건물 조각을 뜯어 영국으로 돌아가 보니 그녀는 다른 남자와 바람을 피고 있었다. 실망하고 화가 난 엘긴은 그 여인과의 인연을 끊고, 파산 위기에 몰리자 이 대리석 조각을 모두 영국 정부에 팔았다. 이들 유물은 지금 브리티시 뮤지엄에 보관되어 있다.

이 대리석 조각품은 약탈자 엘긴의 이름을 따서 '엘긴 마블스(Elgin Marbles)'(마블스는 대리석이라는 뜻)라고 부른다. 그런데 이것의 반환을 놓고 논란이 그치지 않고 있다. 그리스는 돌려달라는 것이고 영국은 돌려줄 수 없다는 것이다. 1941년 윈스턴 처칠(Winston Leonard Spencer Churchill, 1874~1965) 총리가 엘긴 마블스를 돌려준다는 방침을 정한 적이 있었으나 생각을 바꿔 돌려주지 않았다.

그리스는 2004년 아테네 올림픽을 맞아 영국으로부터 엘긴 마블스를 반환받아 전시할 계획을 세웠었다. 파르테논 신전에 아크로폴리스박물관 지어 이것을 전시할 생각이었지만 영국은 반환을 거부했다. 반환 협상이 제대로 이뤄지지 않자, 그리스는 자신이 발굴한 귀중한 유물을 엘긴 마블스와 맞교환하고 싶다는 의견을 내기도 했다. 어떻게 해서든지 2004년 아테네 올림픽 행사 기간 동안이라도 엘긴 마블스를 원위치에서 전시하고 싶은 생각이었다. 그러나 영국은 이 모든 제안을 거절했다. 영국과 브리티시 뮤지엄은 이들 조각품이 아테네의 공해로 훼손되는 것보다는 런던에 있는 것이 낫기 때문에 돌려줄 수 없다는 의견을 내놓기도 했다. 참 어이없는 일이다.

아테네 올림픽 이후에도 엘긴 마블스 반환 협상은 계속 진행되고 있다. 이 협상은 2007년 들어서면서 새로운 국면을 맞이했다. 영국은 자신이 엘긴 마블스의 소유권을 갖되 아테네에 브리티시 뮤지엄 별관을 지어 그곳에 전시할 수는 있다는 의견을 내놓았다. 엄밀히 말하면 반환이 아니라 영구 임대 형식이다. 그래도 그리스에서는 환영하는 분위기라고 한다. 비록 반환받는 것은 아니지만 이렇게 해서라도 조국 땅에서 엘긴 마블스를 보고 싶어하는 그리스인들의 마음이 반영된 것이다. 그리스인들의 이 같은 열망에도 불구하고 영국은 엘긴 마블스를 돌려주지 않고 있다.

에티오피아 오벨리스크 반환

2005년 4월, 이탈리아에 약탈당했던 고대 악숨(Axum) 제국의 오벨리스크(Obelisk)가 아프리카 에티오피아로 돌아왔다. 1937년 이탈리아 무솔리니(Benito Mussolini, 1883~1945) 정권이 빼앗아 로마 콜로세움 근처 유엔 식량농업기구(FAO) 본부 앞에 세워 놓았던 것이니 68년 만의 귀환이었다. 이 오벨리스크는 고대 악숨 제국 시절에 만든 것으로, 높이 24m에 무게 180톤이다. 유럽에서의 약탈 문화재 반환이 지지부진한 상황에서 이 오벨리스크의 반환은 매우 이례적인 경우다.

오벨리스크는 고대 이집트 등 아프리카의 고대인들이 태양신을 추앙하기 위해 만든 조형물이다. 당시 사람들은 오벨리스크처럼 길쭉한 형태의 돌에 태양신이 구현된다고 믿었다. 오벨리스크의 네 개 면에는 태양신과 당시 왕을 칭송하는 내용이 이집트 상형문자로 새겨져 있다.

이집트, 에티오피아 등 아프리카의 오벨리스크는 제국주의 국가들에 의해 약탈당하는 수난을 겪어야 했다. 프랑스 파리의 콩코드 광장에 서 있는 오벨리스크, 영국 런던의 템즈 강변에 위치한 오벨리스크, 이탈리아 로마의 포폴로 광장과 바티칸의 성 베드로 광장에 서 있는 오벨리스크 등이 모두 아프리카 이집트에서 약탈해 간 것들이다.

오벨리스크의 원래 소유국이었던 이집트 등 아프리카 국가들은 이들 오벨리스크를 되돌려 달라고 요구하고 있다. 그러나 반환 협상은 제대로 진행되지 않고 있다. 그렇기에 오벨리스크의 에티오피아 반환은 더욱 뜻깊다고 할 수 있다.

10 국보 비교 감상

사람마다 가치 판단이 조금씩 다를 수는 있지만 315건의 국보는 모두 한국 전통문화를 대표하는 명품이다. 그러나 그 명품의 아름다움과 가치를 제대로 느껴 본다는 것은 그리 쉬운 일이 아니다. 과연 어떻게 하면 그 가치와 의미를 쉽게 이해하면서 아름다움을 즐기고 감상할 수 있을까.

비슷한 국보를 서로 비교해 보는 것이 하나의 방편이 될 수 있다. 경주 불국사에 있는 국보 23호 청운교 백운교와 국보 22호 연화교 칠보교를 비교해 볼 수 있고, 모양이 비슷한 국보 2호 원각사지 10층 석탑과 국보 86호 경천사지 10층 석탑, 국보 78호 금동미륵반가사유상과 국보 83호 금동미륵반가사유상도 비교해 볼 수 있다. 또 여섯 점에 달하는 동물 모양의 고려청자, 세 점에 이르는 신라 금관도 서로 비교해 볼 수 있다.

비교를 해 보면 미학의 차이를 발견할 수 있다. 국보 49호 예산 수덕사 대웅전과 국보 18호 영주 부석사 무량수전이 그렇다. 모두 우리나라에서 가장 오래된 고려시대 목조 건축물이지만 하나에서는 남성적 직선의 미학을, 다른 하나에서는 여성적인 곡선의 미학을 느낄 수 있다.

장르는 다르지만 서로 연관지어 볼 수 있는 국보도 있다. 국보 143호 세형동검과 국보 231호 청동 거푸집이 한 예다. 청동기시대 세형동검은 거푸집(주조틀)으로 만들었다. 따라서 이 둘을 비교하면 흥미로운 얘깃거리를 찾아낼 수 있다.

비교 감상은 이렇게 새로운 발견을 가능하게 한다. 비교 대상의 공통점과 차이점을 확인하면 왜 같고 왜 다른지 궁금증과 호기심이 생길 것이다.

1
수덕사 대웅전,
부석사 무량수전

수덕사 대웅전, 국보 49호, 고려 1308년, 충남 예산군
부석사 무량수전, 국보 18호, 고려 1376년, 경북 영주시

예산 수덕사 대웅전과 영주 부석사 무량수전은 우리나라에서 가장 오래 되었으면서 가장 아름다운 목조 건축물들이다. 고려 때 지어진 두 건축물은 모두 전체적으로 간결하다. 그러나 수덕사 대웅전이 장중하면서도 힘찬 직선의 미학을 보여 준다면 부석사 무량수전은 정교하면서 세련된 곡선의 미학을 보여 준다. 이런 비유가 가능할지 모르지만 대웅전은 남성적이고, 무량수전은 여성적이다.

  수덕사 대웅전은 앞면 3칸, 옆면 4칸. 간결함과 단순함의 미학이 극명하게 드러나는 건축물이다. 우선 맞배지붕을 보자. 맞배지붕은 지붕이 건축물의 좌우에는 없고 앞뒤로만 맞붙어 있는 형태의 지붕을 말한다. 맞배지붕은 한국 기와 건물의 지붕 가운데 가장 단순하다.

  다음은 대웅전의 정면. 지붕은 단순하면서 다소 육중하고 무거워 보인다. 하지만 잘 들여다보면 간결함과 장중함이 느껴진다. 묵직함과 간결함이 만들어 내는 안정감이다. 중간을 약간 배불리 나오게 만든 배흘림 기둥은 이 묵직한 지붕을 튼실하게 받쳐 준다. 둔탁함 속으로 세련된 아름다움이 묻어난다.

  대웅전의 옆면. 대웅전의 매력과 미학은 옆면에서 절정을 이룬다. 옆에서 볼 때 지붕은 약간의 곡선을 그리며 사람 인(人) 자 모양을 하고 있다. 지붕은 옆면에서 보아도 역시 육중하고 견고하다. 지붕 밑으로는 수평 부재인 보(량, 樑)가 가로놓여 있다. 그리고 지붕과 보가 연결되는 지점에 지붕의 하중을 전달하기 위한

1 국보 49호 수덕사 대웅전. 장중하고 힘찬 직선의 미학을 보여 준다.
2 국보 18호 부석사 무량수전. 정교하고 세련된 곡선의 미학을 보여 준다.

다양한 부재가 단아하게 짜맞춰져 있다. 이들은 한결같이 장식을 배제하고 있다. 간결 명료하다는 말이다.

기둥과 보의 나무 부재들은 가로 세로로 놓이면서 대웅전 옆쪽 벽면의 공간을 멋지게 분할한다. 단순한 듯하지만 절묘한 기하학적 구성이다. 크고 작은 사각형 공간 사이 사이로 곡선이 가미된 사다리꼴 공간이 변화와 생동감을 연출한다. 원형과 직각의 나무 부재 역시 서로 멋진 조화를 이룬다. 이에 힘입어 대웅전 옆면 전체에 조용하지만 경쾌한 리듬감이 넘쳐난다. 그 위로 기와지붕의 완만하고 부드러운 곡선이 전체를 감싸고 있다. 기하학적 구성과 경쾌한 리듬감, 그리고 견실한 힘. 선(禪)의 사찰 수덕사에 걸맞게 침묵하면서도 심오한 깊이를 전해 주는 대웅전이다. 이것이 대웅전의 진정한 미학이다.

부석사 무량수전의 매력은 수덕사 대웅전과 또 다르다. 정면 5칸, 옆면 3칸의 무량수전을 보면 사뿐히 고개를 치켜든 날렵한 지붕 곡선이 우선 눈에 들어온다. 한참을 들여다보노라면 처마가 춤을 추는 듯 출렁인다. 이것은 일종의 착시(錯視)지만 그 출렁거림은 엄연한 사실이다. 그리고 그 덕분에 곡선의 효과는 더욱 극대화된다.

이 같은 곡선의 미학은 무량수전 건물에 담겨 있는 다양하고 절묘한 아이디어에서 비롯된다. 안허리곡(曲), 귀솟음 등이 바로 그것이다. 안허리곡은 건물 가운데보다 귀퉁이의 처마 끝을 좀 더 튀어나오도록 처리한 것을 말한다. 그리고 귀솟음은 건물 귀퉁이 쪽을 가운데보다 높게 처리한 것을 말한다. 결국 안허리곡과 귀솟음은 건물의 귀퉁이 부분을 좀 더 높게 튀어나오도록 하기 위한 것이다.

고려의 장인들은 무량수전에 왜 이런 장치를 넣었을까. 건축물은 정면에서 보면 귀퉁이 쪽 처마와 기둥이 실제 높이보다 처져 보인다. 보는 사람의 눈에서 멀리 떨어져 있기 때문이다. 이것은 착시다. 안허리곡과 귀솟음은 이 같은 착시를 막기 위한 고안이었다. 모퉁이 쪽이 처져 보이는 것을 막기 위해 일부러 그 부분을 높게 그리고 튀어나오도록 한 것이다.

여기서 중요한 것은 이러한 건축적 고안이 그 자체에 머물지 않고 서로 어울리면서 빼어난 곡선을 연출한다는 점이다. 건물 앞면이 마치 볼록거울처럼 휘어져 보이는 것도 안허리곡, 귀솟음 덕분이다. 그렇게 휘어진 건물의 곡선은 정지된 것이 아니라 살아 움직인다. 무량수전 앞에 섰을 때, 지붕과 기둥이 출렁거리듯 보이는 것이 바로 이 때문이다. 직선의 목재가 만들어 낸 곡선의 아름다움이다.

수덕사 대웅전과 마찬가지로 부석사 무량수전 역시 별다른 장식은 없다. 게다가 오랜 세월 탓에 단청도 많이 사라져 나무의 살결이 그대로 드러난다. 그래서 더욱 담백하고 간결한 느낌이다. 담백함과 간결함 속에서 물결치는 곡선. 그 상쾌한 율동감이 무량수전의 미학이다.

2
경복궁 근정전,
창덕궁 인정전,
창경궁 명정전

경복궁 근정전, 국보 223호, 1867년, 서울 경복궁
창덕궁 인정전, 국보 225호, 1804년, 서울 창덕궁
창경궁 명정전, 국보 226호, 1616년, 서울 창경궁

궁궐에 있는 수많은 전각 가운데 가장 중요하고 핵심적인 건물을 정전(正殿)이라고 부른다. 경복궁의 근정전(勤政殿), 창덕궁의 인정전(仁政殿), 창경궁의 명정전(明政殿)이다.

이 가운데 가장 장중한 것은 경복궁 근정전이다. 근정전은 근면 성실하게 국정을 펼치는 곳이라는 뜻. 왕의 즉위식, 문무백관 조회, 외국 사신 접대 등 왕실과 국가의 공식적인 의식을 거행하던 곳이다. 근정전의 2층짜리 목조 건물은 육중한 듯하면서 경쾌하다.

근정전 건물은 돌로 쌓은 널찍한 2층 기단 위에 있다. 이 돌기단을 월대(月臺)라고 한다. 월대에서 가장 눈길을 끄는 것은 난간의 조각들이다. 청룡(青龍)·백호(白虎)·주작(朱雀)·현무(玄武)의 사신(四神)을 비롯해 자(子, 쥐)·축(丑, 소)·인(寅, 호랑이)·묘(卯, 토끼)와 같은 12지신, 이런저런 서수(瑞獸, 상서로운 동물)들을 표현한 것이다. 십이지(十二支)의 열두 동물 가운데 용·개·돼지는 빠져 있고 간혹 십이지라고 보기 어려운 동물도 있다. 서수 가운데 월대 서남쪽 모퉁이에 있는 해태 가족이 흥미롭다. 두 마리의 해태가 당당하게 노려보고 있고, 그 사이에서 재롱을 떨고 있는 아기 해태의 모습이 정겹도록 인상적이다.

근정전 월대 난간에 동물들을 조각해 놓은 까닭은 무얼까. 근정전과 경복궁을

지켜 달라는 염원을 표현한 것이다. 그것은 조선 왕조의 안녕과 번영에 대한 갈망이기도 했다.

근정전 건물 내부는 웅장하고 장엄하다. 밖에서 보면 2층이지만 안에 들어가 보면 층이 나눠지지 않고 하나로 되어 있는 통층(通層)이다. 근정전 한가운데 임금이 앉는 용상(龍床)이 있고, 그 주변과 천장을 화려하게 장식해 놓았다. 용상 바로 뒤에는 나무로 만든 곡병(曲屛)이 있고, 그 뒤로 〈일월오봉병(日月五峯屛)〉이 세워져 있다. 〈일월오봉병〉은 임금의 어좌 뒤에 세워 놓는 병풍이다. 이름 그대로 해(日)와 달(月), 다섯 개의 산봉우리(五峯)를 그린 병풍을 말한다. 여기서 일월은 음양 또는 왕과 왕비를 상징한다. 천장에는 여의주를 문 채 힘차게 꿈틀거리고 있는 용 두 마리가 조각되어 있다. 두 마리의 용은 근엄하고 역동적이다. 용은 왕을 상징한다.

창덕궁 인정전은 경복궁 근정전과 마찬가지로 왕실과 국가의 공식적인 의전 행사를 거행하던 곳이다. 안타깝게도 1910년 강제로 한일병합 조약이 체결된 곳이기도 하다. 인정전은 경복궁에 비해 규모다 작다. 그러다 보니 근정전보다는 장중함이나 위엄이 떨어진다. 월대의 규모도 작고 난간이나 동물 조각도 없다.

인정전 내부는 경복궁의 근정전과 비슷하다. 내부의 1, 2층이 하나로 통해 있는 통층이다. 임금의 용상이 있고 그 뒤에 곡병과 〈일월오봉병〉이 놓여 있다. 천장에는 용이 아니라 나무로 만든 황금빛 봉황 한 쌍이 조각되어 있다. 용과 마찬가지로 봉황 역시 임금을 상징한다.

인정전의 특징이자 경복궁 근정전과의 두드러진 차이점으로는 우선 서양식 샹들리에와 커튼이 걸려 있고 유리창이 설치되어 있다는 점이다. 순종이 덕수궁에서 창덕궁으로 이어(移御)한 이듬해인 1908년 인정전 내부를 일부 개조하면서 근대식 서양풍으로 바뀌게 된 것이다. 실내의 바닥도 전돌에서 마루로 바꾸고 전기도 들어올 수 있도록 전구를 매달았다. 궁궐 정전에 처음 서양식 인테리어가 도입된 셈이다.

인정전의 지붕 맨위쪽 용마루에는 오얏꽃(이화, 李花) 무늬가 장식되어 있다.

1 국보 223호 경복궁 근정전. 우리 전통 건축물 가운데 가장 장엄하고 웅장하다. 돌로 쌓은 2층 기단 위에 있으며 난간에 동물 조각을 했다.
2 근정전 내부. 웅장하고 장엄한 느낌이다. 가운데 임금의 어좌인 용상이 있고, 용상 뒤에는 〈일월오봉병〉이 놓여 있다. 근정전을 밖에서 보면 2층이지만 내부는 탁 트인 통층으로 되어 있다. **3** 근정전 천장의 용 장식. 두 마리의 용이 여의주를 문 채 힘차게 꿈틀거리고 있다.

1 국보 225호 창덕궁 인정전. 전체적으로 장중하지만 근정전에 비하면 규모나 장엄이 적은 편이다. **2** 인정전의 내부. 1908년 내부 일부를 개조하면서 서양식 인테리어로 꾸몄다. **3** 인정전 천장의 봉황 장식. 나무로 만든 황금빛 봉황 한 쌍이다.

오얏꽃은 대한제국(1897~1910년)의 상징 무늬였다. 인정전에는 이렇게 대한제국과 일제 강점기의 흔적을 간직하고 있다.

국보 226호 명정전은 임진왜란으로 소실되었다가 광해군 때인 1616년에 복원되어 오늘에 이르고 있다. 기본적인 내부 공간은 근정전, 인정전과 다를 바 없지만 규모가 가장 작고 소박하다. 하지만 궁궐의 핵심 건물 가운데 가장 오래된 것이어서 오히려 더 가치가 높다.

국보 226호 창경궁 명정전. 규모가 작고 소박하지만 궁궐의 핵심 건물 중 가장 오래된 것으로 가치가 높다.

3
여수 진남관, 통영 세병관, 경복궁 경회루

여수 진남관, 국보 304호, 조선 1718년, 전남 여수시
통영 세병관, 국보 305호, 조선 1608년, 경남 통영시
경복궁 경회루, 국보 224호, 조선 1867년, 서울 경복궁

국보 304호 여수 진남관(鎭南館)과 국보 305호 통영 세병관(洗兵館)은 비슷한 점이 참 많다. 한려수도의 서쪽과 동쪽에 위치한다는 점, 17~18세기를 대표하는 조선시대의 단층짜리 목조 건축물이라는 점, 지방 관아 건물로는 최대 규모를 자랑한다는 점, 외관이 장중하다는 점, 조선시대 해군의 중심 기지였던 곳에 위치하고 있다는 점, 그리고 모두 보물이었으나 2001년과 2002년에 각각 국보로 승격되었다는 점 등이다.

국보 304호 진남관은 정면 15칸, 측면 5칸의 단층 건물에 공간 면적은 240평이다. 1598년 전라좌수영 객사(客舍, 중앙에서 내려온 관리를 영접하던 관사)로 처음 건립되었지만 화재로 소실된 뒤 1718년 새로 지은 것이다. 현존하는 지방 관아 건물로서는 가장 큰 규모를 자랑한다. 그 규모에 걸맞게 웅장함이 돋보인다. 손님을 맞이한 객사라기보다는 군사를 지휘했던 지휘 본부라는 생각이 들 정도다. 기둥과 같은 건물의 부재 역시 굵고 큼직하며 가구(架構, 목재 부재를 서로 연결하는 방식)는 간결하고 견실하다. 이것이 건물의 웅장함을 더욱 돋보이게 한다.

진남관 자리는 원래 전라좌수영(全羅左水營)이 있던 곳이다. 전라좌수영은 임진왜란, 정유재란 당시 조선 수군의 중심 기지로 활용되어 전쟁을 승리로 이끄는 데 기여한 곳이다.

국보 305호 통영 세병관은 정면 9칸, 측면 5칸의 단층 건물이다. 삼도수군통제영(三道水軍統制營)이 한산도에서 통영으로 옮겨오던 1604년에 처음 지은 객사 건물이다. 이후 몇 차례의 보수를 거쳤지만 전체적으로 원래의 모습을 잘 유지하고 있다. 조선 삼도수군통제영 본영(本營)의 중심 건물로 이용되었고, 조선시대 말까지 경상·전라·충청 3도의 수군을 총 지휘했던 본부로 활용되었다.

두 건물의 현판을 비교해 보는 것도 흥미롭다. 세병관은 진남관보다 건물 크기가 다소 작지만 현판은 훨씬 크다. 세병관의 현판 글씨는 하나가 무려 2m에 달할 정도로 거대하다.

여기서 한 걸음 더 나아가 진남관, 세병관을 국보 224호 경복궁 경회루(慶會樓)와 비교해 보자. 진남관과 세병관은 단층 건물이고 경회루는 이층 누각이지만, 이들 세 건물은 우리나라에서 규모가 가장 큰 전통 목조 건축물이다. 경회루는 조선시대 나라에 경사가 있거나 외국 사신이 왔을 때 연회를 베풀던 곳. 2층의 목조 건축 부분은 정면 7칸, 측면 5칸에 면적은 약 290평에 이른다. 경복궁을 처음 지었을 때는 작은 규모였지만 태종대인 1412년에 연못을 넓히면서 크게 다시 지었다. 그러나 임진왜란 당시 불에 타 1층의 돌기둥만 남게 되었다. 현재의 경회루 건물은 1867년 흥선 대원군이 경복궁을 중건하면서 새로 지은 것이다.

이들 세 목조 건축물의 연대를 보면, 세병관은 17세기(1604년), 진남관은 18세기(1718년), 경회루는 19세기(1867년)를 대표하는 건축물이 된다. 모두 100여 년의 시간 차를 지니고 있으면서 각각 그 시대를 대표하는 보기 드문 건축물이라는 점이 눈길을 끈다.

1 국보 304호 여수 진남관. 지방 관아 건물로는 가장 큰 규모로 웅장함이 돋보인다. **2** 국보 305호 통영 세병관. 여수 진남관과 함께 장중함을 자랑하는 지방 관아 건물로, 특히 현판이 거대하다. **3** 국보 224호 경복궁 경회루. 나라에 경사가 있거나 외국 사신이 왔을 때 연회를 베풀던 곳이다. 2층의 누각과 연못이 한데 어우러져 빼어난 풍경을 연출한다.

4
청운교 백운교,
연화교 칠보교

청운교 백운교, 국보 23호, 통일신라 8세기 중반, 경북 경주시 불국사
연화교 칠보교, 국보 22호, 통일신라 8세기 중반, 경북 경주시 불국사

불국사의 가을 풍경 사진을 보지 않은 사람은 거의 없을 것이다. 붉게 물든 단풍나무가 위에서 아래로 늘어뜨려져 있고 그 뒤로 불국사의 정면이 보이는 바로 그 사진. 그 사진에서 가장 인상적인 것은 화려하게 장식된 계단들이다. 다름 아닌 청운교(青雲橋) 백운교(白雲橋)와 연화교(蓮花橋) 칠보교(七寶橋)다. 좀 더 정확하게 말하면 이것은 계단이 아니라 계단으로 된 다리다. 지금은 보존을 위해 통행을 금지하고 있다. 이 다리는 불국사 내부의 대웅전과 극락전으로 연결해 주는 통로다. 동쪽의 대웅전에 이르는 것이 청운교 백운교. 서쪽의 극락전에 이르는 것이 연화교 칠보교다.

국보 23호 청운교 백운교로 오르면 자하문에 연결되고, 이 문을 통해 대웅전으로 들어가게 된다. 다리 아래의 사바 세계와 다리 위의 부처 세계를 이어 준다는 상징적인 의미를 지니고 있다. 아래는 17단이고 위는 16단으로, 모두 33단이다. 푸를 청(青)자가 들어 있는 청운교는 푸른 청년의 모습을, 흰 백(白)자가 들어 있는 백운교는 흰머리 노인을 상징한다는 말도 있다.

그런데 우리는 흔히 청운교 백운교 한다. 그렇다면 위가 청운교인가, 아래가 청운교인가. 사람들은 늘 헷갈린다. 대개 아래쪽 것을 청운교로, 위쪽 것을 백운교로 알고 있다. 불국사 안내판에도 그렇게 적혀 있었다. 권위 있는 학자들의 책들도 곧잘 이렇게 소개하고 있다. 하지만 그렇지 않다. 위가 청운교이고, 아래가 백운교다.

1
2

1 국보 23호 청운교 백운교. 난간과 아치형 통로 등이 어우러져 경쾌하고 기하학적인 아름다움을 연출한다. **2** 국보 22호 연화교 칠보교. 청운교 백운교보다 규모가 작지만 전체적인 조형미는 그에 못지않다.

불국사의 역사를 기록한 오래된 문서의 하나인 「불국사고금창기(佛國寺古今創記)」. 여기에 돌계단 다리와 자하문의 순서를 자하문, 청운교, 백운교로 기록하고 있다. 즉 위가 청운교, 아래가 백운교라는 말이다. 18세기 유생이었던 박종이라는 사람도 그의 기행문 「동경유록(東京遊錄)」에서 불국사를 설명하며 "윗 것이 청운교, 아랫 것이 백운교"라고 했다.

국보 22호 연화교 칠보교는 안양문을 거쳐 극락전으로 이어 주는 다리다. 세속의 사람들이 밟는 다리가 아니라 서방 극락 세계를 깨달은 사람들만이 오르내리던 다리라고 한다. 모두 18단으로, 아래가 10단의 연화교이고 위가 8단의 칠보교이다. 연화교 칠보교의 높이는 청운교 백운교의 절반 정도에 불과하다. 아래쪽 연화교에는 각 층계마다 연꽃을 조각해 놓았다. 이 연꽃 조각 때문에 청운교 백운교처럼 헷갈릴 일은 없다.

청운교 백운교, 연화교 칠보교가 있는 불국사의 정면 사진은 아름답다. 그 아름다움의 비밀은 무엇일까. 여러 가지가 있겠지만 그 비밀의 하나로 난간 장식을 들수 있겠다. 불국사 정면을 찬찬히 살펴보면 청운교 백운교, 연화교 칠보교는 물론

이고 축대 위에도 다양한 난간들이 있는 것을 알 수 있다. 가로·세로·수직·수평·사선 등 난간 석재의 선들이 어울리면서 기하학적 아름다움을 연출해 낸다. 그 아름다움은 경쾌하고 날렵하다. 사찰 건축 가운데 불국사처럼 적극적으로 난간을 장식한 예는 국내외를 통틀어 찾아볼 수 없다. 난간 장식이야말로 불국사의 고유한 특징과 매력이라고 할 수 있는 셈이다.

  이 난간은 기둥을 세우고 기둥과 기둥 사이를 가로로 연결해 만들었다. 기둥과 기둥을 연결한 부재를 돌란대라고 한다. 난간 기둥 중간에 원 모양의 구멍을 내 그곳에 원통형의 돌란대를 끼워 난간을 완성했다. 기둥의 경우, 아래는 넓고 위로 갈수록 조금씩 좁아가도록 만들어 안정감과 세련미를 표현해 냈다.

  불국사에 가면 대웅전 앞 마당에서 자하문으로 나와 청운교 백운교의 난간을 한 번 내려다보기를 권한다. 난간을 내려다보면 난간의 구조가 한눈에 훤히 들어온다. 아래에서 올려 보는 것과 또 다른 멋을 느낄 수 있다. 난간과 돌란대가 연결된 부위도 자세히 보일 것이다. 돌란대를 끼운 난간 기둥의 구멍 아래에 또 다른 난간 기둥을 양각으로 부조해 놓은 것도 흥미롭다.

불국사 정면은 아름답다. 그 아름다움의 비밀은 무엇일까. 청운교 백운교, 연화교 칠보교는 물론이고 축대 위에도 난간을 둘러 놓았는데, 가로·세로·수직·수평·사선 등 난간 석재의 선들이 어울리면서 기하학적 아름다움을 연출해 낸다. 그 아름다움은 경쾌하고 날렵하다.

5
원각사지 10층 석탑,
경천사지 10층 석탑

원각사지 10층 석탑, 국보 2호, 조선 1467년, 서울 탑골공원
경천사지 10층 석탑, 국보 86호, 고려 1348년, 서울 국립중앙박물관

  10년간의 해체 보수 공사를 마치고 2005년 서울 용산의 새 국립중앙박물관에 전시된 개성 경천사지 10층 석탑(높이 13.5m)과 서울 종로 3가 탑골공원에 있는 서울 원각사지 10층 석탑(높이 12m).

  이색적인 이 두 탑은 비슷한 점이 너무 많다. 층수와 높이, 탑신(塔身)과 지붕돌(屋蓋石, 옥개석) 등 전체적인 외형이 흡사한 것은 따로 말할 필요가 없다. 이뿐이 아니다. 화강암이 아니라 대리석으로 만들었다는 점도 빼놓을 수 없는 공통점. 하나는 고려 것이고 하나는 조선 것인데, 이렇게 똑같은 배경은 무엇일까.

  두 탑의 공통점은 모두 라마교의 영향을 받았다는 사실에서 찾을 수 있다. 그 영향은 1~3층의 탑신에 잘 남아 있다. 탑신을 위에서 내려다보면 아자형(亞字形)이다. 정사각형이 있고 네 개의 변으로 직사각형이 튀어나온 모습이어서 아자형이라고 부르는 것이다. 엄밀히 말하면 아자형 두 개가 중첩되어 있는 것이다. 이 같은 아자형 구조가 바로 중국의 라마교 탑과 비슷한 대목이다.

  경천사지 석탑이 라마교의 영향을 받아 제작되었고, 원각사지 석탑은 경천사지 석탑을 그대로 모방해 만들었을 것으로 전문가들은 추정하고 있다.

  두 탑 모두 탑신(1~3층은 각 20개 면, 4~10층은 각 4개 면)엔 각종 불교 관련 내용이 조각되어 있다. 용·사자·모란·연꽃 등 다양한 무늬도 등장한다. 실제로 탑의 표면은 다른 탑에서 볼 수 없을 정도로 그 조각이 대단히 정교하고 복잡하다.

국보 2호 원각사지 10층 석탑. 탑의 훼손을 막기 위해 유리 보호각을 설치해 놓았다.

10 국보 비교 감상 • 375

이 같은 정교함은 대리석 재질이기 때문에 가능했다.

경천사지 석탑과 원각사지 석탑은 이러한 외형상의 공통점 이외에 슬픈 운명에 있어서까지 비슷하다. 모두 야외에 있어야 할 탑이 하나는 유리막 속으로 들어가고 하나는 건물 속으로 들어갔다. 원각사지 석탑은 탑을 보호하기 위해 2000년에 유리 보호막을 덧씌웠다. 경천사지 석탑 역시 10년 동안의 해체 수리 끝에 서울 용산에 새로 지은 국립중앙박물관 중앙홀 안으로 옮겨져 복원되었다.

이처럼 야외에 있지 못하고 유리 보호막 속이나 건물 안에 자리잡게 된 것은 두 탑의 재질이 대리석이기 때문이다. 대리석은 화강암에 비해 부드럽다. 그러니 일반적인 화강암 탑보다 훼손이 빠르다. 그래서 그 훼손을 막기 위해 문화재 전문가들이 유리 보호막과 실내 공간을 선택한 것이었다.

12m가 넘는 거대한 석탑에 유리 보호막을 씌운 것이나 이것을 실내로 옮겨 전시하는 것은 한국 문화재 역사상 초유의 일이었다. 이를 놓고 논란도 많았다. 어찌 되었든 두 탑이 야외의 공간을 잃고 유리 보호막과 실내 공간으로 밀려 들어갔다는 사실은 고향을 잃어 버린 것이나 마찬가지다. 보존을 위해 불가피한 선택이었겠지만 탑으로선 슬픈 일이 아닐 수 없다.

경천사지 10층 석탑 탑신의 표면. 다양한 무늬가 정교하게 조각되어 있다.

국보 86호 경천사지 10층 석탑. 10년간의 해체 보수를 마치고 2005년 새 국립중앙박물관 실내에 전시해 놓았다.

6
정림사지 5층 석탑,
왕궁리 5층 석탑

정림사지 5층 석탑, 국보 9호, 백제 7세기 전반, 충남 부여군
왕궁리 5층 석탑, 국보 289호, 통일신라 말~고려 초, 전북 익산시

두 석탑을 보면 우선 전체적인 모양이 서로 흡사하다. 그리고 모두 반듯하면서 정갈한 아름다움을 느낄 수 있다. 부여 정림사지 5층 석탑(높이 8.33m)은 백제의 것이고, 익산 왕궁리 5층 석탑(높이 8m)은 통일신라 말~고려 초에 세워졌다. 그 모양이 흡사한 것으로 보아 왕궁리 5층 석탑이 백제 석탑의 대표작인 정림사지 5층 석탑의 양식을 계승했음을 알 수 있다.

정림사지 5층 석탑은 1층 탑신(塔身)이 특히 높다. 지붕돌(옥개석, 屋蓋石)은 얇고 또 넓다. 부드럽게 살짝 위로 치켜 올라간 옥개석의 처마 귀퉁이가 매력적이다. 1층의 높은 탑신 덕분에 탑은 날렵하고 시원시원해 보인다. 탑신의 모퉁이엔 기둥 모양의 돌이 서 있다. 이것은 목조 건축물의 기둥에서 아이디어를 따온 것으로, 정림사지 탑이 목조 건축 양식을 이어받았음을 보여 주는 대목이다. 정림사지 탑은 화려하거나 장식적이지 않다. 간결하고 단정하다. 멀리서 보면 길쭉하고 여린 모습이지만 가까이 다가가면 다가갈수록 한층 더 안정된 모습이다.

정림사지 5층 석탑의 1층 탑신 네 면엔 당나라 장수 소정방(蘇定方, 592~667)이 새겨 놓은 글귀가 있다. 소정방은 660년 신라와 당의 연합군 즉 나당(羅唐)연합군을 이끌고 부여에 쳐들어와 백제를 멸망시킨 당나라의 장군. 그때 소정방이 '백제를 정벌한 기념탑'이라는 뜻의 글귀를 새겨 넣은 것이다. 그래서 한때 평제탑(平濟塔)이라고 잘못 불리기도 했다. 평제탑은 백제를 평정한 것을 기념하는 탑이라는

뜻이다. 지금이야 이렇게 부르는 사람은 없지만 나라를 잃어버린다는 것이 얼마나 처절한 일인지 느끼게 된다.

    통일신라 말~고려 초의 왕궁리 5층 석탑은 정림사지 5층 석탑과 많이 닮았다. 정림사지 탑과 같은 백제계 석탑 양식을 이어받은 것이다. 이 탑 역시 지붕돌의 네 귀퉁이가 가볍게 위로 올라갔다. 하지만 정림사지 탑에 비해 반전의 각은 다소 완만하다.

    정림사지 탑과 왕궁리 탑은 모두 지붕돌이 넓고 얇은 편이며 지붕돌의 추녀가 기둥 밖으로 길게 삐져나와 있다. 잘 들여다보면 1층 지붕돌이 맨 아래의 기단보다 약간 넓은 것을 알 수 있다. 다른 탑에서는 발견할 수 없는 이 두 탑만의 특징이다.

    왕궁리 5층 석탑의 1층부터 5층까지 탑신의 네 모서리마다 기둥 모양을 새겼다. 1층 몸돌에는 가운데에 두 개씩 기둥 모양을 더 조각했다. 지붕돌 네 귀퉁이엔 방울을 달았던 구멍이 뚫려 있다. 왕궁리 5층 석탑도 전체적으로 절제된 아름다움을 보여 준다.

    두 탑을 비교해 보면 아무래도 정림사지 5층 석탑이 좀 더 날렵하고 경쾌하다. 이에 반해 왕궁리 5층 석탑은 다소 우직해 보인다.

국보 9호 정림사지 5층 석탑. 간결하고 단정하면서도 경쾌한 아름다움을 보여 주는 백제 석탑의 명품이다.

국보 289호 왕궁리 5층 석탑. 정림사지 5층 석탑을 계승한 통일신라 말~
고려 초 석탑이다. 정림사지 석탑에 비해 더 우직하고 힘이 있어 보인다.

7
연곡사
동(東)승탑과 북(北)승탑

연곡사 동(東)승탑(부도), 국보 53호, 통일신라 말기, 전남 구례군 연곡사
연곡사 북(北)승탑(부도), 국보 54호, 고려 초기, 전남 구례군 연곡사

전남 구례의 연곡사(鷰谷寺)에는 부도(浮屠)가 3기가 있다. 사찰 동쪽에 있는 동부도, 북쪽에 있는 북부도, 서쪽에 있는 서부도이다. 부도는 수행과 덕이 높은 스님의 사리를 안치하는 곳이다. 그래서 요즘은 부도를 승탑(僧塔)이라고 부르기도 한다.

연곡사의 승탑 3기는 조형미가 뛰어나 동승탑와 북승탑는 국보 53호, 국보 54호로 지정되어 있고 서승탑는 보물 154호로 지정되어 있다. 모두 국보, 보물의 영예를 누리고 있는 셈이다. 국보 53호 동승탑는 통일신라 말기, 국보 54호 북승탑는 고려 초기에 세워졌다.

국보 53호 연곡사 동승탑는 한국 승탑의 백미로 꼽히는 최고 걸작이다. 제작 시기는 신라 말기로 추정되지만 누구의 승탑인지는 알려지지 않았다. 대부분의 승탑과 마찬가지로 지대석, 기단부, 탑신부, 상륜부로 구성되어 있다. 전체적인 모습이 화려하고 아름답다. 기단부와 탑신부에 새긴 각종 문양, 기와지붕과 흡사한 탑신의 옥개석, 상륜부의 조형물 등 모든 부분의 조각 수법이 탁월하다.

특히 평소 보기 어려운 가릉빈가(迦陵頻伽)의 탑신부 조각이 눈길을 끈다. 불교에서 가릉빈가는 아름다운 소리로 불법을 알린다고 하는 상상의 새를 말한다. 낙원에서 사는 극락조이기도 하다. 가릉빈가는 새의 몸에 사람의 얼굴을 하고 있다.

상륜부에는 막 비상하려는 듯한 봉황 네 마리를 장식했다. 그러나 모두 머리가 잘려 나간 상태여서 보는 이를 안타깝게 한다.

동승탑에서 북쪽으로 150m쯤 떨어진 곳에 국보 54호 연곡사 북승탑이 있다. 동승탑에 비해 제작 시기가 다소 내려오는 고려 초로 추정된다. 전체적인 외형이나 조각 수법 등은 동승탑과 거의 흡사하다. 동승탑을 모방해 만들었다고 생각하는 전문가들이 많다. 국보 53호 동승탑와 마찬가지로 승탑의 주인공은 알 수 없다.

보물 154호인 연곡사 서(西)승탑(연곡사 소요대사탑)은 1650년에 세운 소요대사(消遙大師)의 승탑이다. 이 같은 내용이 탑신에 새겨져 있다. 소요대사는 서산대사 휴정(西山大師 休靜)의 제자이다. 서승탑은 조형미나 조각 수법에서 국보인 동승탑, 북승탑에는 미치지 못한다. 탑신부와 기단부에 비해 상륜부의 몸집이 커서 비례가 다소 떨어지는 등 전체적으로 동승탑, 북승탑만큼의 세련된 조형미를 보여 주지는 못한다. 서승탑은 전체적으로 화려하지 않고 검소한 편이어서 조선시대의 소박미가 담겨 있다고 보기도 한다. 옥개석 귀퉁이에 세워 놓은 큼지막한 장식인 귀꽃은 동승탑, 북승탑에서는 찾아볼 수 없는 서승탑만의 특징이다.

보물 154호 연곡사 서승탑. 1650년에 세운 소요대사의 승탑으로 검소하고 소박한 모습이다.

국보 53호 연곡사 동승탑. 한국 최고의 승탑으로 꼽히는 명품이다. 상륜부에 조각된 봉황의 목이 모두 잘려나갔다.

국보 54호 연곡사 북승탑. 전체적인 형태와 조각 기법이 국보 53호와 흡사하다.

8

법천사지 지광국사탑,
정토사지 홍법국사탑

법천사지 지광국사탑, 국보 101호, 고려 1070년경, 서울 경복궁
정토사지 홍법국사탑, 국보 102호, 고려 1017년경, 서울 국립중앙박물관

탑은 부처님의 사리를 모시는 곳이고 부도(승탑)는 수행과 덕이 높은 스님의 사리를 안치하는 곳이다. 국보 101호와 102호는 이름은 탑으로 되어 있지만 실은 모두 부도다.

국보 101호 원주 법천사지 지광국사탑(法泉寺址 智光國師塔)은 고려시대 지광국사 해린(海麟, 984~1070)의 부도이고, 국보 102호 충주 정토사지 홍법국사탑(淨土寺址 弘法國師塔)은 고려시대 홍법국사(?~1017)의 부도다. 스님이 입적한 후에 부도를 세우는 것이니, 국보 101호는 1070년 직후, 국보 102호는 1017년 직후에 만들어졌다고 볼 수 있다. 국보 101호가 50년 정도 후에 세워진 셈이다.

시대가 앞서는 국보 102호 홍법국사탑을 보면 받침이 8각이고 탑신은 공 모양이다. 받침이나 몸체가 8각형인 부도는 통일신라 때부터 이어져 온 부도의 전형적인 모습이었다. 그러나 국보 102호는 8각의 부도가 변모해 가는 과정을 보여 주는 중요한 작품이다. 받침은 전통적인 8각의 형태를 취했지만 몸체를 공 모양으로 만드는 새로운 시도를 감행했기 때문이다.

공 모양의 탑신은 신선하다. 공을 가로 세로로 묶은 듯 십자형 무늬가 양각되어 있다. 그리고 그 교차점에 꽃무늬를 장식해 대담하고 세련된 디자인 감각을 보여 준다.

50여 년 뒤에 만든 국보 101호 법천사지 지광국사탑은 좀 더 확실하게 변화한

부도라고 할 수 있다. 이 부도는 기단부와 탑신에서 8각형은 전혀 보이지 않는다. 8각형에서 완전히 벗어나 4각형이라는 새로운 형태를 취한 것이다. 국보 102호보다 반세기 이후의 것이라는 사실을 실감나게 한다.

　국보 101호는 탑신의 앞뒤로 문짝을 조각해 넣었고 기단 맨 윗부분에 장막을 드리운 모습도 집어넣었다. 문짝은 사리는 넣은 곳임을 의미하며, 장막은 스님의 사리을 모신 엄숙한 공감임을 강조하기 위한 것이다. 이외에 불상·보살·봉황 등 다양한 문양을 새겨 넣은, 화려하고 정교한 장식과 조각으로도 유명하다. 기단의 네 귀퉁이에 있던 사자 네 마리는 도난당해 지금은 남아 있는 것이 없다.

　하여튼 국보 102호와 국보 101호 부도는 한국 부도의 역사에 있어 중요한 변천 과정을 보여 주는 의미 깊은 작품들이다.

　이들 부도는 비슷한 수난사를 지니고 있다. 일제에 의해 강제로 원래의 자리에서 떠나야 했던 사실이다. 국보 101호는 강원 원주 법천사지에 있었다. 그러나 일제 강점기에 일본인이 일본 오사카로 몰래 빼돌렸고, 그 후 반환되어 경복궁에 자리잡게 되었다. 국보 102호는 충북 충주의 정토사 옛터에 있었다. 1915년 일제는 경복궁에서 조선물산공진회를 열면서 이 부도를 마음대로 경복궁으로 옮겨 전시했다. 이후 줄곧 경복궁 경내에 전시되어 오다 2005년 서울 용산의 새 국립중앙박물관으로 옮겨졌다.

국보 102호 정토사지 홍법국사탑. 공 모양의 몸체는 통일신라의 8각형 부도에서 벗어나 새롭게 변모해 가는 과정을 보여 준다.

국보 101호 법천사지 지광국사탑. 통일신라의 8각형 부도에서 벗어나 4각형으로 그 모양이 바뀌었다.

9

법주사 쌍사자 석등,
중흥산성 쌍사자 석등

법주사 쌍사자 석등, 국보 5호, 통일신라 720년, 충북 보은 법주사
중흥산성 쌍사자 석등, 국보 103호, 통일신라 9세기 말, 광주 국립광주박물관

경주 불국사 다보탑의 기단부에는 사자 조각 하나가 세워져 있다. 원래는 네 개였으나 1910년대 일본인들이 세 개를 몰래 떼내가 지금은 하나뿐이다. 돌을 벽돌처럼 작게 다듬어 쌓아올린 경주 분황사 석탑(634년 이전)의 받침 기단부에도 사자 조각이 있다. 전남 구례 화엄사에는 사자 네 마리가 탑의 몸체를 받치고 있는 모습의 4사자 3층 석탑이 있다. 화엄사 원통전 앞에도 이와 비슷한 4사자 석탑(보물 300호, 9세기)이 있다.

우리의 전통 석탑을 잘 둘러보면 이처럼 사자가 등장하는 경우가 적지 않다. 이렇게 불교의 상징물인 석탑에 사자가 등장하는 이유는 과연 무엇일까.

불교에서는 용맹한 사자가 지혜의 상징인 문수보살을 호위하고 악귀를 물리쳐 불법(佛法, 불교의 진리나 부처의 가르침)을 수호해 준다고 믿었다. 탑에 사자가 등장하고 불상의 부처 자리에 사자가 나오는 것도 이런 믿음에서 비롯되었다.

그래서 사자는 탑과 불상뿐만 아니라 석등, 촛대, 향로 사리기에도 나타난다. 특히 석등에 표현된 사자의 모습이 인상적이다. 국보 5호인 보은 법주사 쌍사자석등(8세기 말), 국보 103호인 광양 중흥산성 쌍사자 석등(통일신라 9세기 말, 국립광주박물관 소장)을 보면, 가슴을 맞대고 머리를 들고 있는 사자의 모습이 매우 역동적이고 사실적이다.

석등은 부처의 가르침과 불교의 진리를 밝게 비쳐 주도록 불상을 모신 법당

앞에 세워 놓는다. 사자로 하여금 그 빛과 진리를 온전하게 지켜 내려는 기원이 담겨 있는 것이다.

사자는 불교뿐만 아니라 왕릉을 지키는 역할도 수행했다. 경주의 괘릉, 성덕왕릉, 흥덕왕릉 앞에는 사자 조각상이 놓여 있는데 바로 왕릉을 지키기 위한 것이다. 무시무시한 두 눈을 부릅 뜬 채 금방이라도 땅을 박차고 앞으로 뛰쳐나갈 것 같은 사자의 용맹스런 포즈를 보고 그 누가 감히 왕릉에 침범할 수 있을까. 석등의 사자들도 분명 그러했을 것이다.

법주사 쌍사자 석등은 전체적인 비례가 뛰어나고 반듯하며 품격 있는 아름다움을 보여 준다. 전체적인 모습도 중요하지만 특별히 눈여겨봐야 할 것은 화사석(火舍石)을 받치고 있는 사자 조각. 머리의 갈기, 다리와 몸의 근육을 보면 살아 움직일 듯 생생하다. 그래서 석탑이나 석등에 장식된 사자 조각 가운데 가장 뛰어난 것으로 평가받는다. 불을 밝혀 두는 화사석을 돌기둥이 아니라 두 마리의 사자가 받치고 있는 모습으로 표현한 것은 당시로서는 매우 과감한 시도였다. 자신의 키만한 화사석과 옥개석을 떡 받치고 있는 사자의 모습, 그 자체로도 힘이 느껴진다.

중흥산성 쌍사자 석등도 힘이 넘친다. 전체적으로 장식을 절제해서 간결하다. 사자의 꼬리가 요철감이 두드러지면서 특히 엉덩이 부분과 꼬리 부분이 매우 역동적이다. 전체적인 모습을 보면, 법주사 쌍사자 석등에 비해 전체 크기에서 사자가 차지하는 비중이 크다. 그래서 좀 더 시각적인 안정감이 있다.

이 석등은 현재 국립광주박물관에 있지만 여기저기를 떠돌아 다녀야 했다. 원래는 중흥산성 내에 있었으나, 일본인이 무단으로 반출하려 하여 1918년 경복궁으로 옮겨 놓았다가 1959년 당시의 서울 경무대(景武臺)로 옮겨 놓았던 것을 1960년에 덕수궁(德壽宮)으로 옮겼다가 국립광주박물관으로 옮겼다.

국보 5호 법주사 쌍사자 석등. 전체적인 조형미와 비례감이 우수하고
특히 사자의 몸짓이 역동적이다.

국보 103호 중흥사 쌍사자 석등. 간결과 절제의 아름다움이 돋보이며 국보 5호 못지않게 사자의 표현이 역동적이다.

10
조선 18세기 전반의
백자 철화포도무늬 항아리 두 점

백자 철화포도무늬 항아리, 국보 107호, 조선 18세기 전반, 이화여대박물관
백자 철화포도원숭이무늬 항아리, 국보 93호, 조선 18세기 전반, 국립중앙박물관

이 두 점의 백자 철화포도무늬 항아리(백자철화포도문대호, 白磁鐵畵葡萄文大壺)는 조선시대 철화백자 가운데 최고 걸작으로 꼽힌다. 이들 명품을 논하면서 빼놓을 수 없는 것은 표면에 그려진 포도 그림이다. 특히 국보 107호(높이 53.3cm)의 포도 그림은 단연 걸작이다. 순수 회화 작품 못지않은 품격을 자랑한다. 포도송이는 싱그럽고 마치 살아 있는 포도를 보는 듯하다. 포도나무 잎의 적절한 농담(濃淡), 생생하면서도 섬세하게 이어진 줄기, 능수능란한 필치 등이 빼어난 포도화를 연상시킨다. 그래서 조선시대 전체를 통해 백자 항아리에 등장한 포도 무늬 그림 가운데 회화성이 가장 뛰어나다는 평가를 받는다. 이 포도 그림은 일반 도공이 그린 것으로 보이지는 않는다. 도공의 그림 치고는 너무 뛰어나기 때문이다. 18세기에 활약하던 당대의 뛰어난 전문 화원(畵員)이 심혈을 기울여 그렸을 것이 틀림없다.

국보 93호(높이 30.8cm)도 명품이다. 국보 107호와 달리 93호엔 원숭이가 등장한다. 포도 덩굴을 잡고 줄타기를 하고 있는 원숭이 모습이 익살스럽다. 포도는 예로부터 풍요로움과 다산(多産)을 상징했다. 원숭이를 뜻하는 한자인 '후(猴)'자가 제후의 '후(侯)' 자와 발음이 같다고 해서 원숭이는 벼슬을 상징했다. 따라서 포도 덩굴을 타고 노는 원숭이는 많은 자식들이 높은 벼슬에 오르기를 바라는 마음을 표현한 것이다.

국보 107호 백자 철화포도무늬 항아리. 한 편의 수묵화를 연상시키는 빼어난 포도 그림, 시원한 여백에 힘입어 최고의 철화백자로 꼽힌다.

국보 93호 백자 철화포도무늬 항아리의 한쪽 면. 철화 안료를 이용해 힘
차게 표현한 포도 그림이 돋보인다.

국보 93호 백자 철화포도무늬 항아리의 또 다른 한쪽 면. 포도 덩굴을 타고 노는 원숭이 모습이 익살스럽다.

그러나 국보 93호의 포도 그림은 국보 107호에 비교해 보면 작품성이 다소 뒤떨어진다. 농담이나 잔 줄기 표현 등에서 107호보다는 투박하고 세련미도 떨어지는 것 같다. 그래도 포도를 그려 넣은 철화백자 가운데에선 수작이다.

포도 그림 자체도 대단하지만 정말 놀라운 건 화면 구성, 즉 여백 처리의 뛰어남이다. 국보 107호를 보자. 이 백자는 맨 위 아가리 부위 바로 아래에서 몸체의 상반부까지만 포도나무를 그려 넣고 하반부를 완전히 비워 놓아 여백을 시원하게 살렸다. 국보 93호도 목 부위에 사각형으로 도안한 문양대를 두르고 몸체 아래를 시원하게 비운 채 상반부를 중심으로 포도 무늬를 그려 넣었다.

그러나 국보 107호가 국보 93호에 비해 포도 그림이 어깨 쪽으로 더 올라가 아랫부분의 여백이 훨씬 많다. 항아리의 모양과 여백이 절묘하게 조화를 이루는 탁월한 공간 구성이다.

포도 무늬는 고려청자나 조선 청화백자에도 등장한다. 고려청자의 경우, 상감 또는 양각 등의 기법으로 포도나무를 표현했다. 하지만 청자나 청화백자의 포도 그림은 대부분 표면 전체 공간을 가득 채우고 있다. 여백의 미가 느껴지지 않는다. 이들 두 점의 철화백자 항아리와 다른 점이다. 이처럼 도자기의 포도 그림은 18세기 국보 107호와 93호에 이르러 절정에 도달했다. 특히 국보 107호 철화백자 포도 무늬 항아리는 보고 또 보아도 기분 좋은 최고의 명품이다.

11
청자 참외모양 병,
청자 상감모란국화무늬참외모양 병

청자 참외모양 병, 국보 94호, 고려 12세기, 서울 국립중앙박물관
청자 상감모란국화무늬참외모양 병, 국보 114호, 고려 12세기, 서울 국립중앙박물관

국보 94호 청자 참외모양 병(청자소문과형병,靑磁素文瓜形甁, 높이 22.8cm)과 국보 114호 청자 상감모란국화무늬참외모양 병(청자상감모란국화문과형병, 靑磁象嵌牧丹菊花文瓜形甁, 높이 25.6cm)은 모두 고려청자의 전성기인 12세기에 만들어졌다. 과형(瓜形)은 오이 또는 참외 모양이라는 말이다.

  이 두 청자는 목 위로 벌어진 주둥이는 참외꽃 모양이고, 몸통은 참외 형상을 하고 있다. 모두 세련된 조형미를 보여 준다.

  국보 94호 청자 참외모양 병은 북한 지역인 경기도 장단군의 고려 인종(仁宗, 1109~1146) 무덤에서 출토되었다. 94호는 황통(皇統) 6년(1146년)에 발간된 책과 함께 출토되어 제작 연대가 12세기 전반임을 확실하게 보여 주는 귀중한 유물이다.

  국보 94호에는 아무런 무늬가 없다. 무늬가 없다고 해서 청자 이름에 소문(素文)이라는 용어를 넣었다. 긴 목에 치마 주름 모양의 높은 굽이 전체적으로 안정감과 단정함 세련미를 연출한다. 담록빛을 띠는 비색(翡色)도 압권이다.

  이 청자의 제작지는 확실하지 않다. 그러나 전남 강진 사당리 가마터에서 국보 94호와 같은 모양의 청자 조각이 발견된 점으로 미루어 94호 역시 강진에서 제작되었을 것으로 전문가들은 보고 있다.

  국보 114호 청자 상감모란국화무늬참외모양 병은 몸통에 국화와 모란 무늬를

국보 94호 청자 참외모양 병. 참외 모양의 몸체와 참외꽃 모양의 주둥이가 날렵하고 세련된 분위기를 연출한다. 높이 22.8cm.

국보 114호 청자 상감모란국화무늬참외모양 병. 국보 94호에 비해 날렵함이 다소 떨어지지만 몸통의 선에서 독특한 힘이 느껴진다. 높이 25.6cm.

상감 기법으로 새겨 넣었다. 몸통 중간의 여덟 개 면에 모란과 국화가 서로 번갈아 가면서 상감되어 있고 몸통 아래쪽엔 연꽃이 흑백으로 상감되어 있다. 유약이 그다지 고르지 않고 다소 어두운 편이다. 국보 114호는 전북 부안군 유천리 가마터에서 만들어졌을 것으로 전문가들은 추정한다.

두 작품을 비교해 보면 전체적인 완성도나 아름다움, 색상 등에서 국보 94호가 더욱 빼어나다. 참외 모양의 몸통 역시 국보 94호가 좀 더 날렵하고 세련된 모습이고 국보 114호는 다소 둔탁하다. 몸통 윗부분은 국보 114호가 옆으로 너무 튀어나온 느낌이다. 그래서 94호에 비해 다소 균형미가 떨어진다.

12

청자 상감모란무늬표주박모양 주전자, 청자 진사연화무늬표주박모양 주전자

청자 상감모란무늬표주박모양 주전자, 국보 116호, 고려 12세기, 서울 국립중앙박물관
청자 진사연화무늬표주박모양 주전자, 국보 133호, 고려 13세기, 서울 삼성미술관 리움

국보 116호 청자 상감모란무늬표주박모양 주전자(靑磁象嵌牡丹文瓢形注子, 높이 34.4cm)는 12세기 중엽에 제작되었다. 머리, 목, 몸통으로 빠르게 이어져 내려간 선에 아무런 거침이 없다. 잘록한 목이 선의 흐름에 탄력을 주면서 세련되고 경쾌한 모습을 연출한다. 목의 윗부분에 구름과 학 무늬를 흑백으로 상감했다. 이곳에 학을 표현한 것도 대담하다는 느낌을 주고, 그 학이 마치 밖으로 튀어나와 하늘로 비상할 듯하다. 이 학이야말로 국보 116호의 포인트라고 할 수 있다. 아래쪽 몸통 부분은 활짝 핀 모란꽃과 터질 듯한 봉오리, 잎들로 꽉 채워 넣었다. 표면을 가득 채웠지만 전혀 답답하지 않고 균형감과 비례감을 보여 준다. 무늬를 보면 멋을 부린 듯하지만 과하지는 않다. 절제되어 있다는 말이다. 유약의 색 역시 은은하면서도 투명하다. 고려인들의 조형 미학을 유감없이 보여 주는 명품이다.

국보 133호 청자 진사연화무늬표주박모양 주전자(靑磁辰砂蓮花文瓢形注子, 높이 33.2cm)는 인천 강화도의 최항(崔沆, ?~1257, 고려 무신정권 시기의 집권자)의 무덤에서 출토되었으며 13세기 때 작품으로 추정된다. 붉은색 안료를 사용하는 진사(辰砂) 기법의 고려청자로는 최고 걸작으로 꼽힌다. 진사 기법은 고려청자에만 나타나는 특색이다.

국보 133호는 우선 진사 기법의 대담함이 눈에 뜨인다. 몸통을 보면 연잎 가장자리를 진사로 과감하게 장식했다. 더욱 대담한 것은 물이 나오는 주둥이 앞쪽

국보 116호 청자 상감모란무늬표주박모양 주전자. 청자의 선은 경쾌하고 상감으로 표현한 모란무늬는 반듯하고 단정하다. 목 윗부분의 학이 밖으로 날아오를 듯하다. 높이 34.4cm.

국보 133호 청자 진사연화무늬표주박모양 주전자. 거침없이 사용한 붉은색 안료, 연꽃을 껴안고 있는 동자에서 나타나듯 대담하고 세련된 조형미가 돋보인다. 높이 33.2cm.

중간에 집어 넣은 진사. 이런 예는 거의 찾아보기 어렵다. 어떻게 주둥이 앞에까지 진사를 집어넣을 생각을 했을까. 그건 분명 파격이고 대담함의 극치다. 동시에 고려 도공의 자신만만함의 표현일 것이다. 12세기 전반부터 진사를 곁들이는 청자가 나타나기 시작했지만 이것처럼 대담무쌍한 진사는 아직 발견되지 않았다.

국보 133호는 또한 전체적인 형태도 뛰어나다. 연꽃을 두 손으로 껴안고 있는 동자를 목 부분에 배치한 것이나 손잡이 위에 개구리 한 마리를 살짝 올려놓아 고리로 만든 것이 특히 인상적이다. 이것 역시 13세기 고려 도공의 자신감의 표현일 것이다.

국보 116호와 국보 133호는 모양은 비슷하지만 무늬의 표현 기법이 서로 달라 그 분위기는 사뭇 다르다. 그러나 두 작품 모두 고려청자의 명품으로 꼽는 데는 이견이 없다. 국보 116호가 목 윗부분에 학으로 포인트를 준 것이나, 국보 133호가 목 부분에 동자를 배치하고 손잡이에 개구리를 올려놓아 포인트를 준 것을 비교 감상해 보는 일도 흥미롭다.

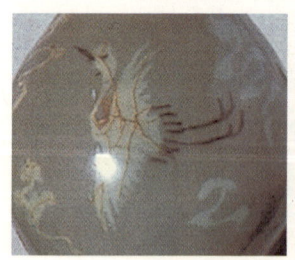  

1 국보 116호 청자 상감모란무늬표주박모양 주전자의 목 윗부분. 상감으로 학을 표현했다. 2 국보 133호 청자 진사연화무늬표주박모양 주전자의 목 부분. 두 손으로 연꽃을 껴안고 있는 동자의 모습을 표현했다. 3 국보 133호 청자 진사연화무늬표주박모양 주전자의 손잡이 부분. 개구리 한 마리를 쏙 올려놓은 것이 눈길을 끈다.

13

고려 12세기,
동물 모양의 청자 여섯 점

청자 사자모양뚜껑 향로, 국보 60호, 고려 12세기, 서울 국립중앙박물관
청자 어룡(魚龍)모양 주전자, 국보 61호, 고려 12세기, 서울 국립중앙박물관
청자 기린모양뚜껑 향로, 국보 65호, 고려 12세기, 서울 간송미술관
청자 오리모양 연적, 국보 74호, 고려 12세기, 서울 간송미술관
청자 구룡(龜龍)모양 주전자, 국보 96호, 고려 12세기 서울 국립중앙박물관
청자 모자(母子)원숭이모양 연적, 국보 270호, 고려 12세기, 서울 간송미술관

고려청자 가운데에는 동물의 모습을 형상화한 것들이 적지 않다. 모두들 빼어난 아름다움을 자랑한다 고려 사람들은 왜 이렇게 동물 모양으로 청자를 만들었을까. 참 재미있는 현상이다. 12세기에 비취색의 청자가 절정에 달하였을 때, 이와 같이 상서로운 동물이나 식물을 본뜬 상형 청자를 많이 만들었다.

  국보 60호 청자 사자모양뚜껑 향로(높이 21.2cm)는 향로의 뚜껑이 사자 모양으로 되어 있다. 이 청자의 이름처럼 향로의 핵심은 역시 사자의 모습이다. 사자는 살짝 입을 벌리고 앉은 채 고개를 들어 먼 곳을 응시하고 있다. 부드럽지만 당당해 보인다. 목 뒤쪽과 엉덩이 부분에는 털을 소용돌이 모양으로 표현했는데 위로 치켜 올려 등에 착 붙인 꼬리가 매우 인상적이다.

  국보 65호 청자 기린모양뚜껑 향로(높이 20cm)도 국보 60호와 분위기가 비슷하다. 뚜껑에 표현한 기린은 몸체를 바닥에 붙이고 고개를 돌려 뒤를 보고 있다. 기린은 상상의 동물로, 예로부터 상서로운 존재로 여겨져 왔다. 그 기린이 고개를 돌려 어딘가를 유심히 바라보고 있다. 무언가 심오함을 느끼게 된다. 국보 60호, 65호 모두 향의 연기는 사자나 기린의 입을 통해 밖으로 내뿜게 된다. 사자와

국보 60호 청자 사자모양뚜껑 향로. 사자가 살짝 입을 벌리고 앉은 채
먼 곳을 바라보고 있다. 높이 21.2cm.

1 국보 61호 청자 어룡모양 주전자. 머리는 용, 몸통은 물고기인 어룡이 몸을 움츠리고 있다. 높이 24.4cm.　**2** 국보 65호 청자 기린모양뚜껑 향로. 기린이 고개를 돌려 어딘가를 유심히 보고 있다. 높이 20cm.　**3** 국보 74호 청자오리모양 연적. 오리가 입에 연꽃 줄기를 물고 있으며, 오리 등에 연잎과 연꽃 봉오리가 있다. 높이 8cm.　**4** 국보 96호 청자 구룡모양 주전자. 연꽃 위에 거북이 앉아 있는데, 얼굴은 용처럼 보인다. 높이 17cm.

국보 270호 청자 모자원숭이모양 연적. 새끼를 바라보는 어미 원숭이의
눈길에 사랑이 가득하다. 높이 9.8cm.

기린의 입을 통해 흘러나오는 향연(香煙), 생각만 해도 매력적이다.

국보 61호 청자 어룡(魚龍)모양 주전자(높이 24.4cm)는 그 모습이 독특하다. 머리는 용인데 몸통은 물고기다. 용머리의 물고기가 꼬리를 한껏 올리고 몸을 움츠린채 비상을 준비하고 있는 듯하다. 주전자 표면은 기본적으로 물고기 비늘로 가득 장식했는데 몸통 앞쪽엔 갈퀴 모양의 지느러미를, 꼬리 쪽에는 우리 눈에 익숙한 비늘을 표현했다. 주전자 뚜껑은 물고기 꼬리 모양으로 만들었다. 그리고 주전자 맨 아래쪽(물고기 몸통의 바닥)은 연꽃잎으로 예쁘게 감싸 올렸고 손잡이는 연꽃 줄기 모양으로 처리했다. 용머리를 가진 이런 물고기는 실제로 존재하는 동물이 아니라 고려 도공이 상상 속에서 만들어 낸 동물일 것이다. 성스러운 용의 모습, 다산(多産)과 풍요를 상징하는 물고기 모양을 결합한 뒤 여기에 불교를 상징하는 연꽃을 넣은 것을 보면 아마도 이 청자에 다양한 의미를 부여하고 싶었던 모양이다.

국보 74호 청자 오리모양 연적(높이 8cm)은 참 귀엽고 예쁘다. 물을 헤엄쳐 가는 오리는 입에 연꽃 줄기를 물고 있으며, 오리의 등에는 연잎과 연꽃 봉오리가 살포시 올라가 있다. 연꽃이 가득한 연못 속에서 한가로이 노닐고 있는 오리는 실제로 이런 모양이었으리라. 그리 크지 않지만 오리의 깃털까지 세세하게 표현한 것으로 보아 이 청자를 만든 고려 도공의 정성이 어느 정도였는지 짐작이 간다.

연꽃 위에 앉아 있는 거북을 형상화한 국보 96호 청자 구룡(龜龍)모양 주전자(높이 17cm)도 흥미롭다. 얼굴 모습은 거북보다는 용에 가까워 보인다. 등은 거북 등 모양으로 새긴 뒤 한가운데에 왕(王) 자를 써 넣었다.

국보 270호 청자 모자(母子)원숭이 모양 연적(높이 9.8cm)은 정감이 넘치는 고려청자의 명품이다. 어미 원숭이가 새끼 원숭이를 끌어안고 있는 모습인데, 원숭이 모자(母子)의 사랑이 잘 나타나 있다. 새끼를 바라보는 어미 원숭이의 눈길은 사랑으로 가득하고, 한 손을 들어 어미의 볼을 만지는 새끼 원숭이는 귀엽고 앙증맞다. 자식을 사랑하는 데 사람과 동물이 다를 수 있겠는가. 보는 사람의 가슴을 찡하게 만드는 매우 희귀하고 멋진 청자라고 할 수 있다.

14
삼국 시대의
금동미륵보살반가사유상 두 점

금동미륵보살반가사유상, 국보 78호, 삼국시대 6세기 후반, 서울 국립중앙박물관
금동미륵보살반가사유상, 국보 83호, 삼국시대 7세기 전반, 서울 국립중앙박물관

국보 78호와 83호 금동미륵보살반가사유상(金銅彌勒菩薩半跏思惟像)은 한국 불교 조각의 명품이자 한국을 대표하는 국보로 꼽힌다.

반가사유는 한쪽 다리를 올려놓고 무언가를 생각한다는 뜻. 반가사유상은 석가모니가 태자였을 때 인생의 의미와 깨달음에 대해 고민하던 모습을 표현한 것이다. 인도에서 처음 만들어졌으나 한국에서는 삼국시대인 6세기부터 통일신라 초기인 7세기 사이에 주로 제작되었다. 반가사유상이 정확하게 어떤 보살을 표현한 것인지는 알려져 있지 않지만 대체로 미륵 신앙과 관계가 깊다는 점에서 미륵보살로 본다.

이 두 불상 역시 오른쪽 다리를 왼쪽 무릎에 올린 채 깊은 사색에 빠져 있는 모습이다. 오른뺨에 살짝 갖다댄 오른손이 사유의 분위기를 극적으로 고조시킨다.

국보 78호 금동미륵보살반가사유상(높이 83.2cm)은 태양과 초승달이 결합된 독특한 모양의 보관을 쓰고 있다. 태양과 달이 있다고 해서 이를 일월식보관(日月飾寶冠)이라 부른다. 몸에는 긴 천의(天衣)를 둘렀다. 옷자락이 몸에 밀착되어 시원스럽고 탄력이 넘친다. 전체적으로 여성적이면서 장식이 화려하다. 옷주름과 신체 얼굴 등의 표현에서 뛰어난 조각 수법을 읽을 수 있다. 얼굴은 국보 83호에 비해 다소 갸름한 편이다.

국보 83호 금동미륵보살반가사유상(높이 93cm)은 보관이 국보 78호에 비해

단순하다. 봉우리가 셋인 산의 모습이어서 삼산관(三山冠)이라 부른다. 목에 두 줄의 목걸이만 있을 뿐 아무런 장식이 없다. 국보 78호에 비해 장식을 최대한 절제해 간소하고 담백하다. 전체적으로 국보 83호의 얼굴이나 신체가 국보 78호보다 약간 풍요롭고 원만하다.

 여기서 두 반가사유상의 미소를 비교해 보자. 신체의 표현이나 각종 장식 표현도 중요하지만 사실 진정으로 우리를 감동시키는 것은 다름 아닌 얼굴의 미소라고 할 수 있다. 사유와 명상에 잠긴 고요하고 그윽한 미소, 깊은 인간 내면의 심연에서 우러나오는 깨달음의 미소, 종교적·철학적인 미소다. 이 두 반가사유상을 보고 있노라면 인간사의 번잡함은 어느새 사라져 버린다. 불상을 비롯해 그 어떤 문화재에 나오는 얼굴의 미소도 이처럼 성스러운 것은 없다. 레오나르도 다 빈치의 〈모나리자〉의 미소에 비할 바가 아니다. 국보 78호와 국보 83호의 미소가 모두 한국 미술사에 있어 최고의 미소로 꼽히는 것도 이 때문이다.

 일본 교토(京都) 고류지(廣隆寺)에 가면 국보 83호와 흡사한 목조 반가사유상이 있다. 재질이 나무라는 점만 빼면, 그 분위기나 모습이 거의 똑같다. 이를 두고 과연 언제 어디서 누가 만들었는지 이런저런 의견이 있다. 한반도에서 만들어서 넘어갔는지, 우리가 일본에 가서 만들어 준 것인지, 일본인이 한국의 반가사유상을 보고 그대로 모방해 만들었는지 정확히 판단할 수 있는 기록은 없다. 하지만 고대 동아시아 한반도와 일본 열도의 문화 수준이나 교류 양상으로 볼 때, 고류지 반가사유상이 국보 83호의 절대적인 영향을 받았다는 것은 부인할 수 없는 사실이다. 일본의 학자들도 이를 인정한다.

 고류지 반가사유상을 두고 독일의 실존주의 철학자 칼 야스퍼스는 "세상에서 가장 깨끗하고 가장 철학적인 예술품"이라고 찬사를 보냈다. 그런데 야스퍼스는 국보 83호를 보지 못하고 이런 말을 했다. 따라서 그 찬사는 고스란히 국보 83호 반가사유상의 몫이 아닐 수 없다.

국보 78호 금동미륵보살반가사유상. 태양과 초승달이 결합된 독특한 모양의 보관을 쓰고 있다. 전체적으로 여성적이면서 장식이 화려하다. 긴 천의를 두르고 있으며, 얼굴은 갸름한 편이다. 높이 83.2cm.

국보 83호 금동미륵보살반가사유상. 봉우리가 셋인 산 모습의 보관을 쓰고 있다. 장식이 간소하고 담백하다. 얼굴과 신체도 풍요롭고 원만하다. 국보 78호와 함께 종교적 사유의 그윽한 미소를 담고 있다. 높이 93cm.

일본 교토 고류지에 있는 목조 반가사유상. 일본 국보 1호이다. 나무로 만들어졌다는 점을 빼고는 국보 83호와 모양과 분위기가 흡사하다. 높이 123cm.

15
서산 마애여래삼존상,
태안 마애삼존불입상

서산 용현리 마애여래삼존상, 국보 84호, 백제 6세기 말~7세기 초, 충남 서산시
태안 동문리 마애삼존불입상, 국보 307호, 백제 6세기 말~7세기 초, 충남 태안군

마애불(磨崖佛)은 바위에 새긴 불상이다. 한반도에서 마애불은 6세기 말~7세기 초 백제시대 때 서산과 태안반도 지역에서 처음 조성되었다. 이후 통일신라, 고려를 거쳐 19세기 조선시대 말까지 1300여 년 동안 꾸준히 이어졌다.

국보 84호 서산 용현리 마애여래삼존상(磨崖如來三尊像)은 가운데에 본존 여래가 서 있고 그 좌우로 협시불이 있다. 그런데 이 협시불을 보면 한 명은 서 있고 한 명은 앉아 있는 색다른 형식이다. 이 마애여래삼존상의 조각술은 단정하면서도 세련되었다. 바위를 도드라지게 새긴 부조(浮彫)의 정도나 전체적인 표현이 매우 단정하다. 더하지도 덜하지도 않은 중용(中庸)의 아름다움이다.

서산 마애여래삼존상의 압권은 역시 미소. 본존불의 미소는 순수의 미소다. 네모진 얼굴에 커다란 눈, 살짝 벌린 입으로 번져 나오는 미소가 해맑고 복스럽다. 그러면서도 고풍스러운 품격이 살아 있다. 그래서 이를 두고 '백제의 미소'라고 부른다.

국보 307호 태안 동문리 마애삼존불입상은 배치와 모양이 특이하다. 보통 가운데에 커다란 불상 한 구를 놓고 좌우로 두 구의 작은 보살상을 배치하는데 이것은 전혀 다르다. 가운데에 작은 보살상을 두고 그 양옆에 커다란 불상을 배치했다. 이러한 형태는 매우 독특한 모양이다. 보살상 좌우의 불입상은 얼굴이 둥글고 살이 많으면서 어깨까 딱 벌어진 장대한 모습이다.

국보 84호 서산 마애여래삼존상. 가운데 있는 본존 여래의 미소는 순수함 그 자체로 '백제의 미소'로 불린다. 본존불 옆에 한 사람은 앉아 있고 한 사람은 서 있는 좌우 협시불이 독특하다.

국보 307호 태안 마애삼존불 입상. 얼굴 부분이 많이 훼손되었다. 가운데에 작은 보살상을 배치한 점이 이색적이다. 보살상 좌우의 입상은 어깨가 떡 벌어진 장대한 모습이다.

제작 시기는 국보 84호와 비슷한 6세기 말~7세기 초로 보이지만 국보 84호에 비해 조각 수법이 더 소박하고 단순하며 수인(手印, 불상에 나타나는 두 손의 모양)이 제대로 정리된 것 같지 않다는 점 등으로 미루어 국보 84호보다 제작 시기가 다소 앞선 것으로 추정한다. 따라서 국보 307호 태안 동문리 마애삼존불입상은 백제 최초의 마애불이자 동시에 한반도 최초의 마애불이라고 할 수 있다.

그럼 이곳 서산과 태안 지역에 최초의 마애불이 자리하게 된 배경은 무엇일까. 6세기 말 백제는 고구려 장수왕의 남진(南進) 정책과 신라의 한강 진출로 인해 한강 유역을 고구려와 신라에 빼앗겼다. 당시 한강은 중국으로 향하는 중요한 통로였다. 한강을 빼앗겼다는 것은 중국과의 교역로를 잃어버렸음을 의미한다.

백제는 그 대안을 찾아야 했다. 그래서 충남 서해안 지역을 통해 중국과 교역하기 시작했다. 태안은 중국의 산동반도(山東半島)와 가장 가까운 곳이다. 당시 백제 수도였던 부여를 출발한 백제인들은 이곳 태안을 거쳐 중국으로 들어갔다. 그리고 이곳을 거쳐 다시 백제 땅으로 돌아왔다. 백제인들은 바로 이 길목에 마애불을 조성한 것이다. 산동반도와 한반도를 오가는 백제인들의 안녕과 평안을 위해서였다.

마애불은 사찰에 있는 불상과는 다르다. 마애불은 절 밖으로 나온 불상이다. 바위에 불상을 조각해야 하니 바위가 위치한 절 밖에 조성할 수밖에 없었던 것이다. 절 밖으로 나왔다는 것은 불교적 교리의 틀에 갇혀 있지 않다는 것을 뜻한다. 그래서 굳이 엄숙할 필요도 없고 지나치게 성(聖)스러울 필요도 없다. 마애불이 사찰의 불상처럼 엄숙하지 않고, 때로는 서툴고 때로는 거칠게 만들어진 것도 이 때문이다. 불교적이되 불교에 국한되지 않는 마애불, 결국 마애불은 한반도인들의 지극히 일상적인 토속 신앙과 깊은 관련을 맺고 있는 것이다. 서산 마애여래삼존상의 편안하고 온화한 미소도 이러한 맥락에서 이해할 수 있다.

16
보림사와 도피안사의
통일신라 철불

보림사 철조비로자나불좌상, 국보 117호, 통일신라 858년, 전남 장흥군 보림사
도피안사 철조비로자나불좌상, 국보 63호, 통일신라 865년, 강원 철원군 도피안사

전남 장흥 보림사에 있는 국보 117호 철조비로자나불좌상(鐵造毘盧遮那佛坐像)의 왼팔엔 858년에 왕의 허락을 받아 무주의 김수종이라는 사람이 만들었다는 내용이 양각으로 주조되어 있다. 지방 세력이 철불을 만들었음을 보여 주는 좋은 예다. 우리 불교 역사에서 철불은 통일신라 말기부터 고려 초 사이에 집중적으로 만들어졌다. 이는 시대적 상황과 맞물려 있다. 9세기를 거치면서 통일신라의 중앙 권력은 흔들렸고 지방 세력들이 힘을 썼다. 이 과정에서 경주의 귀족 중심 불교 문화도 지방으로, 대중으로 확산되었다. 때맞춰 금동불을 만들기 위한 구리도 부족했다. 이러한 상황 탓에 지방을 중심으로 철불을 많이 만들게 된 것이다.

비로자나불상은 불교에서 진리를 상징하는 최고의 부처인 비로자나불을 형상화한 것이다. 손 모양(手印)을 보면 왼손의 검지를 오른손으로 감싸고 있는데 이를 지권인(智拳印)이라고 한다.

강원 철원군 도피안사에 있는 국보 63호 철조비로자나불좌상. 이 불상은 국내에 남아 있는 철불 가운데 가장 빼어난 작품의 하나로 꼽힌다. 또한 불상을 받치고 있는 대좌(臺座)까지도 철로 만든 보기 드문 경우다. 불상 뒷면에 새겨진 명문 가운데 '咸通 六年 己酉 正月(함통 6년 기유 정월)'이라는 문구가 있는 것으로 미루어 통일신라 때인 865년(경문왕 5년)에 제작되었음을 알 수 있다. 또 철원 지방의 신도 1,500여 명이 결연해 이 철불을 조성했다는 내용도 들어 있다.

국보 63호 철원 도피안사 철조비로좌나불좌상. 엄숙함, 숭고함보다는 인간적인 편안함을 전해 주는 얼굴이다.

국보 117호 장흥 보림사 철조비로자나불좌상. 위엄이 느껴지기는 하나 다소 경직되어 보는 얼굴이다.

이 불상엔 재미있는 얘기가 전한다. 도선대사가 철조비로자나불을 을 만들어 철원의 안양사라는 절에 모시려 했는데 운반 도중 불상이 사라졌다고 한다. 그 불상이 있는 곳을 찾아보니 지금의 도피안사 자리였다고 한다. 그래서 이곳에 절을 세우고 도피안사라고 이름 붙였다는 얘기다.

이 철불에서 눈여겨보아야 할 것은 바로 얼굴이다. 미소 가득한 얼굴은 참으로 친근하고 인간적이다. 여기서 석굴암의 본존불을 한번 떠올려 보자. 석굴암은 8세기 중반에 만들어졌고 그 본존불의 얼굴은 근엄하다.

8세기 중반 석굴암 본존불의 근엄한 얼굴과 9세기 중반 도피안사 비로자나불의 인간적인 얼굴. 삼국 통일 직후 8세기 통일신라는 불교 국가로서 불국토의 이상을 실현하기 위한 이상이 충만해 있었다. 이러한 분위기를 반영해 석굴암 등 8세기 불상은 이상적인 부처의 얼굴을 구현하고자 했다. 그래서 얼굴이 다소 근엄하고 엄숙한 것이다. 그러나 9세기 들어서면서 불국토의 이상은 다소 약화되었다. 이는 불교가 인간적으로 변모해 갔음을 의미하고, 그로 인해 불상 역시 인간적인 얼굴로 변해 간 것이다. 도피안사 철조비로자나불좌상의 얼굴이 인간적이고 편안한 모습을 띠게 된 것도 이러한 배경 때문이다.

보림사 철조비로자나불도 상황이나 분위기는 비슷하다. 얼굴은 살이 올라 통통한 편이고, 코는 각이 져 우뚝하다. 굳게 다문 입은 두툼하고 귀는 크게 강조되어 있다. 체구에 비해 어깨도 좁고 손은 너무 작아 보이며, 가부좌한 다리는 지나치게 커 보인다. 다소 위엄이 느껴지기는 하나 경직된 모습이다.

도피안사 비로자자불은 보림사 비로자나불에 비해 얼굴이 특히 작아진 느낌이다. 그러다 보니 숭고함과 엄숙함은 사라지고 편안함이 다가온다. 옷주름도 입체감, 생동감이 떨어지고 그저 선을 그려 놓은 듯 평면적이다. 이상화된 어떤 모델보다는 실제 사람들의 얼굴을 표현한 것 같다. 그러다 보니 종교적 성스러움은 떨어지게 마련이다. 종교 미술에서의 인물 표현은 다소 이상적일 필요가 있다. 너무 인간적이어선 종교적 권위가 떨어지기 때문이다.

17
상원사 동종,
성덕대왕신종(에밀레종)

상원사 동종, 국보 36호, 통일신라 725년, 강원 평창군 오대산 상원사
성덕대왕신종, 국보 29호, 통일신라 771년, 경북 경주시 국립경주박물관

국보 36호 상원사 동종(上院寺銅鐘)과 국보 29호 성덕대왕신종(聖德大王神鍾)은 우리나라에서 가장 오래되었고 가장 아름다운 종이다. 원래 종은 한자로 '鐘'이라고 쓴다. 그러나 성덕대왕신종은 명문에 '鐘'이 아니라 '鍾'으로 되어 있다.

상원사 동종은 성덕대왕신종보다 시대가 앞서 명실공히 한국 최고(最古)의 종. 높이는 167cm이고 아래쪽 종 입구 지름은 91cm다. 종 꼭대기엔 역동적인 용의 모습을 형상화한 용뉴(龍鈕, 용 모양의 고리)가 붙어 있다. 몸체 상부의 네 곳엔 사각형의 연곽(蓮廓)이 있고, 그 안에 각각 아홉 개의 연뢰(蓮蕾, 연꽃 봉오리)가 조각되어 있다. 그리고 몸체 중앙엔 공후(箜篌)와 생(笙)을 연주하고 있는 비천상(飛天像)을 배치했다. 밑부분은 안으로 약간 오므라들어 있다. 후대의 종들도 마찬가지다. 상원사 동종의 밑부분 모양을 따른 것이다. 이런 점에서 상원사 동종은 한국 종의 전형이라고 할 수 있다.

상원사 동종은 특히 비천상이 빼어나다. 자연스럽게 흩날리는 옷자락, 살아 있는 얼굴 표정 등 우아함과 생동감이 넘쳐 한국 최고의 비천상으로 평가받는다. 상원사 동종은 조선 세조(世祖, 1417~1468)에 얽힌 전설을 담고 있다. 725년에 제작되었으나 원래 어디에 있었는지는 정확하게 알려지지 않았다. 그러나 조선 세조 당시엔 경북 안동에 있었다고 한다. 1469년 세조가 상원사에 바치기 위해 가장 아름다운 소리를 내는 종을 물색하던 중 안동 문루(門樓)에 걸려 있는 이 종을 찾아냈다.

국보 36호 상원사 동종. 우리나라에서 가장 오래된 동종으로 조선 세조 임금의 일화가 전해진다. 높이 167cm.

국보 29호 성덕대왕신종. 우리나라 종 가운데 가장 크고 아름답다. 전체적인 조형미는 물론 깊고 그윽한 종소리로 유명하다. 높이 375cm.

그런데 종이 꿈쩍도 하지 않았다. 그래서 연뢰를 하나 떼어내니 그제서야 비로소 움직였다고 한다. 연곽이 4개이고, 하나의 연곽 안에 9개의 연뢰가 들어가니 연뢰는 모두 36개가 된다. 세조의 일화를 입증이라고 하듯 현재 상원사 동종의 연뢰는 36개가 아니라 35개이다. 연뢰 하나가 없어진 것이다. 상원사 동종은 오랜 세월 탓에 균열이 발생하는 등 훼손이 심해져 종의 안전을 위해 타종을 중단한 상태다.

성덕대왕신종은 높이 375cm, 종 입구 지름 227cm. 우리나라 종 가운데 가장 크면서 가장 아름다운 종이다. 특히 깊고 그윽하면서도 길게 여운이 남는, 신비스런 종소리로 더욱 유명하다. 통일신라 경덕왕(景德王, ?~765)이 부왕인 성덕왕(聖德王, ?~737)의 명복을 빌기 위해 제작하기 시작했으나 완성하지 못하고 후대인 혜공왕(惠恭王, 758~780) 때에 이르러 비로소 완성되었다. 상원사 동종의 전통을 이어받았기 때문에 전체적인 모습은 상원사 동종과 비슷하다.

상원사 동종과 성덕대왕신종은 모두 통일신라의 것으로, 한국의 범종 역사에 있어 가장 빼어난 종으로 평가받는다. 그 빼어난 요소 가운데 하나가 종의 몸체 표면에 조각한 비천상이다. 이 두 종의 비천상이야말로 단연 압권이다.

그러나 비천상을 비롯한 몇 가지 면에서 두 종은 서로 차이가 있다.

첫째, 비천상. 상원사 동종의 비천상을 보면, 구름 위에서 천의 자락을 휘날리며 공후와 생을 연주하고 있다. 그래서 주악천인상(奏樂天人像) 또는 주악비천상(奏樂飛天像)이라고 한다. 한국 종에 등장하는 비천상은 이 같은 주악천인상이 일반적이다. 그러나 성덕대왕신종의 비천상은 향로를 들고 있다. 부처에게 공양하는 공양비천상(供養飛天像)이다. 한국 종에 있어서 예외적인 경우라 할 수 있다.

둘째, 연곽 내부의 연뢰. 상원사 동종의 연뢰는 돌출되어 있지만 성덕대왕신종의 연뢰는 돌출되지 않고 납작하다. 대부분의 한국 종은 상원사 동종처럼 연뢰가 돌출되어 있다. 따라서 성덕대왕신종의 납작한 연뢰는 매우 이례적인 경우다.

셋째, 종의 맨 아래. 상원사 동종은 종의 맨 아래쪽 선이 반듯하다. 대부분의 한국 종도 상원사 동종과 마찬가지로 입구가 반듯하다. 그러나 성덕대왕신종의 경우, 종 입구에 여덟 개의 굴곡을 만들어 놓았다. 이 같은 굴곡은 종 입구에 변화를 주어 생동감과 함께 세련된 아름다움을 연출한다. 다른 종들과 구별되는 성덕대왕신종만의 특징이자 매력이라고 할 수 있다.

상원사 동종의 비천상(왼쪽)을 보면, 구름 위에서 천의 자락을 휘날리며 공후와 생을 연주하고 있다. 한국 종에 등장하는 비천상은 이 같은 주악천인상(奏樂天人像)이 일반적이다. 성덕대왕신종의 비천상(오른쪽)은 향로를 들고 있다. 부처에게 공양하는 공양비천상(供養飛天像)이다. 한국 종에 있어서 예외적인 경우다.

18

용두사지 철당간,
용두보당

용두사지 철당간, 국보 41호, 고려 962년, 충북 청주시
용두보당, 국보 136호, 고려 10~11세기, 서울 삼성미술관 리움

예로부터 사찰에는 당(幢)이라는 깃발을 걸었다. 법회와 같이 중요한 행사를 널리 알리거나 사찰의 위치를 알아볼 수 있도록 하기 위한 것이었다. 혹은 부처의 위엄을 보여 주려는 장엄용(莊嚴用)이기도 했다. 이 깃발을 달아 두는 장대를 당간(幢竿)이라고 불렀다. 보통 당간은 길쭉한 두 개의 돌 사이에 끼워 세우는데, 이 돌을 당간지주(幢竿支柱)라고 한다. 예전에는 당간이 많았겠지만 현재는 당간 자체는 거의 사라지고 당간지주만 남아 있는 경우가 대부분이다.

국보 41호와 국보 136호는 옛 당간의 모습을 보여 주는 몇 되지 않는 귀중한 고려시대 문화재다. 충북 청주 시내 한복판에 있는 국보 41호 용두사지(龍頭寺址) 철당간은 고려시대(광종 13년, 962년)의 것으로, 현존하는 당간 가운데 보존 상태가 가장 좋다. 지름 40cm, 높이 60cm 내외의 원통 20개를 쌓아 만들었다. 현재 당간의 전체 높이는 12.7m이다.

원래 30개의 원통으로 되어 있었으나 1860년대 말 고종의 아버지인 흥선 대원군이 경복궁을 중건하면서 경복궁에 쓰기 위해 원통 10개를 빼갔다는 이야기가

1 국보 41호 용두사지 철당간. 국내에 몇개 남아 있지 않은 고려시대의 철당간이다. 높이 12.7m. 2 국보 136호 용두보당. 당간의 원형을 보여 주는 희귀한 작품이다. 특히 사실적이고 생동감 넘치는 용머리가 압권이다. 높이 104cm.

10 국보 비교 감상 • 431

전한다. 당간 아래쪽에서 세 번째 철통에는 이 당간을 세운 시기와 내력이 양각으로 기록되어 있다.

국보 136호 청동제 용두보당(龍頭寶幢)은 높이 104cm로, 일종의 미니어처 당간이다. 말 그대로 용머리 모양의 보배로운 당간이라는 뜻이다. 용두와 당간, 당간을 지지해 주는 당간지주와 받침대가 한 몸으로 되어 있다. 여기에 당을 걸어 사찰 건물 안에서 의식용으로 사용했던 것이다.

이 용두보당의 압권은 용머리 부분의 조각으로 매우 사실적이며 생동감이 넘친다. 신라 이후 당간의 전모를 보여 주는 귀중한 자료이면서 고려시대 금속공예 기술의 뛰어난 수준을 가늠할 수 있는 귀중한 유물이다. 불교적 의미뿐만 아니라 공예 자체로서의 아름다움을 전해 주는 명품이다.

국보 136호 용두보당의
용머리 부분으로 생동감이 넘친다.

19

황남대총 금관,
금관총 금관,
천마총 금관

황남대총 금관, 국보 191호, 신라 5세기 후반, 국립경주박물관
금관총 금관, 국보 87호, 신라 5세기 말, 국립경주박물관
천마총 금관, 국보 188호 신라 6세기 초, 국립경주박물관

 신라는 황금의 나라, 금관의 나라였다. 전 세계에 남아 있는 십여 점의 금관(금동관 제외) 가운데 여덟 점이 한반도에서 나온 것이다. 특히나 그중 여섯 점이 신라의 것이었으니, 황금의 나라라고 말하는 것은 너무나 당연하다.
 신라의 금관은 국보 191호 황남대총 북분 출토 금관(5세기), 국보 87호 금관총 출토 금관(5세기), 국보 188호 천마총 출토 금관(6세기 초)을 비롯해 보물 338호인 금령총 출토 금관(6세기), 보물 339호인 서봉총 출토 금관(5세기) 그리고 교동 고분 금관(5세기)이다. 모두 고분에서 나왔다.
 그런데 교동 금관을 제외한 신라 금관을 보면 그 형태가 모두 비슷하다. '出(출)' 자 모양의 나뭇가지 모양 장식과 사슴뿔 모양의 장식 등이 거의 흡사한 것이다. 제작 시대도 5~6세기에 집중되어 있다.
 하지만 이들 금관을 살펴보면 미세하지만 확실한 차이가 나타난다(다음 내용은 이한상의 『황금의 나라 신라』(김영사, 2004), pp.86~103 참조).
 우선 출자형 나뭇가지. 황남대총 북분 금관, 금관총 금관, 서봉총 금관은 '出' 자 3단이고 바깥쪽으로 약간 벌어져 있다. 그러나 금령총 금관과 천마총 금관은 4단이며 바깥쪽으로 벌어지지 않고 직각을 이루고 있다. 벌어진 각도는 황남대총 북분 금관이 94~98도, 금관총 금관이 92~98도, 서봉총 금관이 93~96도, 금령총

국보 87호 금관총 금관. 출(出) 자형 세움 장식이 3단이고, 그 세움 장식 가장자리의 연속 점무늬는 한 줄이다. 높이 44.4cm.

국보 188호 천마총 금관. 출(出) 자형 세움 장식이 4단이고 세움 장식 가장자리의 연속 점무늬는 두 줄이다. 출(出) 자형 금관 가운데 시기가 가장 늦다. 높이 32.5cm.

국보 191호 황남대총 금관. 출(出) 자형 세움 장식이 3단이고 세움 장식 가장자리의 연속 점무늬는 한 줄이다. 출(出) 자형 금관 가운데 시기가 가장 앞선다. 높이 27.5cm.

금관이 92~95도, 천마총 금관이 90~93도. 황남대총 북분 금관, 금관총 금관, 서봉총 금관, 금령총 금관, 천마총 금관 순으로 점점 더 직각에 가까워졌다.

둘째, 고정못. 이들 금관은 관테에 세움 장식을 고정하기 위해 못을 두세 개를 박았다. 이 못의 수와 위치에서도 차이를 발견할 수 있다. 황남대총 북분 금관, 금관총 금관, 서봉총 금관은 못 세 개를 삼각형 모양으로 박았다. 그러나 금령총 금관, 천마총 금관은 못 두 개를 일렬로 박아 고정했다.

셋째, 세움 장식의 무늬. 세움 장식의 가장자리엔 연속 점무늬가 있다. 뾰족한 도구로 찍어 만든 것이다. 황남대총 북분 금관, 금관총 금관, 서봉총 금관은 한 줄이다. 반면 금령총 금관, 천마총 금관은 두 줄이다.

이렇게 외형상의 특징으로 볼 때 황남대총 북분 금관, 금관총 금관, 서봉총 금관이 한 그룹에 들어가고 금령총 금관과 천마총 금관은 또 다른 그룹에 포함될 수 있다. 또한 황남대총 북분 금관, 금관총 금관, 서봉총 금관은 출자형 나뭇가지 장식이 다소 간소한 편이라면 금령총 금관, 천마총 금관은 그에 비해 좀 복잡한 편이다.

이러한 특징을 각종 무덤 출토 유물, 신라 금동관 등과 비교 분석한 이한상 동양대 교수는 이들 금관의 제작 시대를 이렇게 정리했다.

황남대총 북분(5세기 3/4분기) → 금관총(5세기 4/4분기 전반) → 서봉총(5세기 4/4분기 후반) → 금령총(6세기 1/4분기) → 천마총 출토 금관(6세기 1/4분기).

20
무령왕 금제 관식,
무령왕비 금제 관식

무령왕 금제 관식, 국보 154호, 백제 6세기, 국립공주박물관
무령왕비 금제 관식, 국보 155호, 백제 6세기, 국립공주박물관

장마가 시작된 1971년 7월 5일, 충남 공주의 송산리 고분군(古墳群). 5, 6호분 주변에서 장마 피해를 막기 위한 배수로 공사가 일주일째 계속되고 있었다. 한순간 쨍하는 금속성 소리가 튕겨 나왔다. 예상치 못한 벽돌 하나가 삽날 끝에 걸린 것이다. 전축분(塼築墳, 벽돌무덤)이었다. 많은 위대한 발굴이 그렇듯 무령왕릉(武寧王陵)의 발견 역시 우연이었다. 무령왕은 백제 25대왕(재위 기간 501~523)이다.

 무령왕릉은 삼국시대 고분 가운데 유일하게 주인공이 확인된 왕릉이다. 신라 왕릉의 경우, 주인공이 누구인지 대략 추정은 가능하지만 명확하게 밝혀 줄 단서는 발견되지 않았다. 이런 점에서 무령왕릉의 학술적, 역사적 가치는 매우 높다.

 무령왕릉에서는 왕과 왕비의 금제 관식(金製冠飾), 금동 신발, 금동 귀고리와 목걸이 등 각종 장신구, 청동 거울, 석수(石獸, 무덤을 지키는 동물 돌조각) 등 2,900여 점의 귀중한 백제 유물이 쏟아져 나왔다. 백제 고고학의 최대 성과라고 할 만큼 중요한 발굴이었다.

 국보 154호 무령왕 금제 관식 한 쌍(높이 각 30.7cm, 29.2cm)과 국보 155호 무령왕비 금제 관식 한 쌍(높이 각 22.6cm)은 무령왕릉 출토품 가운데 대표적인 것이다. 모두 금판을 뚫어서 만들었다.

 국보 154호는 무령왕 관식은 당초문(唐草文, 덩굴무늬)으로 장식했으며, 좌우로 벌어진 줄기의 한복판에는 꽃무늬를 배치했다. 길게 휘어져 오르는 덩굴의 줄

기는 마치 타오르는 불꽃을 연상시킨다. 두 가닥의 줄기를 아래쪽으로 내려 뜨려서 변화와 생동감을 부여하고 있다. 앞면 전체에 구슬 모양 꾸미개를 금실로 연결해 달았다.

국보 155호 무령왕비 관식 한 쌍은 모두 좌우 대칭이다. 중앙에 연꽃받침이 있고 그 위에 병이 있으며, 병 위에는 활짝 핀 꽃 한송이가 보인다. 중간 윗부분의 가장자리는 불꽃무늬로 되어 있다.

왕비의 관식은 왕의 관식에 비해 크기가 작고 단정하다. 구슬도 달지 않았다. 왕의 관식이 불꽃처럼 화려하고 강렬하다면, 왕비의 것은 한 송이 꽃봉오리인 양 단아하고 간결하다.

국보 154호 무령왕 금제 관식. 타오르는 불꽃을 연상시키며 남성적인 강렬함을 보여 준다. 장식도 화려하다. 아래는 무령왕 흉상의 모자에 장식을 꽂은 모습. 높이 각 30.7cm, 29.2cm.

국보 155호 무령왕 왕비 관식. 한 송이 꽃봉오리를 연상시키며 여성적인 단아함을 보여 준다. 구슬 장식을 달지 않았다. 아래는 왕비의 관을 복원해서 장식을 꽂은 모습. 높이 각 22.6cm.

21
기마인물모양 명기,
기마인물모양 뿔잔

도기 기마인물모양 명기, 국보 91호, 신라 5-6세기, 서울 국립중앙박물관
도기 기마인물모양 뿔잔, 국보 275호, 가야 5세기, 경북 경주시 국립경주박물관

국보 91호 도기 기마인물모양 명기 한 쌍은 우리 눈에 익숙한, 아주 멋진 신라 토기다. 1924년 경주 금령총에서 금관과 함께 출토된 것으로, 도제기마인물상(陶製騎馬人物), 기마인물형토기(騎馬人物形土器)라고 부르기도 한다.

그런데 무덤에서 그것도 한 쌍으로 출토된 이유는 무엇일까. 무덤에서 나왔으니 당연히 무덤에 묻힌 사람들을 위한 부장품일 것이다. 말을 타고 있다는 건 말을 타고 편안하게 저승에 당도하라는 기원을 표현한 것이다. 즉 죽은 자의 영혼을 위로하고 죽은 자의 영생을 기원하는 신라인들의 마음이 담겨 있는 상징적인 유물이다. 이처럼 죽은 자와 함께 그릇, 악기, 생활용구 등을 실물보다 작게 상징적으로 만들어서 묻은 것을 명기(明器)라고 한다.

국보 91호의 한 쌍 모두 다리가 짧은 조랑말 위에 사람이 올라앉아 있고, 말 엉덩이 위에는 등잔이 붙어 있으며, 앞가슴에는 물을 따르는 부리가 나와 있다. 그런데 이 한 쌍을 잘 들여다보면 하나는 크고 다른 하나는 약간 작다. 큰 것은 사람과 말의 장식이 화려하고 작은 것은 그 장식이 단순하다.

크고 장식이 화려한 것이 주인을 표현한 토기이고, 그렇지 않은 다른 하나는 하인을 표현한 토기이다. 주인상은 높이 23.4cm, 길이 29.4cm, 하인상은 높이 21.3cm, 길이 26.8cm. 신분의 차이를 크기에서도 나타낸 것이다.

주인상은 삼각 모자를 쓰고 다리 위로는 갑옷을 늘어뜨렸다. 말 몸통의 장니

국보 91호 도기 기마인물모양 명기. 뒤쪽의 잔은 각배이다. 왼쪽의 크고 장식이 화려한 것은 주인을, 오른쪽의 작고 장식이 단순한 것은 하인을 나타낸다. 높이는 주인상(왼쪽) 23.4cm, 하인상(오른쪽) 21.3cm.

(障泥, 말을 탄 사람의 옷에 흙이 튀지 않도록 말의 안장에 매달아 늘어뜨리는 장비)도 하인 것에 비해 훨씬 정교하고 선도 더 아름답게 그어져 있다. 등에는 전대(錢帶)도 차고 있다. 아마 저승가는 데 필요한 노자(路資)일 것이다.

이에 비해 하인상은 장식이 단순하다. 머리엔 수건을 동여맸고 웃통은 벗어 젖혔다. 등에 짐을 지고 오른손에 방울을 들고 있다. 주인의 저승길을 안내하기 위한 하인의 차림새임을 어렵지 않게 알아챌 수 있다.

이 도기 기마인물모양 명기는 금령총에서 나온 것이다. 금령총에서는 금관도 함께 나왔다. 금관이 왕 또는 왕족의 부장품이라는 점으로 미루어 말을 타고 있는 주인공은 왕 또는 왕족의 한 명일 것이다. 이 인물상은 당시 신라인들의 복식과 말갖춤 무기 등을 잘 보여 준다. 동시에 그들의 영혼관 또는 장례 풍속을 엿볼 수 있다는 점도 중요하다.

국보 275호 도기 기마인물모양 뿔잔(陶器騎馬人物形角杯)도 국보 91호와 비슷

국보 275호 도기 기마인물모양 뿔잔. 말을 탄 무사의 복식과 마구(馬具)가 국보 91호보다 훨씬 더 상세하게 표현되어 있다. 높이 23.2cm.

하다. 출토지가 명확하지는 않지만 5세기 가야에서 만든 것으로 보인다. 이 역시 무덤에 부장되어 죽은 자의 영혼을 저승으로 인도해 주길 바라는 고대인들의 종교관, 죽음관, 영혼관을 표현하고 있다.

그러나 국보 275호는 국보 91호와 다소 다른 점이 있다. 우선 전체적인 형태가 다르다. 국보 275호는 나팔 모양의 받침대 위에 기마 인물이 올라가 있다. 이 나팔 모양의 받침은 받침굽이 높은 가야시대 고배(高杯)와 모양이 같다. 잔의 모양도 다르다. 275호를 보면 무사의 뒤쪽 말의 엉덩이 부분에 한 쌍의 각배(角杯)가 올라가 있다. 반면 국보 91호의 경우, 물잔은 등잔 모양이다. 그리고 물을 따르는 부리가 없다는 점도 국보 91호와의 차이점이다.

국보 275호 도기 기마인물모양 뿔잔에서 가장 두드러진 점은 말을 탄 무사의 복식과 마구(馬具)가 91호보다 훨씬 더 상세하게 표현되어 있다는 점이다. 무사의 투구와 갑옷, 목을 보호하기 위해 두르는 경갑(頸甲), 방패와 창, 말의 갑옷(마갑, 馬甲) 등 무구(武具)와 마구가 매우 자세하다. 그래서 삼국시대의 무구 및 마구 연구에 대단히 중요한 자료로 평가받고 있다. 특히 실물이 전혀 전하지 않는 방패를 연구하는 데 있어 더없이 소중하다. 국보 275호 기마인물모양 뿔잔은 대구 지역에서 의사로 활동했던 컬렉터 이양선 선생이 국립경주박물관에 기증한 것이다.

22
세형동검 청동기,
청동기 거푸집

화순 대곡리 청동기 일괄, 국보 143호, 청동기시대 기원전 3세기, 서울 국립중앙박물관
전(傳) 영암 청동기 거푸집 일괄, 국보 231호, 청동기시대 기원전 3세기, 서울 숭실대박물관

청동검(青銅劍)은 간석기(磨製石器), 무늬 없는 토기(無紋土器) 등과 함께 청동기시대(기원전 10세기경~기원 전후 시기)를 대표하는 유물이다.

한반도의 청동검은 크게 비파형동검(琵琶形銅劍)과 세형동검(細形銅劍)으로 구분된다. 비파형동검은 청동기시대 전기에 나타난다. 모양이 비파(琵琶)처럼 생겼다고 해서 비파형동검이다. 또 중국식 동검, 요령식(遼寧式) 동검으로 부르기도 한다. 중국 요령 지방에서 먼저 만들어져 한반도로 전래되었기 때문이다. 중국 요령 지방에서도 많이 출토되고 한반도 전역에서 출토되고 있다.

기원전 3세기경 청동기시대 후기에 이르면 한반도에서 세형동검이 출현한다. 길쭉하고 날렵하다고 해서 세형동검이라고 한다. 또한 중국식 비파형동검에서 벗어나 한반도인들이 만들어 낸 고유의 청동 단검이라고 해서 한국식 동검이라고 부르기도 한다. 청동기시대 후기는 기원전 3세기경부터 기원 전후 사이로, 한국의 청동기 제작 기술이 가장 발전했던 시기에 해당한다.

한국에서 출토된 세형동검 가운데 가장 대표적인 것이 바로 국보 143호 세형동검이다. 이 세형동검은 전남 화순 대곡리 영산강 구릉의 청동기시대 무덤에서 일괄로 출토되었다. 모두 세 점이 출토되었고 각각의 크기는 길이 32.8cm에 폭 3.8cm, 길이 29.5cm에 폭 3.2cm, 길이 24.7cm에 폭 3.5cm. 모두 양날이며 모양은 가늘고 길어 매우 날렵하다.

국보 143호 화순 대곡리 청동기 일괄. 왼쪽의 세형동검 세 점은 중국의 영향을 벗어나 한반도에서 직접 만든 것이다.

손잡이는 남아 있지 않다. 세형동검의 손잡이는 대부분 나무였다. 그러나 2000년 이상 땅속에 묻혀 있다 보니 모두 썩어 없어지고 말았다.

그럼 세형동검은 어떻게 만들었을까. 국보 231호 청동기 거푸집(청동용범, 靑銅鎔范)에 그 답이 담겨 있다. 거푸집은 동검과 같은 청동기를 만들어 내는 주물틀(주형)을 말한다. 즉 청동기시대 사람들은 국보 231호 거푸집을 이용해서 국보 143호 세형동검을 만들었던 것이다.

국보 231호는 거푸집은 부드럽고 미끄러운 돌인 활석(滑石)으로 만든 거푸집이다. 전남 영암에서 발굴된 것으로 전해 온다. 두 개가 한 조를 이루며 길이는 34.5cm. 이 거푸집에서 만든 동검의 길이는 33cm가 된다. 많이 사용했기 때문에

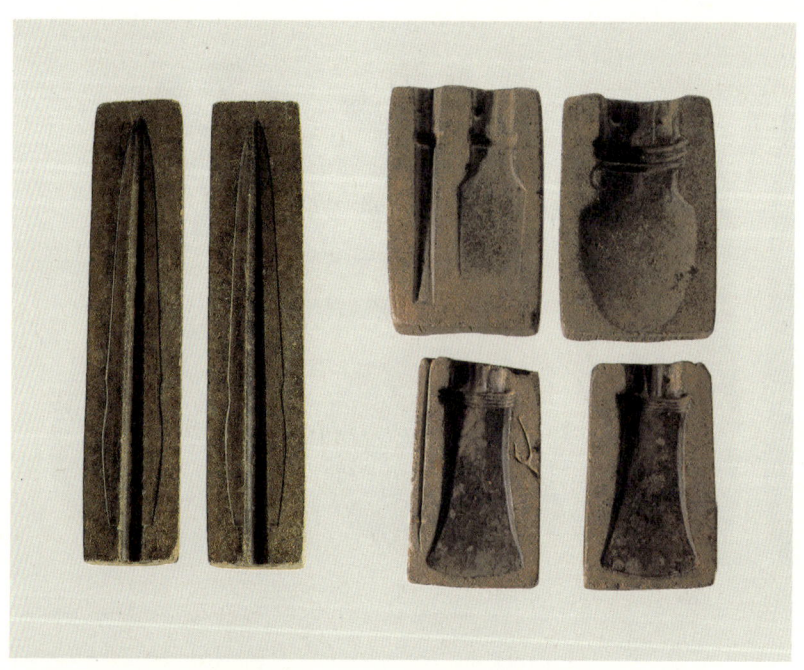

국보 231호 전(傳) 영암 청동기 거푸집 일괄. 각종 청동기를 제작하는 데 사용했던 거푸집이다. 정농섬 서푸십 사진은 곡집 청동겸을 넣고 찍은 것이다. 국보 143호의 세형동검도 이 같은 거푸집으로 제작된 것이다.

돌이 까맣게 타버렸다.

  청동기시대 사람들은 이 같은 거푸집으로 도끼, 끌, 낚싯바늘, 창 등 다른 청동기도 만들었다. 우리나라에서 발견된 청동기 거푸집은 거의 모두 활석으로 만든 것이다. 활석은 돌이 연하기 때문에 우선 조각하기에 쉽다. 그리고 주조할 때 터지지 않아 반영구적으로 반복해 사용할 수 있고 동시에 표면이 매끄럽기 때문에 청동기의 표면 역시 깔끔하게 마무리할 수 있다.

23
천전리 각석,
반구대 암각화

울주 천전리 각석, 국보 147호, 선사시대~신라, 울산 울주군
울주 대곡리 반구대 암각화, 국보 285호, 신석기~청동기시대, 울산 울주군

암각화(岩刻畵)는 바위에 새긴 그림을 말한다. 선사시대의 암각화는 한반도 최초의 그림 가운데 하나라고 할 수 있다. 물론 그림 모양이 새겨진 신석기시대의 토기 조각이 이보다 다소 앞서기는 하지만 암각화는 한국 미술사의 첫 장을 장식한다. 국내에서 그동안 확인된 암각화는 약 15점으로 주로 울산과 경북 지역에 집중되어 있다. 양이나 질에서 한국을 대표하는 암각화로는 울산 울주군 두동면 천천리 대곡천에 위치한 국보 147호 천전리 각석, 울산 울주군 언양읍 대곡리의 국보 285호 반구대 암각화를 꼽을 수 있다.

국보 147호 천전리 각석은 1970년 한국에서 최초로 발견된 암각화로 청동기시대부터 신라 때까지 그렸던 그림들이 함께 들어 있다. 그림이 새겨진 바위는 높이 3m, 폭 10m이다. 동그라미(동심원), 마름모, 물결무늬, 신의 얼굴로 추정되는 무늬 등 추상적 기하학적인 형상, 고래·상어·사슴·순록·물고기와 같은 동물이나 사람의 모습 등 청동기시대에 새겨 놓은 다종다양한 그림이 아직도 생생하다. 특히 태양을 상징하는 원과 반인반수(半人半獸, 머리는 사람이고 몸은 동물인 형상) 형상이 인상적이다. 청동기시대 사람들의 일상 모습과 종교적 기원을 바위그림으로 표현한 것이다.

여기에는 또 후대 신라 화랑들이 새긴 행렬도와 사람·용·새 그림도 남아 있다. '永郞(영랑)', '金郞(금랑)'처럼 화랑의 이름이 새겨져 있어 신라 화랑들이 이곳에서

수련하면서 호연지기(浩然之氣)를 연마했음을 알 수 있다. 신라인들이 새긴 800여 자의 글자도 보인다. 왕과 왕비가 다녀갔다는 내용도 있고, 법흥왕대에 두 차례에 걸쳐 글자를 새긴 것으로 보인다. 이 천전리 각석을 잘 볼 수 있는 시간은 보통 오전 10~11시 사이라고 한다.

천전리 각석은 구체적인 대상을 표현한 그림이라기보다는 상징물과 글자가 주로 새겨져 있어 암각화라기보다는 각석(刻石)이라고 칭하는 것이 타당할 듯싶다.

국보 285호 반구대 암각화도 귀중한 문화유산이다. 반구대 암각화는 천전리 각석이 발견된 이듬해인 1971년 확인되었다. 천전리에서 대곡천을 따라 하류로 2km 정도 내려오면 만날 수 있다. 그림이 그려진 바위의 전체 높이는 70m, 폭은 20m

국보 147호 천전리 각석. 추상적이고 기하학적인 무늬가 많이 나타난다.
신라 화랑들이 수련하면서 새긴 행렬도와 이름들도 새겨져 있다.

이고, 그 가운데 그림이 그려진 부분은 높이 4m, 폭 10m 정도다. 그러나 1년 중 8개월 정도가 하천의 물에 잠겨 있어 많은 사람들을 아쉽게 한다.

먼저 반구대라는 이름이 붙은 유래를 알아보자. 이 암각화에서 대곡천 상류로 500m 정도 올라가면 유명한 구릉 지대인 반구대(盤龜臺)가 나온다. 거북이 엎드려 있는 듯하다고 해서 반구대라는 이름이 붙었고, 이것이 암각화 이름으로 이어진 것이다. 반구대는 고려 말 충신 정몽주(鄭夢周, 1337~1392)가 귀양살이를 했던 곳이다. 그는 이곳 반구대의 경치에 반해 멋진 정자를 짓고 제자들과 학문을 논했다고 한다. 그래서 정몽주의 유허비(遺墟碑)가 서 있다. 이후 조선의 성리학자인 이언적(李彦迪, 1491~1553) 등 많은 선비들이 이곳을 다녀갔고, 그들이 남긴 글씨와

국보 285호 반구대암각화. 거북, 고래, 사람 등 선사시대의 구체적인 일상이 사실적이고 역동적으로 표현되어 있다.

그림이 반구대 대곡천 바위 여기저기에 남아 있다. 특히 한쪽 발을 들고 서 있는 학의 그림이 인상적이다.

반구대 암각화에는 사람 모습을 비롯해 호랑이, 사슴, 멧돼지, 고래, 물개와 같은 동물 그림 200여 점이 새겨져 있다. 전문가들은 이 암각화의 제작 시기를 신석기시대 후기부터 청동기시대 사이로 추정하고 있다.

이 암각화를 하나하나 들여다보면 한반도에 살았던 선사시대 사람들의 생생한 일상을 발견하게 된다. 성기를 드러내 놓고 춤을 추는 남자, 고래를 잡고 있는 사람, 함정에 빠진 호랑이, 교미하는 멧돼지, 작살이 꽂혀 있는 고래, 물을 뿜고 있는 고래 등을 비롯해 당시 일상을 사실적, 역동적이면서 익살스럽게 담아냈다. 거대한 바위에 이렇게 빼곡하게 그림을 새겨 넣은 경우는 세계적으로 그 유례가 드물다. 선사인들의 생업과 일상은 물론이고 풍요를 갈망했던 당시 사람들의 기원까지

표현해 놓았다. 그야말로 선사시대의 삶과 문화를 그려낸 한 편의 서사시라고 해도 좋다. 반구대 암각화는 또 고래잡이를 사실적으로 표현한 세계 최초의 암각화라는 점에서 또 다른 의미를 갖는다.

천전리 각석이 기하학적 상징물이 주종이라면 반구대 암각화는 스토리가 함께 담겨 있는 사람, 동물들의 행동 즉 구체적인 생활 풍속을 표현하고 있다. 다시 말해 천전리 각석은 선사시대 사람들의 종교적 정신 세계를 표현하는 데 초점을 맞췄다면, 반구대 암각화는 일상을 표현하는 데 역점을 둔 것이다. 이러한 점이 천전리 각석과 반구대 암각화의 가장 큰 차이점이라고 할 수 있다.

수백 개의 그림을 빽빽하게 새겨 놓은 울산 천전리와 반구대 암각화는 세계 어느 곳에서도 그 유례를 찾아보기 어렵다. 선사인들의 일상과 문화를 바위에 펼쳐 놓은 대서사시라고 해도 좋을 것이다.

국보 285호 반구대 암각화 탁본. 선사시대의 삶과 문화를 그려낸 한 편의 서사시이다.

24

충주 고구려비, 북한산 진흥왕 순수비,
단양 신라 적성비, 창녕 진흥왕 척경비,
울진 봉평리 신라비, 포항 냉수리 신라비

충주 고구려비, 국보 205호, 고구려 5세기 말, 충북 충주시
북한산 진흥왕 순수비, 국보 3호, 신라 진흥왕 560년대, 서울 국립중앙박물관
단양 신라 적성비, 국보 198호, 신라 진흥왕 6세기 중엽, 충북 단양군
창녕 진흥왕 척경비, 국보 33호, 신라 진흥왕 6세기 중엽, 경남 창녕군
울진 봉평 신라비, 국보 242호, 신라 법흥왕 524년, 경북 울진군
포항 냉수리 신라비, 국보 264호, 신라 지증왕 503년, 경북 포항시

  국보로 지정되어 있는 삼국시대 석비(石碑, 돌로 만든 비)는 모두 여섯 기이다. 그 가운데 고구려 것이 한 기이고, 나머지는 모두 신라시대에 세운 것들이다.
  먼저 고구려 석비를 보자. 국보 205호 중원(中原) 고구려비는 고구려가 백제의 수도를 함락하고 한강 유역을 장악했던 5세기 말경에 세운 것이다. 국내에 남아 있는 유일한 고구려 석비다. 고구려의 영토의 경계를 표시하는 비석으로 볼 수 있다. 이 고구려비는 1979년 충북 충주시 가금면 입석마을 입구에서 발견되었다. 그러나 오랜 세월이 흐른 탓에 비문이 심하게 닳아 버렸고, 현재는 지극히 일부만 판독이 가능하다.
  신라의 석비 가운데 가장 오래된 것은 국보 264호 포항 냉수리 신라비다. 지증왕대인 503년에 세운 것이다. 이 냉수리 신라비는 나머지 석비 다섯 기와 근본적으로 성격이 다르다. 다른 것들이 모두 영토 개척에 관한 내용을 담고 있지만 냉수리 신라비는 재산 소유와 유산 상속 등에 관한 기록을 새겨 놓은 것으로, 일종의 공문서 형식이라고 할 수 있다.
  국보 242호 울진 봉평 신라비는 법흥왕대인 524년, 국보 3호 북한산 진흥왕 순수

비(巡狩碑)와 국보 198호 단양 적성비, 국보 33호 창녕 진흥왕 척경비(拓境碑)는 모두 진흥왕대인 6세기 중반에 세워졌다.

국보 242호 울진 봉평 신라비는 1988년 주민들이 밭을 갈던 중 우연히 발견했다. 신라가 동북 방면으로 진출한 것을 기념하기 위해 세운 비로, 연대는 524년으로 추정된다. 울진 지역이 신라에 통합되고 나서 이 지역에서 발생한 이런저런 사건을 해결한 뒤 이를 어떻게 징벌했는지 등에 관한 내용을 담고 있다.

국보 198호 단양 적성비는 1978년 발견되었다. 이 석비는 신라 진흥왕이 고구려로부터 단양 지역을 빼앗은 545~550년경에 세운 것이다. 고구려 영토일 때 단양의 지명은 적성이었다. 적성비로 명명한 것도 이 때문이다.

적성비의 비문을 보면, 신라의 영토 확장에 공헌을 세운 적성 지역 사람들을

1 국보 205호 충주 고구려비. 고구려 장수왕이 한강 유역을 점령한 뒤 이를 기념해 세웠다.   2 국보 264호 포항 냉수리 신라비. 재산 소유와 유산 상속 등에 관한 내용이 새겨져 있다.

1 국보 242호 울진 봉평 신라비. 신라가 동북 방면으로 영토를 확장한 뒤 이를 기념해 세웠다. 2 국보 198호 단양 신라 적성비. 고구려로부터 단양 지역을 빼앗는 데 기여한 사람들을 포상한다는 내용이다.

표창한다는 내용, 신라에 충성을 다하는 사람에게도 포상을 내리겠다는 내용, 앞으로 이 지역에서 펼칠 시책에 관한 내용 등이다.

국보 3호인 북한산 진흥왕 순수비는 우리 귀에 가장 익숙한 신라비. 진흥왕이 한강 유역을 점령한 뒤 이곳을 방문한 것을 기념하기 위해 세운 비다. 대략 560년 대에 세웠을 것으로 추정하고 있다. 북한산 진흥왕 순수비는 원래 북한산 비봉에 있었으나 보호를 위해 경복궁으로 옮긴 뒤 다시 국립중앙박물관으로 옮겨 전시 중이다.

여기서 순수(巡狩)는 과연 무슨 뜻일까. 순수는 국왕이 나라 곳곳을 살피며 돌아다니는 것을 말한다. 순수비는 따라서 왕이 직접 순행하면서 민정을 살핀 기념으로 세운 비라는 뜻이다.

국보 3호 북한산 진흥왕 순수비. 북한산 비봉에 있을 때의 모습이다. 1816년 추사 김정희가 처음 발견해 그 존재가 알려졌고, 1972년 국립중앙박물관으로 옮겨 전시하고 있다.

1 국보 33호 창녕 진흥왕 척경비. 창녕의 비화가야를 빼앗은 진흥왕의 포부 등이 새겨져 있다. 2 보물 1758호 포항 중성리비. 501년. 국립경주문화재연구소 소장. 포항 냉수리 신라비보다 시대가 앞서 가장 오래된 신라 석비로 평가받는다.

 마지막으로 국보 33호 창녕 진흥왕 척경비를 살펴보자. 신라 진흥왕이 561년 경남 창녕 지역의 비화가야(非火伽倻)를 신라 영토로 편입시킨 뒤 그곳을 둘러보고 세운 기념비다. 척경(拓境)은 국경을 개척한다는 뜻, 즉 국가의 영토를 늘린다는 의미다. 이 비에는 영토 확장 내용과 진흥왕이 밝힌 포부, 진흥왕의 행차에 참여한 사람의 명단 등이 새겨져 있다.
 북한산 순수비와 창녕 척경비는 북한에 있는 마운령비, 황초령비와 함께 신라 진흥왕의 4대 순수비로 꼽힌다고 배워 왔다. 그런데 국보 33호 창녕비의 공식 이름은 순수비가 아니라 척경비로 되어 있다. 왜 그럴까.
 다른 세 기의 비석 비문엔 모두 '순수관경(巡狩管境)'이라는 말이 나오지만 이 창녕비엔 이 단어가 나타나지 않기 때문이다. 즉 순수라는 말이 나오지 않고 점령지

정책에 관한 내용만 나오기 때문에 영토 확장의 의미인 척경비라고 이름을 붙인 것이다.

그러나 순수비와 척경비를 엄격히 구분하기란 쉽지 않다. 순수라고 해도 척경을 기념하는 순수가 대부분이다. 순수에 이미 척경의 의미가 내포되어 있기도 하다. 특히 국보 33호 창녕비의 경우, 영토 확장 내용뿐만 아니라 임금이 이곳을 찾았고 임금을 수행한 신하들의 명단도 함께 기록되어 있어 사실은 순수비라 불러도 무방하다.

석비를 말하면서 보물 1758호 포항 중성리 신라비를 빼놓을 수 없게 되었다. 이 석비는 국보로 지정되지는 않았지만 국보급 문화재라 하기에 충분하다. 2009년 5월에 경북 포항시 중성리 도로 공사 현장에서 발견된 것으로, 앞에서 언급한 석비에 비해 가장 최근에 그 존재가 확인되었다.

모양이 일정치 않은 자연석 화강암(최대 높이 104cm, 최대 폭 49cm, 두께 12~13cm, 무게 115kg)의 한 면에만 글자가 음각되어 있다. 글자는 전체 12행이며 모두 203자가 확인됐다. 제작 시기와 관련해 신사(辛巳)라는 간지가 들어 있고 비문 내용이나 표기법 등으로 볼 때 신라 지증왕 2년 501년으로 추정하는 견해가 많다. 하지만 한문 구사력이 떨어지고 신라의 옛 국호인 '斯盧'(사로)를 사용했다는 점에서 더 이른 시기인 441년에 제작한 것으로 보는 사람도 있다. 중성리비의 제작 시기가 501년이라 하더라도 영일 냉수리비(503년)보다 2년 앞서 신라에서 가장 오래된 석비가 된다.

25
조선왕조실록, 승정원일기,
비변사등록, 일성록

조선왕조실록, 국보 151호, 조선 1392~1863년, 서울대 규장각, 부산 국가기록원 역사기록관
승정원일기, 국보 303호, 조선 1623~1894년, 서울대 규장각
비변사등록, 국보 152호, 조선 1617~1892년, 서울대 규장각
일성록, 국보 153호, 1760~1910년, 서울대 규장각

조선은 엄정한 기록의 시대였다. 임금이 일을 하는 궁궐에서는 하루도 빠짐 없이 임금의 일거수일투족을 모두 기록했기 때문이다. 그 기록의 결과가 『조선왕조실록(朝鮮王朝實錄)』, 『승정원일기(承政院日記)』, 『비변사등록(備邊司謄錄)』, 『일성록(日省錄)』이다. 세계 어느 나라에서도 찾아볼 수 없는 꼼꼼하고 엄격한 기록물들이다. 그래서 『조선왕조실록』, 『승정원일기』, 『일성록』은 유네스코 세계기록유산으로 등재되었다.

『조선왕조실록』은 조선 왕조의 시조인 태조 때부터 철종 때까지 25대 472년간(1392~1863)의 역사를 연월일 순서에 따라 기록한 역사서이다. 472년간의 역사를 수록한 『조선왕조실록』은 한 왕조의 역사적 기록으로는 세계에서 가장 오랫동안 기록한 역사서다. 조선시대의 정치, 외교, 군사, 제도, 법률, 경제, 산업, 교통, 통신, 사회, 풍속, 미술, 공예, 종교 등 각 방면의 역사적 사실을 기록하고 있어 조선시대 연구에 매우 귀중한 사료로 평가받는다.

『승정원일기』는 인조 때인 1623년 3월부터 고종 때인 1894년 6월까지 272년간 승정원에서 처리한 국정 내용을 기록한 것이다. 승정원은 조선시대 국가 기밀을 취급하던 국왕의 비서실이었다. 『조선왕조실록』을 편찬할 때 이 『승정원일기』를

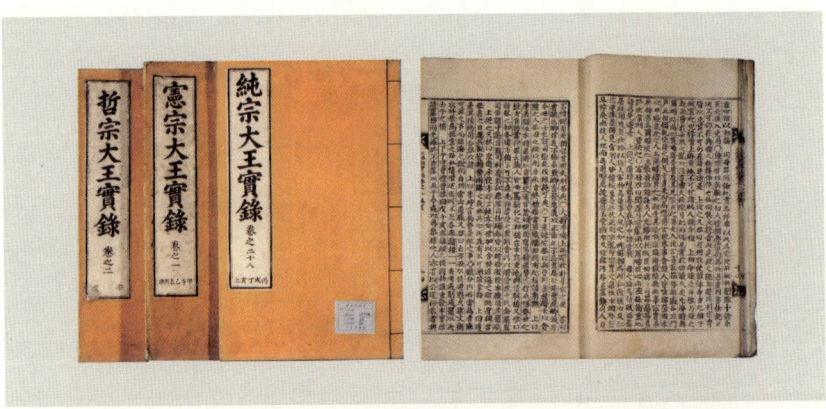

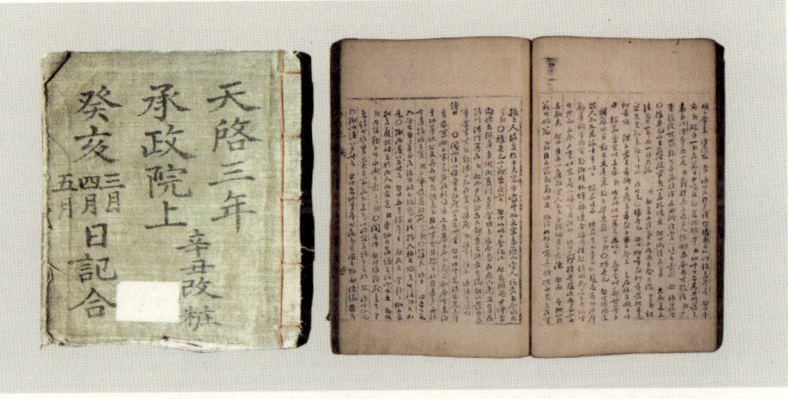

1
2

1 국보 151호 『조선왕조실록』. 조선을 세운 태조에서 철종 때까지 25대 472년간의 역사를 연월일 순서로 기록한 역사서이다.   2 국보 303호 『승정원 일기』. 승정원은 국가 기밀을 취급하던 국왕의 비서실이었다. 승정원에서 처리한 국정 내용을 기록했는데, 『조선왕조실록』을 편찬할 때 기본 자료로 활용되었다.

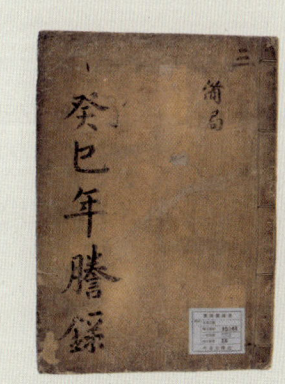
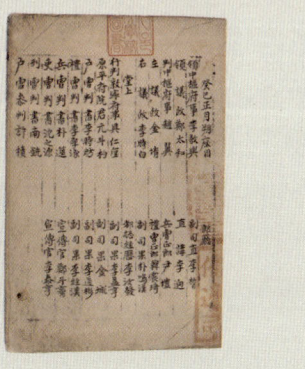
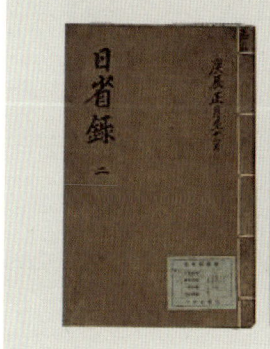
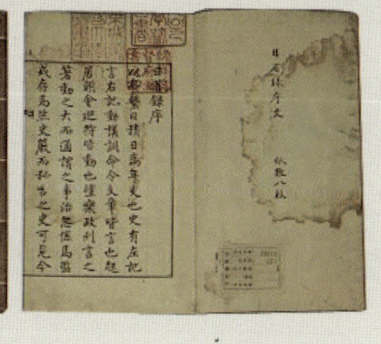

1 국보 152호 『비변사등록』. 조선 중기 이후 국가의 중대사를 결정했던 비변사에서 처리한 사건을 기록하고 있다.   2 국보 153호 『일성록』. 국왕을 1인칭으로 하여 국왕의 동정, 국정 제반 운영 사항 등을 매일매일 일기체로 정리했다.

기본 자료로 이용하였기 때문에『승정원일기』는『조선왕조실록』보다 더 가치 있는 자료라고 말하기도 한다. 조선시대 정치, 경제, 사회, 외교, 문화, 군사 등 모든 분야의 연구에 필수적인 사료다.

국보 153호『일성록』은 영조 때인 1760년부터 1910년까지 151년 동안 국왕의 동정 및 국정의 제반 운영 사항을 매일매일 일기체로 정리한 자료다.『조선왕조실록』이나『승정원일기』와 달리 국왕을 1인칭으로 표현했다.『일성록』은 매일매일 반성한다는 의미이다. 한 질만 편찬됐으며 2,329책 모두 서울대 규장각이 소장하고 있다.

『일성록』이 유네스코 세계기록유산으로 지정될 당시, 유네스코 국제자문위원회는 "국왕이 자신의 정치 운영을 되돌아보고 반성한 기록이라는 점에서 독창적인 기록물이면서 동시에 18~20세기 동서양의 정치, 문화적 교류의 실상이 담겨 있다는 점에서 인류 보편적인 가치도 지니고 있다."고 평가했다.

국보 152호『비변사등록』은 조선 중기 이후 나라의 중대사를 결정하는 최고 의결 기관 비변사에서 처리한 사건을 기록한 것이다. 등록(謄錄)은 1년 1책으로 작성하는 것이 원칙이나, 사건이 많을 때에는 2책 또는 3책으로 작성하는 경우도 있었다. 현존하는 것은 광해군 9년(1617년)~고종 29년(1892년) 사이의 273책이다.

26
금강전도,
인왕제색도

정선의 〈금강전도〉, 국보 217호, 1734년, 서울 삼성미술관 리움
정선의 〈인왕제색도〉, 국보 216호, 1751년, 서울 삼성미술관 리움

18세기 들어서면 많은 시인 묵객들 사이에서 우리 산하를 직접 답사하는 열풍이 불었다. 그들이 가장 즐겨 찾았던 곳은 금강산이었다. 금강산을 찾아 예술혼을 불사르고 국토에 대한 애정을 확인하곤 했다. 금강산을 등장시킨 많은 그림이 있지만 가장 유명한 것의 하나가 국보 217호인 겸재 정선(謙齋 鄭敾, 1676~1759)의 〈금강전도(金剛全圖)〉다.

정선은 58세 때인 1734년 이 그림을 그렸다. 금강산을 한 화면에 다 그린다는 것은 보통 일이 아니다. 정선은 이를 원형으로 삼아 그렸다. 원형의 바로 주변은 푸른색을 문질러 독특한 분위기를 만들어 냈다. 누군가는 금강산이 하늘 높이 솟아나는 느낌을 준다고 말한다.

화면 속 금강산의 왼쪽은 부드러운 흙산으로 표현했고, 오른쪽은 험하고 거센 바위산으로 표현했다. 바위를 표현한 방식이 매우 독창적이다. 이러한 표현은 정선 특유의 화법으로 동시대 및 후대의 화가들에게 지대한 영향을 미쳤다. 그런데 이러한 흙산과 바위산을 눈여겨보면 좌우로 나뉘면서 태극 문양을 연상시킨다. 왼쪽은 검고 오른쪽은 희다. 왼쪽은 부드러운 토산(土山)이고 오른쪽은 거칠고 강한 암산(巖山)이다. 금강산의 전경을 음양의 조화로 표현한 것이다. 양과 음의 조화, 거침과 부드러움의 조화. 금강산에 주역의 원리를 적용한 것인데, 그 철학적 접근에 놀라지 않을 수 없다.

이 그림은 금강산을 사실적으로 묘사한 것은 아니다. 그렇다면 어떻게 이것이 실경인지 의문을 갖는 사람도 있을 것이다. 조선 후기 실경산수화(實景山水畵), 진경산수화(眞景山水畵)라고 해서 사진찍듯 대상을 똑같이 그리는 것은 아니다. 대상과 똑같이 그렸다고 해서 실경산수화가 아니라 대상을 실제로 보고 그렸다고 해서 실경산수화다. 따라서 이 그림처럼 실제 금강산을 둘러보고 그것을 자신의 머릿속에서 재해석하고 재구성해서 그리는 것도 실경산수화의 범주에 들어간다.

국보 216호 〈인왕제색도(仁王霽色圖)〉는 정선의 또 다른 대표작이다. 한 화가의 작품이 두 점이나 국보로 지정된 것은 매우 이례적이다.

인왕산 근처에 살았던 정선이 1751년 음력 5월 하순 초여름, 비가 그친 뒤 인왕산의 모습을 그린 작품이다. '제색(霽色)'은 비가 갠다는 뜻이니 '인왕제색'은 비 갠 인왕산의 모습이라는 뜻이 된다.

그런데 그림이 참 독특하다. 화면은 전체적으로 먹의 진한 기운이 가득하다. 인왕산의 저 큰 바위는 무겁도록 시커멓다. 진한 먹을 여러 차례 덧칠하면서 바위 봉우리를 검고 묵직하게 표현한 것이다. 비가 갠 직후여서인지 인왕산에 남아 있는 물안개가 화면에 배어 화면 전체는 축축한 느낌으로 다가온다. 무거우면서도 물기 가득한 분위기, 무언가 깊은 생각 속으로 끌고 들어가는 듯하다. 조선시대 그림 가운데 바위산을 저토록 진하고 육중하게 표현한 작품이 어디 있었던가. 조선시대 수많은 그림 가운데 가장 독특한 분위기의 그림, 가장 육중한 분위기의 그림이 바로 이 〈인왕제색도〉다.

대체 어떻게 해서 이런 그림이 나올 수 있었을까. 겸재는 어떤 생각으로 이런 그림을 그렸던 것일까. 궁금한 대목이 아닐 수 없다.

겸재가 그림을 그렸던 무렵, 그의 절친한 친구이자 선배인 사천 이병연(槎川 李秉淵, 1671~1751)은 병석에 누워 있었다. 이병연은 정선에게 있어 매우 각별한 존재였다. 두 사람은 모두 인왕산 아래에 살았다. 이병연은 정선 작품의 컬렉터이자 후원자였다. 정선이라는 존재와 그의 작품을 세상에 널리 알렸다.

(왼쪽) 국보 217호 정선의 〈금강전도〉. 1734년, 종이에 담채, 130.7×94.1cm. 정선이 금강산을 둘러보고 그린 실경산수화이다. 금강산을 이성적, 철학적으로 표현했다.

(오른쪽) 국보 216호 정선의 〈인왕제색도〉. 1751년, 종이에 수묵, 79.2×138.2cm. 서울 인왕산에 비가 개인 후 풍경이다. 바위에 먹의 진한 기운이 가득하고 물안개가 화면에 배어 있다. 정선의 감성이 잘 표현되고 있다.

이병연이 시를 쓰면 정선은 이 시에 맞추어 그림을 그리기도 했다. 그렇게 탄생한 작품이 『경교명승첩(京郊名勝帖)』(간송미술관 소장)이다.

그런 이병연이 병석에 누워 있다면 정선의 마음이 어떠했을까. 때마침 초여름 장맛비가 며칠 동안 내렸고, 정선은 인왕산에 내리는 비를 바라보았을 것이다. 인왕산은 두 사람 모두에게 문학적, 미술적 창작의 공간이었다. 인왕산 앞에서 이병연이 생각났을 것이다. 인왕산 비가 그치자 정선은 붓을 들었다. 이 비가 그친 것처럼 이병연도 병마를 떨치고 빨리 일어나길 기원하는 마음으로 그림을 그렸다. 인왕산 바위를 먹으로 진하게 그린 것은 바로 이병연에 대한 정선의 그리움이다. 이병연에 대한 그리움을 저토록 진하게 표현한 것이다.

〈금강전도〉와 〈인왕제색도〉는 조선시대 회화사에 있어 매우 이색적이며 탁월한 그림이다. 우선 그 형태가 독특하다. 〈금강전도〉는 우리 산하를 이성적·철학적으로 표현했고, 〈인왕제색도〉는 우리 산하에 자신의 감성을 듬뿍 실어 표현했다. 정선의 내면과 철학이 진하게 표현된 작품이어서 더 매력적이고 가치가 높다.

인왕제색도와
인왕산도

겸재 정선은 〈인왕제색도〉를 그렸고 18세기 중반 강희언(姜熙彦, 1710~1764)은 〈인왕산도〉를 그렸다. 강희언은 자하문 근처의 도화동 쪽에서 인왕산을 보고 그렸다. 강희언 그림의 특징은 인왕산을 놀라울 정도로 세세하게 묘사했다는 점이다. 산 정상부와 중간중간의 육중한 바위, 주름지듯 굴곡이 뚜렷한 산줄기, 능선을 따라 죽 펼쳐진 한양 도성의 성곽, 산자락에 옹기종기 모여 있는 가옥들…… 육중하게 바위를 표현한 것이나 미점(米点)으로 산등성이를 표현한 것은 정선의 영향을 보여 준다. 그러나 이 그림은 정선과 다른 그만의 독특함이 더 두드러진다. 인왕산의 육중한 모습이 드러나지만 그럼에도 그림의 전체적인 분위기는 경쾌하고 참신하다.

특히 산줄기의 표현이 압권이다. 산줄기는 물결이 밀려가는 듯 그 산세에 율동감이 넘친다. 물결치듯 화면 전체를 넘실거리는 이 산줄기의 율동이 〈인왕산도〉의 빼놓을 수 없는 매력이다. 정선이 바위의 질감에 주목했다면 강희언은 인왕산의 굴곡에 주목했다. 정선의 그림과 달리 강희언의 그림은 원근감이 극명하게 나타난다. 정선의 〈인왕제색도〉가 묵직한 중량감의 미학이라면, 강희언의 〈인왕산도〉는 경쾌한 원근의 미학이라고 할 수 있지 않을까.

강희언의 〈인왕산도〉, 18세기, 종이에 담채, 24.6×42.6cm, 개인 소장.

27
자격루,
혼천시계

자격루, 국보 229호, 조선 16세기, 서울 덕수궁
혼천의 및 혼천시계, 국보 230호, 조선 1669년, 서울 고려대박물관

자격루(自擊漏)와 혼천시계(渾天時計)는 조선시대 전통 과학기술의 우수성을 입증해 주는 과학 문화재 명품이다.
  서울의 덕수궁에 가면 국보 229호 자격루가 있다. 자격루는 1434년 조선 세종 때 과학자 장영실(蔣英實)이 만들었던 최첨단 물시계다. 장영실의 자격루는 원래 경복궁 경회루 남쪽 보루각에 설치됐으나 임진왜란 때 소실됐다. 현재 덕수궁 경내에 전시 중인 국보 229호 자격루는 16세기 중종 때 다시 만든 것이다. 그런데 온전한 모습이 아니라 물항아리아, 물받이통 등 자격루의 일부 부품만 전시되어 있다. 예전의 1만 원짜리 지폐 앞면에 들어갔던 자격루가 바로 이들 부품이다. 크기를 보면 큰 물항아리는 지름 93.5cm에 높이 70cm, 작은 물항아리는 지름 46cm에 높이 40.5cm, 물받이통은 높이 196cm에 바깥지름 37cm이다.
  자격루는 일정한 속도로 물을 흘려 보내 일정한 시차로 구슬과 인형을 움직인 뒤 인형이 종, 징, 북을 쳐서 시간을 알려 주는 첨단 자동 제어 물시계다. 그 작동 순서는 대략 이렇다. ① 커다란 물항아리에 물을 넣고 일정한 속도로 작은 항아리를 거쳐 길죽한 원통형 항아리로 흘려 보낸다. ② 원통형 항아리 속의 잣대가 위로 떠오르면서 일정 시간마다 잣대 위에 놓여 있는 작은 구리구슬을 건드린다. ③ 이 작은 구슬은 좀 더 커다란 구리구슬을 건드려 오른쪽 시보 장치 상자로 밀어낸다. ④ 커다란 구리구슬은 시보 장치 위쪽의 인형을 건드리면서 이 인형이 종, 북,

1 국보 229호 자격루는 일정한 속도로 물을 흘려 보내 시간을 알려 주는 자동 제어 물시계이다. 이 사진은 작동이 가능한 상태로 자격루를 복원해 놓은 것이다. 현재 국립고궁박물관에 전시, 작동하고 있다.

2 국보 230호 혼천의 및 혼천시계는 현종 10년(1669) 천문학자 송이영이 만든 천문시계이다. 추의 무게로 진자를 움직여 시간을 표시하고, 동시에 해와 달 등 천체 운동까지 보여 준다. 이 사진은 작동이 가능하도록 혼천시계를 복원한 것이다.

징을 치도록 한다. 두 시간마다 울리는 종소리는 자시(쥐), 축시(소), 인시(호랑이) 등의 12지시를 알려 주고, 북소리는 밤시간인 1경, 2경 등의 5경을 알려 준다. ⑤종을 치는 순간, 시보 장치 속의 12지 동물(쥐, 소, 호랑이, 토끼 등)이 뻐꾸기시계처럼 작은 구멍으로 튀어오르도록 해서 몇 시(자시 오후 11시, 축시 오전 1시, 인시 오전 3시 등)인지 알려 준다.

이 자격루가 2007년 11월, 570여 년 만에 복원되어 실제 작동에 성공했다. 남문현 건국대 명예교수가 1980년대 중반부터 『세종실록』 기록 등을 토대로 자격루의 작동 원리를 규명하기 시작했다. 이어 문화재청과 남 교수팀은 1997년 본격적인 복원 작업에 착수했고, 10년 만에 복원 및 작동에 성공했다. 복원된 자격루는 크기가 가로 8m, 세로 5m, 높이 6m로 서울 경복궁 내 국립고궁박물관에 전시 작동 중이다.

국보 230호 혼천의 및 혼천시계는 1669년 천문학자 송이영(宋以穎)이 만든 천문시계. 조선시대 전통적인 시계 장치인 톱니바퀴의 원리와 서양식 기계 시계인 자명종의 원리를 적절하게 조화시킨 시계다. 추의 무게로 진자를 움직여 시간을 표시하고 동시에 해와 달 등 천체의 운동까지 보여 주는 다용도의 시계라고 할 수 있다.

1657년 유럽에서 처음으로 시계에 진자가 도입된 지 불과 12년 만에 제작한 최첨단 시계였다. 시계의 부품은 나무상자 속에 설치돼 있고 그 옆에 혼천의(渾天儀)가 연결되어 있다. 나무상자는 가로 120cm, 높이 98cm, 폭 52cm. 혼천의 지름은 40cm이며 중심에 위치한 지구의의 지름은 약 8.9cm이다. 국보 230호 혼천시계는 일부 부품이 훼손된 상태다. 그러나 과학사학자인 전상운 전 성신여자대학교 총장 등의 노력으로 2005년 실제 작동이 가능한 상태로 혼천시계를 복원한 바 있다.

혼천시계의 작동 원리를 보자. ①두 개의 추의 동작으로 진자를 움직이면 12지 동물(쥐, 소, 호랑이, 토끼 등)이 나타나 시간을 표시하고 매시 정각 종을 울려 준다. ②하나의 추가 내려가면 그 힘에 의해 톱니바퀴들이 맞물려 움직이면서 시간을 알려 주는 자, 축, 인 등의 12지 글자가 창문에 나타난다. ③ 그리고 또 다른 추의 움직임에 의해 매시 정각 종이 울린다. ④ 이러한 시계 장치들이 바로 옆의 혼천의로 연결되면서 그 시간에 맞는 해와 달 등 천체의 위치와 운동을 보여 준다.

혼천시계는 우리나라 과학 문화재 가운데 세계에 가장 널리 알려져 있다. 영국의 유명한 과학사가인 조셉 니덤(Joseph Needham, 1900~1995)은 1980년대에 출간한 『중국의 과학과 문명』에서 "세계 유명 박물관에 꼭 전시해야 할 인류의 과학 문화재"라고 평가한 바 있다. 이에 앞서 1960년대 말엔 미국 스미소니언 기술사박물관이 혼천시계의 특별 전시 및 복제품 제작을 건의하기도 했다. 전 세계가 혼천시계의 탁월함을 주목한 것이다.

혼천시계는 조선시대에 만든 천문시계 중에서 유일하게 온전하게 남아 있는 유물이다. 자격루가 실제 생활에 사용했다면 혼천의는 천문학 교습용으로 사용했다고 한다.

부록 | 국보 목록 1호~317호

국보는 문화재위원회의가 역사적·학술적·예술적 가치 등을 기준으로 심의를 거쳐 지정한다. 일제가 1934년에 지정한 문화재를 근간으로 해, 1962년 문화재보호법에 의해 국보와 보물로 나누어 지정·관리해 왔고, 1997년에 일제에 의해 왜곡·폄하된 문화재를 재평가해 명칭과 등급을 조정한 바 있다. 국보의 번호는 가치 우열의 개념이 아니라 행정상의 순번에 불과한데, 국보 1호 숭례문은 1호라는 상징성 때문에 수차례 재지정 논란에 휩싸이기도 했다. 국보의 지정 번호를 없애고, 관리 차원의 번호를 부여하는 안이 추진되고 있지만, 구체적으로 언제 진행될지는 알 수 없다. 2014년 2월 현재 대한민국 국보는 총 315건이다. 국보 지정 번호는 317호까지 있지만 국보 274호와 278호가 해제되었기 때문이다. 지정 번호 순으로 주요 핵심 사항들을 살펴본다.

제1호 서울 복원 숭례문 崇禮門
서울 중구 남대문로 4가, 조선 14세기

조선시대 한양 도성의 남쪽 정문으로 태조 4년(1395)에 짓기 시작하여 태조 7년(1398)에 완성하였다. 간결하면서도 웅장한 힘이 돋보인다. 현판은 세종의 맏형인 양녕대군이 썼다고 한다. 전체 높이 22.16m. 2008년 화재로 1, 2층 목조 누각 대부분이 탔고, 2013년 복원을 마쳤다.

제2호 서울 원각사지 10층 석탑 圓覺寺址 十層石塔
서울 종로구 탑골공원, 조선 15세기

원각사는 지금의 탑골공원 자리에 있었던 절. 그곳 절터에 있는 이 탑은 조선 세조 때인 1467년에 세웠다. 높이 약 12m. 전체적인 모양이 독특하고 아름다우며 86호 고려 경천사지 10층 석탑과 매우 비슷하다. 현재는 탑의 보호를 위해 유리 보호각이 씌워져 있다.

제3호 서울 북한산 진흥왕 순수비 北漢山 眞興王 巡狩碑
서울 용산구 국립중앙박물관, 신라 6세기

신라 진흥왕(재위 540~576)이 세운 순수척경비(巡狩拓境碑)의 하나. 한강 유역을 신라 영토로 편입한 뒤 왕이 이 지역을 방문한 것을 기념하기 위해 세웠다. 원래는 북한산 비봉에 자리하고 있었으나, 현재는 국립중앙박물관으로 옮겨 보관 전시하고 있다.

제4호 여주 고달사지 승탑 驪州 高達寺址 僧塔
경기 여주군 북내면, 고려 10세기

고려 전기의 대표적인 승탑 가운데 하나. 승탑은 스님의 사리를 안치하기 위해 만들며 부도(浮屠)라고 부르기도 한다. 신라 승탑의 형식을 잘 따르면서도 세부 조각에서 고려 특유의 기법을 보여 준다. 돌을 다듬은 솜씨와 조각 수법이 깨끗하고 세련되었다. 높이 3.4m.

제5호 보은 법주사 쌍사자 석등 報恩 法住寺 雙獅子 石燈
충북 보은군 법주사, 통일신라 8세기

석등은 부처의 가르침과 불교의 진리를 밝게 비춰 주도록 사찰 법당 앞에 세워 놓는다. 신라 성덕왕 때인 720년에 제작한 것으로 추정되는 이 석등은 당당한 품격과 경쾌한 모습이 돋보인다. 사자 두 마리로 석등의 기둥을 대신했는데, 사자의 모습이 역동적이고 사실적이다. 높이 3.3m.

제6호 충주 탑평리 7층 석탑 忠州 塔坪里 七層石塔
충북 충주시 가금면, 통일신라 9세기

통일신라 석탑으로 남한강 경관과 잘 어울린다. 8세기 후반에 만들었을 것으로 추정한다. 우리나라 한가운데에 있다고 해서 중앙탑이라 부르기도 한다. 전체적으로 웅장하고 시원한 모습이지만 옥개석(지붕돌) 너비에 비해 지나치게 높은 편이다. 높이 12.7m.

제7호 천안 봉선홍경사 갈기비 天安 奉先弘慶寺 碣記碑
충남 천안시 성환읍, 고려 11세기

충남 천안의 봉선홍경사는 고려 1021년에 창건되었으나, 현재 빈 터에는 절의 창건 내용을 기록한 갈기비(碣記碑)만 남아 있다. 갈기비는 규모가 작은 석비를 말한다. 이 비는 1026년에 세웠다. 비문은 해동공자로 불리던 고려 유학자 최충이 지었다.

제8호 보령 성주사지 낭혜화상탑비 保寧 聖住寺址 郎慧和尙塔碑
충남 보령시 성주면, 통일신라 9세기

통일신라 승려 낭혜화상 무염(無染)의 탑비. 입적한 지 2년 후 진성여왕 때인 890년에 세웠을 것으로 추정한다. 탑비엔 낭혜화상의 업적이 기록되어 있다. 통일신라 탑비 가운데 가장 당당하면서도 화려하고 아름다운 조각 솜씨를 보여 준다. 탑비의 글은 최치원이 지었다.

제9호 부여 정림사지 5층 석탑 扶餘 定林寺址 五層石塔
충남 부여군 부여읍, 백제 7세기

국보 11호 익산 미륵사지 석탑과 함께 단 2기만 남아 있는 백제 석탑. 높이 8.3m. 탑신이나 지붕돌에서 목조 건축의 형식을 발견할 수 있다. 전체적으로 단정하고 경쾌하면서도 정제된 조형미를 보여 준다. 한국에서 가장 아름답고 품격 있는 석탑 가운데 하나로 꼽힌다.

제10호 남원 실상사 백장암 3층 석탑 南原 實相寺 百丈庵 三層石塔
전북 남원시 실상사 백장암, 통일신라 9세기

이 탑은 여러 모로 이색적이다. 우선 보통의 탑과 달리 위로 올라갈수록 너비와 높이가 줄어들지 않고 일정하다. 표면에는 보살상, 신장상(神將像), 천인상(天人像), 난간 등을 다채롭게 조각했다. 과감하고 자유로운 디자인이 돋보인다. 높이 5m.

제11호 익산 미륵사지 석탑 益山 彌勒寺址 石塔
전북 익산시 금마면, 백제 7세기

우리나라에서 가장 크고 가장 오래된 목조 건축 양식의 석탑(639년 추정). 탑이 상당 부분 무너지자 1915년경 일제가 시멘트로 보강하여 반쪽 모양으로 6층까지 남아 있었다. 원래는 9층이었을 것으로 추정된다. 2001년 해체, 보수, 복원 작업을 시작했으며, 2016년경 마무리된다.

제12호 구례 화엄사 각황전 앞 석등 求禮 華嚴寺 覺皇殿 石燈
전남 구례군 화엄사, 통일신라 9세기

통일신라의 대표적 석등. 높이 6.4m로 현존하는 전통 석등 가운데 가장 크다. 헌안왕 때인 860년에서 경문왕 때인 873년 사이에 세워진 것으로 추정한다. 활짝 핀 연꽃 조각에서 반듯한 아름다움을, 화사석(火舍石)과 지붕돌에서 당당한 조형미를 느낄 수 있다.

제13호 강진 무위사 극락전 康津 無爲寺 極樂殿
전남 강진군 무위사, 조선 15세기

극락전은 강진 무위사에서 가장 오래된 건물로, 조선 세종 때인 1430년에 지었다. 지붕은 옆면에서 볼 때 사람 인(人) 자 모양인 맞배지붕을 하고 있다. 담백, 간결, 절제의 미학을 보여 주는 조선 초기의 멋진 건축물이다. 사찰의 전체적인 분위기 역시 소박하고 명징하다.

제14호 영천 은해사 거조암 영산전 永川 銀海寺 居祖庵 靈山殿
경북 영천시 은해사 거조암, 조선 초기

은해사 거조암의 중심 건물인 영산전은 석가모니불과 석조 나한상을 모시고 있다. 맞배지붕에 주심포 양식으로 고려 말~조선 초 전통 건축의 특징을 잘 지니고 있다. 이 시기의 맞배지붕 건물이 그러하듯 꾸밈이나 장식 없이 단순 경쾌한 조형미를 잘 보여 준다.

제15호 안동 봉정사 극락전 安東 鳳停寺 極樂殿
경북 안동시 봉정사, 고려 13세기 초

우리나라에서 가장 오래된 목조 건축물. 이 극락전 건물은 1972년 해체 수리시 "고려 공민왕 12년(1363)에 지붕을 수리했다."는 기록이 발견되어 1363년보다 100~150여 년 이전인 1200년대 초에 지은 것으로 보인다. 맞배지붕에 배흘림기둥, 주심포 양식이다.

제16호 안동 법흥사지 7층 전탑 安東 法興寺址 七層塼塔
경북 안동시 법흥동, 통일신라 8세기

우리나라에서 가장 크고 오래된 전탑(塼塔, 벽돌탑). 높이 17m. 통일신라 때 창건된 법흥사에 속해 있던 탑으로 추정된다. 기단의 각 면에는 화강암으로 조각된 팔부중상(八部衆像), 사천왕상(四天王像)을 세워 놓았고 탑신 지붕돌에는 기와를 얹었던 흔적이 남아 있다.

제17호 영주 부석사 무량수전 앞 석등 榮州 浮石寺 無量壽殿 石燈
경북 영주시 부석사, 통일신라

통일신라 석등 가운데 가장 아름다운 작품으로 평가받는다. 조화와 비례감이 뛰어나며, 단아하면서도 화사하다. 8각의 화사석을 보면 네 면에 보살상을 조각해 놓았는데 그 정교함이 이 석등을 더욱 돋보이게 한다. 무량수전, 소백산 등의 배경과도 잘 어울린다. 높이 2.97m.

제18호 영주 부석사 무량수전 榮州 浮石寺 無量壽殿
경북 영주시 부석사, 고려 14세기

날렵하고 경쾌한 지붕선, 간결하고 세련된 주심포, 배흘림기둥의 아름다움, 탁 트인 소백산 풍경과의 조화. 무량수전은 한국 전통 건축에서 최고 걸작의 하나로 꼽힌다. 1376년에 지었다. 내부엔 극락정토를 상징하는 아미타여래불이 봉안되어 있다.

제19호 영주 부석사 조사당 榮州 浮石寺 祖師堂
경북 영주시 부석사, 고려 후기

의상대사의 초상을 모신 건물로 매우 간결한 모습이다. 고려 우왕 때인 1377년에 처음 지었고 조선 성종 때인 1490년, 1493년에 고쳤다. 내부에 고려시대 벽화가 있었으나 지금은 보호각을 지어 보존하고 있으며, 내부 벽 원래 자리에는 모사도를 그려 놓았다.

제20호 경주 불국사 다보탑 慶州 佛國寺 多寶塔
경북 경주시 불국사, 통일신라 8세기

세계 어느 곳에서도 볼 수 없는, 독특하면서도 빼어난 조형미를 자랑하는 한국의 대표 석탑. 이처럼 독특한 형태는 불교 경전인 『법화경』에 나오는 내용을 그대로 재현했기 때문이다. 탑을 세운 시기는 불국사를 창건하던 경덕왕 10년(751)으로 추측된다. 높이 10.4m.

제21호 **경주 불국사 3층 석탑** 慶州 佛國寺 三層石塔
경북 경주시 불국사, 통일신라 8세기

다보탑이 이색적이라면 이 석가탑은 기존 석탑의 형식을 잘 계승 발전시킨 탑이다. 전체적으로 경쾌하게 날아오르는 듯한 느낌을 준다. 탑을 세운 백제의 석공 아사달과 부인 아사녀의 슬픈 전설이 서려 있어 무영탑(無影塔)이라고 부르기도 한다. 높이 8.2m.

제22호 **경주 불국사 연화교 칠보교** 慶州 佛國寺 蓮華橋 七寶橋
경북 경주시 불국사, 통일신라 8세기

불국사에는 대웅전과 극락전의 예배 공간이 있다. 연화교 칠보교는 극락전으로 향하는 안양문과 연결된 계단식 다리다. 세속의 사람이 아니라 서방정토, 극락 세계를 깨달은 사람이 오르내리던 다리를 상징한다. 연화교 계단에는 연꽃잎이 조각되어 있어 아름다움을 더한다.

제23호 **경주 불국사 청운교 백운교** 慶州 佛國寺 靑雲橋 白雲橋
경북 경주시 불국사, 통일신라 8세기

불국사의 대웅전으로 이어지는 자하문과 연결되는 다리다. 국보 22호 연화교 칠보교와 마찬가지로 세련된 조형미를 자랑한다. 특히 무지개 모양의 통로가 있는 다리 아랫부분이 돋보인다. 연화교 칠보교와 함께 통일신라 다리로는 유일하게 안전한 형태로 남아 있다.

제24호 **경주 석굴암 석굴** 慶州 石窟庵 石窟
경북 경주시 석굴암, 통일신라 8세기

신라 경덕왕 10년(751)에 김대성이 창건하여 혜공왕 10년(774)에 완성한 사찰로, 당시엔 석불사라 불렸다. 불국토를 지향했던 통일신라인들의 불교적 신심, 불교 미술 절정기였던 8세기 통일신라 문화의 깊이와 자신감을 종교적 미술으로 완벽하게 구현한 작품이다.

제25호 **경주 태종 무열왕릉비** 慶州 太宗武烈王陵碑
경북 경주시 서악동, 통일신라 7세기

태종 무열왕 김춘추의 석비로, 문무왕 원년(661)에 건립되었다. 현재 비신(碑身)은 없어졌고 거북 모양 받침돌 위에 머릿돌만이 얹혀 져 있는 상태다. 받침돌의 거북은 목을 높이 쳐들고 앞으로 힘차게 나아가는 모습. 삼국을 통일한 신라의 자신감과 역동성을 읽어 낼 수 있다.

제26호 **경주 불국사 금동비로자나불좌상** 慶州 佛國寺 金銅毘盧舍那佛坐像
경북 경주시 불국사, 통일신라 8세기

비로자나불은 진리와 지혜의 부처를 말한다. 불국사 비로전에 모셔져 있다. 높이 1.77m. 당당한 볼륨감과 잘록한 허리, 적절한 신체 비례 등 8세기 통일신라 불상의 이상화된 모습을 잘 보여 주는 걸작이다. 국보 27호, 국보 28호와 함께 통일신라 3대 금동불로 불린다.

제27호 **경주 불국사 금동아미타여래좌상** 慶州 佛國寺 金銅阿彌陀如來坐像
경북 경주시 불국사, 통일신라 8세기

아미타여래는 서방 극락정토에서 불법을 설하는 부처를 말한다. 이 아미타불은 불국사 극락전에 모셔져 있다. 높이 1.66m. 얼굴은 원만하고 자비스러우며 신체는 매우 장중하고 당당하다. 국보 27호와 마찬가지로 8세기 통일신라 불상의 이상화된 모습을 잘 구현한 작품이다.

제28호 **경주 백률사 금동약사여래입상** 慶州 栢栗寺 金銅藥師如來立像
경북 경주시 국립경주박물관, 통일신라 8세기

모든 중생의 질병을 고쳐 준다는 약사불을 형상화했다. 높이 1.77m. 경주시 북쪽 소금강산의 백률사에 있었으나 국립경주박물관으로 옮겨 보관, 전시하고 있다. 신체의 비례와 조화 등이 우수하지만 8세기 중엽의 이상적인 불상에 비하면 긴장과 탄력이 다소 떨어진 모습이다.

제29호 **성덕대왕신종** 聖德大王神鍾
경북 경주시 국립경주박물관, 통일신라 8세기

그윽하고 여운이 긴 종소리, 세련된 디자인과 우아한 곡선을 자랑하는 조형미, 비천상과 같은 생동감 넘치는 무늬……. 자타가 공인하는 한국 최고의 범종이다. 우리나라에 남아 있는 가장 큰 종이기도 하다. 높이 3.75m, 입지름 2.27m, 무게 약 21톤. 771년에 만들었다.

제30호 **경주 분황사 모전 석탑** 慶州 芬皇寺 模塼石塔
경북 경주시 구황동 분황사, 신라 7세기

돌을 벽돌 모양으로 다듬어 쌓아 올린 모전 석탑으로, 신라 석탑 가운데 가장 오래되었다. 원래 9층이었다고 하지만 지금은 3층만 남아 있다. 현재 높이는 9.3m. 1층 탑신에 조각해 놓은 인왕상이 인상적이다. 분황사를 건립하던 634년경에 세웠을 것으로 추정한다.

제31호 경주 첨성대 慶州 瞻星臺
경북 경주시 인왕동, 신라 7세기

신라의 천문관측대로, 그 형태가 특이하고 아름답다. 선덕여왕(재위 632~647) 때 건립되었다. 위로 갈수록 좁아지는 원통 모양으로 돌을 쌓고 맨 위에 정(井) 자형으로 마감했다. 맨 위에 관측 기구를 올려 놓고 천문 관측을 했을 것으로 추정한다. 높이 9.17m.

제32호 합천 해인사 대장경판 陜川 海印寺 大藏經板
경남 합천군 가야면 해인사, 고려 13세기

대장경은 불교 경전의 총서를 말한다. 몽골의 침입으로 초조대장경이 불에 타 없어지자 국난 극복의 불심을 담아 고려 고종 때인 1236~1251년에 걸쳐 간행했다. 현존 대장경 가운데 가장 오래되었고 내용이 가장 완벽하다. 팔만대장경, 고려대장경이라 부르기도 한다.

제33호 창녕 신라 진흥왕 척경비 昌寧 新羅 眞興王 拓境碑
경남 창녕군 창녕읍, 신라 6세기

신라 진흥왕이 빛벌가야(비화가야, 지금의 창녕)를 신라 영토로 편입한 뒤 이곳을 순수(巡狩, 두루 돌아다니며 순시함)하고 그 기념으로 세운 비. 대가야 멸망 1년 전인 561년에 세웠다. 이 지역을 가야 진출의 발판으로 삼고자 한 진흥왕의 정치적 의도가 담겨 있다.

제34호 창녕 술정리 동3층 석탑 昌寧 述亭里 東三層石塔
경남 창녕군 창녕읍, 통일신라 8세기

8세기 중엽 창녕에 세워진 통일신라 탑이다. 창녕 지역은 진흥왕 때부터 신라의 요지가 되었다. 전체적으로 안정감이 있으며 간결하면서도 품격을 지니고 있어 8세기 통일신라 탑의 대표작으로 꼽힌다. 경주 중심의 석탑 문화가 지방으로 확산되는 과정을 보여 준다.

제35호 구례 화엄사 4사자 3층 석탑 求禮 華嚴寺 四獅子 三層石塔
전남 구례군 화엄사, 통일신라 8세기

사자 네 마리가 탑을 떠받치고 있는 모양이다. 사자 사이에선 승려 한 명도 탑을 받치고 있다. 8세기 중반 작. 높이 5m. 사자 아래 기단부엔 비천상을, 사자 위 탑신엔 인왕상(仁王像), 사천왕상(四天王像) 등을 조각했다. 조각 수법이 뛰어나고 3층탑 자체도 세련되었다.

제36호 상원사 동종 上院寺 銅鐘
강원 평창군 진부면 상원사, 통일신라 8세기

우리나라에서 가장 오래된 범종으로, 성덕왕 24년(725)에 만들어졌다. 종 꼭대기의 용뉴(龍鈕, 용 모양의 고리), 몸체 상부의 연곽(蓮廓)과 연뢰(蓮蕾, 연꽃 봉오리), 몸체 한가운데의 멋진 비천상(飛天像), 약간 오므라든 밑부분 등에서 한국 종의 전범으로 평가받는다.

제37호 경주 황복사지 3층 석탑 慶州 皇福寺址 三層石塔
경북 경주시 구황동, 통일신라 8세기

692년 신라 효소왕이 아버지 신문왕의 명복을 기원하기 위해 세운 탑. 이어 성덕왕은 706년에 사리와 불상 등을 다시 탑 안에 넣어 두 왕의 명복과 왕실의 번영을 기원했다. 통일신라의 전형적인 석탑이면서도 규모가 작아졌고 담백 소박한 분위기를 풍긴다. 높이 7.3m.

제38호 경주 고선사지 3층 석탑 慶州 高仙寺址 三層石塔
경북 경주시 국립경주박물관, 통일신라 7세기

경주 고선사의 옛터에 세워져 있었으나 댐 건설로 인해 절터가 물에 잠기게 되자 1975년 국립경주박물관으로 옮겨 놓았다. 전체적으로 힘과 우직함이 느껴진다. 1층 탑신에 문 모양을 새겨 놓은 것이 주목할 만하다. 옥개석(지붕돌)이 많이 훼손되었다. 높이 9m.

제39호 경주 나원리 5층 석탑 慶州 羅原里 五層石塔
경북 경주시 현곡면, 통일신라 8세기

경주 부근의 통일신사 석탑 가운데 보기 드문 5층 석탑이다. 1000년 세월이 지났어도 이끼가 끼지 않고 순백의 빛깔과 기품을 잘 간직하고 있어 '나원 백탑(白塔)'이라 부르기도 한다. 높이 9.7m. 1996년 해체 수리 과정에서 사리함과 불상 등이 발견되었다.

제40호 경주 정혜사지 13층 석탑 慶州 淨惠寺址 十三層石塔
경북 경주시 안강읍, 통일신라 8~9세기

- 매우 독특하고 파격적인 통일신라 석탑이다. 13층이라는 보기 드문 층수에, 기단부 역시 일반적인 양식에서 벗어났다. 1층 탑신은 거대한데 2층부터는 탑신과 옥개석(지붕돌) 모두 급격히 작아져 탑신은 보이지 않고 옥개석만 쌓아 놓은 듯하다. 높이 5.9m.

제41호 청주 용두사지 철당간 淸州 龍頭寺址 鐵幢竿
충북 청주시 상당구, 고려 10세기

예로부터 사찰 입구엔 당(幢)이라는 깃발을 내걸었다. 이 당을 달아 두는 장대를 당간이라 한다. 이것은 고려 광종 때인 962년에 세웠다. 철제 원통 30개를 쌓아올려 만들었으나 지금은 원통 20개만 남아 있다. 현재 높이는 12.7m. 현존 당간 가운데 보존 상태가 가장 좋다.

제42호 순천 송광사 목조삼존불감 順天 松廣寺 木彫三尊佛龕
전남 순천시 송광사성보박물관, 중국 당

불상을 모시기 위해 나무나 돌 등으로 만든 작은 건축물을 불감(佛龕)이라 한다. 이 목조삼존불감은 보조국사 지눌이 당나라에서 돌아오는 길에 가져온 것으로, 불감의 양식이나 구조 등으로 보아 중국 당나라에서 제작한 것으로 보는 견해가 지배적이다.

제43호 혜심고신제서 惠諶告身制書
전남 순천시 송광사성보박물관, 고려 13세기

고려 고종 때인 1216년 진각국사 혜심에게 대선사(大禪師)의 호를 하사한다는 내용의 문서. 마름모형 꽃무늬가 있는 비단 7장을 이어 만든 두루마리에 글씨를 써넣었다. 가로 3.6m, 세로 33cm. 고려시대 승려에게 하사한 제서(制書)가 드물다는 점에서 매우 귀중한 자료이다.

제44호 보림사 남·북 3층 석탑 및 석등 寶林寺 南北三層石塔, 石燈
전남 장흥군 보림사, 통일신라 9세기

장흥 보림사 앞뜰에 있는 2기의 석탑과 1기의 석등. 탑 속에서 발견된 기록물에 따라 석탑, 석등 모두 870년에 제작된 것으로 추정된다. 석탑과 석등은 모두 고풍스러움과 단정함 세련미를 갖추고 있으며 통일신라의 전형을 그대로 보여 준다.

제45호 영주 부석사 소조여래좌상 榮州 浮石寺 塑造如來坐像
경북 영주시 부석사, 고려 중기

부석사 무량수전에 봉안된 소조 불상. 높이 2.78m. 소조 불상이란 나무로 골격을 만들고 진흙을 붙여 가면서 만드는 불상을 말한다. 통일신라 불상 양식과 큰 차이가 나지 않는다는 점에서 고려 초기 작품으로 추정한다. 우리나라 소조 불상 가운데 가장 크고 오래된 것이다.

제46호 **영주 부석사 조사당 벽화** 榮州 浮石寺 祖師堂 壁畵

경북 영주시 부석사, 고려 후기

영주 부석사 조사당(국보 19호) 안쪽 벽면에 사천왕과 제석천, 범천을 6폭으로 나누어 그린 작품. 각각의 크기는 205×75cm. 지금은 벽면 전체를 그대로 떼어 유리 상자에 담아 무량수전 내부에 보관하고 있다. 전체적으로 생동감이 넘치고 유려한 분위기의 고려불화다.

제47호 **하동 쌍계사 진감선사 대공탑비** 河東 雙磎寺 眞鑑禪師 大空塔碑

경남 하동군 쌍계사, 통일신라 9세기

통일신라 승려인 진감선사(774~850년)의 탑비다. 당나라에 유학하여 승려가 된 진감선사는 신라로 귀국한 뒤 불교 음악인 범패를 도입해 대중화시킨 인물. 쌍계사에서 입적했으며, 이 탑비는 진성여왕 원년(887)에 세웠다. 최치원이 비문을 짓고 글씨를 썼다.

제48호 **평창 월정사 8각 9층 석탑** 平昌 月精寺 八角九層石塔

강원 평창군 월정사, 고려 10세기

고려시대에는 한반도 북쪽 지방에 다각형의 다층 석탑이 유행했다. 이는 고구려 다각다층 석탑의 영향을 받은 것이다. 이 탑은 전체적으로 비례가 뛰어나고 세련된 조형미를 보여 준다. 지붕돌 귀퉁이에 달려 있는 청동 풍경, 상륜부의 금동 장식이 매우 화려하다. 높이 15.2m.

제49호 **예산 수덕사 대웅전** 禮山 修德寺 大雄殿

충남 예산군 수덕사, 고려 충렬왕

남성적인 당당함이 돋보이는 고려시대 목조 건축물. 1307년에 건축되었다. 가장 단순한 형식인 맞배지붕으로 되어 있다. 전체적으로 단순하고 간결하면서도 절제된 우직함의 아름다움이 돋보인다. 건물 옆면의 나무 부재가 연출하는 공간 구성도 매우 아름답다.

제50호 **도갑사 해탈문** 道岬寺 解脫門

전남 영암군 도갑사, 조선 15세기

월출산 도갑사에 있는 건축물 가운데 가장 오래된 것으로, 조선 선종 때인 1473년에 지었다. 건물 기단의 가운데에 계단이 있는데, 그 계단의 소맷돌에 태극 무늬를 조각해 놓았다. 기둥 위의 구조를 보면 독특하게도 주심포식과 다포식이 섞여 있다.

제51호 강릉 임영관 삼문 江陵 臨瀛館 三門
강원 강릉시 용강동, 고려 14세기

고려시대에 지은 강릉 객사(客舍) 임영관(臨瀛館)의 정문. 현재 객사 건물은 없어지고 이 문만 남아 있다. 객사란 고려 조선시대 때 중앙관리나 사신들이 묵던 지방 관아. 이 정문은 14세기에 다시 지은 것으로 추정되며 '임영관' 현판은 공민왕이 썼다. 임영은 강릉의 옛 이름.

제52호 합천 해인사 장경판전 陜川 海印寺 藏經板殿
경남 합천군 해인사, 조선 15세기

국보 32호 팔만대장경을 보관하고 있는 목조 건축물. 지금 건물은 조선 성종 때인 1488년경 지었다. 주변 환경(온도, 습도)을 적절히 고려하고 통풍 구조 등을 과학적으로 설계해 지금까지 팔만대장경을 완벽하게 보존해 오고 있다. 유네스코 세계유산이다.

제53호 구례 연곡사 동승탑 求禮 鷰谷寺 東僧塔
전남 구례군 토지면 연곡사, 통일신라 말기

승탑은 유명 스님들의 사리를 모셔 놓은 석조물로, 부도(浮屠)라 부르기도 한다. 통일신라 말 작품이지만 주인공이 누구인지 알 수 없다. 조형미와 비례감이 뛰어나 한국 최고의 승탑으로 꼽힌다. 기와지붕과 흡사한 탑신의 지붕돌, 가릉빈가, 봉황 등의 조각술도 인상적이다. 높이 3m.

제54호 구례 연곡사 북승탑 求禮 鷰谷寺 北僧塔
전남 구례군 토지면 연곡사, 고려 초기

연곡사 동승탑에서 150m 정도 떨어진 곳에 있다. 역시 어떤 스님을 기리기 위한 것인지 알 수 없다. 동승탑보다 다소 시기가 늦은 고려 초에 만들어진 것으로 보인다. 전체적인 외형이나 조각 수법 등은 동승탑과 거의 흡사하다. 높이 3m.

제55호 보은 법주사 팔상전 報恩 法住寺 捌相殿
충북 보은군 법주사, 조선 17세기

팔상전은 우리나라 탑 가운데 가장 높은 건축물이며 하나뿐인 목조탑이다. 높이 22.7m. 지금의 건물은 조선 인조 때인 1605년에 다시 짓고 1968년에 해체, 수리한 것이다. 벽면에 부처의 일생을 여덟 장면으로 구분하여 그린 팔상도(八相圖)가 그려져 있어 팔상전이라는 이름이 붙었다.

제56호 **순천 송광사 국사전** 順天 松廣寺 國師殿
전남 순천시 송광사, 조선 초기

조계산 송광사는 우리나라 3대 사찰 중 하나. 송광사 국사전은 나라를 빛낸 큰 스님 열여섯 분의 영정을 모시고 그 공덕을 기리기 위해 세웠다. 고려 공민왕 때인 1369년 처음 지었다고 하지만 건축적으로 보아 조선 초기 건물이다. 맞배지붕에 소박하고 간결한 모습이 돋보인다.

제57호 **화순 쌍봉사 철감선사탑** 和順 雙峰寺 澈鑒禪師塔
전남 화순군 쌍봉사, 통일신라 9세기

쌍봉사에 있는 철감선사의 승탑이다. 철감선사가 경문왕 8년(868)에 이 절에서 입적하자 왕은 철감이라는 시호를 내려 탑과 비를 세우도록 했다. 선사가 입적한 868년에 세웠을 것으로 추정한다. 조형미와 조각 수법이 뛰어난 걸작이지만 꼭대기의 머리 장식은 사라진 상태다.

제58호 **청양 장곡사 철조약사여래좌상 및 석조대좌**
　　　　青陽 長谷寺 鐵造藥師如來坐像, 石造臺座
충남 청양군 장곡사, 통일신라 10세기

칠갑산 장곡사 상대웅전에 있는 철불좌상. 당당하지만 양감과 엄정함이 떨어지는 것으로 보아 통일신라 최말기인 10세기 작품으로 추정된다. 광배가 나무로 되어 있고 대좌(臺座)가 사각형이라는 점이 특이하다. 애초 돌로 만든 광배를 후대에 나무로 바꿨을 가능성이 높다.

제59호 **원주 법천사지 지광국사 현묘탑비** 原州 法泉寺址 智光國師 玄妙塔碑
강원 원주시 부론면, 고려 11세기

고려 문종 24년(1070)에 지광국사가 법천사에서 입적하자 그를 기리기 위해 승탑(부도)과 함께 이 비를 세웠다. 전체 높이 약 4.55m. 거북 모양 받침돌 위에 몸돌을 세우고 그 위에 왕관 모양의 머릿돌을 올렸다. 국보 101호인 승탑은 경복궁으로 옮겨졌고 탑비만이 옛 자리를 지키고 있다.

제60호 **청자 사자모양뚜껑 향로** 青磁 獅子形蓋 香爐
서울 용산구 국립중앙박물관, 고려 12세기

고려청자 전성기인 12세기에 만든 향로. 높이 21.2cm, 지름 16.3cm. 몸체와 사자 모양의 뚜껑으로 구성되어 있다. 저 먼 데를 바라보는 사자의 모습이 인상적이다. 동물 모양을 넣어 청자를 만든 고려 도공들의 예술적 태도가 참으로 과감하고 낭만적이라는 생각이 든다.

제51호~제60호 • 487

제61호 **청자 어룡모양 주전자** 靑磁 魚龍形 注子
서울 용산구 국립중앙박물관, 고려 12세기

고려 도공들은 동물 모양의 청자를 많이 만들었다. 이것은 용의 머리와 물고기의 몸을 가진 상상의 동물을 형상화했다. 용의 머리는 물론이고 비늘과 갈퀴, 지느러미 등을 매우 섬세하게 표현했다. 연꽃 줄기 모양의 주전자 손잡이도 흥미롭다. 높이 24.4cm, 밑지름 10.3cm.

제62호 **김제 금산사 미륵전** 金堤 金山寺 彌勒殿
전북 김제시 금산사, 조선 17세기

금산사 미륵전은 장대한 규모를 자랑하는 국내 유일의 3층 목조 건물이다. 정유재란 때 불탄 것을 조선 인조 때인 1635년에 다시 지었다. 내부는 3층 전체가 하나로 터진 통층이다. 각 층마다 대자보전(大慈寶殿), 용화지회(龍華之會), 미륵전(彌勒殿)이라는 현판이 걸려 있다.

제63호 **철원 도피안사 철조비로자나불좌상** 鐵原 到彼岸寺 鐵造毘盧舍那佛坐像
강원 철원군 도피안사, 통일신라 9세기

불상과 그것을 받치고 있는 대좌(臺座)까지도 철로 만든 보기 드문 작품이다. 높이 91cm. 불상 뒷면에 865년에 제작했다는 기록이 남아 있다. 신체의 비례가 알맞고 전체적인 조형미도 뛰어나다. 그러나 8세기의 이상적이고 근엄했던 얼굴에 비해 다소 인간적이고 친근한 얼굴이다.

제64호 **보은 법주사 석련지** 報恩 法住寺 石蓮池
충북 보은군 법주사, 통일신라 8세기

법주사 경내에 있는 돌로 만든 작은 연못. 여기에 물을 담고 연꽃을 띄워 놓았다고 한다. 8세기경에 만든 것으로, 우아하고 품격 있는 아름다움을 지니고 있다. 특히 반쯤 피어난 듯한 몸돌의 조각을 보면, 그 절제된 화려함이 오래도록 여운을 남긴다. 높이 1.95m, 둘레 6.65m.

제65호 **청자 기린모양 뚜껑 향로** 靑磁 麒麟形 蓋香爐
서울 성북구 간송미술관, 고려 12세기

청자 전성기였던 12세기엔 상서로운 동물 모양을 넣은 청자를 많이 만들었다. 이를 흔히 상형(象形)청자라 한다. 이 향로는 뚜껑 한복판에 기린을 조각하고 그 옆으로 번개무늬를 음각했다. 뒤를 돌아보고 있는 기린이 인상적이다. 기린의 뿔은 부서진 상태. 높이 20cm.

제66호 청자 상감버드나무대나무원앙무늬 정병 青磁 象嵌柳竹蓮蘆鴛鴦文 淨瓶
서울 성북구 간송미술관, 고려 12세기

고려 전기의 청자 정병으로 높이 37cm, 밑지름 8.9cm. 정병은 불교에서 모든 악을 씻어 버리는 의식에서 사용하던 용기다. 이 정병의 표면엔 버드나무와 갈대가 있는 물가에서 여유롭게 오가는 한 쌍의 원앙을 상감 기법으로 표현했다. 한 폭의 그림을 보는 듯하다.

제67호 구례 화엄사 각황전 求禮 華嚴寺 覺皇殿
전남 구례군 화엄사, 조선 18세기

원래 통일신라 건물이었으나 임진왜란 때 완전히 불타 버린 것을 조선 숙종 때인 1702년에 다시 지었다. '각황전'이란 이름은 숙종이 지어 현판을 내린 것이다. 2층 건물인 각황전은 웅장한 멋이 돋보인다. 세월이 흘러 단청이 벗겨지고 나무의 속살이 드러나 더욱 담백하다.

제68호 청자 상감구름학무늬 매병 青磁 象嵌雲鶴文 梅瓶
서울 성북구 간송미술관, 고려 12세기

고려 상감청자 매병 가운데 최고의 작품. 투명하고 그윽한 비색은 물론이고 어깨에서 몸통으로 이어지는 당당한 곡선이 아름답기 그지없다. 원 안팎의 학의 진행 방향을 위아래로 달리해 생동감과 변화가 넘친다. 일제 강점기 간송 전형필이 거금을 들여 수집한 문화재다.

제69호 심지백 개국원종공신녹권 沈之伯 開國原從功臣錄券
부산 서구 동아대박물관, 조선 14세기

조선 태조 6년(1397) 10월 왕의 명령에 따라 공신도감(功臣都監)에서 개국 공신 심지백(沈之伯)에게 내린 공신 문서. 개국원종공신(開國原從功臣) 제도는 조선시대 개국 공신을 늘리기 위해 시행한 포상 제도다. 이 녹권은 조선초 정치 사회상을 보여 주는 중요한 사료다.

제70호 훈민정음 訓民正音
서울 성북구 간송미술관, 조선 15세기

조선 세종 때인 1446년에 창제된 훈민정음에 대한 한문 해설서. 왕의 명령으로 집현전 학사들이 중심이 되어 만들었다. 책 이름도 한글의 이름인 훈민정음으로 했다. 해례가 붙어 있어서 '훈민정음 해례본' 또는 '훈민정음 원본'이라고도 한다.

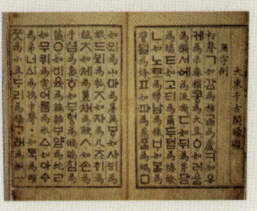

제71호 **동국정운 권1, 6** 東國正韻 卷一, 六
서울 성북구 간송미술관, 조선 15세기

조선 초 혼란스럽던 한자음을 바로 잡아 통일된 표준음을 정하기 위해 간행한 책. 신숙주, 최항, 박팽년 등이 세종의 명으로 편찬한 뒤 1448년에 간행했다. 한자음의 음운 체계 연구뿐만 아니라, 훈민정음의 글자를 만든 배경이나 음운 체계 연구에 있어 중요하다.

제72호 **금동계미명삼존불입상** 金銅癸未銘 三尊佛立像
서울 성북구 간송미술관, 삼국시대

중앙에 본존불이 있고 양옆에 협시보살을 배치한 삼존불(三尊佛)이다. 본존불의 옷자락이 좌우 아래로 새의 깃처럼 길쭉이 뻗쳐 있으며, 협시보살은 광배의 끝에 매달리듯 표현되어 있다. 광배 뒷면에 새겨진 글에 의해 백제 위덕왕 10년(563)에 만든 것으로 추정된다.

제73호 **금동삼존불감** 金銅三尊佛龕
서울 성북구 간송미술관, 고려 11~12세기

높이 18cm의 작은 불감. 난간을 두른 사각형의 기단 위에 본존불과 두 보살상이 있고 그 기단을 법당 모양의 뚜껑으로 덮어씌울 수 있게 되어 있다. 뚜껑에는 창문이 나 있어 불상을 들여다볼 수 있다. 불상의 양식 등으로 보아 11~12세기 작품으로 추정된다.

제74호 **청자 오리모양 연적** 靑磁 鴨形 硯滴
서울 성북구 간송미술관, 고려 12세기

오리 모양으로 만든 청자 연적. 높이 8cm, 너비 12.5cm. 물 위에 뜬 오리가 연꽃 줄기를 물고 있으며 연잎과 봉오리는 오리의 등에 자연스럽게 붙어 있다. 이 연적은 적당한 크기와 세련된 조각 기법, 비색(翡色)의 은은함 등 귀엽고 예쁘면서도 품격이 높은 명품이다.

제75호 **표충사 청동은입사 향완** 表忠寺 靑銅銀入絲 香垸
경남 밀양시 단장면 표충사, 고려 12세기

나팔 모양 받침에, 주둥이가 넓적하게 벌어진 모양의 향로. 고려 때 유행한 이 같은 향로를 특별히 향완이라 부른다. 은입사(銀入絲, 무늬를 선으로 파낸 뒤 거기 은실을 박아 장식하는 것) 기법으로 범(梵) 자와 구름, 용 등의 무늬를 장식했다. 1177년 작, 높이 27.5cm.

제76호 이충무공 난중일기 및 서간첩, 임진장초 李忠武公 亂中日記, 書簡帖, 壬辰狀草
충남 아산시 현충사, 조선 16세기

임진왜란(1592~1598) 때 충무공 이순신이 썼던 글들. 난중일기는 1권 임진일기(1592~1593) 등 연도별로 나누어 일곱 권으로 되어 있다. 임진장초는 해전의 성과와 전황 등에 관해 조정에 올린 글들을 모은 것이고, 서간첩은 충무공이 친척들에게 보낸 편지글이다.

제77호 의성 탑리리 5층 석탑 義城 塔里里 五層石塔
경북 의성군 금성면, 신라 7세기

분황사 모전 석탑(국보 30호)에 이어 두 번째로 세워진 신라 석탑이다. 화강암으로 만들었지만 전탑(塼塔) 양식과 목조 건축 수법을 동시에 보여 주는 특이한 구조다. 기단은 석탑식, 탑신의 기둥은 목탑식, 지붕은 전탑식이어서 일종의 모전 석탑이라 할 수 있다. 높이 9.6m.

제78호 금동미륵보살반가사유상 金銅彌勒菩薩半跏思惟像
서울 용산구 국립중앙박물관, 삼국시대 6세기

한국 불교 조각의 최고 명품으로 꼽히는 작품. 오른쪽 다리를 왼쪽 무릎에 올린 채 사색에 빠져 있는 미륵보살을 표현했다. 오른뺨에 살짝 갖다 댄 손, 심오하고 철학적인 미소를 통해 불교적 고뇌와 사유의 깊이를 매우 아름답게 구현해 냈다. 6세기 후반 작, 높이 83.2cm.

제79호 경주 구황동 금제여래좌상 慶州 九皇洞 金製如來坐像
서울 용산구 국립중앙박물관, 통일신라 8세기

1934년 경주 구황동 3층 석탑(국보 37호) 해체 복원 시 사리함에서 금제여래입상(국보 80호)과 함께 발견되었다. 위엄이 있으면서도 미소 띤 얼굴, 뚜렷한 이목구비, 균형 잡힌 몸매가 돋보인다. 손 모양, 옷주름, 양감 표현 등에서 8세기 초 양식이 드러난다. 높이 12.2cm.

제80호 경주 구황동 금제여래입상 慶州 九黃洞 金製如來立像
서울 용산구 국립중앙박물관, 통일신라 8세기

국보 79호와 함께 경주 구황동 3층 석탑 사리함에서 발견된 불상. 위엄이 있으면서도 원만한 얼굴 표정이 두드러진다. 광배를 보면, 전체적으로 보주형(寶珠形)이며 불꽃 무늬를 섬세하게 뚫음새김해 놓았다. 왼손으로 옷자락 끝을 살짝 쥔 것이 인상적이다. 높이 14cm.

제81호 **감산사 석조미륵보살입상** 甘山寺 石造彌勒菩薩立像
서울 용산구 국립중앙박물관, 통일신라 8세기

감산사는 신라 성덕왕 18년(719)에 김지성이라는 사람이 부모의 명복을 빌기 위해 창건한 사찰. 이 미륵보살은 당시 김지성이 어머니를 위해 만든 것이다. 풍만한 신체를 사실적으로 능숙하게 표현했으며 동시에 감각적이고 관능적인 보살상의 이미지를 잘 살린 작품이다. 불상 높이 1.83m.

제82호 **감산사 석조아미타불입상** 甘山寺 石造阿彌陀佛立像
서울 용산구 국립중앙박물관, 통일신라 8세기

719년 감산사를 세운 김지성이 아버지를 위해 만든 석불이다. 불상 높이 1.74m. 전체적으로 균형과 비례가 뛰어나며 당당하고 위엄이 있다. 불상의 얼굴은 풍만하고 눈, 코, 입의 세부 표현도 사실적이고 세련되었다. 통일신라의 이상주의적 사실주의 불상 양식을 대표하는 작품이다.

제83호 **금동미륵보살반가사유상** 金銅彌勒菩薩半跏思惟像
서울 용산구 국립중앙박물관, 삼국시대 7세기

국보 78호와 함께 한국 불교 조각을 대표하는 명품이다. 단순한 듯하지만 균형과 비례감 넘치는 신체 표현, 자연스러우면서도 입체적으로 처리된 옷주름, 정교한 눈, 코, 입…… 얼굴의 잔잔한 미소는 자비롭고 숭고한 종교적 아름다움을 완벽하게 상징한다. 높이 93.5cm.

제84호 **서산 용현리 마애여래삼존상** 瑞山 龍賢里 磨崖如來三尊像
충남 서산시 운산면 용현리, 백제 6세기 말~7세기 초

'백제의 미소'로 널리 알려진 마애불. 마애불은 바위에 조각한 불상을 말한다. 서산 가야산 계곡의 층암 절벽에 조성된 이 마애불은 여래입상을 중심으로 오른쪽에는 보살입상, 왼쪽에는 반가사유상이 조각되어 있다. 온화하고 순수한 미소가 보는 사람을 편안하게 한다.

제85호 **금동신묘명삼존불입상** 金銅辛卯銘 三尊佛立像
서울 용산구 삼성미술관 리움, 고구려

1930년 황해도 곡산군 화촌면 봉산리에서 출토되었다. 높이 18cm. 하나의 커다란 광배(光背)에 본존불과 좌우보살상을 조각한 형태의 삼존불(三尊佛). 좌우 보살상이 광배 끝에 겨우 매달린 듯 보이는 점이 인상적이다. 571년 신묘년에 만든 고구려 불상으로 추정된다.

제86호 **개성 경천사지 10층 석탑** 開城 敬天寺址 十層石塔
서울 용산구 국립중앙박물관, 고려 14세기

독특하고 날렵한 조형미를 뽐내는 석탑. 기단과 탑신에는 부처, 보살 등 다양한 무늬를 조각했다. 탑신에 난간을 돌리고 지붕돌은 팔작지붕 기와골로 표현했다. 개성의 경천사에 있었으나 1907년 일본에 약탈당했다 1919년 되돌아왔다. 현재 국립중앙박물관에 전시 중이다. 높이 13.5m.

제87호 **금관총 금관 및 금제 관식** 金冠塚 金冠, 金製冠飾
경북 경주시 국립경주박물관, 신라 5, 6세기

경주시 노서동 금관총에서 발견된 신라 금관. 최초로 확인된 신라 금관이다. 원형의 머리띠 정면에 3단으로 출(出) 자 모양의 장식 세 개를 두고, 뒤쪽 좌우에 두 개의 사슴뿔 모양 장식이 세워져 있다. 새 날개 모양의 관모도 함께 발견되었다. 높이 44.4cm.

제88호 **금관총 금제 허리띠** 金冠塚 金製銙帶
경북 경주시 국립경주박물관, 신라 5, 6세기

40개의 순금제 판을 이어 만든 허리띠. 길이는 109cm. 이 금제 판은 네모꼴에 하트 모양 드림이 달려 있으며 풀무늬를 화려하게 뚫음새김해 놓았다. 허리띠에는 열일곱 개의 장식줄을 길게 늘어뜨리고 맨 끝에는 약병, 물고기, 곡옥(曲玉, 굽은 옥) 등의 장식물을 달았다.

제89호 **평양 석암리 금제 띠고리** 平壤 石巖里 金製鉸具
서울 용산구 국립중앙박물관, 낙랑 1, 2세기

평남 대동군 석암리 9호분 출토품. 길이 9.4cm. 전체적인 디자인이 아름다운 데다 금구슬과 금실을 표면에 붙여 장식하는 누금세공(鏤金細工) 수법도 매우 뛰어나다. 용 일곱 마리의 율동적인 배치, 꽃잎 모양의 윤곽을 만들고 그 속에 옥을 끼워 넣은 기술 등도 인상적이다.

제90호 **경주 부부총 금귀걸이** 慶州 夫婦塚 金製耳飾
서울 용산구 국립중앙박물관, 신라 6세기

경주 보문동의 부부총(夫婦塚)에서 출토된 신라 금귀고리. 길이 8.7cm. 커다랗고 둥근 고리에 타원형의 중간 고리를 연결했고 그 아래에 나뭇잎 모양의 장식을 매달았다. 누금 기법으로 금실과 금알갱이를 붙여 거북등무늬, 꽃무늬를 매우 정교하고 화려하게 장식했다.

제91호 **도기 기마인물모양 명기** 陶器 騎馬人物形 明器
서울 용산구 국립중앙박물관, 신라 5, 6세기

경주시 금령총에서 출토된 말 탄 사람 모양의 토기. 죽은 자의 영혼이 말(교통수단)을 타고 무사히 저승에 도착하길 바라는 신라인의 기원을 담은 것이다. 하나는 크고 화려하며 하나는 작고 단순하다. 큰 것은 무덤의 주인공(왕 또는 왕족)을, 작은 것은 하인을 의미한다.

제92호 **청동 은입사물가풍경무늬 정병** 靑銅銀入絲蒲柳水禽文 淨瓶
서울 용산구 국립중앙박물관, 고려 12세기

정병(淨瓶)은 부처에게 바치는 맑은 물을 담는 물병. 갈대가 우거지고 수양버들이 늘어진 언덕, 물새가 노닐고 사공이 조각배를 젓는 서정적 풍경을 은입사(청동 바탕에 은을 박아 장식) 기법으로 세련되게 표현했다. 높이 37.5cm. 표면이 초록색인 것은 녹이 슬었기 때문이다.

제93호 **백자 철화포도원숭이무늬 항아리** 白磁 鐵畵葡萄猿文 壺
서울 용산구 국립중앙박물관, 조선 18세기

표면에 포도나무와 포도덩굴을 타고 노는 원숭이가 그려져 있다. 포도는 다산(多産)과 풍요를 상징한다. 원숭이는 벼슬을 상징한다. 많은 자식들이 높은 벼슬에 오르길 바라는 의미가 담겨 있는 셈이다. 도자기 표면 아래쪽의 여백이 시원하다. 높이 30.8cm

제94호 **청자 참외모양 병** 靑磁 瓜形 瓶
서울 용산구 국립중앙박물관, 고려 12세기

경기 장단군에 있는 고려 인종릉에서 발굴됐다. 높이 22.8cm. 함께 발굴된 책에 '황통(皇統) 6년(1146)'이란 연도가 쓰여져 있다. 몸체는 참외 모양으로, 주둥이는 참외꽃으로 표현했다. 치마주름 모양의 높은 굽과 길쭉한 목 등 전체적으로 경쾌하면서도 단정하다.

제95호 **청자 투각칠보문뚜껑 향로** 靑磁 透刻七寶文蓋 香爐
서울 용산구 국립중앙박물관, 고려 12세기

조형미와 장식 기법이 빼어난 향로. 뚜껑, 몸체, 대좌로 이뤄져 있다. 뚜껑은 향이 밖으로 퍼져나갈 수 있도록 투각으로 구멍을 냈고, 몸통은 국화잎으로 단정하게 싸여 있다. 아래쪽 대좌는 토끼 세 마리가 등으로 떠받들고 있는데, 이 모습이 특히 인상적이다. 높이 15.3cm.

제96호 **청자 구룡모양 주전자** 靑磁 龜龍形 注子
서울 용산구 국립중앙박물관, 고려 12세기

용의 얼굴에 거북 몸체를 지닌 동물을 형상화한 청자 주전자. 이마 위의 뿔과 수염, 갈기, 눈, 이빨, 비늘 등을 정교하게 표현했다. 등에는 거북등 모양을 새겨 그 안에 왕(王) 자를 써 넣었다. 등 뒤로 꼬아 붙인 연꽃 줄기는 자연스럽게 손잡이로 삼았다. 높이 12cm.

제97호 **청자 음각연화당초무늬 매병** 靑磁 陰刻蓮花唐草文 梅瓶
서울 용산구 국립중앙박물관, 고려 12세기

세련된 조형미를 자랑하는 매병은 고려청자의 대표적인 형태 가운데 하나다. 이 청자 매병은 작고 야트막하지만 야무지게 마무리된 아가리, 풍만한 어깨와 몸통, 잘록한 허리 등의 모습에서 매병의 단정하고 반듯한 아름다움이 풍겨난다. 음각의 무늬도 깔끔하다. 높이 43.9cm.

제98호 **청자 상감모란무늬 항아리** 靑磁 象嵌牡丹文 缸
서울 용산구 국립중앙박물관, 고려 13세기

몸통 앞뒤로 모란을 한 줄기씩 표현했다. 꽃과 잎을 한가운데 큼직하게 배치한 점, 꽃과 잎의 대담한 흑백 대비가 시원하면서도 색다른 품격을 전해 준다. 꽃을 중심으로 잎을 좌우상하로 대칭되게 배열한 것도 인상적이다. 손잡이는 사자 모양이다. 높이 20.1cm.

제99호 **김천 갈항사지 동·서 3층 석탑** 金泉 葛項寺址 東西三層石塔
서울 용산구 국립중앙박물관, 통일신라 8세기

원래 갈항사터에 있었으나 1916년 서울 경복궁으로 옮겨졌고, 2005년 용산의 국립중앙박물관으로 이전되었다. 동탑의 기단에 통일신라 경덕왕 17년(758)에 왕실의 외척인 언적법사 삼남매가 건립하였다는 내용이 새겨져 있다. 높이는 동탑 4.3m, 서탑 4m.

제100호 **개성 남계원지 7층 석탑** 開城 南溪院址 七層石塔
서울 용산구 국립중앙박물관, 고려

경기도 개성 부근의 남계원 터에 남아 있던 탑. 기단부의 부재가 일부만 남아 있어 탑의 이 부분이 어색하다. 지붕돌의 경우, 두툼한 처마가 밋밋한 곡선을 그리다 네 귀퉁이에서 급한 반전을 보이며 심하게 들려 있다. 이는 고려 석탑의 특징 가운데 하나다. 높이 9.3m.

제101호 **원주 법천사지 지광국사탑** 原州 法泉寺址 智光國師塔
서울 종로구 경복궁, 고려 11세기

고려시대의 승려 지광국사 해린(海麟)이 1070년 입적하자 그의 사리를 안치했던 승탑. 보통의 승탑이 8각 평면인 것과 달리 4각 평면을 취해 새로운 양식을 보여 준다. 독특하고 세련된 조형미, 다양하고 화려한 장식 등에 힘입어 고려시대 최고의 승탑으로 평가받는다. 높이 6.1m.

제102호 **충주 정토사지 홍법국사탑** 忠州 淨土寺址 弘法國師塔
서울 용산구 국립중앙박물관, 고려 11세기

1017년경 세운 고려 승려 홍법국사의 승탑(부도). 원래 충북 충주 정토사 옛터에 있었다. 이 승탑의 특징은 둥근 공 모양을 하고 있는 탑신의 몸돌. 공을 가로 세로로 묶은 듯 십자형 무늬를 양각했고 교차점에 꽃무늬를 장식했다. 대담하고 세련된 디자인 감각이 돋보인다. 높이 2.55m.

제103호 **광양 중흥산성 쌍사자석등** 光陽 中興山城 雙獅子石燈
광주 북구 국립광주박물관, 통일신라 9세기

기둥을 두 마리의 사자 모양으로 표현한 석등. 가슴을 맞대고 머리를 들고 있는 사자의 모습이 역동적이고 사실적이다. 전체적으로 조형미가 뛰어나다. 원래 광양 중흥산성에 있었으나 일본인이 무단 반출하려 하자 경복궁으로 옮겨 놓았고, 지금은 국립광주박물관에 있다. 높이 2.5m.

제104호 **전 원주 흥법사지 염거화상탑** 傳 原州 興法寺址 廉居和尙塔
서울 용산구 국립중앙박물관, 통일신라 9세기

통일신라 말의 승려 염거화상이 844년 입적하자 그의 사리를 안치한 승탑이다. 원래 강원도 흥법사 터에 있었다고 하지만 확실한 근거가 없기 때문에 탑 이름 앞에 '전(傳)' 자를 붙였다. 즉 흥법사에 있었던 것으로 전한다는 뜻이다. 승탑(부도) 중에서는 가장 오래됐다. 높이 1.7m.

제105호 **산청 범학리 3층 석탑** 山淸 泛鶴里 三層石塔
서울 용산구 국립중앙박물관, 통일신라 9세기

범허사라고 전하는 경남 산청의 옛 절터에 무너져 있었다. 1941년경 대구로, 1947년 서울 경복궁으로, 2005년 용산 국립중앙박물관으로 이전되었다. 기단과 탑신의 1층 몸돌에 팔부신중(八部神衆, 불법을 수호하는 신들) 및 보살상이 화려하게 조각되어 있다. 높이 4.8m.

제106호 **계유명 전씨 아미타불비상** 癸酉銘 全氏 阿彌陀佛碑像
충북 청주시 국립청주박물관, 통일신라시대 초기

충남 연기군 비암사에서 발견된 이 아미타삼존상은 4각의 길죽한 돌의 각 면에 불상과 글씨를 조각한 비상(碑像) 형태다. 조각이 정교하면서도 장엄하고, 세부 양식 등에서 계유명 삼존천불비상(국보 108호)과 비슷하다. 문무왕 13년(673)에 제작한 것으로 추정한다. 높이 43cm.

제107호 **백자 철화포도무늬 항아리** 白磁 鐵畵葡萄文 壺
서울 서대문구 이화여대박물관, 조선 18세기

흑갈색 철사(鐵砂) 안료를 이용해 포도무늬를 그린 백자항아리. 포도의 알과 잎, 줄기 등 살아 있는 듯한 포도의 모습이 특히 매력적이다. 안료의 농담 강약의 적절한 구사, 시원스런 여백 등 작품성이 매우 뛰어나다. 18세기 백자의 높은 회화성을 볼 수 있는 명품이다. 높이 53.3cm.

제108호 **계유명 삼존천불비상** 癸酉銘 三尊千佛碑像
충남 공주시 국립공주박물관, 통일신라 7세기

충남 연기군의 서광암이라는 암자에서 발견된 작품. 비석 모양의 돌 전체에 불상과 글을 새겨 놓았다. 앞면 삼존불(三尊佛)을 중심으로 좌우에는 글이 새겨져 있고, 그 나머지 면에는 작은 불상이 가득 새겨져 있다. 불상들의 머리 주위에는 연꽃무늬와 불꽃무늬를 조각했다. 높이 91cm.

제109호 **군위 아미타여래삼존 석굴** 軍威 阿彌陀如來三尊 石窟
경북 군위군 부계면, 통일신라 8세기

700년경 경북 군위군 팔공산 절벽의 자연 동굴에 조성한 석굴 사원. 석굴암 석굴(국보 제24호)보다 연대가 앞선다. 가운데 본존불은 위엄있는 모습에, 당당한 신체 굴곡을 잘 드러냈다. 좌우의 보살상은 머리에 작은 불상과 정병이 새겨진 관(冠)을 쓰고 있다.

제110호 **이제현 초상** 李齊賢 肖像
서울 용산구 국립중앙박물관, 고려 14세기

고려 후기 문신이자 학자인 익재 이제현(益齋 李齊賢, 1287~1367)의 초상화. 충숙왕 때인 1319년, 이제현이 왕과 함께 원나라에 갔을 때 화가 진감여(陣鑒如)에게 그리게 한 작품이다. 의자에 앉은 모습을 비단에 채색하여 그렸다. 가로 93cm, 세로 177.3cm.

제111호 **안향 초상** 安珦 肖像
경북 영주시 순흥면 소수서원, 고려 14세기

고려 문신인 회헌 안향(晦軒 安珦, 1243~1306)의 상반신 초상화다. 1318년 고려 충숙왕의 명에 따라 제작한 작품이다. 현재 전해 오는 초상화 가운데 가장 오래됐다. 그러나 고려시대 원본이 아니라 16세기 조선 명종 때 원본을 모사한 작품이라는 견해도 있다. 가로 29cm, 세로 37cm.

제112호 **경주 감은사지 동·서 3층 석탑** 慶州 感恩寺址 東西 三層石塔
경북 경주시 양북면, 통일신라 7세기

널찍하고 탁 트인 감은사 터에 나란히 서 있는 쌍탑. 옛 신라의 1탑 사찰에서 삼국통일 직후 쌍탑 사찰로 변해가는 과정을 보여 주는 최초의 사례다. 별다른 장식 없이도 단정하고 당당하며 품격 있는 아름다움을 잘 구현해 낸, 한국 석탑의 대표작이다. 682년 작. 높이 13.4m.

제113호 **청자 철화양류무늬통모양 병** 靑磁 鐵畵楊柳文筒形 甁
서울 용산구 국립중앙박물관, 고려 12세기

전체적으로 단순하면서 소박한 분위기의 철화청자 병. 높이 31.6cm. 긴 통 모양의 병 앞뒤에 한 그루씩의 버드나무를 붉은 흙으로 그려 넣었는데 이것이 특히 매력적이다. 단순하고 간결하게 표현한 버드나무 그림에서 운치 있고 세련된 감각, 대담한 추상성 등이 엿보인다.

제114호 **청자 상감모란국화무늬참외모양 병** 靑磁 象嵌牡丹菊花文瓜形 甁
서울 용산구 국립중앙박물관, 고려 12세기

참외 모양(과형, 瓜形)의 청자 꽃병이다. 높이 25.6cm. 모란과 국화무늬가 선명하고 단정하게 배치되어 있다. 몸통이 참외 모양이고, 긴 목 위의 아가리가 나팔처럼 벌어진 것이 참외꽃 모양이다. 전북 부안군 유천리 가마터에서 만들어졌을 것으로 짐작된다.

제115호 **청자 상감당초무늬 대접** 靑磁 象嵌唐草文 碗
서울 용산구 국립중앙박물관, 고려 12세기

고려 의종 13년(1159)에 죽은 문공유의 무덤(경기 개풍군)에서 묘지(墓誌, 죽은 사람에 대한 내용을 적은 기록)와 함께 출토되었다. 대접 바깥은 상감 기법을 이용해 국화를 흑백으로 간결하게 표현하고 안쪽은 모란과 덩굴무늬를 표현했다. 높이 6cm, 입지름 16.8cm, 밑지름 4.4cm.

제116호 **청자 상감모란무늬표주박모양 주전자** 青磁 象嵌牡丹文瓢形 注子
서울 용산구 국립중앙박물관, 고려 12세기

고려자기에 흔히 나타나는 표주박 모양을 하고 있다. 몸통에는 활짝 핀 모란과 피지 않은 봉오리, 잎들로 장식했고 목의 윗부분은 흑백 상감으로 구름과 학무늬를 그려 넣었다. 주전자의 선이 우아하고 비례미와 조형미가 돋보인다. 높이 34.4cm.

제117호 **장흥 보림사 철조비로자나불좌상** 長興 寶林寺 鐵造毘盧遮那佛坐像
전남 장흥군 보림사, 통일신라 9세기

전남 장흥군 보림사의 대적광전에 모셔진 철불. 대좌(臺座)와 광배(光背)를 잃고 불신(佛身)만 남아 있는 상태이다. 불상의 왼팔 뒷면에 신라 헌안왕 2년(858)에 불상을 만들었다는 명문이 있다. 통일신라 전성기인 8세기 불상에 비해 긴장감과 탄력성이 줄어들었다. 높이 2.51m.

제118호 **금동미륵반가사유상** 金銅彌勒半跏思惟像
서울 용산구 삼성미술관 리움, 고구려 6, 7세기

1944년 평양시 평천리에서 공사 도중 출토된 보살상. 높이 17.5cm. 산 모양의 삼산관(三山冠)을 쓰고 있으며 고개를 약간 숙여 생각에 잠겨 있는 모습이다. 입가에는 엷은 미소가 잔잔하다. 보기 드물게 고구려의 반가사유상이라는 점에서 더욱 중요한 작품이다.

제119호 **금동 연가7년명 여래입상** 金銅 延嘉七年銘 如來立像
서울 용산구 국립중앙박물관, 고구려 6세기

신라 지역인 경남 의령에서 발견된 고구려 불상. 광배(光背) 뒷면의 명문에 따르면 539년 평양 동사(東寺)의 승려들이 만든 천불(千佛) 가운데 29번째 것이다. 좌우로 힘차게 뻗쳐 있는 옷자락, 소용돌이 치는 광배의 불꽃무늬 등에서 고구려 특유의 기세를 느낄 수 있다. 높이 16.2cm.

제120호 **용주사 동종** 龍珠寺 銅鐘
경기 화성시 용주사, 고려 10세기

신라 종 양식을 계승한 고려 초기의 범종. 몸체에 통일신라 854년에 조성됐다는 후대의 기록이 있으나 종의 형태와 문양으로 보아 고려 전기의 동종으로 추정한다. 전체적인 조형미가 뛰어나고 비천상 등 조각 수법이 뛰어나 고려 동종의 명품으로 꼽힌다. 높이 1.44m.

제121호. 안동 하회탈 및 병산탈 安東 河回탈, 屛山탈
서울 용산구 국립중앙박물관, 고려시대

경북 안동시 하회, 병산 마을에 전해 내려오는 고려 탈. 현존 탈놀이 가면 가운데 가장 오래됐다. 하회탈은 아래턱을 따로 조각해 노끈으로 달아 놀이할 때 움직이게 해 생동감을 부여한다. 하회탈은 주지, 각시, 양반탈 등 십 종 열한 개가 전하고 병산탈은 두 개 남아 있다.

제122호. 양양 진전사지 3층 석탑 襄陽 陳田寺址 三層石塔
강원 양양군 강현면, 통일신라 9세기

진전사지에 있는 3층 석탑이다. 진전사는 통일신라 도의국사(道義國師)가 창건한 절이다. 이 탑은 전체적으로 균형감이 뛰어나고 지붕돌 네 귀퉁이가 경쾌하게 치켜 올라가 그 멋을 더한다. 기단부의 천인상(天人像), 팔부신중(八部神衆) 조각도 뛰어나다. 높이 5m.

제123호. 익산 왕궁리 5층 석탑 사리장엄구 益山 王宮里 五層石塔 舍利莊嚴具
전북 전주시 국립전주박물관, 통일신라 9세기

1965년 익산 왕궁리 5층 석탑(국보 289호) 해체 과정에서 나온 사리장엄구들. 금제 사리함, 청동여래입상, 녹색 유리 사리병, 불교 의식 때 흔들어 소리를 내던 청동 요령, 금강경의 내용을 열아홉 장의 은제 도금판에 새긴 금강경판 등이 나왔다.

제124호. 강릉 한송사지 석조보살좌상 江陵 寒松寺址 石造菩薩坐像
강원 춘천시 국립춘천박물관, 고려시대

강원도 강릉시 한송사지에 있던 보살상으로 1912년 일본으로 옮겨졌다가, 1965년 조인된 한일협정에 따라 되돌려 받았다. 대리석의 질감과 뽀얀 색상이 이색적이면서도 우아한 기품을 자아낸다. 모양이 흡사한 보물 81호 한송사 석조보살상과 한 쌍이었을 것으로 추정된다.

제125호. 녹유 뼈항아리와 석제 외함 綠釉骨壺, 石製外函
서울 용산구 국립중앙박물관, 통일신라시대

불교에서 시신을 화장한 후 유골을 매장하는 데 사용했던 항아리(골호, 骨壺). 삼국시대 후기부터 고려시대까지 성행하였다. 몸체에는 도장을 찍듯 점선과 꽃무늬를 가득 채워 장식하고 유약을 발랐다. 유약을 바른 뼈항아리 가운데 가장 뛰어난 작품으로 꼽힌다.

제126호 **불국사 3층 석탑 사리장엄구** 佛國寺 三層石塔 舍利莊嚴具
서울 종로구 조계사 내 불교중앙박물관, 통일신라 8세기

1966년 10월 불국사 3층 석탑(석가탑)을 보수하기 위해 해체했을 때 탑 내부에서 발견된 유물들. 세계에서 가장 오래된 목판 인쇄본인 무구정광대다라니경을 비롯해 금동 사리함, 은제 사리함, 금동 비천상, 동경(銅鏡), 여러 모양의 유리옥, 비단에 쌓여 있는 향, 향나무 조각 등이 있다.

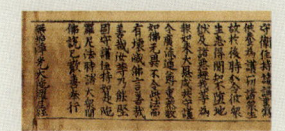

제127호 **서울 삼양동 금동관음보살입상** 三陽洞 金銅觀音菩薩立像
서울 용산구 국립중앙박물관, 삼국시대 7세기

1967년 서울 도봉구 삼양동에서 발견된 보살상. 삼각형 모양의 관에 작은 부처 하나를 새기고 있는 점과 오른손에 정병을 들고 있는 점에서 관음보살임을 알 수 있다. 삼국시대 후기에 크게 유행했던 관음 신앙의 단면을 보여 준다.

제128호 **금동관음보살입상** 金銅觀音菩薩立像
서울 용산구 삼성미술관 리움, 백제 7세기

충남 공주에서 출토되었다고 전해지는 백제시대 보살입상. 높이 15.2cm. 6각형의 대좌(臺座)를 보면 엎어 놓은 연꽃무늬를 새겼고, 그 위에 활짝 핀 연꽃무늬의 대석을 올려 놓은 모습이다. 잎이 넓고 부드러운 연꽃잎은 백제시대 특유의 양식이라고 할 수 있다.

제129호 **금동보살입상** 金銅菩薩立像
서울 용산구 삼성미술관 리움, 통일신라 8세기

통일신라시대에 유행하던 보살상의 양식과 특징을 잘 보여 주는 작품. 현재는 보살이 서 있던 대좌(臺座)와 머리에 쓰고 있던 관(冠)이 없으며, 왼손은 팔뚝에서 떨어져 나간 상태다. 얼굴이나 신체 표현에서 다소 경직된 느낌을 준다. 높이 54.5cm.

제130호 **구미 죽장리 5층 석탑** 龜尾 竹杖里 五層石塔
경북 구미시 선산읍, 통일신라시대

구미 죽장사 터에 있는 석탑. 높이 10m로, 국내의 5층 석탑 가운데 가장 높은 편이다. 전체적으로 웅장하면서도 세련된 조형미를 자랑한다. 기둥 조각을 새기지 않은 탑신의 몸돌이나 지붕돌의 모습에서 안동 지역에 유행했던 전탑(벽돌탑) 양식을 모방했음을 알 수 있다.

제131호 **고려 말 화령부 호적 관련 고문서** 高麗末 和寧府 戶籍 關聯 古文書
서울 용산구 국립중앙박물관, 고려 14세기

조선 개국 2년 전인 고려 공양왕 2년(1390), 조선 태조 이성계의 본 향인 영흥에서 작성한 호적 관련 문서다. 고려 양반의 호적은 2부를 작성해 관아와 개인이 하나씩 보관했는데, 이것은 이성계 자신이 보관하고 있었던 것으로 보인다. 고려 호적 제도 연구에 귀중한 자료다.

제132호 **징비록** 懲毖錄
경북 안동시 한국국학진흥원, 조선 17세기

서애 유성룡(1542~1607)이 임진왜란 때의 상황과 전란의 득실 등을 기록한 책이다. 징비(懲毖)란 미리 징계하여 후환을 경계한다는 뜻이다. 임진왜란 이전 일본과의 관계, 명나라의 구원병 파견 및 해상 장악에 대한 전황 등 당시 상황이 정확하게 기록되어 있다.

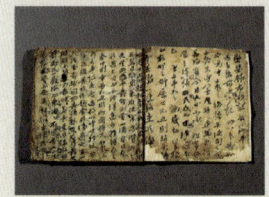

제133호 **청자 진사연화무늬표주박모양 주전자** 青磁 辰砂蓮華文瓢形 注子
서울 용산구 삼성미술관 리움, 고려 13세기

화려하고 세련된 조형미가 돋보이는 고려청자 명품. 붉은색 진사로 연잎 모양의 표면을 대담하게 장식했다. 잘록한 목 부분에서 연봉오리를 두 손으로 껴안아 들고 있는 어린 동자, 손잡이 위에 앉아 있는 개구리의 모습이 인상적이다. 경기 강화 최항의 무덤에서 출토됐다. 높이 32.5cm.

제134호 **금동보살삼존입상** 金銅菩薩三尊立像
서울 용산구 삼성미술관 리움, 삼국시대 6세기

하나의 광배(光背)에 삼존상을 배치한 6세기 삼국시대 보살상이다. 보살상 좌우로 나한상을 배치한 것은 우리나라에서 처음으로 보이는 독특한 형식이어서 그 학술적 가치가 매우 높다. 강원도 춘천에서 출토된 것으로 전해 온다. 높이 8.8cm.

제135호 **혜원 풍속도 화첩** 蕙園 風俗圖 畵帖
서울 성북구 간송미술관, 조선 18세기~19세기

혜원 신윤복(1758~?)이 18세기 말 또는 19세기 초에 그린 풍속화첩. 〈단오풍정(端午風情)〉, 〈월하정인(月下情人)〉 등 풍속화 30점이 들어 있다. 한량과 기녀 등 남녀의 애정, 양반 사회의 유흥 문화 등을 세련되고 화사한 색감과 분위기로 표현한 작품들이다. 35×28cm.

제136호 **용두보당** 龍頭寶幢
서울 용산구 삼성미술관 리움, 고려 10~11세기

일종의 미니어처 당간(幢竿, 사찰에서 깃발을 걸어 두던 기둥)이다. 당간 꼭대기에 용머리를 장식해 놓았다. 용머리 조각이 매우 사실적이고 역동적이어서 고려 금속공예술 수준을 잘 보여 주는 작품이다. 사찰 건물 안에서 의식용으로 사용했던 것이다. 높이 104.3cm.(왼쪽)

제137호 **대구 비산동 청동기 일괄** 大邱 飛山洞 靑銅器 一括
서울 용산구 삼성미술관 리움, 초기 철기 기원전 1세기

대구 비산동 초기 철기시대 무덤에서 발견된 청동기 유물. 청동검, 칼집 부속구, 투겁창(銅鉾), 소뿔 모양 동기 등이다. 동검은 전형적인 세형동검으로, 칼끝이 예리하고 칼몸 끝까지 등날이 세워져 있다. 칼자루 끝에는 서로 바라보는 물새 두 마리를 표현했다.(오른쪽)

제138호 **전 고령 금관 및 장신구 일괄** 傳 高靈 金冠, 裝身具 一括
서울 용산구 삼성미술관 리움, 가야 5~6세기

경북 고령에서 출토되었다고 전해지는 가야시대 금관과 부속 금제품. 금관(높이 11.5cm, 밑지름 20.7cm)은 머리에 두르는 넓은 띠 위에 네 개의 풀꽃 모양 장식이 꽂혀 있는 모습이다. 부속 금제품으로는 원, 은행, 꽃, 펜촉, 단추 등 다양한 모양의 장식품들이 섞여 있다.

제139호 **김홍도 군선도 병풍** 金弘道 群仙圖 屛風
서울 용산구 삼성미술관 리움, 조선 18세기

단원 김홍도(1745~1806년경)의 도석인물화. 1776년 작. 도석인물화란 불교나 도교에 관계된 초자연적인 인물상을 표현한 그림이다. 바람에 흩날리는 옷자락의 거침없는 표현, 신선들의 생동감 넘치는 몸짓과 얼굴 표정 등에서 단원 회화의 높은 수준을 가늠할 수 있다. 3개의 족자로 구분되어 있으며, 가로 575.9cm, 세로 132.9cm이다.

제140호 **나전 꽃무늬장식 동경** 螺鈿 花文 銅鏡
서울 용산구 삼성미술관 리움, 통일신라 8~10세기

가야의 옛 땅 경상도 지역에서 출토되었다고 전해지는 거울로, 우리나라에서 발견된 가장 오래된 나전 공예품이다. 지름 18.6cm, 두께 0.6cm. 나전과 호박으로 장식한 거울 뒷면이 무척이나 화려하다. 이와 유사한 기법으로 만든 거울이 일본 쇼소인(正倉院)에도 전해 온다.

제131호~제140호 • 503

제141호 잔무늬거울 精文鏡
서울 동작구 숭실대박물관, 청동기시대 기원전 3세기
지름 약 21cm인 이 거울엔 0.3mm 간격으로 0.05mm 정도의 가는 선 1만 3천여 개와 동심원 100여 개가 정교하게 주조되어 있다. 다뉴세문경(多紐細文鏡)이라고도 부른다. 다뉴(多紐)는 고리(紐)가 많다(多)는 것이고, 세문(細文)은 무늬의 선이 가늘고 정교하다는 뜻이다.

제142호 동국정운 1질 東國正韻 一帙
서울 광진구 건국대박물관, 조선 15세기
우리나라 최초의 표준음 관련 서적. 조선 세종 때인 1448년에 신숙주, 최항, 박팽년 등이 세종의 명을 받아 편찬했다. 활자본으로 6권 6책이 모두 보존되어 있다. 이 책은 동시 출간된 국보 제71호 『동국정운 권1, 6』과 함께 조선시대 음운학 연구에 있어 아주 귀중한 자료다.

제143호 화순 대곡리 청동기 일괄 和順 大谷里 靑銅器 一括
광주 북구 국립광주박물관, 청동기시대 기원전 3세기
전남 화순군 대곡리 영산강 구릉의 청동기시대 무덤 유적에서 출토된 유물. 출토된 청동기 유물 중 세형동검(청동검) 3점, 청동팔령두 두 점, 청동쌍령구 2점, 청동손칼 1점, 청동도끼 1점, 잔무늬거울(청동세문경) 2점이 국보로 지정되었다. 제작 기법이 뛰어난 유물들이다.

제144호 영암 월출산 마애여래좌상 靈巖 月出山 磨崖如來坐像
전남 영암군 회문리, 통일신라 말~고려 초
전남 영암 월출산의 암벽을 깊게 판 뒤 그 안에 조성해 놓은 높이 8.6m의 불상. 불상 오른쪽 무릎 옆엔 예배하는 동자상을 조각해 놓았다. 전체적으로 근엄하고 힘이 넘친다. 그러나 신체에 비해 얼굴은 크고 팔은 작아 비례감이 떨어지는 편이다.

제145호 짐승얼굴무늬 청동로 鬼面 靑銅爐
서울 용산구 국립중앙박물관, 고려
받침대 위에 솥 모양의 몸체가 올라가 있으며 몸체 잘록한 부분에 도깨비 얼굴을 큼지막하게 새겼다. 얼굴에 입을 뚫어서 바람이 안으로 들어갈 수 있도록 했다. 모양은 향로와 비슷하지만 통풍구를 뚫은 것으로 미루어 풍로나 다로(茶爐)로 사용된 듯하다. 높이 12.9cm.

제146호 전 논산 청동방울 일괄 傳 論山 靑銅鈴 一括
서울 용산구 삼성미술관 리움, 청동기시대 기원전 4~3세기

충남 논산에서 발견된 것으로 전해 오는 청동기 유물들. 청동기시대 의식를 행할 때 흔들어 소리를 내던 청동방울들. 8각형 별 모양, 포탄 모양, X자 모양, 아령 모양 등 그 형태가 다양하다. 청동기시대 사람들의 신앙이나 의식 연구에 중요한 자료가 된다.

제147호 울주 천전리 각석 蔚州 川前里 刻石
울산 울주군 두동면 천전리, 청동기시대~신라 법흥왕

울산 태화강 물줄기인 내곡천 중류의 기슭 암벽에 새겨진 그림과 글씨. 높이 3m, 폭 10m. 동그라미(동심원), 마름모, 물결무늬와 같은 기하학적인 형상, 동물, 사람 등 청동기시대 사람들의 일상과 종교적 기원 등을 표현한 것이다. 신라 화랑에 관련된 글씨도 새겨져 있다.

제148호 십칠사찬고금통요 十七史纂古今通要
서울 관악구 서울대 규장각 한국학연구원, 서울 국립중앙도서관, 조선 15세기

중국은 원나라 때 태고부터 오대(五代)까지 17정사(正史)를 간추려 『십칠사찬고금통요』를 편찬했다. 그 내용을 조선 최초 동활자인 계미자 활자(태종 1403년 제작)로 1412년에 인쇄한 책이다. 조선 최초의 동활자인 계미자(癸未字)로 찍은 것이어서 그 가치가 높다.

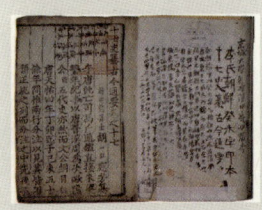

제149호 동래선생 교정 북사상절 東萊先生 校正 北史詳節
서울 성북구 간송미술관, 개인, 조선 15세기

송나라 여조겸의 교편(校編)으로, 조선 태종 때의 동활자인 계미자를 사용해 태종 년간에 간행한 것이다. 간송미술관 소장본은 권 4, 5이고 개인 소장본은 권6이다. 계미자는 사용했던 기간이 짧아 이것을 이용해 찍어 낸 인쇄본이 희귀한 편이다.

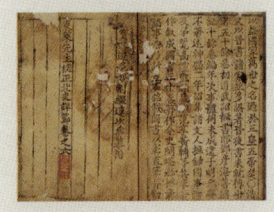

제150호 송조표전총류 宋朝表牋總類
서울 관악구 서울대 규장각 한국학연구원, 조선 15세기

송나라 명신(名臣)들이 황제에게 올린 각종 표문(表文)과 전문(牋文) 가운데 뛰어난 것을 뽑아 편찬한 책. 조선 최초의 금속활자 계미자(癸未字)로 간행한 것으로, 권7 부분만 남아 있다. 펴낸 사람이 누구인지는 알 수 없다.

제151호 조선왕조실록 朝鮮王朝實錄
서울 관악구 서울대 규장각 한국학연구원, 부산 국가기록원 역사기록관, 조선시대
한국 기록 문화의 위대함을 극명하게 보여 주는 조선의 역사서. 초대 태조 때부터 25대 철종 때까지 472년간(1392~1863)의 역사를 정치, 사회, 경제, 문화 등 다방면에 걸쳐 편년체(編年體)로 기록. 1893권 888책의 방대한 분량. 유네스코 세계기록유산이다.

제152호 비변사등록 備邊司謄錄
서울 관악구 서울대 규장각 한국학연구원, 조선시대 후기
조선 중기 이후 최고 의결 기관이었던 비변사에서 매일 처리한 업무의 내용을 기록한 책. 『승정원일기』, 『일성록』등과 함께 조선시대 연구의 기본적인 자료다. 책 순서의 표시가 없고 다만 간지(干支)만으로 등록 연도를 표기하고 있다.

제153호 일성록 日省錄
서울 관악구 서울대 규장각 한국학연구원, 조선시대 후기
조선 영조 36년(1760) 1월부터 1910년 8월까지 151년간 국정에 관한 제반 사항을 기록한 일기체의 연대기. 임금의 입장에서 펴낸 일기의 형식을 갖추고 있으나 실질적으로는 정부의 공식적인 기록이다. 현재 2,329책이 전하고 21개월분은 빠져 있다. 유네스코 세계기록유산.

제154호 무령왕 금제 관식 武寧王 金製冠飾
충남 공주시 국립공주박물관, 백제 6세기
공주시 무령왕릉에서 출토된 한 쌍의 금제 왕관(王冠) 장식물. 높이 30.7cm. 타오르는 불꽃 모양을 중심으로 화려하면서도 생동감 넘치는 디자인이 돋보인다. 무령왕릉은 백제 25대 무령왕(재위 501~523)과 왕비의 무덤으로, 벽돌을 이용해서 만든 벽돌무덤(전축분)이다.

제155호 무령왕비 금제 관식 武寧王妃 金製冠飾
충남 공주시 국립공주박물관, 백제 6세기
무령왕릉에서 국보 154호와 함께 출토된 왕비의 관 장식. 높이 22.6cm. 모양과 크기가 같은 한 쌍으로 되어 있다. 높이 22.6cm. 크고 화려한 왕의 관(冠) 장식보다 규모가 조금 작고 구슬 등의 장식이 달려 있지 않아 간결한 인상을 준다. 한 송이 꽃봉오리 같다.

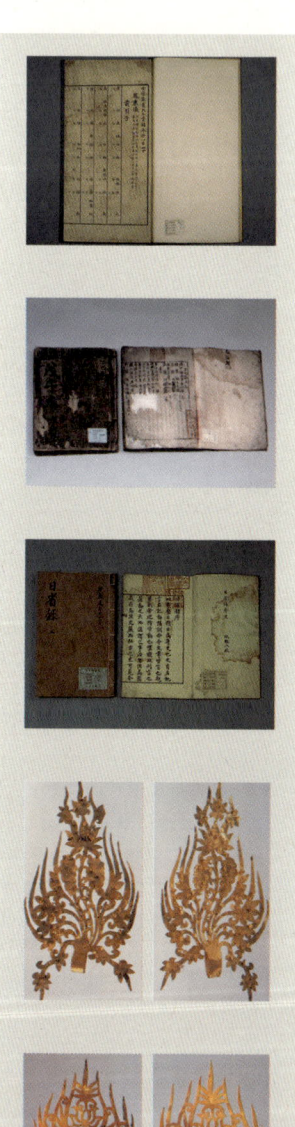

제156호 무령왕 금귀걸이 武寧王 金製耳飾
충남 공주시 국립공주박물관, 백제 6세기

무령왕릉에서 출토된 백제시대의 금귀걸이 한 쌍으로 길이는 8.3cm 이다. 왕의 관 내부의 머리 부근에서 발견되었다. 굵은 고리를 중심으로 나뭇잎 모양 장식 등 두 가닥의 장식물을 길게 늘어뜨렸다. 전체적으로 간결하면서도 은근한 화려함을 지니고 있다.

제157호 무령왕비 금귀걸이 武寧王妃 金製耳飾
충남 공주시 국립공주박물관, 백제 6세기

무령왕릉에서 출토된 백제 때 귀걸이 두 쌍이다. 길이는 각각 11.8cm, 8.8cm. 함께 출토된 국보 156호보다 귀걸이의 장식물이 더 길고 더 화려하다. 국보 156호가 묵직한 남성미를 보여 준다면 이것은 날렵한 여성미를 보여 준다.

제158호 무령왕비 금목걸이 武寧王妃 金製頸飾
충남 공주시 국립공주박물관, 백제6세기

무령왕릉에서 발견된 백제 무령왕비의 목걸이. 아홉 마디로 된 것과 일곱 마디로 된 것 두 종류가 있다. 길이는 각각 14cm, 16cm. 발굴 당시 일곱 마디 목걸이가 아홉 마디 목걸이 밑에 겹쳐져 있는 상태로 발견되었다. 현대적 감각과 함께 매우 세련되어 보이는 작품이다.

제159호 무령왕 금제 뒤꽂이 武寧王 金製釵
충남 공주시 국립공주박물관, 백제6세기

무령왕릉에서 발견된 머리 장신구. 목관 내부 왕의 머리에서 발견되었다. 길이는 18.4cm, 위쪽 폭은 6.8cm. 날렵한 디자인이 1500여 년 전에 만든 것이라기보다 마치 요즘 만든 현대 공예품 같다. 끝이 세 개로 갈라진 것으로 보아 의례 때 머리에 꽂았던 장식품으로 보인다.

제160호 무령왕비 은팔찌 武寧王妃 銀製釧
충남 공주시 국립공주박물관, 백제 6세기

무령왕릉 왕비의 목관 내부 왼쪽 팔 부근에서 발견된 한 쌍의 은제 팔찌. 지름 8cm. 안쪽에는 톱니 모양을 새겼고 바깥 면에는 발이 셋 달린 용을 두 마리 새겨 넣었다. 제작 시기와 제작자에 관한 내용이 새겨져 있다. 전체적으로 모양이 깔끔하고 중후하다.

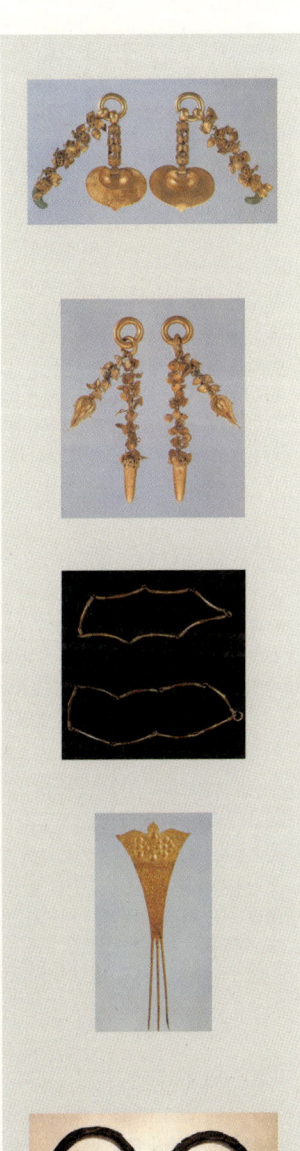

제161호 **무령왕릉 청동거울 일괄** 武寧王陵 銅鏡 一括
충남 공주시 국립공주박물관, 백제 6세기

무령왕릉에서 발견된 청동거울 세 점. 중국 후한의 거울을 모방하여 만든 방격규구신수문경(方格規矩神獸文鏡, 지름 17.8cm), 의자손이라는 글씨가 표현된 의자손명수대문경(宜子孫銘獸帶文鏡, 지름 23.2cm), 상서로운 동물을 새긴 수대문경(獸帶文鏡, 지름 18.1cm)이다.

제162호 **무령왕릉 석수** 武寧王陵 石獸
충남 공주시 국립공주박물관, 백제 6세기

무령왕릉에 나온 이 석수(石獸)는 돌로 만든 짐승상이다. 석수는 사악한 기운이 침입하는 것을 막기 위해 무덤 앞 또는 무덤 안에 세워 두었다. 몸통 좌우, 앞뒤 다리에 불꽃무늬를 조각했고 머리 위에는 나뭇가지 형태의 철제 뿔이 붙어 있다. 높이 30.8cm, 길이 49cm.

제163호 **무령왕릉 지석** 武寧王陵 誌石
충남 공주시 국립공주박물관, 백제 6세기

무령왕릉에서 출토된 무령왕과 왕비의 지석. 장례를 지낼 때 땅의 신으로부터 묘소로 쓸 땅을 사들인다는 내용을 새겨 넣은 일종의 매지권(買地券)이다. 삼국시대 고분에서 발견된 유일한 매지권으로, 그 덕분에 무덤의 주인공이 무령왕임을 알게 되었다

제164호 **무령왕비 베개** 武寧王妃 頭枕
충남 공주시 국립공주박물관, 백제6세기

무령왕릉 목관 안에서 발견된 왕비의 나무 베개. 생전에 실제 사용했던 것은 아니고 시신의 머리를 받치기 위한 것이었다. 베개의 양옆 윗면에는 암수 한 쌍으로 보이는 목제 봉황머리가 놓여 있다. 앞면에는 금으로 거북등 모양의 무늬를 표현했다.

제165호 **무령왕 발받침** 武寧王 足座
충남 공주시 국립공주박물관, 백제6세기

무령왕릉 목관 안에서 발견된 왕의 목제 발받침대. 왕비의 베개(두침)과 마찬가지로 장례용으로 만든 것이다. 전면에 검은색 옻칠을 하고 폭 0.7cm 정도의 금판을 오려 거북등 무늬를 만들어 붙였으나 일부는 떨어져 없어졌다.

제166호 **백자 철화매화대나무무늬 항아리** 白磁 鐵畵梅竹文大 壺
서울 용산구 국립중앙박물관, 조선 16세기

매화와 대나무 무늬를 그려 넣은 백자 항아리. 높이 41.3cm. 몸체의 한 면에는 대나무를, 다른 한 면에는 매화등걸을 그려 넣었다. 철화백자 항아리로는 초기 작품이며 당당하고 풍만한 모양새에 능숙한 솜씨로 매화와 대나무를 표현하여 문양과 형태가 잘 어울리는 수작이다.

제167호 **청자 인물모양 주전자** 靑磁 人形 注子
서울 용산구 국립중앙박물관, 고려 13세기

고려시대의 대표적인 상형(像形)청자 가운데 하나다. 상형청자는 사람이나 동물의 모습을 본떠 만든 청자를 말한다. 이 청자는 머리에 모자를 쓰고 도포를 입은 사람이 복숭아를 얹은 쟁반을 들고 있는 모습이다. 1971년 대구시 교외의 한 과수원에서 발견되었다.

제168호 **백자 진사매화국화무늬 병** 白磁 辰砂梅菊文 瓶
서울 용산구 국립중앙박물관, 중국 14~15세기

14~15세기경 중국 원말 명초(元末明初) 때 만든 것으로 추정된다. 붉은색의 진사(辰砂)를 이용해 목과 어깨 사이에는 파초잎을 그렸으며, 어깨와 몸통 앞뒤로는 매화와 국화무늬를 옆으로 그려 넣었다. 높이 21.4cm. 조선시대엔 후기 들어 진사를 본격 사용했다.

제169호 **청자 양각대나무마디무늬 병** 靑磁 陽刻竹節文 瓶
서울 용산구 삼성미술관 리움, 고려 12세기

참신하고 세련된 모습으로, 탁월한 조형미를 자랑하는 고려청자. 높이 33.8cm. 밑에서 위로 뻗은 대나무는 어깨 부위를 지나며 두 줄기가 한 줄기로 합쳐져 매우 좁고 긴 목을 이룬다. 아가리는 나팔처럼 넓게 벌어졌고, 목은 길고 날렵하며 몸통 아랫부분이 매우 풍만하다.

제170호 **백자 청화매화새대나무무늬 항아리** 白磁 靑華梅鳥竹文 壺
서울 용산구 국립중앙박물관, 조선 15세기

푸른색 청화 안료로 매화나무에 앉아 있는 새 모습을 그린 청화백자 항아리. 높이 16.8cm. 매화가지와 새는 검푸른 색이어서 이색적이다. 그 밑 푸른색의 가녀린 국화와 대비되면서 상쾌한 분위기를 연출한다.

제171호 **청동 은입사봉황무늬 합** 靑銅 銀入絲鳳凰文 盒
서울 용산구 삼성미술관 리움, 고려 11~12세기

정교한 은입사(銀入絲) 기법을 보여 주는 합. 은입사는 원하는 모양을 파낸 뒤 거기에 은실을 두드려 박는 기법을, 합(盒)은 뚜껑이 있는 그릇을 말한다. 뚜껑 윗면엔 구름을 타고 날아가는 봉황이 은입사 기법으로 세밀하고 화려하게 장식되어 있다. 높이 9.9cm.

제172호 **진양군 영인정씨묘 출토유물** 晋陽郡 令人鄭氏墓 出土 遺物
서울 용산구 삼성미술관 리움, 조선 15세기

경남 거창군의 진양군 영인 정씨(1466년 사망)의 무덤에서 출토된 묘지(墓誌), 백자 편병(扁甁, 납작한 병), 잔, 잔받침. 그중 바둑알을 세워놓은 듯한 백자 편병이 특이하다. 몸통에는 흑색 상감으로 풀과 꽃무늬를 그려 넣었으며 특히 가운데의 톱니바퀴 모양의 이채롭다.

제173호 **청자 퇴화점무늬 나한좌상** 靑磁 堆花點文 羅漢坐像
서울 개인 소장, 고려 12세기

사색하듯 숙연히 아래를 내려다보는 수행자 나한(羅漢)의 모습을 표현한 고려청자. 머리와 옷주름, 눈썹, 눈동자, 바위 대좌 등에는 철분이 함유된 검은색 안료를 군데군데 칠했고, 옷의 주름가에는 백토를 사용하여 도드라지게 점을 찍었다.

제174호 **금동 수정장식 촛대** 金銅 水晶裝飾 燭臺
서울 용산구 삼성미술관 리움, 통일신라 9세기경

촛물받이와 기둥에 수정을 박아 넣은 금동제 촛대 한 쌍. 여섯 장의 꽃잎 모양을 한 받침이 기둥 줄기를 사이에 두고 아래위로 놓여 있으며, 위쪽의 초꽂이는 원통형이다. 전체적으로 비례와 균형이 뛰어나며 화려하고 장식적인 요소가 돋보인다. 높이 36.8cm.

제175호 **백자 상감연꽃넝쿨무늬 대접** 白磁 象嵌蓮花唐草文 大楪
서울 용산구 국립중앙박물관, 조선 15세기

연꽃과 넝쿨(唐草)무늬를 상감 기법으로 장식한 조선시대 백자 대접. 무늬를 지나치게 표현하지 않고 절제하면서 가는 선으로 단순하게 표현한 것이 오히려 더욱 담백한 맛을 느끼게 한다. 밖으로 살짝 벌어진 아가리 부분이 이 대접을 더욱 아름답게 해 준다. 높이 7.6cm, 입지름 17.5cm, 밑지름 6.2cm.

제176호 **백자 청화 홍치2년명 소나무대나무무늬 항아리**
白磁 靑畵 弘治二年銘 松竹文 壺
서울 중구 동국대박물관, 조선 15세기

표면을 가득 채운 소나무와 대나무의 당당한 그림이 인상적인 조선 청화백자. 높이 48.7cm. 오랫동안 지리산 화엄사에 전해져 왔던 유물로, 두 번이나 도난당한 바 있다. 주둥이 안쪽에 '홍치 2년'이라는 명문이 있어 1489년에 만든 것임을 알 수 있다.

제177호 **분청사기 인화국화무늬 태항아리** 粉靑沙器 印花菊花文 胎壺
서울 성북구 고려대박물관, 조선 15세기

왕실에서 태를 담기 위해 사용했던 분청사기 항아리. 이것은 내항아리와 외항아리로 이뤄져 있으며, 15세기 중엽 인화문(印花文) 분청사기의 가장 세련된 작품이다. 인화문(印花文)은 도장을 찍듯 콕콕 찍어서 표현한 무늬를 말한다. 높이 26.5cm.

제178호 **분청사기 음각물고기무늬 편병** 粉靑沙器 陰刻魚文 扁瓶
서울 개인 소장, 조선 15세기

위로 솟아 오르는 물고기 두 마리의 모습이 힘차고 낭만적이다. 조선 도공의 여유와 자신감이 잘 드러난 15세기 분청사기의 명품이다. 편병은 넙적한 병을 말한다. 높이 22.6cm. 물고기는 분청사기에 특히 많이 나타나는 무늬 가운데 하나다.

제179호 **분청사기 박지연꽃물고기무늬 편병** 粉靑沙器 剝地蓮魚文 扁瓶
서울 관악구 호림박물관, 조선 15세기

박지 기법으로 연꽃과 물고기를 무늬로 표현한 15세기 분청사기 편병. 높이 22.5cm. 박지(剝地)는 원하는 모습 이외의 부분을 파내는 방식으로 무늬를 드러내는 기법을 말한다. 연잎과 여러 개의 연꽃 봉오리 사이에 있는 물고기가 아주 자연스럽고 낭만적이다.

제180호 **김정희 세한도** 金正喜 歲寒圖
서울 용산구 국립중앙박물관, 조선 19세기

김정희(1786~1856)가 1844년 제주도에서 귀양살이를 할 때 그린 작품. 조선 선비의 품격과 기상을 잘 표현한 문인화로 꼽힌다. 중국 북경으로부터 귀한 책들을 구해다 준 제자 이상적(李尙迪, 1804~1865)에게 고마움을 표하기 위해 그린 것으로, 소나무와 잣나무가 선비의 기상을 상징한다.

제181호 **장양수 홍패** 張良守 紅牌
경북 울진군 울산장씨종친회, 고려 13세기

고려 희종 원년(1205)에 진사시에 급제한 장양수에게 내린 교지(敎旨)다. 가로 88cm, 세로 44.3cm의 황색 마지 두루마리 형태로 되어 있다. 조선시대 과거에 급제한 사람들에게 내린 홍패(紅牌), 백패(白牌)와 같은 성격의 교지다. 고려의 과거 제도 연구에 귀중한 자료다.

제182호 **구미 선산읍 금동여래입상** 龜尾 善山邑 金銅如來立像
대구 수성구 국립대구박물관, 통일신라 8세기

1976년 공사 현장에서 금동보살상 두 구(국보 183, 184호)와 함께 출토되었다. 왼손과 왼발 일부가 없어졌지만 도금 상태는 좋은 편이다. 몸의 형태나 세부 표현이 부드럽고 단순하며, 옷주름이 정리되어서 단정한 인상을 준다.

제183호 **구미 선산읍 금동보살입상** 龜尾 善山邑 金銅菩薩立像
대구 수성구 국립대구박물관, 신라 7세기

국보 182호, 184호와 함께 공사 현장에서 발견된 보살상이다. 전체적으로 균형미와 조각 수법이 뛰어나다. 보살상은 연꽃무늬가 새겨진 대좌(臺座) 위에 오른쪽 무릎을 약간 구부린 채 자연스럽고 유연한 자세로 서 있다. 얼굴 표현은 분명하고 미소가 가득하다.

제184호 **구미 선산읍 금동보살입상** 龜尾 善山邑 金銅菩薩立像
대구 수성구 국립대구박물관, 신라 7세기

국보 제182호, 제183호와 함께 공사 현장에서 출토되었다. 전체적으로 근엄하고 당당한 모습이다. 장신구의 표현이 복잡하고 화려하고 중국적 요소가 강한 것 등으로 미루어 7세기 전반에 만들어진 것으로 추정된다.

제185호 **상지은니묘법연화경** 橡紙銀泥妙法蓮華經
서울 용산구 국립중앙박물관, 고려 14세기

묘법연화경은 흔히 『법화경』이라고 부른다. 이 책은 중국의 구마라습(鳩摩羅什)이 번역한 『묘법연화경』 7권을 고려 공민왕 22년(1373)에 옮겨 쓴 것이다. 각 권은 병풍처럼 펼쳐서 볼 수 있는 형태로 되어 있다. 크기는 세로 31.4cm, 가로 11.7cm.

제186호 양평 신화리 금동여래입상 楊平 新花里 金銅如來立像
서울 용산구 국립중앙박물관, 삼국 7세기

1976년 경기도 양평군 신화리에서 농지 정리를 하던 중 발견되었다. 얼굴은 길고 둥글어 풍만한 느낌을 주며 몸체는 단순한 원통형이다. 목은 매우 길고 굵으며 얼굴에 비해 몸이 길어 다소 우스꽝스럽고 비현실적인 모습이다. 높이 30cm.

제187호 영양 산해리 5층 모전 석탑 英陽 山海里 五層模塼石塔
경북 영양군 입암면, 통일신라 10세기

모전 석탑은 돌을 벽돌 모양으로 다듬어 쌓아 올린 탑을 말한다. 전체적으로 균형이 있고 축조 방식이 정연하고 장중하다. 기단의 모습과 돌을 다듬은 솜씨, 감실(龕室, 불상 등을 모셔 놓는 작은 집)의 장식 등으로 미루어 통일신라 것으로 추정된다.

제188호 천마총 금관 天馬塚 金冠
경북 경주시 국립경주박물관, 신라 6세기

경주 천마총에서 발견된 신라 금관. 높이 32.5cm. 이 금관이 나온 무덤은 천마도가 함께 발견되어 천마총이라는 이름을 붙였다. 이것은 전형적인 신라 금관으로, 묻힌 사람이 머리에 쓴 채로 발견되었다. 금관 안에 쓰는 내관이나 관을 쓰는 데 필요한 물건들도 출토되었다.

제189호 천마총 금제 관모 天馬塚 金製冠帽
경북 경주시 국립경주박물관, 신라 6세기

천마총에서 금관(국보 188호)과 함께 출토된 신라의 황금 모자다. 금모(金帽)란 금으로 만든 관(冠) 안에 쓰는 모자를 말한다. 금판을 뚫어서 다양한 무늬를 낸 뒤 그것을 서로 이어 붙여 만들었다.

제190호 천마총 금제 허리띠 天馬塚 金製銙帶
경북 경주시 국립경주박물관, 신라 6세기

직물로 된 띠의 표면에 사각형의 금속판을 이어 붙인 허리띠다. 뚫어서 무늬를 장식한 금판 44개를 연결해서 만들었고 길이는 125cm. 여기에 13줄의 띠드리개(밑으로 늘어뜨린 허리띠 장식물)가 달려 있다. 신라 황금 문화의 화려함과 뛰어난 금속공예술을 잘 보여 준다.

제191호 **황남대총 북분 금관** 皇南大塚 北墳 金冠
서울 용산구 국립중앙박물관, 신라 5세기

경주시 황남동 미추왕릉 지구에 있는 신라 황남대총의 북쪽 여성 무덤에서 출토된 금관. 시대는 5세기 후반으로 추정되고 높이는 27.5cm. 신라 금관의 전형적인 형태를 갖추고 있으며, 어느 금관보다도 곡옥(曲玉, 굽은 모양의 옥)이 많아 화려함이 두드러진다.

제192호 **황남대총 북분 금제 허리띠** 皇南大塚 北墳 金製銙帶
서울 용산구 국립중앙박물관, 신라 5세기

직물로 된 띠의 표면에 사각형의 금속판 28장을 이어 붙인 허리띠로, 길이 120cm. 허리띠는 주위에 있는 작은 구멍들로 미루어 가죽 같은 것에 꿰매었던 것으로 짐작된다. 여기에 13줄의 장식용 띠드리개를 경첩으로 연결해 화려하게 늘어뜨려 놓았다.

제193호 **황남대총 남분 유리병 및 유리잔** 皇南大塚 南墳 琉璃瓶, 琉璃盞
서울 용산구 국립중앙박물관, 신라 5세기

황남대총 쌍분 가운데 남쪽 남성의 무덤에서 발견된 유리 제품. 병과 잔은 가까운 거리에서 출토되어 아마 세트를 이루었던 것 같다. 유리의 질과 그릇의 형태 색깔로 미루어 서역에서 수입된 것으로 보인다. 실크로드를 통한 문화 교류를 보여 주는 상징적인 유물이다.

제194호 **황남대총 남분 금목걸이** 皇南大塚 南墳 金製頸飾
서울 용산구 국립중앙박물관, 신라 5세기

황남대총의 남쪽 무덤에서 나온 길이 33.2cm의 금 목걸이. 사람의 목에 걸려 있는 채로 발견되었다. 금실을 꼬아서 만든 금 사슬과 속이 빈 금 구슬을 교대로 연결하고, 아래쪽 늘어지는 곳에 금으로 만든 굽은 옥을 달았다. 전체적으로 우아하고 세련된 멋을 풍긴다.

제195호 **토우 장식 목이 긴 항아리** 土偶裝飾長頸 壺
경북 경주시 국립경주박물관, 서울 용산구 국립중앙박물관, 신라 5, 6세기

목 부분에 다양한 모습의 토우가 장식되어 있는 항아리 두 점이다. 사진은 계림로 30호 무덤에서 출토된 것으로 높이 34cm, 아가리 지름 22.4cm. 이 항아리를 보면 어깨와 목이 만나는 부위에 가야금을 타는 임산부, 사랑을 나누는 남녀, 토기와 뱀 등의 토우를 장식했다. 남녀의 에로틱한 토우가 특히 대담하고 인상적이다.

제196호. 신라 백지묵서대방광불화엄경 주본 권1~10, 44~50
新羅 白紙墨書大方廣佛華嚴經 周本 卷一~十, 四十四~五十

서울 용산구 삼성미술관 리움, 통일신라 8세기

현재 남아 있는 사경(寫經) 가운데 가장 오래됐다. 사경은 경문을 직접 쓰고 그림을 그려 장엄하게 꾸민 불경을 말한다. 이것은 두루마리 형식으로 되어 있고, 크기는 29×1390.6cm. 황룡사의 연기법사가 755년 간행했다. 대방광불화엄경은 흔히 화엄경이라고 한다.

제197호. 충주 청룡사지 보각국사탑 忠州 靑龍寺址 普覺國師塔

충북 충주시 소태면, 조선 14세기

고려 말 승려인 보각국사가 조선 태조 원년인 1392년에 입적하자 그의 사리를 모시기 위해 만든 승탑(부도). 높이 2.63m. 몸돌에는 무기를 들고 서 있는 신장상(神將像)과 이무기의 모습을 생동감 넘치게 표현했다. 특히 이 몸돌을 둥글게 부풀리게 해 화려하고 우아함을 더해 준다.

제198호. 단양 신라 적성비 丹陽 新羅 赤城碑

충북 단양군 하방리, 신라 6세기

신라 진흥왕이 고구려의 영토인 적성(현재의 충북 단양) 지역을 점령한 후에 민심을 안정시키기 위해 세운 석비. 1978년 발견되었다. 높이 93cm, 윗너비 107cm, 아랫너비 53cm. 순수(巡狩, 왕이 직접 순행하며 민정을 살핌)의 정신을 담고 있는 척경비(拓境碑, 영토 편입을 기념하여 세운 비)다.

제199호. 단석산 신선사 마애불상군 斷石山 神仙寺 磨崖佛像群

경북 경주시 건천읍, 신라 7세기

우리나라 석굴 사원의 시원(始原) 형식을 보여 주는 마애불상군. 거대한 암벽에는 열 구의 불상과 보살상이 새겨져 있어 장관이다. 동북쪽 바위 면에 여래입상 한 구, 동쪽 면에 보살상 한 구, 남쪽 면에 보살상 한 구, 북쪽 면에 불상과 보살상, 인물상 일곱 구가 새겨져 있다.

제200호. 금동보살입상 金銅菩薩立像

부산 남구 부산시립박물관, 통일신라 8세기

이 불상은 정면을 응시하는 당당한 모습이 인상적이다. 신체는 탄력이 넘치고 풍만한 가슴에서 가는 허리로 이어지는 곡선이 매우 아름답다. 당당하고 유연한 신체 표현에 품위와 자비로움이 잘 어우러진 통일신라 초기의 수준 높은 불상이다. 대좌와 광배는 없어졌다. 높이 34cm.

제201호 **봉화 북지리 마애여래좌상** 奉化 北枝里 磨崖如來坐象
경북 봉화군 물야면, 신라 7세기

자연 암벽을 파서 거대한 방 모양의 공간을 만들고, 그 안에 높이 4.3m의 마애불을 도드라지게 새겨 만들었다. 넓고 큼직한 얼굴에는 미소가 가득하고 체구는 당당한 편이다. 불상 뒤편 광배 중심에 연꽃무늬를 새기고 곳곳에 작은 부처를 표현하였다.

제202호 **대방광불화엄경 진본 권37** 大方廣佛嚴經 晉本 卷三十七
서울 서대문구 아단문고, 고려 11세기

이 책은 간행 기록이 정확하게 전하는『화엄경』목판본 중에서 가장 오래된 것이다. 1099년 간행. 고려 초기의 목판 인쇄 및 화엄경 판본 연구에 중요한 자료다. 닥종이에 찍은 목판본으로, 크기는 세로 26cm, 가로 768.3cm. 종이를 계속 이어 붙여 두루마리 형식이다.

제203호 **대방광불화엄경 주본 권6** 大方廣佛嚴經 周本 卷六
서울 중구 개인 소장, 고려 12세기

해인사 대장경본과 글씨체와 새김이 일치해 12세기 작품으로 추정된다. 전라남도 담양에 사는 전순미(田洵美)가 어머니의 극락왕생을 기원하기 위하여 찍어낸 것이다. 닥종이에 찍은 목판본으로 두루마리 형식이며 크기는 세로 30.8cm, 가로 649.2cm.

제204호 **대방광불화엄경 주본 권36** 大方廣佛嚴經 周本 卷三十六
서울 중구 개인 소장, 고려 13세기

닥종이에 찍은 목판본에 두루마리 형식이며 크기는 세로 29.8cm, 가로 1253.3cm. 책머리에는 불경의 내용을 표현한 변상도(變相圖)가 있다. 이 변상도는 해인사에 있는 판본과 구도는 같지만 훨씬 정교하며, 현재까지 알려진 것 중 가장 오래되었다.

제205호 **충주 고구려비** 忠州 高句麗碑
충북 충주시 가금면, 고구려 5세기

국내 유일의 고구려 석비. 장수왕이 남한강 유역의 여러 성을 공략하여 개척한 후에 세웠다. 백제의 수도인 한성을 함락하고 한반도의 중부 지역까지 장악하여 그 영토가 충주 지역에까지 확장되었던 사실을 기록했다. 1979년 발견되었고 중원(中原) 고구려비라고도 부른다. 높이 203cm.

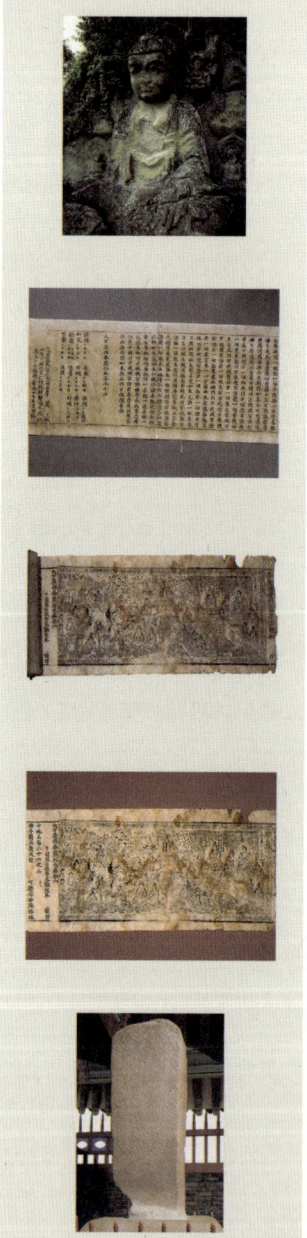

제206호. **합천 해인사 고려목판** 陜川 海印寺 高麗木板
경남 합천군 해인사, 고려 11~14세기

고려시대의 불교 경전, 고승의 저술, 시문집 등이 새겨진 목판이다. 국가 기관인 대장도감(大藏都監)에서 새긴 합천 해인사 대장경판(국보 제32호)과 달리 지방 관청이나 절에서 새긴 것이다. 현재 해인사 대장경판전 사이에 있는 동·서 사간판전(寺刊板殿)에 보관하고 있다.

제207호. **경주 천마총 장니 천마도** 慶州 天馬塚 障泥 天馬圖
서울 용산구 국립중앙박물관, 신라 6세기

1973년 경주 천마총에서 발굴된 천마 그림. 말의 안장 양쪽에 달아 늘어뜨리는 장니에 그려진 것이다. 가로 75cm, 세로 53cm, 두께는 약 6mm. 역동적인 천마가 화면 한가운데에 있고 테두리엔 덩쿨 무늬가 배치되어 있다. 현존하는 유일한 신라 회화 작품이다.

제208호. **도리사 세존사리탑 금동사리기** 桃李寺 世尊舍利塔 金銅舍利器
경북 김천시 직지사, 통일신라 말~고려 초

경북 선산군 도리사 세존사리탑 안에서 발견된 6각형 사리함이다. 통일신라 말~고려 초에 만든 것으로 추정된다. 6면 가운데 두 개 면에는 불자(拂子)와 금강저를 든 천부상을 선과 점으로 새겼고 네 개 면에는 사천왕상을 선으로 새겼다. 높이 17cm.

제209호. **보협인 석탑** 寶篋印石塔
서울 중구 동국대박물관, 고려 10, 11세기

『보협인다라니경』을 내부에 안치한 탑을 보협인 탑이라고 한다. 충남 천안시 북면 대평리 탑골계곡 절터에 무너져 있던 것을 동국대박물관으로 옮겨 세운 것이다. 중국 보협인 탑과 외형이 비슷해 많은 영향을 받은 것으로 보인다. 국내 유일의 보협인 석탑이다. 높이 1.9m.

제210호. **감지은니불공견삭신변진언경 권13**
紺紙銀泥不空羂索神變眞言經 卷十三
서울 용산구 삼성미술관 리움, 고려 13세기

은가루를 붓에 찍어 검푸른 색의 종이(감지)에 불경의 내용을 옮겨 적은 것. 두루마리 형식으로 크기는 세로 30.4cm, 가로 905cm. 책의 첫머리에는 불법을 수호하는 신장상을 금색의 가는 선으로 그렸고, 이어 경전의 내용을 은색 글씨로 썼다. 1275년 작.

제211호 백지묵서묘법연화경 白紙墨書妙法蓮華經
서울 관악구 호림박물관, 고려 14세기

1377년 하덕란이 어머니의 명복과 아버지의 장수를 빌기 위해 『묘법연화경』의 내용을 옮겨 쓴 것이다. 각 권은 병풍처럼 펼쳐서 볼 수 있는 형태이고, 접었을 때 크기는 세로 31.8cm, 가로 10.9cm. 각 권 첫머리엔 변상도(變相圖)를 금색으로 세밀하게 그려 넣었다.

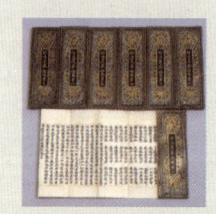

제212호 대불정여래밀인수증료의제보살만행수능엄경
大佛頂如來密因修證了義諸菩薩萬行首楞嚴經
서울 중구 동국대 중앙도서관, 조선 15세기

『대불정여래밀인수증요의제보살만행수능엄경』은 『대불정수능엄경』 또는 『능엄경』이라고 한다. 부처의 말을 직접 체득하여 힘을 갖는 것을 중시하는 경전. 조선 세조 때인 1482년 간경도감(刊經都監, 불경을 한글로 풀이하여 간행하는 기구)에서 처음 간행한 책이다.

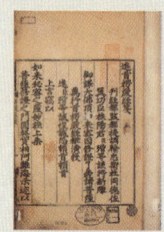

제213호 금동탑 金銅塔
서울 용산구 삼성미술관 리움, 고려 10, 11세기

목조 건물을 모방해서 만든 고려 전기의 금동대탑. 실제 건물을 보는 듯 생생하고 화려하다. 금동탑, 청동탑은 절의 건물 안에 모셔 두기 위해 만든다. 보통 20~30cm이지만 이 탑은 높이가 155cm에 달한다. 현재 탑신은 5층이지만 원래는 7층 정도였을 것으로 추정한다.

제214호 흥왕사명 청동은입사 구름용무늬 향완 興王寺銘 靑銅銀入絲 雲龍文 香垸
서울 용산구 삼성미술관 리움, 고려 13세기

절에서 향을 피우는 것은 마음의 때를 씻는다는 의미. 이 같은 모양의 향로는 고려시대 때에만 만들어졌고 그래서 특별히 향완이라고 부른다. 세련된 은입사 기법을 사용한 점, 연대를 알 수 있다는 점, 잘 사용하지 않던 용과 봉황을 문양으로 사용한 점 등에서 가치가 높다. 높이 40.1cm, 입 지름 30cm.

제215호 감지은니대방광불화엄경 정원본 권31
紺紙銀泥大方廣佛華嚴經 貞元本 卷三十一
서울 용산구 삼성미술관 리움, 고려 14세기

1337년 최안도라는 사람의 부부가 돌아가신 부모의 극락왕생과 자신들의 행복을 기원하기 위해 『화엄경』의 내용을 옮겨 쓴 것. 검푸른색 종이인 감지에 금·은가루를 사용해 그림을 그리고 글씨를 썼다. 표지에 정원본임을 뜻하는 '貞(정)' 자가 금색으로 쓰여져 있다.

제216호 **인왕제색도** 仁王霽色圖
서울 용산구 삼성미술관 리움, 조선 18세기
겸재 정선(1676~1759)의 1751년 작. 비가 그치고 막 개기 시작하는 인왕산의 모습을 표현했다. 제색(霽色)은 비가 갠다는 뜻. 비에 젖은 육중한 바위와 소나무, 산중턱에 걸린 안개……. 자신의 후원자였던 시인 이병연에 대한 그리움이 진하게 담겨 있다. 79.2×138.2cm.

제217호 **금강전도** 金剛全圖
서울 용산구 삼성미술관 리움, 조선 18세기
겸재 정선의 금강산 진경산수화 가운데 가장 크고 빼어난 걸작. 1734년 작. 원형의 금강산을 S자로 나누어 구획한 뒤 왼쪽은 부드러운 토산과 나무를, 오른쪽은 거칠고 뾰족한 바위 봉우리를 주로 표현했다. 동양 철학 주역의 음양 사상으로 금강산을 재해석해 표현한 것이다. 94.1×130.7cm

제218호 **아미타삼존도** 阿彌陀三尊圖
서울 용산구 삼성미술관 리움, 고려 14세기
아미타여래와 지장보살, 관음보살이 왕생자를 극락으로 맞이하는 모습을 그린 고려불화. 아미타삼존도는 보통 아미타불을 주존으로 하여 관음보살과 세지보살이 협시불로 등장하는데, 세지보살 대신 지장보살을 배치한 것이 특이하다. 110×51cm.

제219호 **백자 청화매화대나무무늬 항아리** 白磁 靑華梅竹文 壺
서울 용산구 삼성미술관 리움, 조선 15세기
초기 청화백자의 힘과 매력을 제대로 느낄 수 있는 작품. 높이 41cm. 전체적인 형태가 당당하고 표면의 매화, 대나무 그림에서 힘찬 필력과 강한 기운을 느낄 수 있다. 초기 청화백자여서 중국의 영향이 나타나고 있고, 경기도 광주에서 제작된 것으로 추정된다.

제220호 **청자 상감용봉황모란무늬 합 및 탁** 靑磁 象嵌龍鳳牡丹文 盒, 托
서울 용산구 삼성미술관 리움, 고려 13세기
뚜껑과 받침, 수저가 완전하게 갖추어진 청자 대접 세트. 전체 높이 19.3cm. 뚜껑에 작고 귀여운 다람쥐 모양의 꼭지를 달고, 그 주변으로 흑백 상감의 겹 연꽃무늬 띠와 물결무늬 띠, 봉황과 용무늬를 상감으로 새겨 넣었다. 세련된 조형미에 무늬 표현이 아름다운 청자 명품이다.

제221호 **평창 상원사 목조문수동자좌상** 平昌 上院寺 木造文殊童子坐像
강원 평창군 상원사, 조선 15세기

오대산 상원사는 조선 세조가 문수동자를 만나 질병을 치료했다는 전설이 내려오는 사찰. 이것이 바로 그 문수동자의 목조각상이다. 머리는 양쪽으로 묶어 올렸고 얼굴은 볼이 도톰하고 천진난만하다. 예배의 대상으로 만들어진 국내 유일의 동자상이다.

제222호 **백자 청화매화대나무무늬 항아리** 白磁 靑畵梅竹文 有蓋 壺
서울 관악구 호림박물관, 조선 15세기

시원하고 힘이 넘치는 청화백자. 높이 29.2cm. 무늬를 과감하게 간략화시키면서 공간의 여백을 잘 살렸다. 국보 219호처럼 크고 넉넉한 매화와 대나무 무늬가 백자의 분위기에 자신감과 힘을 실어 준다. 새로운 국가를 세운 당시 사람들의 당당함이 드러나는 것 같다.

제223호 **경복궁 근정전** 景福宮 勤政殿
서울 종로구 경복궁, 조선 19세기

경복궁의 중심 건물로, 신하들이 임금에게 새해 인사를 드리거나 국가 의식을 거행하고 외국 사신을 맞이하던 곳. 위엄과 장중함, 절제와 견실함의 건축미가 돋보인다. 외부는 2층으로 보이지만 내부는 아래위가 트인 통층. 임진왜란 때 불탄 것을 고종 4년(1867)에 중건했다.

제224호 **경복궁 경회루** 景福宮 慶會樓
서울 종로구 경복궁, 조선 19세기

나라에 경사가 있거나 사신이 왔을 때 연회를 베풀던 곳. 임진왜란으로 불에 타 돌기둥만 남았으나 270여 년이 지난 고종 4년(1867) 경복궁을 고쳐 지으면서 경회루도 다시 지었다. 국내에서 단일 평면으로는 규모가 가장 큰 누각으로, 간결하면서도 화려하다.

제225호 **창덕궁 인정전** 昌德宮 仁政殿
서울 종로구 창덕궁, 조선 19세기

창덕궁의 중심 건물로, 조정의 각종 의식을 거행하고 외국 사신을 접견하거나 신하들이 임금에게 새해 인사를 드리던 곳. 지금 건물은 순조 4년(1804)에 다시 지은 것이다. 1907년 순종이 덕수궁에서 창덕궁을 이어한 후에 유리창과 전등, 커튼 등 서양식 인테리어가 가미되었다.

제226호 창경궁 명정전 昌慶宮 明政殿
서울 종로구 창경궁, 조선 17세기

창경궁의 중심 건물로, 신하들이 임금에게 새해 인사를 드리거나 국가의 큰 행사를 치르던 곳. 외국 사신을 맞이하던 장소로도 이용하였다. 임진왜란 때 불에 탄 것을 광해군 8년(1616)에 다시 지었다. 경복궁 근정전, 창덕궁 인정전에 비해 규모가 작고 소박하다.

제227호 종묘 정전 宗廟 正殿
서울 종로구 종묘, 조선 17세기

조선시대 역대 왕과 왕비에게 제사를 올리는 곳. 가로로 장대하게 펼쳐진 목조 건물과 그 앞의 널찍한 월대로 이뤄져 있다. 정전의 압권은 일체의 장식을 배제하고 엄숙과 정밀(靜謐)의 분위기를 구현했다는 점. 임진왜란 때 불 탄 것을 광해군 때인 1608년 다시 지었다.

제228호 천상열차분야지도 각석 天象列次分野之圖 刻石
서울 경복궁 내 국립고궁박물관, 조선 14세기

직육면체의 돌에 천체의 형상을 새겨 놓은 넓적한 돌. 태조 이성계가 1395년 조선 왕조의 권위를 드러내고자 천문학자들에게 만들도록 했다. 윗부분엔 짧은 설명과 함께 별자리 그림을, 아래엔 천문도 이름, 작성 배경과 과정, 제작자와 제작 시기 등을 새겨 놓았다. 가로 122.5cm, 세로 211cm, 두께 12cm.

제229호 자격루 自擊漏
서울 중구 덕수궁, 조선 16세기

자격루는 과학적 원리를 바탕으로 물의 일정한 흐름에 따라 일정 간격마다 시간을 알려 주는 조선시대의 최첨단 물시계였다. 세종 때인 1434년 장영실이 만들었으나 중종 때인 1536년에 다시 제작했고 그 자격루의 일부(물항아리, 물통)가 덕수궁에 전시되고 있다. 사료를 토대로 온전한 형태로 복원한 것을 국립고궁박물관에 전시하고 있다.

제230호 혼천의 및 혼천시계 渾天儀, 渾天時計
서울 성북구 고려대박물관, 조선 17세기

1669년 천문학자 송이영이 만든 천문시계. 혼천시계는 추의 무게로 진자를 움직여 시간을 표시하고, 동시에 해와 달 등 천체의 운동까지 보여 주는 다용도의 시계. 1657년 유럽에서 처음으로 시계에 진자가 도입된 지 불과 12년 만에 제작된 최첨단 시계였다.

제231호 **전 영암 거푸집 일괄** 傳 靈巖 鎔范 一括
서울 동작구 숭실대박물관, 청동기시대 기원전 3세기

청동검, 청동거울 등 청동기는 청동을 녹인 물을 일정한 모양의 틀에 부어서 만든다. 그 틀을 거푸집 또는 용범이라고 한다. 우리나라에서는 돌로 된 거푸집이 주로 사용되었다. 이들 거푸집 13점은 활석으로 만든 것으로, 전남 영암군에서 발굴됐다고 알려져 있다.

제232호 **이화 개국공신녹권** 李和 開國功臣錄券
전북 정읍시 개인 소장, 조선 14세기

개국공신녹권은 나라를 세우는 데 공헌한 개국 공신에게 내리는 증서를 말한다. 이것은 태조 이성계가 1392년 조선 개국에 공을 세운 이화에게 내린 녹권이다. 조선 왕조에서는 처음으로 발급된 녹권. 세로 35.3cm의 닥나무 종이 9장을 붙여 전체 길이가 604.9cm에 달한다.

제233호 **전 산청 석남암사지 납석사리호** 傳 山淸 石南巖寺址 蠟石舍利壺
부산 남구 부산시립박물관, 통일신라 8세기

지리산 자락 석남암사터의 불상 받침대 안에서 발견된 곱돌(납석)제 항아리. 높이 14.5cm. 표면엔 죽은 자의 혼령을 위로하고 중생을 구제하길 바라는 내용과 영태 2년(신라 혜공왕 2년 766년)이란 연호가 15행에 걸쳐 새겨져 있다.

제234호 **감지은니묘법연화경 권1~7** 紺紙銀泥妙法蓮華經 卷一~七
서울 용산구 삼성미술관 리움, 고려 14세기

푸른색 감지에 은가루로 『법화경』을 정성껏 옮겨 쓴 경전. 일곱 권이 모두 갖추어져 있어 그 가치가 크다. 병풍처럼 펼쳐서 볼 수 있는 형태로, 접었을 때의 크기는 세로 28.3cm, 가로 10.1cm. 고려 때 이신기라는 사람이 아버지의 장수와 어머니의 명복을 빌기 위해 만든 것이다.

제235호 **감지금니대방광불화엄경 보현행원품**
紺紙金泥大方廣佛華嚴經 普賢行願品
서울 용산구 삼성미술관 리움, 고려 14세기

『보현행원품』은 『화엄경』 가운데 깨달음의 세계로 들어가기 위한 방법을 보현보살이 설법한 부분을 말한다. 병풍처럼 펼쳐서 볼 수 있는 형태로, 접었을 때 세로 26.4cm, 가로 9.6cm이다. 변상도 뒷면에 작가를 밝혀 주는 기록이 있어 특히 그 가치가 높다.

제236호 **월성 장항리 서5층 석탑** 月城 獐項里 西五層石塔
경북 경주시 양북면, 통일신라 8세기
현재 금당터를 중심으로 동탑과 서탑이 나란히 서 있다. 1923년 도굴에 의해 붕괴된 것을 1932년에 서탑만을 복원했다. 서탑의 1층 몸돌 각 면에 한 쌍의 인왕상을 정교하게 조각해 놓은 것이 특이하다. 높이 9.1m. 동탑은 1층 탑신과 1~5층의 옥개석(지붕돌)만 남아 있다.

제237호 **고산구곡시화도 병풍** 高山九曲詩畵圖 屛風
서울 종로구 개인 소장, 조선 19세기
율곡 이이(1536~1584)가 은거하던 황해도 고산의 아홉 경치를 1803년 시와 그림으로 표현한 12폭 병풍. 김홍도, 김득신 등 당대 화원들이 고산구곡의 각 경관들을 그렸고 당대 문인들이 이이의 고산구곡가와 송시열의 한역시들을 써 넣었다. 전체 크기는 1.38×5.62m.

제238호 **소원화개첩** 小苑花開帖
서울 종로구 개인 소장, 조선 15세기
조선 세종의 셋째 아들인 안평대군(1418~1453)의 글씨. 가로 16.5cm, 세로 26.5cm의 비단에 행서체로 썼다. 조맹부체의 영향을 받았으나 누구도 따를 수 없는 웅장하고 활달한 안평대군체의 특징이 잘 나타난다. 2001년 도난당했고 아직까지 그 행방을 찾지 못하고 있다.

제239호 **송시열 초상** 宋時烈 肖像
서울 용산구 국립중앙박물관, 조선 17세기
유학자인 우암 송시열(1607~1689)은 힘있고 논리적인 문장과 서예에 뛰어났고, 평생 주자학 연구에 몰두했던 인물이다. 다소 과장되게 표현된 거구의 몸체, 고집스러운 얼굴에서 송시열의 학식의 깊이와 유학자로서의 소신과 고집스러움을 엿볼 수 있다. 97×56.5cm.

제240호 **윤두서상** 尹斗緖像
전남 해남군 고산 윤선도 전시관, 조선 17세기 말~18세기 초
조선 후기 문인이며 화가인 윤두서(1668~1715)의 자화상. 정면을 응시하는 부리부리한 눈매, 수염 한 올까지의 사실적인 표현, 탕건 윗부분을 잘라내고 귀와 목이 없이 화면에 둥둥 떠 있는 듯한 모습 등 보는 사람을 섬뜩하게 할 정도로 화가의 내면을 치밀하게 표현했다. 38.5×20.5cm.

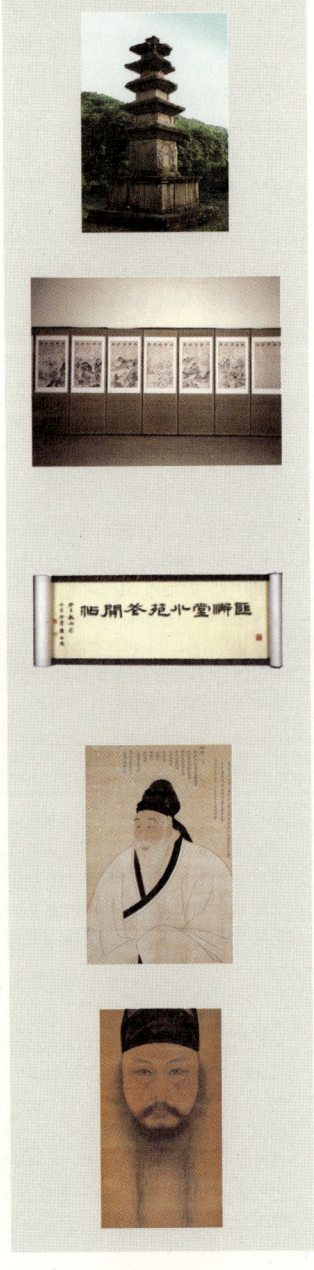

제241호. 초조본대반야바라밀다경 권249
初雕本大般若波羅蜜多經 卷二百四十九
서울 용산구 삼성미술관 리움, 고려 11세기

『대반야바라밀다경』은 줄여서 『대반야경』, 『반야경』이라고도 부른다. 부처님의 힘으로 거란의 침입을 극복하고자 만든 11세기 초조대장경 가운데 하나. 닥종이에 찍은 목판본으로 세로 29.1cm 가로 49.5~51cm 크기의 종이 23장 이어 붙인 두루마리 형태다.

제242호. 울진 봉평리 신라비 蔚珍 鳳坪里 新羅碑
경북 울진군 죽변면, 신라 6세기

신라가 울진 지역으로 진출한 것을 기념하기 위해 세운 석비. 높이 204cm. 524년에 만든 것으로 추정된다. 울진 지역이 신라에 통합되고 나서 이 지역에서 발생한 이런저런 사건을 해결한 뒤 이를 어떻게 징벌했는지 등에 관한 내용을 담고 있다. 1988년 밭을 갈던 주민이 우연히 발견했다.

제243호. 현양성교론 권11 顯揚聖敎論 卷十一
서울 용산구 삼성미술관 리움, 고려 11세기

고려시대 최초의 대장경인 초조대장경(11세기)의 일부. 가로 46.5cm, 세로 28.6cm이다. 인도 무착보살이 지은 글을 7세기 당나라 현장(602~664)이 한문으로 번역하여 천자문의 순서대로 만든 것의 하나다. 인간 존재의 근본은 의식임을 깨닫고 수행해야 부처의 지혜를 얻을 수 있다는 내용이다.

제244호. 유가사지론 권17 瑜伽師地論 卷十七
경기 용인시 명지대박물관, 고려 11세기

『유가사지론』은 인도의 미륵보살이 지은 글을 당나라의 현장이 번역하여 천자문의 순서대로 100권을 수록한 것. 11세기에 간행한 초조대장경 가운데 하나다. 가로 45cm, 세로 28.5cm이다. 지금까지 전해지는 초조대장경 가운데 보존 상태가 좋은 것에 속한다.

제245호. 초조본 신찬일체경원품차록 권20 初雕本 新纘一切經源品次錄 卷二十
서울 용산구 국립중앙박물관, 고려 11세기

『일체경원품차록』은 중국 당나라에서 『정원석교대장록』에 의거하여 여러 경권(經卷)을 대조한 뒤 그 내용을 정리해 30권으로 편찬한 책이다. 이 내용을 초조대장경 목판본으로 펴낸 것이다. 경명(經名), 번역한 사람, 총 지면 수와 권질 등의 정보가 자세히 담겨 있다. 한 장의 크기는 가로 45.6cm, 세로 28.5cm이다.

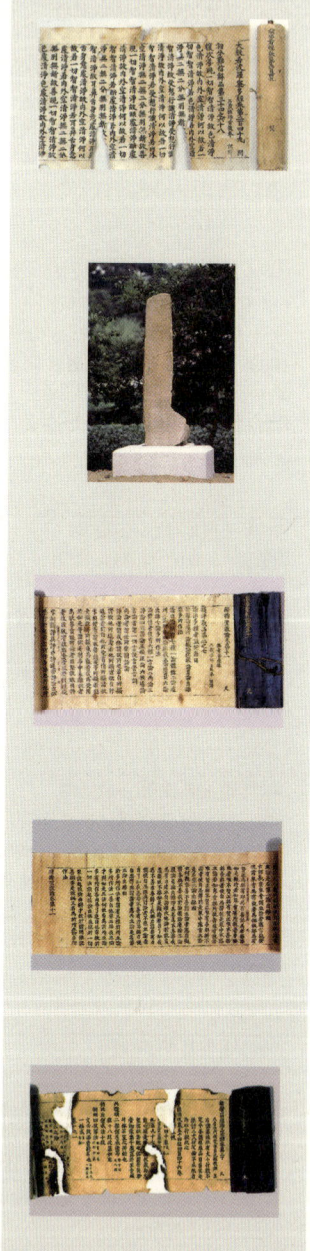

제246호 대보적경 권59 大寶積經 卷五十九
서울 용산구 국립중앙박물관, 고려 11세기

고려 초조대장경 목판본의 하나다. 『대보적경』은 대승불교의 여러 경전을 한데 묶어 정리한 것. 보살이 여러 수행을 통해 불법을 터득하고 깨달음을 얻어 마침내 부처가 되어야 함을 강조하고 있다. 가로 47cm, 세로 30cm 경문 23장을 길게 이어붙여 두루마리처럼 말아서 보관할 수 있다.

제247호 공주 의당 금동보살입상 公州 儀堂 金銅菩薩立像
충남 공주시 국립공주박물관, 백제 7세기

1974년 충남 공주시 의당면 송정리의 한 절터에서 출토됐다. 높이 25cm. 전체적으로 도금의 금빛이 선명하다. 넉넉하고 부드러운 얼굴 미소, 배꼽 부분에서 교차된 구슬 장식, 둥근 연꽃무늬 대좌 등으로 보아 7세기 작품으로 추정된다. 2003년 도난당했다 회수한 바 있다.

제248호 조선방역지도 朝鮮方域之圖
경기 과천시 국사편찬위원회, 조선 16세기

조선 전기에 국가에서 제작한 지도 가운데 유일하게 남아 있는 것이다. 가로 61cm, 세로 132cm. 3단 형식으로 되어 있다. 맨 윗부분에는 '조선방역지도'라는 제목이 적혀 있고 중간에는 지도가 그려져 있으며 맨 아래엔 제작에 관련된 사람들에 관한 정보가 기록되어 있다.

제249호 동궐도 東闕圖
서울 성북구 고려대박물관, 부산 서구 동아대박물관, 조선 19세기

경복궁 동쪽에 있는 창덕궁과 창경궁, 즉 동궐을 세밀하고 장대하게 표현한 기록화. 조선 순조대인 1824~1830년 사이에 도화서 화원들이 모두 세 점을 그렸을 것으로 추정된다. 고려대 소장본은 화첩 형식으로, 동아대 소장본은 병풍 형식으로 되어 있다. 동아대 소장본은 가로 576cm, 세로 273cm로 16첩 병풍이다.

제250호 이원길 개국원종공신녹권 李原吉 開國原從功臣錄券
서울 서대문구 아단문고, 조선 14세기

개국원종공신녹권은 조선시대 개국 공신에게 발급한 포상 증서라고 할 수 있다. 이것은 조선 태조 이성계가 나라를 세우는 데 공을 세운 이원길에게 1395년 발급한 원종공신녹권이다. 가로 372cm, 세로 30.4cm. 닥나무 종이에 243행에 걸쳐 내용이 기록되어 있다.

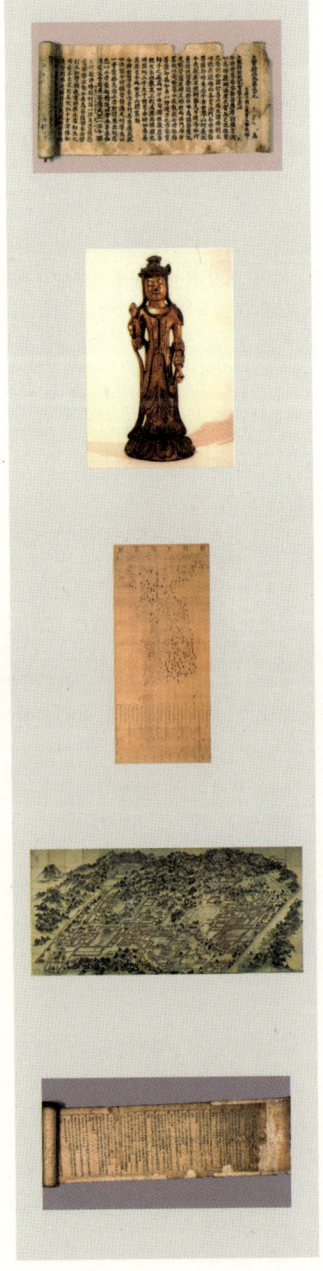

제251호 **초조본 대승아비달마잡집론 권14** 初雕本 大乘阿毗達磨雜集論 卷十四
서울 서대문구 아단문고, 고려 11세기

불교 경전은 크게 경(經), 율(律), 론(論)으로 나누어지는데, 아비달마는 부처님의 지혜를 체계적으로 설명하고 있는 논(論) 부분을 총칭하여 이르는 말이다. 이것은 11세기에 간행한 초조대장경의 일부다. 병풍 형태로 만들었으며 접었을 때 크기는 세로 31cm, 가로 12.2cm.

제252호 **청자 음각효문명연화무늬 매병** 青磁 陰刻 孝文銘 蓮花文 梅瓶
서울 용산구 삼성미술관 리움, 고려 12세기

유려한 곡선미, 음각 연꽃무늬가 돋보이는 고려 매병. 높이 27.7cm. 작고 나지막한 아가리가 달린 고려시대의 전형적인 매병이다. 벌어진 어깨에서 부드럽게 흘러내린 몸통선이 단정하고 균형이 잘 잡혔다. 굽바닥 한 모서리에 효문(孝文)이라는 제작자의 이름이 쓰여 있다.

제253호 **청자 양각연화넝쿨상감모란무늬 은테 발**
青磁 陽刻蓮花唐草 象嵌牡丹文 銀釦鉢
서울 용산구 국립중앙박물관, 고려 12세기

안쪽과 바깥 면에 서로 다른 기법으로 무늬를 새긴 특이한 청자 대접. 높이 7.7cm, 입지름 18.7cm. 안쪽엔 양각으로 연꽃과 넝쿨(당초) 무늬를 표현했고, 바깥에는 상감 기법으로 모란을 표현했다. 입술 테두리(아가리)에는 은테를 둘렀다. 품격이 돋보이는 고려청자 명품이다.

제254호 **청자 음각연꽃무늬 매병** 青磁 陰刻蓮花文 有蓋 梅瓶
서울 서초구 개인 소장, 고려 12세기

현존하는 고려 청자 매병 가운데 뚜껑과 밑짝을 한 벌로 갖춘 유일한 것이다. 높이 43cm. 어깨에서 몸통으로 내려가는 곡선이 날렵하지 않고 간소하면서 절제된 느낌을 준다. 뚜껑과 몸통에 표현한 연꽃무늬도 간결한 필치가 돋보인다.

제255호 **전 덕산 청동방울 일괄** 傳 德山 青銅鈴 一括
서울 용산구 삼성미술관 리움, 청동기시대 기원전 3세기

충남 예산 흥선 대원군 부친의 무덤 근처에서 출토됐다고 알려진 청동방울 일곱 점. 8각형 별 모양 모서리 끝에 방울이 달려 있는 팔주령 한 쌍, 아령 모양의 쌍두령 한 쌍, 포탄 모양의 간두령 한 쌍, 조합식 쌍두령 한 점이다. 청동기시대 제사장들이 주술용으로 사용했던 것이다.

제256호 초조본 대방광불화엄경 주본 권1 初雕本 大方廣佛華嚴經 周本 卷一
경기 용인시 경기도박물관, 고려 11세기

고려 11세기에 간행한 초조대장경 목판본 가운데 하나. 닥종이에 찍은 목판본으로, 두루마리 형태로 되어 있고, 전체 크기는 세로 28.5cm, 가로 1223.5cm. 지금까지 전해 오는 초조본 대방광불화엄경 중 유일한 권1이다.

제257호 초조본 대방광불화엄경 주본 권29
初雕本 大方廣佛華嚴經 周本 卷二十九
충북 단양군 구인사, 고려 11세기

고려 11세기에 찍어 낸 초조대장경 목판본 가운데 하나. 닥종이에 찍은 목판본으로 종이를 길게 이어 붙여 두루마리처럼 말아서 보관할 수 있도록 되어 있다. 전체 크기는 세로 28.5cm, 가로 891cm. 국내에서 발견된 초조본 대방광불화엄경 중 유일한 권29다.

제258호 백자 청화대나무무늬 각병 白磁 靑畵竹文 角瓶
서울 용산구 삼성미술관 리움, 조선 18세기

8각 모서리가 있는 독특한 모양의 조선 후기 청화백자. 높이 40.6cm. 둥근 몸통을 먼저 만든 뒤 칼로 표면을 긁어내리는 모깎기 방법으로 만들었다. 그 모양이나 푸른빛 대나무 무늬가 산뜻하고 운치 있다. 당시 선비들의 정신 세계를 보여 주는 듯한 명품이다.

제259호 분청사기 상감구름용무늬 항아리 粉靑沙器 象嵌龍文 壺
서울 용산구 국립중앙박물관, 조선 15세기

분청사기는 청자에 분을 발라 장식한 사기라는 말이다. 경북 안동 봉정사에서 전래되어 온 것이다. 그 모양이 소박하면서도 장중하다. 항아리 윗부분을 구획한 것이나 몸통 한복판에 네 발이 달린 용과 구름을 표현한 것을 보면 그 자유분방함이 매우 돋보인다. 높이 49.7cm.

제260호 분청사기 박지철채모란무늬 자라병 粉靑沙器 剝地鐵彩牡丹文 扁瓶
서울 용산구 국립중앙박물관, 조선 15세기

이런 모양의 그릇은 꼭 자라같이 생겼다고 해서 자라병이라고 부른다. 높이 9.4cm, 지름 24.1cm. 표면의 일정한 면을 긁어내 무늬를 나타내는 것을 박지 기법이라고 하는데, 모란을 그렇게 표현했다. 검은색 안료가 흰색과 조화를 이루며, 분청사기 특유의 활달함이 잘 드러났다.

제261호 백자 항아리 白磁 壺
서울 용산구 삼성미술관 리움, 조선 15세기

15세기 조선 백자 가운데 가장 뛰어난 것으로 꼽히는 명품. 큰 것(높이 34cm)과 작은 것(높이 12.5cm)이 세트처럼 있다. 뽀얀 유백색에서 품격이 전해 오고 적당한 볼륨감에서 은근한 힘이 넘친다. 연꽃 봉오리 모양의 꼭지가 달린 뚜껑도 모두 아름답다.

제262호 백자 달항아리 白磁 大壺
경기 용인시 용인대박물관, 조선 18세기

온화한 백색과 유려한 곡선, 넉넉하고 꾸밈 없는 형태를 두루 갖춘 조선 후기 백자의 걸작. 높이 49cm. 맏며느리의 넉넉함 같기도 하고 달덩이리 같기도 하고, 소박한 우리의 심성을 그대로 반영한 작품이다. 17세기 말경부터 18세기 중엽, 백자의 대표작이라 할 만하다.

제263호 백자 청화산수꽃새무늬 항아리 白磁 靑畵山水花鳥文 大壺
경기 용인시 용인대박물관, 조선 18세기

높이 54.8cm에 이르는 대형 청화백자 항아리. 양감이 풍부하고 아랫부분이 좁아서 보기에 좋다. 푸른색 안료로 네 개의 반원을 연결시켜 마름모 형태의 창 네 개를 그리고 그 안에 산수풍경와 꽃, 새 등을 교대로 그려 넣었다. 몸통 아래쪽을 비워 놓은 공간 구성이 탁월하다.

제264호 포항 냉수리 신라비 浦項 冷水里 新羅碑
경북 포항시 북구 신광면, 신라 6세기

1989년 마을 주민이 밭갈이를 하던 중 우연히 발견한 신라 석비. 높이 67cm, 너비 72cm, 두께 25~30cm이다. 비문 내용 중 '계미(癸未)'라는 간지(干支)와 '지증왕' 등의 칭호가 나와 신라 지증왕 4년(503)에 건립된 것으로 보인다. 재산 분배를 확인하는 증명서의 성격도 지니고 있다.

제265호 초조본 대방광불화엄경주본 권13 初雕本 大方廣佛華嚴經周本 卷十三
서울 종로구 삼성출판박물관, 고려 11세기

고려 현종 때 거란의 침입을 극복하고자 만든 초조대장경 가운데 하나. 닥종이에 찍은 목판본으로 두루마리처럼 말아서 보관할 수 있도록 되어 있다. 세로 28.5cm, 가로 46.3cm 크기의 경문 24장이 연결되어 있다.

제266호 초조본 대방광불화엄경 주본 권2, 75
初雕本 大方廣佛華嚴經 周本 卷二, 七十五
서울 관악구 호림박물관, 고려 12세기

고려 초조대장경 목판본 가운데 하나. 닥종이에 찍은 목판본으로 종이를 이어 붙여 두루마리처럼 만들었다. 권2는 세로 28.7cm, 가로 46.5cm이고 권 75는 세로 29.8cm, 가로 46.1cm이다.

제267호 초조본 아비달마식신족론 권12 初雕本 阿毗達磨識身足論 卷十二
서울 관악구 호림박물관, 고려 12세기

고려 때 간행했던 초조대장경 가운데 하나. 『아비달마』는 부처님의 지혜를 설명한 불교 경전. 닥종이에 찍은 목판본으로 두루마리 형태로 만들었다. 세로 29.5cm, 가로 46.5cm 크기의 경문 26장을 이어 붙였다.

제268호 초조본 아비담비파사론 권11, 17 初雕本 阿毗曇毗婆沙論 卷十一, 十七
서울 관악구 호림박물관, 고려 12세기

고려 초조대장경 가운데 하나. 『아비담비파사론』은 성불(成佛)하는 데 필요한 부처님의 지혜를 체계적으로 모아 설명한 부분이다. 권11은 세로 28.9cm, 가로 47.8cm의 종이를 46장 이어 붙였고, 권17은 세로 29.7cm, 가로 47.4cm의 종이를 37장 이어 붙였다.

제269호 초조본 불설최상근본대락금강불공삼매대교왕경 권6
初雕本 佛說最上根本大樂金剛不空三昧大教王經 卷六
서울 관악구 호림박물관, 고려 12세기

고려 초조대장경 가운데 하나. 부처님이 금강수보살에게 삼매를 설명하는 내용이다. 닥종이에 찍은 목판본으로 두루마리 형태로 되어 있다. 세로 29.8cm, 가로 47.1cm 크기의 종이를 24장 연결하였다.

제270호 청자 모자원숭이모양 연적 青磁 母子猿形 硯滴
서울 성북구 간송미술관, 고려 12세기

어미와 새끼 원숭이의 모양으로 만든 고려청자. 12세기엔 동물 모양의 청자를 많이 만들었다. 새끼를 바라보는 어미 원숭이의 사랑스런 눈길, 어미의 볼을 만지고 있는 새끼 원숭이의 귀여운 행동이 보는 이에게 감동을 준다. 높이 9.8cm.

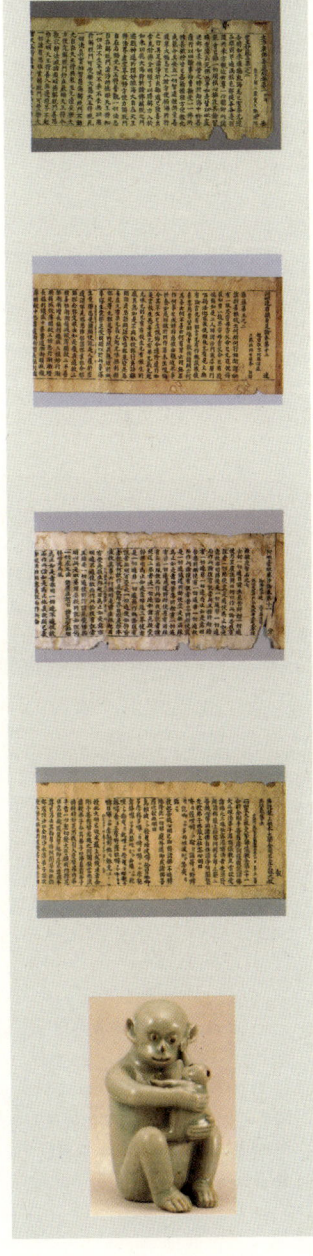

제271호 **초조본 현양성교론 권12** 初雕本 顯揚聖教論 卷十二
서울 용산구 국립중앙박물관, 고려 11세기

『현양성교론』은 『현양론』이라고도 한다. 『유가사지론』에서 중요한 내용을 드러내기 위해 편찬한 책으로, 인도 무착보살이 지은 글을 당나라 현장(玄奘, 602?~664)이 번역한 것이다. 고려 초조대장경 목판본의 하나로, 크기는 가로 45.8cm, 세로 28.6cm. 종이는 닥나무 종이다. (왼쪽)

제272호 **초조본 유가사지론 권32** 初雕本 瑜伽師地論 卷三十二
서울 용산구 국립중앙박물관, 고려 11세기

『유가사지론』은 인도의 미륵보살이 짓고 당나라의 현장이 번역하여 천자문의 순서대로 100권을 수록한 것. 11세기에 간행한 초조대장경 목판본 가운데 하나. 닥나무 종이에 찍었으며 가로 44.8cm, 세로 28.8cm이다. (오른쪽)

제273호 **초조본 유가사지론 권15** 初雕本 瑜伽師地論 卷十五
서울 용산구 국립중앙박물관, 고려 11세기

『유가사지론』은 인도의 미륵보살이 짓고 당나라의 현장이 번역하여 천자문의 순서대로 100권을 수록한 것. 11세기에 간행한 초조대장경 목판본 가운데 하나. 닥나무 종이에 찍었으며 두루마리 형태로 되어 있다. 가로 47.6cm, 세로 28.6cm.

제274호

거북선별황자총통. 1992년 국보로 지정되었으나 가짜로 밝혀져 1996년 국보에서 해제되었다.

제275호 **도기 기마인물모양 뿔잔** 陶器 騎馬人物形 角杯
경북 경주시 국립경주박물관, 가야 5세기

말 탄 사람 모습의 토기. 높이 23.2cm. 죽은 자가 말을 타고 편하게 저승에 가길 기원하는 의미에서 무덤에 매장했던 것이다. 나팔 모양의 받침 위에 직사각형의 편평한 판을 설치하고, 그 위에 말 탄 무사를 올려 놓았다. 당시의 무구(武具)와 마구(馬具) 연구에 중요하다.

제276호. **초조본 유가사지론 권53** 初雕本 瑜伽師地論 卷五十三
인천 남동구 가천박물관, 고려 11세기

『유가사지론』은 인도의 미륵보살이 지은 글을 당나라의 현장이 번역하여 천자문의 순서대로 100권을 수록한 것. 이것은 그 가운데 제53권이며 초조대장경 목판본 가운데 하나다. 닥나무 종이에 찍었으며 크기는 가로 48cm, 세로 28.4cm.

제277호. **초조본 대방광불화엄경 주본 권36** 初雕本 大方廣佛華嚴經 周本 卷三十六
강원 원주시 한솔뮤지엄, 고려 11세기

고려 현종 때 부처님의 힘으로 거란의 침입을 극복하고자 만든 초조대장경 가운데 하나. 당나라 실차난타(實叉難陀)가 번역한 『화엄경』 주본 80권 중 권36이다. 닥종이를 길게 이어 붙여서 두루마리 형태로 만들었다. 세로 28.5cm, 가로 891cm의 종이를 17장을 이어 붙였다.

제278호.

태종11년 이형 원종공신록이었으나, 2010년 국보에서 해제되어 보물 1657호로 조정되었다.

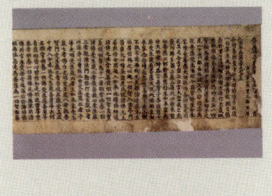

제279호. **초조본 대방광불화엄경 주본 권74** 初雕本 大方廣佛華嚴經 周本 卷七十四
서울 서초구 관문사, 고려 11세기

이 책은 당나라 실차난타가 번역한 『화엄경』 주본 80권 가운데 권74에 해당하며, 고려 현종 때 부처님의 힘으로 거란의 침입을 극복하고자 만든 초조대장경 가운데 하나이다. 닥종이에 찍은 목판본으로 두루마리처럼 말아서 보관할 수 있도록 되어 있다.

제280호. **성거산 천흥사명 동종** 聖居山 天興寺銘 銅鍾
서울 용산구 국립중앙박물관, 고려 11세기

고려시대 종 가운데 가장 크다. 높이 1.33m, 종 입구 0.96m. 전체적으로 조형미가 뛰어나고 제작 기법이나 양식적으로 고려 범종을 대표한다. 몸통 한가운데에 위패형의 틀을 설치하고, 거기에 1010년에 주조되었고 성거산 천흥사에 설치했다는 내용을 새겼다.

제281호 백자 주전자 白磁 注子
서울 관악구 호림박물관, 조선 15세기

조선백자 가운데 병 모양의 주전자로는 유일한 작품이다. 뚜껑을 포함한 전체 높이는 32.9cm. 풍만하면서도 단정한 몸체와 유려하고 세련된 몸통선이 특히 아름답다. 손잡이와 주전자 입구의 색이 몸체의 색과 다른 것으로 보아 따로 만들어 붙였음을 알 수 있다.

제282호 영주 흑석사 목조아미타여래좌상 및 복장유물
榮州 黑石寺 木造阿彌陀如來坐像, 腹藏遺物
대구 수성구 국립대구박물관, 조선 15세기

1990년대 영주 흑석사 대웅전에 있던 목조 아미타불 몸체 안에서 많은 유물이 발견되었다. 불상 조성 배경과 시주자 명단을 기록한 글, 다양한 직물, 5향(香), 5곡(穀), 유리, 호박, 진주 등이다. 이에 따라 목조 불상은 조선 세조 4년(1458)에 조성된 것으로 밝혀졌다.

제283호 통감속편 通鑑續編
경기 성남시 한국학중앙연구원, 조선 15세기

중국 고대의 반고씨(盤古氏)로부터 고신씨(高辛氏)까지, 거란(契丹)에서 오대(五代)까지, 송 태조(太祖)에서 상흥(祥興) 2년(1279)까지의 사적을 기록한 금속활자본. 조선 세종 때인 1422년에 찍어 낸 것으로, 단종이 세자 시절 공부했던 책이다.

제284호 초조본 대반야바라밀다경 권162, 170, 463
初雕本 大般若波羅蜜多經 卷百六十二, 百七十, 四百六十三
서울 강남구 코리아나화장박물관, 고려 11세기

대반야바라밀다경은 흔히 반야심경이라고 한다. 이들 세 권의 반야심경은 고려 초조대장경 목판본에 포함된다. 모두 닥종이에 찍었다. 고려 정종 12년(1046)에 허진수가 국왕과 국가의 평화를 기원하고 어머니의 무병장수와 돌아가신 아버지의 명복을 빌기 위해 간행한 것이다.

제285호 울주 대곡리 반구대 암각화 蔚州 大谷里 盤龜臺 岩刻畵
울산 울주군 언양읍, 신석기~청동기시대

선사시대 사람들의 일상생활을 보여 주는 바위그림. 크기는 높이 3m, 너비 10m. 성기를 드러내 놓고 춤을 추는 남자, 고래 잡는 사람, 함정에 빠진 호랑이, 교미하는 멧돼지, 작살이 꽂혀 있는 고래, 물을 뿜고 있는 고래 등 당시 일상을 사실적이면서 익살스럽게 표현했다.

제286호 **백자 천지현황명 사발** 白磁 天地玄黃銘 鉢
서울 용산구 삼성미술관 리움, 조선 15세기

조선 전기 왕실용을 제작되었던 백자 사발 네 점. 굽 안바닥에 각각 天(천), 地(지), 玄(현), 黃(황)이 쓰여져 있다. 천, 지, 현, 황의 글자는 왕실 용품을 보관하던 창고의 이름일 것이라는 견해가 있다. 고른 유약, 순백의 색깔, 단정한 굽 등 전체적으로 깨끗하고 단정하다. 크기는 높이 11.1cm, 아가리 지름 21.1cm, 밑 지름 7.9cm 안이다. 류

제287호 **백제 금동대향로** 百濟 金銅大香爐
충남 부여군 국립부여박물관, 백제 6~7세기

부여의 백제 나성과 능산리 무덤 사이 절터에서 출토된 백제 향로. 높이 64cm. 다리 하나를 치켜든 용, 연꽃 봉오리 모양의 몸체, 신선들이 사는 박산(博山)과 봉황 등 조형미와 조각 수법이 탁월한 고대 금속공예의 명품이다. 백제인의 철학적 사유까지 엿볼 수 있다.

제288호 **부여 능산리사지 석조사리감** 扶餘 陵山里寺址 石造舍利龕
충남 부여군 국립부여박물관, 백제 6세기

부여 능산리 절터의 목탑 자리 아래에서 출토된 석조 사리감. 높이 74cm. 위는 둥글고 아래쪽은 사각형인 돌의 내부를 파낸 뒤 사리장치를 놓고 문을 설치했던 것으로 추정된다. '창왕(위덕왕의 원래 이름) 13년'이란 명문이 있어 567년에 만들어진 것을 알 수 있다.

제289호 **익산 왕궁리 5층 석탑** 益山 王宮里 五層石塔
전북 익산시 왕궁면, 통일신라 말~고려 초 10세기경

국보 9호 부여 정림사지 5층 석탑의 형식을 계승한 백제계 고려 석탑. 높이 8.5m. 전체적으로 목조 탑 형식을 재현했다. 왕궁리 석탑은 정림사지 석탑과 비슷하면서도 좀 더 우직하고 힘이 있어 보인다. 1층 옥개석이 기단보다 더 넓은데, 이는 한국 석탑에서 매우 이례적이다.

제290호 **양산 통도사 대웅전 및 금강계단** 梁山 通度寺 大雄殿, 金剛戒壇
경남 양산시 하북면 통도사, 조선 17세기

통도사 대웅전은 내부에 석가모니 부처 불상을 모시지 않고 건물 뒷면에 금강계단(金剛戒壇)을 설치하여 부처 진신사리를 모시고 있다. 수계 의식이 치러지는 금강계단은 부처가 늘 그곳에 존재한다는 상징적 의미를 지닌 공간이다. 지금 건물은 1645년에 지었다.

제291호 **용감수경 권3, 4** 龍龕手鏡 卷三, 四
서울 성북구 고려대 중앙도서관, 고려시대
997년 중국 요나라의 행균(行均) 스님이 편찬한 한자의 자전이다. 그 자전을 고려시대에 다시 찍어 낸 것이다. 이 책은 이전의 중국 자전과 달리 부수별로 먼저 배열하고, 정자(正字) 이외의 속자(俗字) 까지도 전부 망라하여 해설을 붙였다.

제292호 **평창 상원사 중창권선문** 平昌 上院寺 重創勸善文
강원 평창군 월정사 성보박물관, 조선 15세기
세조 10년(1464) 세조의 왕사(王師)인 혜각존자 신미(慧覺尊者 信眉) 등이 학열, 학조 등과 함께 임금의 만수무강을 빌고자 상원사를 새롭게 단장하면서 지은 글. 이 사실을 전해 들은 세조가 쓴 글과 함께 월정사에 전해 오고 있다. 한글 서적 가운데 가장 오래된 것이다.

제293호 **부여 규암리 금동관음보살입상** 扶餘 窺岩里 金銅觀音菩薩立像
서울 용산구 국립중앙박물관, 백제 7세기
부여군 규암면의 절터에 묻혀 있던 무쇠솥에서 1970년 발견되었다. 머리에는 작은 부처가 새겨진 관(冠)을 쓰고 있으며, 크고 둥근 얼굴에는 부드러운 미소를 띠고 있다. 자연스러운 미소, 신체의 비례, 부드럽고 생기 있는 조각 수법에서 7세기 초 백제 불상임을 알 수 있다. 높이 21.1cm.

제294호 **백자 청화철채동채풀벌레무늬 병** 白磁 靑畵鐵彩銅彩草蟲文 甁
서울 성북구 간송미술관, 조선 18세기
붉은색 안료 진사(辰砂), 검은색 안료인 철사, 푸른색 안료인 청화를 함께 곁들여 양각으로 장식한 백자. 이처럼 다양 무늬 표현 기법이 사용된 경우는 조선백자 가운데 유일하다. 높이 42.3cm. 국화의 세 가지 색이 절묘한 조화를 이루며 독특한 미감을 발산한다.

제295호 **나주 신촌리 금동관** 羅州 新村里 金銅冠
서울 용산구 국립중앙박물관, 백제 5, 6세기
전남 나주시 반남면 신촌리 9호 무덤에서 발견된 높이 25.5cm의 금동관이다. 외관과 내관으로 이뤄져 있다. 현지의 토착 세력에 의해 제작된 것인지 백제로부터 하사받은 것인지에 대하여는 아직 불분명하다. 백제시대 관 형태를 제대로 갖춘 것으로는 유일한 유물이다.

제296호 칠장사 오불회괘불탱 七長寺 五佛會掛佛幀
경기 안성시 죽산면 칠장사, 조선 17세기

괘불은 절에서 큰 법회나 의식을 행하기 위해 법당 앞뜰에 걸어 놓고 예배를 드리는 대형 불교 그림. 이것은 도솔천궁을 묘사한 괘불로 길이 6.56m, 폭 4.04m. 인조 때인 1628년 법형(法洞)이 그렸으며 괘불함 없이 종이에 싸서 대웅전에 보관하고 있다.

제297호 안심사 영산회괘불탱 安心寺 靈山會掛佛幀
충북 청원군 남이면 안심사, 조선 17세기

석가가 영취산에서 설법하는 영산회의 모습을 그린 괘불. 길이 7.26m, 폭 4.72m. 석가불을 중심으로 문수보살과 보현보살을 비롯하여 설법을 듣기 위해 모여든 무리들과 석가를 호위하는 사천왕상 등을 대칭으로 배치했다. 효종 때인 1652년에 그린 것이다.

제298호 갑사 삼신불괘불탱 甲寺 三身佛掛佛幀
충남 공주시 계룡면 갑사, 조선 17세기

비로자나불을 중심으로 석가불과 노사나불 등 삼신불이 진리를 설법하고 있는 모습의 괘불. 효종 때인 1650년 작으로 길이 12.47m, 폭 9.48m. 상중하 3단에서 중간의 삼신불을 크게 강조한 것이 독특하다. 괘불 조성에 필요한 물품의 시주했던 사람의 이름도 적혀 있다.

제299호 신원사 노사나불괘불탱 新元寺 盧舍那佛掛佛幀
충남 공주시 계룡면 신원사, 조선 17세기

비로자나불을 대신하여 노사나불이 영취산에서 설법하는 장면인 영산회상을 그린 괘불이다. 1644년에 제작된 이 작품은 짜임새 있는 구도, 섬세한 표현, 밝은 색조 등 전체적으로 작품성이 뛰어나 17세기 대표적 괘불로 꼽힌다. 길이 11.18m, 폭 6.88m.

제300호 장곡사 미륵불괘불탱 長谷寺 彌勒佛掛佛幀
충남 청양군 대치면 장곡사, 조선 17세기

용화수 가지를 들고 있는 미륵불을 그린 괘불로 가로 5.99m, 세로 8.69m. 미륵불을 화면 중앙에 두고 6대 여래, 6대 보살 등 여러 인물들로 화면을 가득 채웠다. 조선 현종 14년(1673)에 다섯 명의 승려 화가가 왕과 왕비, 세자의 만수무강을 기원하기 위해 그린 것이다.

제301호 화엄사 영산회괘불탱 華嚴寺 靈山會掛佛幀
전남 구례군 마산면 화엄사, 조선 17세기

석가가 영취산에서 설법하는 영산회 모습을 그린 괘불. 효종 때인 1653에 제작됐으며 길이 11.95m, 폭 7.76m. 석가불 좌우로 문수보살, 보현보살이 있고 사천왕은 화면의 네 귀퉁이를 지키고 있다. 각 상들의 늘씬한 신체, 선명하고 다양한 색채, 화려한 꽃장식이 돋보인다.

제302호 청곡사 영산회괘불탱 青谷寺 靈山會掛佛幀
경남 진주시 금산면 청곡사, 조선 18세기

석가가 설법하는 장면인 영산회상도를 그린 괘불이다. 길이 10.4m, 폭 6.4m. 본존불인 석가를 중심으로 양옆에 문수보살과 보현보살이 배치되어 있다. 조선 경종 때인 1722년에 승려화가인 의겸(義謙) 등이 참여하여 제작했다. 18세기 초반의 대표적 불화로 꼽힌다.

제303호 승정원일기 承政院日記
서울 관악구 서울대 규장각 한국학연구원, 조선 17~20세기

정치, 사회, 외교, 군사 문화 등 승정원에서 처리한 각종 국정의 내용을 기록한 책. 승정원은 조선시대 국왕의 비서실이었다. 세종 때부터 작성했으나 임진왜란 때 불 타버리고 인조 때인 1623년 3월부터 1910년 8월까지의 기록이 전해 온다. 유네스코 세계기록유산이다.

제304호 여수 진남관 麗水 鎭南館
전남 여수시 군자동, 조선 18세기

조선 선조 때인 1598년 전라좌수영 객사로 건립한 건물로, 임진왜란과 정유재란을 승리로 이끈 수군 중심 기지였다. 지금 건물은 숙종 때인 1718년에 다시 지은 것. 정면 15칸, 측면 5칸, 건물 면적 240평으로 현존 지방 관아 건물로는 최대 규모이다. 장중함이 돋보인다.

제305호 통영 세병관 統營 洗兵館
경남 통영시 문화동, 조선 17세기

선조 때인 1604년 지은 목조 단층 건물로, 17세기부터 19세기까지 약 290년 동안 충청, 전라, 경상 등 3도의 수군을 총 지휘했던 3도수군 통제영의 중심이었다. 경복궁 경회루(국보 제224호), 여수 진남관(국보 제304호)과 함께 전통 목조 건축물 가운데 가장 규모가 크다.

제306호 **삼국유사 권3~5** 三國遺事 卷三~五
서울 종로구 개인 소장, 서울시 관악구 서울대 규장각 한국학연구원, 조선시대 초기

『삼국유사』는 고려의 승려 일연(一然, 1206~1289)이 1281년에 편찬한 역사서다. 규장각 소장본은 1512년 경주부윤(慶州府尹) 이계복이 간행한 목판본으로, 현전하는 완질본 중에서는 간행 시기가 가장 오래된 것이다.

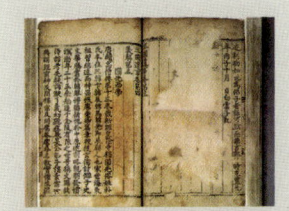

제307호 **태안 동문리 마애삼존불입상** 泰安 東門里 磨崖三尊佛立像
충남 태안군 태안읍, 백제 6세기 말~7세기 초

우리나라에서 가장 오래된 마애불. 국보 84호 서산 용현리 마애여래삼존상(서산 마애삼존불)과 비슷한 시기이지만 양식상으로 다소 앞선다는 것이 대체적인 견해다. 가운데에 작은 보살상을 두고 그 양옆에 커다란 불상을 배치한 독특한 모양이다.

제308호 **해남 대흥사 북미륵암 마애여래좌상**
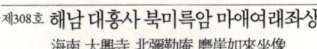
海南 大興寺 北彌勒庵 磨崖如來坐像
전남 해남군 대흥사, 고려 10세기

본존불인 여래좌상 좌우에 공양비천상(供養飛天像, 부처에게 공양하는 선인)을 배치한 독특한 형식을 하고 있다. 비천상의 표현이 매우 뛰어나며 전체적으로 조각 수법이 우수하다. 특히 비천상은 고려 전기의 것으로는 유일하다.

제309호 **백자 달항아리** 白磁 大壺
서울 용산구 삼성미술관 리움, 조선 18세기

넉넉함과 풍요로움을 보여 주는 조선시대 백자 달항아리의 대표작. 높이 44cm, 몸통 지름 42cm. 달항아리는 대형 자기이기 때문에 위와 아래를 따로 만들어 붙인다. 이 달항아리는 몸통을 이어 붙인 가운데 부분에 일그러짐이 거의 없어 완전한 원을 그리고 있다.

제310호 **백자 달항아리** 白磁 大壺
서울 경복궁 국립고궁박물관, 조선 18세기

위와 아래를 따로 만들어 붙인 몸통의 가운데 부분이 약간 기울었다. 일부러 매끔하게 다듬지 않고 비틀린 모습을 그대로 살린 것이다. 덕분에 변화와 생동감, 자연스러운 인간미를 구현했다. 백자 달항아리의 중요한 매력 가운데 하나다. 높이 43.8cm, 몸통 지름 44cm.

제311호 **안동 봉정사 대웅전** 安東 鳳停寺 大雄殿
경북 안동시 봉정사, 조선 15세기

봉정사의 중심 법당. 1962년 해체·수리 때 발견한 기록으로 미루어 조선 전기 건물로 추정한다. 건물이 전체적으로 건실하고 힘이 넘치며 조선 전기의 건축 양식을 잘 보여 준다. 앞쪽에 툇마루를 설치한 것이 특이하다. 봉정사엔 고려시대 건축물인 극락전도 있다.

제312호 **경주 남산 칠불암 마애불상군** 慶州 南山 七佛庵 磨崖佛像群
경북 경주시 남산, 통일신라 8세기

경주 남산 깊은 계곡 두 개의 인접한 바위에 사방불(四方佛)과 삼존불(三尊佛) 등 모두 일곱 구의 불상이 조각되어 있어 칠불암이라 부른다. 삼존불 가운데 중앙의 여래 본존불은 화려한 연꽃 위에 앉아 얼굴 가득 미소를 머금고 있다. 전체적으로 부드럽고 조각 수법이 뛰어나다.

제313호 **강진 무위사 극락보전 아미타여래삼존벽화**
     康津 無爲寺 極樂寶殿 阿彌陀如來三尊壁畵
전남 강진군 무위사, 조선 15세기 1476년

아미타극락회의 모습을 표현한 극락보전 내부의 아미타삼존불 벽화이다. 가로 210cm, 세로 270cm이다. 가운데 아미타불이 앉아 있고 좌우로 관음보살, 지장보살이 서 있다. 화면 위쪽엔 구름을 배경으로 좌우로 나한상들을 배치했다. 1476년 작. 조선 초기 불화의 새로운 특징이 잘 나타나 있다.

제314호 **순천 송광사 화엄경변상도** 順天 松廣寺 華嚴經變相圖
전남 순천시 송광사, 조선 18세기

화엄경의 7처9회(七處九會) 설법 내용을 그린 변상도. 가로 270cm, 세로 294.5cm이다. 상·하단에 걸쳐 법회 장면이 대칭을 이루며 펼쳐진다. 짜임새 있는 구도와 화려한 색상이 돋보이는 작품. 1770년에 12명의 승려 화가들이 무등산 안심사에서 조성한 뒤 송광사로 옮긴 것이다.

제315호 **문경 봉암사 지증대사탑비** 聞慶 鳳巖寺 智證大師塔碑
경북 문경시 봉암사, 통일신라 10세기

통일신라 승려인 지증대사의 탑비. 최치원이 문장을 짓고 승려 혜강이 글씨를 쓰고 새겼다. 924년 작. 높이 2.73m이다. 통일신라의 인명, 지명, 관명, 사찰명, 제도, 풍속 등 많은 정보가 들어 있다. 신라의 왕토사상(王土思想), 사찰에 대한 후원과 토지 기증의 내용 등이 특히 흥미롭다.

제316호 **완주 화암사 극락전** 完州 花巖寺 極樂殿
전북 완주군 화암사, 조선 17세기

국내 유일의 하앙식(下昂式) 목조 건축물로 역사적, 학술적, 건축적 가치가 크다. 하앙식이란 처마 무게를 받치는 건축 부재를 하나 더 설치해 지렛대 원리로 일반 구조보다 처마를 더 길게 낼 수 있도록 한 것이다. 정유재란 때 피해를 입은 뒤 선조 38년(1605)에 중건했다.

제317호 **조선 태조 어진** 朝鮮 太祖 御眞
전북 전주시 경기전 어진박물관, 조선 19세기

태조 이성계 초상화는 원래 26점이 있었으나 지금은 이 작품 하나만 전해 온다. 고종 9년(1872)에 낡은 원본을 그대로 옮겨 그린 것이다. 조중묵(趙重默)이라는 화가가 작업에 참여했다. 익선관과 곤룡포를 착용하고 정면을 바라보는 모습에서 위엄이 전해 온다. 218×150cm.

2014년 2월 현재 기준

참고 문헌 l

강우방·곽동석·민병찬,『불교조각-한국미의 재발견』I·II, 솔, 2003
강우방·신용철,『탑-한국미의 재발견』, 솔, 2003
경주시·신라문화선양회,『석굴암의 신연구』, 신라문화재학술발표회 논문집 21, 2000
고려대박물관,『조선시대 기록화의 세계』, 2001
곽동석,『금동불-코리안 아트북』, 예경, 2000
국립경주박물관,『신라황금』, 2001
김리나,「미륵반가사유상」,『한국사시민강좌』 23, 일조각, 1998
김문식·신병주,『조선 왕실 기록문화의 꽃 의궤』, 돌베개, 2005
김봉렬,『불교건축-한국미의 재발견』, 솔, 2004
김재열,『백자 분청사기-코리안 아트북』I·II, 예경, 2000
김주삼,『문화재의 보존과 복원』, 책세상, 2001
김춘실,「백제조각의 대중교섭」,『백제 미술의 대외교섭』, 예경, 1998
문명대,『마애불』, 대원사, 1991
박경식,『탑파-코리안 아트북』, 예경, 2001
박경식,『석조미술의 꽃 석가탑 다보탑』, 한길아트, 2003
박상국,「고려대장경의 진실」,『초조대장경』, 문화재청, 2011
박상진,『나무에 새겨진 팔만대장경의 비밀』, 김영사, 2007
박홍국,「신라 전탑의 수수께끼」,『월간 문화재』 2003년 여름, 한국문화재보호재단
성균관대박물관,『경주 신라 유적의 어제와 오늘』, 2007
성낙주,『석굴암 백년의 빛』, 동국대출판부, 2009
신대현,『적멸의 궁전 사리장엄』, 한길아트, 2003
신영훈,『한국의 고궁』, 한옥문화원, 2005

안휘준,『옛 궁궐그림』, 대원사, 1997

안휘준,『안견과 몽유도원도』, 사회평론, 2009

안휘준 · 이광표,『한국 미술의 미』, 효형출판, 2008

안휘준 · 정양모 외,『한국의 미, 최고의 예술품을 찾아서』, 돌베개, 2007

윤용이,『아름다운 우리 도자기』, 학고재, 1996

이건무,『청동기문화』, 대원사, 2000

이건무 · 조현종,『한국미의 재발견-선사유물과 유적』, 솔, 2003

이구열,『한국 문화재 수난사』, 돌베개, 1996

이규식 외,『되살아나는 조선왕조실록』, 국립문화재연구소, 2013

이보아,『루브르는 프랑스 박물관인가』, 민연, 2002

이성무,『조선왕조실록은 어떤 책인가』, 동방미디어, 1999

이소영,「고려청자의 서구에서의 수용」,『고려청자와 중세아시아 도자』,
　　　국립중앙박물관 · 국립중앙박물관회, 2012

이송란,『신라 금속공예 연구』, 일지사, 2004

이순우,『제자리를 떠난 문화재에 대한 보고서』하나, 하늘재, 2002

이영훈 · 신광섭,『한국미의 재발견-고분미술』I · II, 솔, 2004

이재창 · 장경호 · 장충식,『해인사』, 대원사, 1993

이종선,『고신라 왕릉 연구』, 학연문화사, 2000

이한상,『황금의 나라 신라』, 김영사, 2004

임남수,「광륭사 본존불의 변화와 그 의미」,『미술사학연구』244, 한국미술사학회, 2004

임세권,『한국의 암각화』, 대원사, 1999

전상운,『한국과학사』, 사이언스북스, 2000

정규홍, 『우리 문화재 수난사』, 학연문화사, 2005
정수일, 『혜초의 왕오천축국전』, 학고재 2008
정양모, 『한국의 도자기』, 문예출판사, 1991
정양모, 『너그러움과 해학』, 학고재, 1998
정예경, 『반가사유상 연구』, 혜안, 1998
정은우, 「일본의 국보 1호인 광륭사 목조반가사유상은 한반도에서 건너간 것일까」, 『미술사논단』 2, 한국미술연구소, 1995
조유전, 『한국사 미스터리』, 황금부엉이, 2004
천득염, 『전탑』, 대원사, 1998
최건 외, 『토기 청자-코리안 아트북』 I · II, 예경, 2000
최성은, 『석불 돌에 새긴 정토의 꿈』, 한길아트, 2003
최응천 · 김연수, 『금속공예-한국미의 재발견』, 솔, 2003
나카무라 료헤이(中村亮平), 『朝鮮 慶州の 美術』, 芸艸堂, 1929
오카모토 히로미(岡本祐美), 『日本の國宝の見かた』, 東京美術, 2003
『國宝の旅』, 講談社, 2001
『七支刀と石上神宮の神宝』, 奈良國立博物館, 2004